初级会计实务

主　编　黄　竞　唐东升　李　锐
副主编　王　颖　杨琼宇　亓国华
参　编　杨颖燕　李敬飞　刘　婷
　　　　杨　洁　秦　川　夏　莉
　　　　蒋栋才　张　艳
主　审　周杨梅

北京理工大学出版社
BEIJING INSTITUTE OF TECHNOLOGY PRESS

内 容 简 介

本书在充分借鉴了有关会计理论和实务的最新研究成果的基础上，依据财政部 2017 年 7 月颁布的最新企业会计准则和 2016 年 3 月国家颁布的《营业税改征增值税试点实施办法》，编写了这本理实一体的《初级会计实务》教材。本教材以会计的六大要素和会计报表为主线，以项目为引领，以任务为驱动，打破了以往完全按会计要素编写的教材体例。在资产、权益、收入、费用、利润、财务报告六大项目下，设置了十三个任务，每个任务由"职业目标""教学时数""教学指引""典型工作任务""主要学习内容""知识链接""考证回顾""能力实训"等模块构成。

本书可以作为高等院校会计专业及相关专业"初级会计实务"课程教材使用，也可供社会人员学习参考。

版权专有　侵权必究

图书在版编目（CIP）数据

初级会计实务/黄竞，唐东升，李锐主编. —北京：北京理工大学出版社，2018.2（2020.1 重印）

ISBN 978-7-5682-5357-4

Ⅰ．①初…　Ⅱ．①黄…　②唐…　③李…　Ⅲ．①会计实务-教材　Ⅳ．①F233

中国版本图书馆 CIP 数据核字（2018）第 038099 号

出版发行 /	北京理工大学出版社有限责任公司
社　　址 /	北京市海淀区中关村南大街 5 号
邮　　编 /	100081
电　　话 /	（010）68914775（总编室）
	（010）82562903（教材售后服务热线）
	（010）68948351（其他图书服务热线）
网　　址 /	http://www.bitpress.com.cn
经　　销 /	全国各地新华书店
印　　刷 /	三河市天利华印刷装订有限公司
开　　本 /	787 毫米×1092 毫米　1/16
印　　张 /	21
字　　数 /	506 千字
版　　次 /	2018 年 2 月第 1 版　2020 年 1 月第 3 次印刷
定　　价 /	52.00 元

责任编辑 / 周　磊
文案编辑 / 周　磊
责任校对 / 周瑞红
责任印制 / 李　洋

图书出现印装质量问题，请拨打售后服务热线，本社负责调换

FOREWORD 前言

为了贯彻教育部《会计行业中长期发展人才规划（2010—2020 年）》等文件精神，满足培养应用型的高职人才需求，编者认真总结了多年的财务会计教学经验，在充分借鉴了有关会计理论和实务的最新研究成果的基础上，依据财政部截至 2017 年 7 月颁布的最新企业会计准则和 2016 年 3 月国家颁布的《营业税改征增值税试点实施办法》，编写了这本理实一体的《初级会计实务》教材。本教材以会计的六大要素和会计报表为主线，以项目为引领，以任务为驱动，打破了以往完全按会计要素编写的教材体例。在资产、权益、收入、费用、利润、财务报告六大项目下，设置了十三个任务，每个任务由"职业目标""教学时数""教学指引""典型工作任务""主要学习内容""知识链接""考证回顾""能力实训"等模块构成。同时，本教材是重庆市重大教改项目"基于校企行联盟的重庆市会计专业共享型课程资源库建设模式改革与实践"（项目编号 151024）成果之一。

本教材具有以下特点：

1. 时效性强。本教材编写团队认真学习领会了最新的会计准则和"营改增"实施办法，各任务中所涉会计理论、会计技能、增值税等内容均按最新准则和最新"营改增"要求编写，内容新颖，时效性强。

2. 理实一体。本教材改变以往教材各章节案例零散的现象，把重庆长胜发动机制造有限公司一个月的经济业务贯穿于本教材各个任务之中，学生在理论学习的同时，将进行填制凭证、登记账簿和编制会计报表等实务操作，实现了"教学做"一体化，让学生在学中做、做中学；同时，在每一个任务后面还设计了能力实训，能更好地培养学生知识运用能力。

3. 任务驱动。本教材以"项目—任务—作业"来组织教材内容，用情境带入的方式促进学生进行分析和处理，让学生在具体的作业处理过程中学习相关理论，掌握相关职业技能，提升分析和解决实际问题的职业能力。

4. 课证结合。为了增加学生的就业砝码，促进学生的后续发展，本教材在教材内容和能力实训中都参照了最新的助理会计师考试大纲，同时在每个任务下面设置了相应知识点的以前年度的考证回顾或考点总结，让学生在学习过程中更加深刻地掌握到助理会计师考试的内容和题型，为考取助理会计师资格证奠定基础。

5. 适用性强。本教材可以作为高职高专会计、财务管理、审计等专业及其他相关专业的教材使用，也可供成人教育和广大财经类从业人员学习使用，还可以作为助理会计师考试的培训教材。

本书由重庆城市管理职业学院的黄竞老师、唐东升老师和重庆机电职业技术学院的李锐老师担任主编，由重庆城市管理职业学院王颖老师、杨琼宇老师和重庆机电职业技术学院亓国华老师担任副主编。其他参编人员有重庆城市管理职业学院的杨颖燕老师、李敬飞老师、刘婷老师、杨洁老师、秦川老师、张艳老师、夏莉老师和重庆西永微电子产业园区开发有限公司的蒋栋才注册税务师等。各任务编写责任人分别是：任务一唐东升，任务二亓国华，任务三黄竞，任务四蒋栋才（作业一）和张艳（作业二），任务五和任务六杨琼宇，任务七黄竞（作业一、二、三）和李锐（作业四），任务八杨颖燕（作业一、二、三、四、五）和杨洁（作业六、七、八、九），任务九夏莉，任务十李敬飞，任务十一王颖，任务十二秦川，任务十三刘婷。

本教材由金科地产集团股份有限公司财务部副总监、高级会计师、国际注册高级会计师、国际财务管理师周杨梅担任主审，感谢她的辛勤付出。在本教材的编写过程中参考了相关的优秀专业文献资料，在此对相关文献的作者表示诚挚的谢意。

由于水平有限，书中难免有错误和不当之处，敬请读者批评指正，促进我们不断努力以弥补瑕疵。

编　者

CONTENTS 目录

项目一 资产 …………………………………………………………………… (1)
  任务一 核算货币资金 ………………………………………………………… (2)
    作业一 认知货币资金 ……………………………………………………… (5)
    作业二 核算库存现金 ……………………………………………………… (6)
    作业三 清查库存现金 ……………………………………………………… (11)
    作业四 核算银行存款 ……………………………………………………… (14)
    作业五 清查银行存款 ……………………………………………………… (19)
    作业六 核算其他货币资金 ………………………………………………… (20)
  任务二 核算存货 ……………………………………………………………… (25)
    作业一 认知存货 …………………………………………………………… (26)
    作业二 计量存货 …………………………………………………………… (29)
    作业三 核算原材料 ………………………………………………………… (35)
    作业四 核算周转材料 ……………………………………………………… (44)
    作业五 核算委托加工物资 ………………………………………………… (50)
    作业六 核算库存商品 ……………………………………………………… (51)
    作业七 清查存货 …………………………………………………………… (55)
    作业八 核算期末存货价值 ………………………………………………… (57)
  任务三 核算金融资产 ………………………………………………………… (64)
    作业一 认知金融资产 ……………………………………………………… (65)
    作业二 核算以摊余成本计量的金融资产 ………………………………… (68)
    作业三 核算以公允价值计量且其变动计入其他综合收益的金融资产 …… (73)
    作业四 核算以公允价值计量且其变动计入当期损益的金融资产 ……… (76)
    作业五 核算应收款项 ……………………………………………………… (80)
  任务四 核算长期股权投资 …………………………………………………… (93)
    作业一 认知长期股权投资 ………………………………………………… (94)
    作业二 核算长期股权投资 ………………………………………………… (95)
  任务五 核算固定资产 ………………………………………………………… (107)
    作业一 认知固定资产 ……………………………………………………… (108)

作业二　核算固定资产的取得……………………………………………（110）
　　作业三　核算固定资产的折旧……………………………………………（115）
　　作业四　核算固定资产的后续支出………………………………………（120）
　　作业五　核算固定资产的处置……………………………………………（122）
　　作业六　清查固定资产……………………………………………………（124）
　　作业七　核算固定资产的减值……………………………………………（127）
任务六　核算无形资产和其他资产……………………………………………（132）
　　作业一　核算无形资产……………………………………………………（133）
　　作业二　核算其他资产……………………………………………………（145）
任务七　核算投资性房地产……………………………………………………（149）
　　作业一　认知投资性房地产………………………………………………（150）
　　作业二　核算投资性房地产的取得………………………………………（152）
　　作业三　核算投资性房地产的持有………………………………………（154）
　　作业四　核算投资性房地产的处置………………………………………（159）

项目二　权益……………………………………………………………………（165）

任务八　核算债权人权益………………………………………………………（166）
　　作业一　核算应付款项……………………………………………………（167）
　　作业二　核算应付票据……………………………………………………（170）
　　作业三　核算应付职工薪酬………………………………………………（172）
　　作业四　核算银行借款……………………………………………………（179）
　　作业五　核算应付债券……………………………………………………（182）
　　作业六　核算应交税费……………………………………………………（184）
　　作业七　核算长期应付款…………………………………………………（200）
　　作业八　核算预收账款和其他应付款……………………………………（202）
　　作业九　核算预计负债……………………………………………………（204）
任务九　核算所有者权益………………………………………………………（210）
　　作业一　认知所有者权益…………………………………………………（211）
　　作业二　核算投入成本……………………………………………………（213）
　　作业三　核算留存收益……………………………………………………（220）

项目三　收入……………………………………………………………………（227）

任务十　核算收入………………………………………………………………（228）
　　作业一　认知收入…………………………………………………………（229）
　　作业二　核算销售商品收入………………………………………………（231）
　　作业三　核算提供劳务收入………………………………………………（238）
　　作业四　核算让渡资产使用权收入………………………………………（242）
　　作业五　核算其他业务收入………………………………………………（244）

项目四 费用 (249)

任务十一 核算费用 (250)
- 作业一 认知费用 (251)
- 作业二 核算生产成本 (252)
- 作业三 核算营业成本、税金及附加、期间费用 (262)
- 作业四 核算所得税费用 (265)

项目五 利润 (279)

任务十二 核算利润 (280)
- 作业一 核算营业外收入 (281)
- 作业二 核算营业外支出 (286)
- 作业三 核算利润的形成 (288)
- 作业四 核算利润的分配 (292)

项目六 财务报告 (295)

任务十三 编制财务报告 (296)
- 作业一 认知财务报告 (297)
- 作业二 编制资产负债表 (298)
- 作业三 编制利润表 (312)
- 作业四 编制现金流量表 (315)
- 作业五 编制所有者权益变动表 (322)
- 作业六 编制报表附注 (324)

参考文献 (328)

项目一
资　产

 **项目要求**

通过本项目的实施，了解中小企业主要资产内容，掌握货币资金、存货、金融资产、固定资产、无形资产、长期股权投资、投资性房地产等资产管理与核算的规范要求，并能根据具体业务进行职业判断与核算。

项目任务

任务一 核算货币资金

 职业目标

1. 熟悉国家现行的有关现金、银行存款的管理制度和银行支付结算办法；
2. 掌握库存现金收入、支出等业务的账务处理流程和核算方法；
3. 掌握银行存款增减变动及期末对账业务的账务处理流程和核算方法；
4. 掌握其他货币资金的内容和核算方法；
5. 能正确填制和审核支票、银行进账单等与库存现金、银行存款相关的原始凭证；
6. 能正确登记库存现金日记账、银行存款日记账和总账；
7. 能正确编制银行存款余额调节表。

 教学时数

建议教学时数 6 学时，其中讲授 3 学时、实践 3 学时。

 教学指引

1. 了解学生基本信息；
2. 准备一个企业某月期初余额表；
3. 准备记账凭证、库存现金和银行存款日记账、其他货币资金明细账及三种货币资金的总账、会计准则等多种教学材料；
4. 设计一个较好的教学引入情景，如出纳工作场景视频等；
5. 设计会计信息的主要记录内容；
6. 准备现金管理条例、银行结算管理办法等阅读材料。

 典型工作任务

1. 核算库存现金业务；
2. 核算银行存款业务；
3. 核算其他货币资金业务。

项目一 资　产

主要学习内容

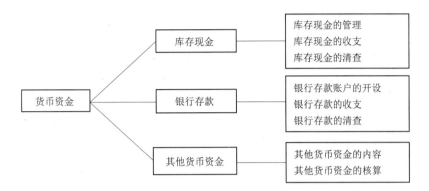

为了实现理实一体，让我们一边学习一边完成一个企业一个月的业务操作，即课程学完就完成了一个企业一个月的会计业务工作，包括建账、分析经济业务、填制记账凭证、登记账簿、期末结算、编制报表等，在正式学习资产项目之前，需要熟悉该企业情况，并建立新账。

重庆长胜发动机制造公司是一家机械制造企业，设立于 2004 年，由重庆金马公司和重庆正和公司共同出资组成。该企业主要从事发动机的制造与销售，注册资本 1 000 万元，基本账户开户银行是中国工商银行。为了获得闲置资金收益，该企业从 2010 年开始涉及证券投资业务，作为交易性金融资产核算。

其他注意事项如下：

1. 重庆长胜发动机制造有限公司的原材料采用计划成本法核算；
2. 重庆长胜发动机制造有限公司的其他存货按实际成本法核算；
3. 月末根据领料单按加权平均法编制"材料发出汇总表"，结算出发出材料的实际成本，登记材料明细账；
4. 投资性房地产采用成本模式计量；
5. 固定资产和累计折旧账户采用序时明细账；
6. 统一使用通用记账凭证，每 10 天编制一次账户汇总表，根据账户汇总表登记总分类账簿；
7. 为保障理论学习的系统性和实务操作的连续性，将部分期末核算工作的相关内容提前到前面学习。
8. 重庆长胜发动机制造有限公司 2019 年 5 月月初有关账户余额如表 1-1 所示。

表 1-1　重庆长胜发动机制造有限公司 2019 年 5 月月初有关账户期初余额　　金额单位：元

总账账户	明细账户	借方金额	贷方金额	备注
库存现金		5 000		
银行存款	中国工商银行	60 332 008.6		
其他货币资金	存出投资款	4 000 000		

续表

总账账户	明细账户	借方金额	贷方金额	备注
交易性金融资产	成本	156 000		
	公允价值变动	20 000		
应收票据	重庆新世纪公司	340 000		
应收账款	重庆万事达公司	125 000		
	重庆啤酒公司	570 000		
其他应收款	小张	8 000		
坏账准备			5 200	
原材料	圆钢	52 000		材料成本差异为借方 2 000 元,数量100千克
	钢板	48 000		材料成本差异为借方 3 000 元,数量200千克
周转材料	包装物	25 000		材料成本差异为-1%,数量 4 000个
	低值易耗品	10 000		
材料成本差异	圆钢	2 000		
	钢板	3 000		
	包装物		250	
库存商品	A产品	250 000		1 000台
	B产品	300 000		800台
可供出售金融资产				
固定资产		47 624 000		
在建工程		400 000 000		
累计折旧			65 340 660.4	
固定资产减值准备			8 000	
投资性房地产	厂房	60 000 000		
投资性房地产累计折旧			1 274 000	
无形资产	专利权	340 000		
	土地使用权	20 000 000		
	非专有技术	4 800 000		
累计摊销			1 360 000	
短期借款			200 000	
应付票据	重庆长江公司		40 000	
应付账款	重庆贝尔公司		117 000	
长期借款			2 000 000	
递延收益			1 000 000	

续表

总账账户	明细账户	借方金额	贷方金额	备注
实收资本	重庆金马公司		6 000 000	
	重庆正和公司		4 000 000	
资本公积			60 000 000	
盈余公积			11 000 000	
利润分配	未分配利润		44 929 898.2	

在建好新账之后，我们就可以开始新的作业了。

作业一　认知货币资金

一、了解货币资金的概念及内容

（一）了解货币资金的概念

货币资金是在企业生产经营过程中以货币形态存在的资产。企业可以直接用货币资金购买货物、支付劳务报酬、偿还债务等。因此，货币资金是企业流动性最强的资产，并且是唯一能够直接转化为其他任何资产形态的流动性资产，也是唯一能代表企业现实购买力水平的资产。企业所拥有的货币资金量更是分析判断企业偿债能力与支付能力的重要指标。

为了确保生产经营活动的正常进行，企业必须拥有一定数量的货币资金，以便购买材料、交纳税费、发放工资、支付利息及股利或进行投资等。

（二）了解货币资金的内容

根据货币资金的存放地点和用途不同，货币资金分为库存现金、银行存款、其他货币资金三类。资产负债表中的货币资金，就是库存现金、银行存款、其他货币资金三个账户余额的合计。

1. 库存现金

现金的概念有狭义和广义之分。狭义的现金是指企业财务部门所掌握的人民币和外币现金。广义的现金是指企业能够掌握和控制的、处于生产经营活动中的、以货币形态存在的资金，既包括财务部门所掌握的资金、财务部门以外的其他各部门的备用资金，也包括银行存款、其他货币资金，还包括其他现金等价物（如国库券、货币市场基金、商业汇票等）；现金流量表中的现金就是指广义的现金，但是从会计核算的范围来看，库存现金仅指存放在财务部门的那部分现金。

2. 银行存款

银行存款是指企业存放在银行或其他金融机构的货币资金。

3. 其他货币资金

其他货币资金是指除库存现金、银行存款以外的其他各种货币资金，如银行本票存款、银行汇票存款、信用卡存款等。

二、熟悉货币资金的内部控制

为了加强对单位货币资金的内部控制与管理,保证货币资金的安全,财政部于 2001 年 6 月 22 日发布了《内部会计控制规范——货币资金(试行)》,规定单位负责人应当对本单位货币资金内部控制的建立健全和有效实施以及货币资金的安全完整负责,并从建立货币资金业务的岗位责任制、配备办理货币资金业务的合格人员、建立货币资金业务授权批准制度、建立责任追究制及货币资金支付业务办理程序等作了具体规定。

内部会计控制规范——货币资金

作业二 核算库存现金

一、熟悉职业规范

(一)明确现金使用范围

根据国务院颁布的《现金管理暂行条例》的规定,企业可以在以下范围内使用现金:
(1)职工工资、津贴;
(2)个人劳务报酬;
(3)根据国家规定颁发给个人的科学技术、文化艺术、体育等各种奖金;
(4)各种劳保、福利费用以及国家规定的对个人的其他支出;
(5)向个人收购农副产品和其他物资的价款;
(6)出差人员必需随身携带的差旅费;
(7)结算起点(人民币 1 000 元)以下的零星支出;
(8)中国人民银行确定需要支付现金的其他支出。
在实际工作中,企业可结合本单位的实际情况,结合上述规定,确定本单位现金的开支范围。

(二)把控现金限额

库存现金限额是指企业的开户银行根据《现金管理暂行条例》的规定,在保证企业日常零星现金支付需要的前提下,允许企业保留的库存现金最高限额。库存现金限额每年核定一次,经核定的库存现金限额,开户单位必须严格遵守。

凡在银行开户的独立核算单位都要核定库存现金限额,一个单位在几家银行开户的,由一家开户银行核定开户单位库存现金限额。独立核算的附属单位,由于没有在银行开户,但需要保留现金,也要核定库存现金限额,其限额可包括在其上级单位库存限额内;商业企业的零售门市部需要保留找零备用金,其限额可根据业务经营需要核定,但不包括在单位库存现金限额之内。

库存现金限额的计算方式一般是:

库存现金=前一个月的平均每天支付的数额(不含每月平均工资数额)×限定天数

为了保证现金的安全,规范现金管理,同时又能保证开户单位的现金正常使用,《现金管理暂行条例》规定,库存现金限额由开户银行根据单位的实际需要和与银行的距离远近来核定，一般按照开户单位 3~5 天日常零星开支的需要量确定，边远地区和交通不便地区的开户单位的库存现金限额，可按多于 5 天但最多不得超过 15 天的日常零星开支的需要量确定。核定后的库存现金限额，开户单位必须严格遵守，超过部分应于当日终了前送存银行。需要增加或减少库存现金限额的单位，应向开户银行提出申请，由开户银行核定。

（三）严格现金收支规定

（1）开户单位收入现金应于当日送存开户银行，当日送存确有困难的，由开户银行确定送存时间。送存现金时，需先由出纳人员清点票款、填写"现金缴款单"，然后送存开户银行。

（2）不得"坐支"现金，即开户单位支付现金，可以从本单位库存现金中支付或从开户银行提取，不得从本单位的现金收入中直接支付，即实施收支两条线。企业因特殊情况需要坐支现金的，应当事先向开户银行提出申请，说明坐支现金的理由。用途和预计坐支的金额，然后由开户银行根据有关规定进行审定。审定后，企业应当严格按照开户银行核定的坐支范围和坐支限额坐支现金，并定期向银行报送坐支金额和使用情况。

（3）开户单位从开户银行提取现金，一般是由出纳人员填写"现金支票"，由本单位财会部门负责人签字并加盖预留银行的印鉴后，到开户银行办理提取现金业务。

（4）因采购地点不确定、交通不便、抢险救灾及其他特殊情况必须使用现金的单位，应向开户银行提出书面申请，由本单位财会部门负责人签字盖章，经开户银行审查批准后予以支付现金。

（5）出纳人员在办理现金收入业务时，应当面点清现金数额，开出现金收据，并加盖"现金收讫"印章和出纳人员名章。

（6）出纳人员在办理现金支出业务时，应认真审核现金付款凭证，并加盖"现金付讫"印章。根据付款凭证所列金额支付现金，同时在付款凭证上的"出纳"栏签字盖章。

（7）现金管理"八不准"。按照《现金管理暂行条例》及其实施细则规定，企业事业单位和机关团体部队现金管理应遵循"八不准"即：不准用不符合财务制度的凭证顶替库存现金（即不得白条顶库）、不准单位之间互相借用现金、不准谎报用途套取现金、不准利用银行账户代其他单位和个人存入或支取现金、不准将单位收入的现金以个人名义存入储蓄、不准保留账外公款、不准发行变相货币、不准以任何票券代替人民币在市场上流通。

（8）企业除工资性支出和农副产品采购现金支出外，在提取大额现金时，要填写大额现金支取登记表，该表内容主要包括：支取时间、企业名称、金额、用途等，由开户银行建立台账，报当地人民银行分支机构备案。

（四）加强现金内部控制

库存现金是企业流动性最强的资产，很容易出现挪用、短缺、盈余等现象，企业发生的舞弊事件也大多与现金有关。因此，企业应根据《现金管理暂行条例》的规定，加强现金内部控制，监督现金使用的合法性和合理性。

（1）钱账分管制度。企业应配备专职的出纳员，办理现金收付和结算业务，登记现金和银行存款日记账，保管库存现金和各种有价证券，保管好有关印章、空白收据和空白支票；出纳员不得兼管稽核、会计档案保管和收入、费用、债权债务账目的登记工作。

（2）现金开支审批制度。明确企业现金开支范围；明确各种报销凭证，规定各种现金支付业务的报销手续和办法；确定各种现金支出的审批权限。

（3）现金日清月结制度。日清是指出纳员对当日的现金收付业务全部登记库存现金日记账，结出账面余额，并与实有现金核对，保证账实相符；同时，月度终了，出纳员必须对现金日记账按月结账，并将库存现金日记账的余额与"库存现金"总分类账的余额核对，做到账账相符，此为月结。

（4）现金保管制度。库存现金超过限额的部分，应在下班前送存银行；除工作时间需用的小额现金外一律放入保险柜；限额内的库存现金核对后，放入保险柜；不得公款私存；纸币和铸币应分类保管。

（五）设置与登记库存现金账户

为加强库存现金收支业务的核算，企业应设置库存现金日记账和总分类账，分别进行库存现金序时核算和总分类核算。

库存现金日记账一般采用三栏式的订本式账簿，日常工作中也有采用多栏式的订本式账簿的，由出纳员根据审核无误的现金收款、付款凭证和银行存款付款凭证，逐日逐笔顺序登记；库存现金总分类账采用三栏式的订本式账簿，由会计负责，可以直接根据记账凭证登记，也可以根据汇总记账凭证或账户汇总表登记。

登记库存现金日记账时，应注意以下栏目的填写方法：

1. 日期

库存现金日记账是依据记账凭证登记的，因此，库存现金日记账中的"日期"应为编制该记账凭证的日期，不能填写原始凭证上记载的发生或完成该经济业务的日期，也不是实际登记该账簿的日期。

2. 凭证编号

"凭证字号"栏中应填入据以登账的会计凭证类型及编号。如：企业采用通用凭证格式，根据记账凭证登记现金日记账时，填入"记×号"；企业采用专用凭证格式，根据现金收款凭证登记现金日记账时，填入"收×号"。

3. 摘要

"摘要"栏简要说明入账的经济业务的内容，力求简明扼要。一般来说，应与记账凭证上的摘要一致。

4. 对应账户

"对应账户"栏应填入会计分录中"库存现金"账户的对应账户，用以反映库存现金增减变化的来龙去脉。在填写对应账户时，应注意以下三点：

（1）对应账户只填总账账户，不需填明细账户；

（2）当对应账户有多个时，应填入主要对应账户，如销售产品收到现金，则"库存现金"的对应账户有"主营业务收入"和"应交税费"，此时可在对应账户栏中填入"主营业务收入"，在借方金额栏中填入取得的现金总额，而不能将一笔现金增加业务拆分成两个对应账户金额填入两行；

（3）当对应账户有多个且不能从账户上划分出主次时，可在对应账户栏中填入其中金额较大的账户，并在其后加上"等"字。如用现金 800 元购买零星办公用品，其中 300 元由车间负担、500 元由行政管理部门负担，则在现金日记账"对应账户"栏中填入"管理费用等"，在贷方金额栏中填入支付的现金总额800元。

5. 借方、贷方

"借方金额"栏、"贷方金额"栏应根据相关凭证中记录的"库存现金"账户的借贷方向及金额记入。

6. 余额

"余额"栏应根据"本行余额＝上行余额＋本行借方金额－本行贷方金额"公式计算填入。

正常情况下库存现金不允许出现贷方余额，因此，现金日记账余额栏前一般未印有借贷方向，其余额方向默认为借方。若在登记现金日记账过程中，由于登账顺序等特殊原因出现了贷方余额，则在余额栏用红字登记，表示贷方余额。

二、进行职业判断与操作

【情境1-1】 2019年5月1日，重庆长胜发动机制造有限公司办公室主任贾玉因公到北京出差，预借差旅费6 000元。

员工预借的差旅费，需要员工出差回单位后凭票据报销。在报销之前，单位有权收回借款。在没收回之前，形成单位的应收款项，但不是销售形成的货款，应记入"其他应收款"。即"其他应收款"增加记借方，"库存现金"减少记贷方。因此，应进行如下操作：

借：其他应收款——贾玉　　　　　　　　　　　　　　　　　　　6 000
　　贷：库存现金　　　　　　　　　　　　　　　　　　　　　　　　6 000

根据【情境1-1】的会计分录，填制重庆长胜发动机制造有限公司本月记账凭证，并登记相关日记账和明细账。

【情境1-2】 2019年5月1日，重庆长胜发动机制造有限公司职工张宝因损坏公物，交来罚款100元。

以现金方式收到罚款100元，企业库存现金增加，应借记"库存现金"100元，该资金来源于罚款收入，非营业收入，应列入营业外收入，在贷方登记"营业外收入"100元。因此，应进行如下操作：

借：库存现金　　　　　　　　　　　　　　　　　　　　　　　　　100
　　贷：营业外收入　　　　　　　　　　　　　　　　　　　　　　　　100

根据【情境1-2】的会计分录，填制重庆长胜发动机制造有限公司记账凭证，并登记相关日记账和明细账。

【情境1-3】 2019年5月2日，办公室主任贾玉出差归来，实际报销差旅费5 500元，余款退回财务处。

办公室主任出差发生的差旅费，属于管理费用性质，应在"管理费用"中列支。原来预借的6 000元实际只报销了5 500元，因此，管理费用增加5 500元，余款500元退回，财务部门的库存现金相应增加500元。报账后，原来贾玉预借的6 000元，已被用完，应冲销原来的"其他应收款"。因此，应进行如下操作：

借：管理费用　　　　　　　　　　　　　　　　　　　　　　　　　5 500
　　库存现金　　　　　　　　　　　　　　　　　　　　　　　　　　500
　　贷：其他应收款——贾玉　　　　　　　　　　　　　　　　　　　6 000

根据【情境1-3】的会计分录，填制重庆长胜发动机制造有限公司记账凭证，并登记相关日记账和明细账。

【学中做】在【情境1-3】中，如果贾玉出差归来，实际报销差旅费6 500元，出纳补齐差额，应如何进行操作？

【情境1-4】2019年5月2日某会计师事务所对重庆长胜发动机制造有限公司审计，发现"其他应收款"明细账中的一项记录的摘要为拨付备用金，金额为1 000元，查阅到相关记账凭证所附的原始凭证上借款单位是空白，领款人为单位会计代领。经查实该会计人员承认暂借公司1 000元，该款项并没有拨付给任何部门。

该会计人员利用工作之便伪造备用金，将公款挪作私用，系违规行为，应退回公款，并接受处罚。假设会计人员现已退回公款，并交来罚款200元，则应进行如下操作：

借：库存现金　　　　　　　　　　　　　　　　　　　　　　　1 200
　　贷：其他应收款——备用金　　　　　　　　　　　　　　　　1 000
　　　　营业外收入　　　　　　　　　　　　　　　　　　　　　　200

根据【情境1-4】的会计分录，填制重庆长胜发动机制造有限公司记账凭证，并登记相关日记账和明细账。

知识链接

备用金是指企业财会部门拨付给非独立核算的内部用款单位或职工个人作为日常零星开支的备用款项。备用金的使用方法是先借后用、凭据报销。

企业可单独设置"备用金"账户进行备用金的核算，也可直接在"其他应收款——备用金"账户中进行核算。

根据管理方式的不同，备用金可分为定额备用金和非定额备用金两种。

一、定额备用金

定额备用金，是指企业内部非独立核算的单位或个人按定额持有的备用金，即由指定的备用金负责人按照规定的数额领取，实际支用后，凭有效单据向财会部门报销，财会部门根据报销数用现金补足原备用金定额。实行定额备用金制度的企业，报销数和拨补数都不通过"备用金"或"其他应收款——备用金"账户核算。

拨付备用金时，借记"备用金"或"其他应收款——备用金"，贷记"库存现金"；报销时，借记"管理费用"等，贷记"库存现金"。

二、非定额备用金

非定额备用金，是指企业内部非独立核算的单位或个人不按固定定额持有的备用金，用款部门根据实际需要向财会部门领取备用金，使用后凭有关单据向财会部门报销，并减少备用金，直到用完为止。如需补充备用金，再另行办理拨款和领款手续。对用于收购农副产品的备用金，在集中收购旺季时一般采用非定额管理的办法，在淡季零星收购时则采用定额管理的办法，实行交货补款。

拨付备用金时，借记"备用金"或"其他应收款——备用金"，贷记"库存现金"；报销时，借记"管理费用"等，贷记"备用金"或"其他应收款——备用金"。

https：//baike.so.com/doc/5412067-5650190.html

项目一　资　产

作业三　清查库存现金

一、熟悉职业规范

（一）开展库存现金清查

为了加强对现金出纳保管工作的监督，保证账款相符，防止现金的丢失、短少和差错，防止现金舞弊行为的发生，企业必须建立现金的清查制度并认真执行。

库存现金的清查，一般采用实地盘点法，确定库存现金的实存数，再与现金日记账账面余额进行核对，以查明盈亏情况。库存现金的盘点，应由清查人员会同现金出纳人员共同负责。具体盘点时应注意以下三个环节：

（1）盘点前，出纳人员应先将现金收、付款凭证全部登记入账，并结出余额；盘点时，出纳人员必须在场，现金应逐张清点，如发现盘盈、盈亏，必须会同出纳人员核实清楚。

（2）盘点时，除查明账实是否相符外，还要查明有无违反现金管理制度规定，有无以"白条"抵充现金，现金库存有否超过银行核定的限额，有无坐支现金等。

（3）盘点结束后，应根据盘点结果，填制"库存现金盘点报告表"，并由检查人员和出纳人员签名或盖章。此表具有双重性质，既是盘存单又是账存实存对比表；既是反映现金实存数调整账簿记录的重要原始凭证，也是分析账实发生差异原因、明确经济责任的依据。

（二）处理库存现金清查结果

库存现金清查结束后，如果发现有挪用现金、白条顶库的情况，应及时予以纠正；对于超限额留存的现金应及时送存银行。如果账款不符，发现有待查明原因的现金短缺或溢余，应先通过"待处理财产损溢"账户调账，做到账实相符；经查明原因并按管理权限批准后，应分别按以下情况进行处理：

（1）如为现金短缺，属于应由责任人赔偿或保险公司赔偿的部分，计入其他应收款；属于无法查明具体原因的，计入管理费用。

（2）如为现金溢余，属于应支付给有关人员或单位的，计入其他应付款；属于无法查明具体原因的，计入营业外收入。

为了反映现金清查结果与处理情况，企业应设置以下账户：

（1）"待处理财产损溢"账户。该账户属于资产类，用来核算企业在清查财产过程中查明的各种财产盘盈、盘亏和毁损的价值。会计准则规定，企业的财产损溢应查明原因，在期末结账前处理完毕，处理后，"待处理财产损溢"应无余额。对于年中各月末"待处理财产损溢"余额，可以根据该财产的流动性分别列示于资产负债表中的"其他流动资产"或"其他非流动资产"项下。同时，在该账户下可设置"待处理流动资产损溢"和"待处理固定资产损溢"明细账进行明细核算。

严格说来，"待处理财产损溢"是一个极为特殊的账户，具有双重性、过渡性。该账户借方登记的是企业的财产损失，在未处理之前，仍是企业资产的一种存在形式，具有资产性质；而贷方登记的是企业的财产盈余，反映了资产取得的一种特殊方式，具有权益性质。同时，通过资产清查获得的盘盈、盘亏信息需要先计入该账户，然后再做进一步的处理，这样就会有一定的挂账期，因此该账户具有过渡性。

在出纳岗位业务中，"待处理财产损溢"账户用来核算库存现金的盘盈或盘亏。

（2）"其他应付款"账户。该账户属于负债类账户，用来核算企业应付、暂收其他单位或个人的款项，如应付租入固定资产和包装物租金、存入保证金、应付统筹退休金等。企业发生的各种应付、暂收款项，借记"银行存款""管理费用"等账户，贷记"其他应付款"账户；支付时，借记"其他应付款"账户，贷记"银行存款"等账户。

在现金清查业务中，"其他应付款"账户用来核算盘盈的现金中，应付给其他单位或个人的部分。

（3）"营业外收入"账户。该账户属于损益类账户，用来核算企业发生与企业生产经营无直接关系的各项收入，包括处理固定资产净收益、违约金收入、确实无法支付而应转作营业外收入的应付款项、教育费附加返还等。企业发生营业外收入时，借记"现金""银行存款""待处理财产损溢""固定资产清理""应付账款"等账户，贷记"营业外收入"账户。期末应将"营业外收入"账户余额转入"本年利润"账户，即借记"营业外收入"账户，贷记"本年利润"账户。结转后本账户应无余额。

在现金清查业务中，"营业外收入"账户用来核算盘盈的现金中，无法查明具体原因确实无法支付而应转作营业外收入的部分。

（4）"其他应收款"账户。"其他应收款"账户属于资产类账户，核算企业除应收票据、应收账款、预付账款以外的其他各种应收、暂付款项，包括各种赔款、罚款、存出保证金、备用金、应向职工收取的各种垫付款项等。企业发生其他的各种应收款项时，借记"其他应收款"账户，贷记有关账户；收回各种款项时，借记有关账户，贷记"其他应收款"账户。

在现金清查业务中，"其他应收款"账户用来核算短缺现金中应由出纳或保险公司赔偿的部分。

（5）"管理费用"账户。该账户属于损益类账户，用来核算企业行政管理部门为组织和管理生产经营活动而发生的管理费用，包括工资和福利费、折旧费、工会经费、业务招待费、技术转让费、无形资产摊销、职工教育经费、劳动保险费、行业保险费、研究开发费、坏账损失费等。企业发生各项管理费用，借记"管理费用"账户，贷记"现金""银行存款""预付账款""递延资产""无形资产""累计折旧""应交税费""应付工资""应付福利费""坏账准备"等账户。月末应将"管理费用"账户余额转入"本年利润"账户，结转后"管理费用"账户应无余额。

在现金清查业务中，"管理费用"账户用来核算短缺现金中，无法查明原因的部分。

现金清查业务的账务处理程序如图1-1、图1-2所示。

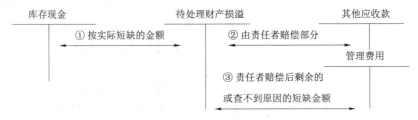

图1-1 现金短缺业务账务处理程序

项目一 资 产

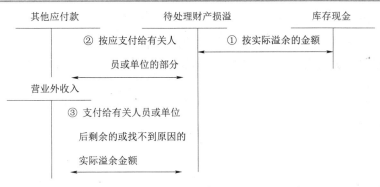

图 1-2 现金溢余业务账务处理程序

二、进行职业判断与操作

【情境 1-5】2019 年 5 月 2 日,重庆长胜发动机制造有限公司在现金清查中发现,库存现金账面余额比实际少 150 元。3 日查明原因为:办公室秘书小陶购买办公用品报账时少付了 100 元,其余 50 元无法查明原因,经批准转入营业外收入。

2 日发现盈余现金 150 元,即现金增加 150 元,为保证账实相符,应在"库存现金"借方登记;在查明原因前应先记入"待处理财产损溢"的贷方,等待查明原因再处理。因此,应进行如下操作:

借:库存现金　　　　　　　　　　　　　　　　　　　　　　　150
　　贷:待处理财产损溢——待处理流动资产损溢　　　　　　　　　　150

3 日查明原因后,小陶报账时少付的 100 元应付给秘书小陶,未支付时列入其他应付款;无法查明原因的按规定转入营业外收入。应进行如下操作:

借:待处理财产损溢——待处理流动资产损溢　　　　　　　　　　150
　　贷:其他应付款——小陶　　　　　　　　　　　　　　　　　　100
　　　　营业外收入　　　　　　　　　　　　　　　　　　　　　　50

根据【情境 1-5】的会计分录,填制重庆长胜发动机制造有限公司记账凭证,并登记相关日记账和明细账。

以后实际支付报账时少付给小陶的 100 元时,应同时减少库存现金和其他应付款。

借:其他应付款——小陶　　　　　　　　　　　　　　　　　　100
　　贷:库存现金　　　　　　　　　　　　　　　　　　　　　　　100

【情境 1-6】2019 年 5 月 4 日,重庆长胜发动机制造有限公司现金清查结果为:库存现金账面余额 5 000 元,实际库存 4 600 元。当日查明原因系出纳员小万工作失误引起的短缺,应由其赔偿。

实际库存比账面余额少 400 元,属于现金短缺,即库存现金减少,应在贷方登记"库存现金"400 元,查明原因前,先记入"待处理财产损溢"借方。因此,应作如下操作:

借:待处理财产损溢——待处理流动资产损溢　　　　　　　　　　400
　　贷:库存现金　　　　　　　　　　　　　　　　　　　　　　　400

现已查明原因系出纳员小万工作失误,应由其赔偿,收到赔偿款之前,先记入"其他应收款"。

借：其他应收款——小万 400
　　贷：待处理财产损溢——待处理流动资产损溢 400

根据【情境 1-6】的会计分录，填制重庆长胜发动机制造有限公司记账凭证，并登记相关日记账和明细账。

以后收到小万的赔偿款时，应增加库存现金，同时减少其他应收款。会计分录为：
借：库存现金 400
　　贷：其他应收款——小万 400

考证回顾

【单选题】（2015 年）企业无法查明原因的现金溢余，应做的处理是（　　）。
A. 冲减管理费用　　　　　　　　　　B. 增加营业外收入
C. 冲减财务费用　　　　　　　　　　D. 增加其他业务收入

作业四　核算银行存款

一、熟悉职业规范

（一）开立银行结算账户

企业日常经营活动中，除了按规定留存库存现金限额外，所有货币资金都必须存入银行；企业与其他单位之间的一切收付款项，除制度规定可用现金支付的以外，都必须通过银行办理转账结算。因此，企业必须在银行开立账户。为规范人民币银行结算账户的开立和使用，加强银行结算账户管理，维护经济金融秩序稳定，中国人民银行根据《中华人民共和国中国人民银行法》和《中华人民共和国商业银行法》等法律法规，制定了《人民币银行结算账户管理办法》。该管理办法明确规定：银行结算账户是指银行为存款人开立的办理资金收付结算的人民币活期存款账户，按存款人不同分为单位银行结算账户和个人银行结算账户。在此我们只了解单位银行结算账户。

存款人以单位名称开立的银行结算账户为单位银行结算账户。个体工商户凭营业执照以字号或经营者姓名开立的银行结算账户纳入单位银行结算账户管理。

单位银行结算账户按用途分为基本存款账户、一般存款账户、临时存款账户、专用存款账户。

（1）基本存款账户是存款人办理日常转账结算和现金收付的账户。存款人的工资、奖金及其他现金的支取，只能通过本账户办理。一个企业只能选择一家银行的一个营业机构开立一个基本存款账户。

（2）一般存款账户是存款人因借款或其他结算需要，在基本存款账户开户银行以外的银行营业机构开立的银行结算账户。该账户可以办理现金缴存，但不得办理现金支取。开立基本存款账户的存款人都可以开立一般存款账户，且开立数量没有限制，但一个企业不得在同一家银行的几个分支机构开立一般存款账户。

（3）临时存款账户主要是因设立临时机构、异地临时经营活动、验资等临时需要在规定期限内使用而开立的银行结算账户，临时存款账户最长使用年限不超过 2 年。最常见的临时账户为企业验资账户。存款人可以通过本账户办理转账结算和根据国家现金管理的规定办理现金收付。

（4）专用存款账户是存款人对特定用途资金进行专项管理和使用而开立的银行结算账户，如基本建设资金、更新改造资金、财政预算外资金、社会保障基金等的管理和使用均需要开立专用存款账户。

企业开立银行账户一般需要提供以下资料：① 营业执照；② 组织机构代码证；③ 法定代表人身份证；④ 税务登记证；⑤ 经办人身份证及授权书；⑥ 企业公章、法人章、财务印鉴章等；⑦ 开户许可证（初创验资和基本账户开户时无须提供）。实行多证合一的地区，只需要提交营业执照、开户申请书、法定代表人（单位负责人）身份证即可。

（二）熟悉结算方式

结算亦称货币结算，是在商品经济条件下，各经济单位间由于商品交易、劳务供应和资金调拨等经济活动而引起的货币收付行为。在我国，根据不同经济往来的特点、形式及需要，分为现金结算和转账结算两种方式。

现金结算是收付款双方直接以现金进行的收付。转账结算是通过银行或网上支付平台将款项从付款单位账户划转到收款单位账户的货币收付行为。

根据中国人民银行《支付结算办法》的规定，现行的银行结算方式包括：银行汇票、银行本票、商业汇票、支票、汇兑、托收承付、委托收款、信用卡和信用证等。这九种结算方式根据结算地点的不同，可以划分为同城结算方式、异地结算方式和通用结算方式三大类。其中，同城结算方式是指在同一城市范围内各单位或个人之间的经济往来通过银行办理款项划转的结算方式，具体有支票和银行本票；异地结算方式是指不同城镇、不同地区的单位或个人之间的经济往来通过银行办理款项划转的结算方式，具体包括银行汇票、汇兑结算和托收承付；通用结算方式是指既适用于同一城市范围内的结算，又适用于不同城镇、不同地区的结算，具体包括商业汇票和委托收款、信用卡、信用证。

1. 银行汇票

银行汇票，是汇款人将款项交存当地出票银行（开户银行），由出票银行签发，并在见票时无条件支付给收款人或持票人实际结算金额的票据。

银行汇票适用于单位、个体经营户和个人向同城、异地支付的各种款项，具有应用范围广、使用灵活的特点，但实务中都是异地使用。银行汇票采用记名方式，可以用于转账，填用"现金"字样的也可用于支取现金（申请人或收款人为单位的，不得申请现金银行汇票）。银行汇票的付款期限为 1 个月（不分月大月小，按次月对日计算，到期日遇节假日顺延），过期可办理退款；按实结算，多余款项由开户银行自动退回；可背书转让。

2. 银行本票

银行本票，是申请人将款项缴存银行，由银行签发并承诺自己见票时无条件支付确定金额给收款人或持票人的票据。银行本票按照其金额是否固定可分为不定额和定额两种。不定额银行本票是指凭证上金额栏是空白的，签发时根据实际需要填写金额，并用压数机压印金额的银行本票；定额银行本票是指凭证上预先印有固定面额的银行本票。定额银行本票面额为1 000元、5 000元、10 000元和50 000元。银行本票提示付款期限自出票日起最长不得超过2个月。银行汇票一律记名，可以用于转账，注明"现金"字样的也可用于支取现金（申请人或收款人为单位的，不得申请现金银行本票）；银行本票见票即付，不予挂失，银行汇票采用记名方式，可以用于转账，注明"现金"字样的也可用于支取现金；可背书转让。

银行汇票与银行本票的区别

3. 商业汇票

商业汇票是出票人签发的，委托付款人在指定日期无条件支付确定的金额给收款人或者持票人的票据。在银行开立存款账户的法人以及其他组织之间，必须具有真实的交易关系或债权债务关系，才能使用商业汇票。商业汇票的付款期限由交易双方商定，但最长不得超过6个月。商业汇票的提示付款期自汇票到期日起10日内。商业汇票可以背书转让，也可向银行申请贴现。

商业汇票按承兑人不同，分为商业承兑汇票和银行承兑汇票。商业承兑汇票由银行以外的付款人承兑（付款人为承兑人），银行承兑汇票由银行承兑。

商业承兑汇票是由银行以外的付款人承兑的票据。商业承兑汇票可以由付款人签发并承兑，也可以由收款人签发交由付款人承兑。商业承兑汇票的付款人开户银行收到通过委托收款寄来的商业承兑汇票，将商业承兑汇票留存，并及时通知付款人。

（1）付款人收到开户银行的付款通知，应在当日通知银行付款。付款人在接到通知日的次日起3日内（遇法定休假日顺延，下同）未通知银行付款的，视同付款人承诺付款，银行应于付款人接到通知日的次日起第4日（法定休假日顺延，下同）上午开始营业时，将票款划给持票人。

（2）银行在办理划款时，付款人存款账户不足支付的，应填制付款人未付票款通知书，连同商业承兑汇票邮寄持票人开户银行转交持票人。

（3）付款人存在合法抗辩事由拒绝支付的，应自接到通知日的次日起3日内，提交拒绝付款证明给开户银行，银行将拒绝付款证明和商业承兑汇票邮寄持票人开户银行转交持票人。

银行承兑汇票是由出票人签发并由其开户银行承兑的票据。每张票面金额最高为1 000万元（含）。银行承兑汇票按票面金额向承兑申请人收取万分之五的手续费，不足10元的按10元计。承兑期限最长不超过6个月。出票人在银行承兑汇票到期未能足额交存票款时，承兑银行除凭票向持票人无条件付款外，对出票人尚未支付的汇票金额按照每天万分之五计收罚息。

4. 支票

支票是指发票人签发的委托银行等金融机构于见票时支付一定金额给收款人或其他指定人的一种票据。

我国《票据法》按照支付票款的方式，将支票分为现金支票、转账支票、普通支票三种。支票上印有"现金"字样的为现金支票，现金支票只能用于支取现金；支票上印有"转账"字样的为转账支票，转账支票只能用于转账；未印有"现金"或"转账"字样的为普通支票，普通支票可以支取现金，也可转账；在普通支票左上角划两条平行线的，为划线支票，划线支票只能用于转账，不得支取现金。

单位和个人均可使用支票进行结算。具体使用时应注意：

（1）转账支票可以背书转让，现金支票不得背书转让。

（2）支票提示付款期为 10 天（从签发支票的当日起，到期日遇例假顺延）。

（3）支票签发的日期、大小写金额和收款人名称不得更改，其他内容有误，可以划线更正，并加盖预留银行印鉴证明。

（4）支票发生遗失，可以向付款银行申请挂失止付；挂失前已经支付，银行不予受理。

（5）出票人签发空头支票、印章与银行预留印鉴不符的支票，银行除将支票做退票处理外，还要按票面金额处以 5%但不低于 1 000 元的罚款。持票人有权要求出票人赔偿支票金额 2%的赔偿金。

5. 汇兑

汇兑是汇款人委托银行将款项支付给收款人的结算方式。汇兑根据划转款项的不同方法以及传递方式的不同可以分为信汇和电汇两种，由汇款人自行选择。

信汇是汇款人向银行提出申请，同时交存一定金额及手续费，汇出行将信汇委托书以邮寄方式寄给汇入行，授权汇入行向收款人解付一定金额的一种汇兑结算方式。

电汇是汇款人将一定款项交存汇款银行，汇款银行通过电报或电传给目的地的分行或代理行（汇入行），指示汇入行向收款人支付一定金额的一种汇款方式。

在这两种汇兑结算方式中，信汇费用较低，但速度相对较慢，而电汇具有速度快的优点，但汇款人要负担较高的电报电传费用，因而通常只在紧急情况下或者金额较大时适用。另外，为了确保电报的真实性，汇出行在电报上加注双方约定的密码；而信汇则不需加密码，签字即可。

6. 托收承付

托收承付结算又称"异地托收承付结算"，是指根据购销合同由收款人发货后委托银行向异地购货单位收取货款，购货单位根据合同核对单证或验货后，向银行承认付款的一种结算方式。托收承付结算方式只适用于异地订有经济合同的商品交易及相关劳务款项的结算。代销、寄销、赊销商品的款项，不得办理托收承付结算。托收承付结算每笔的金额起点为 10 000 元，新华书店系统每笔金额起点为 1 000 元。

《支付结算办法》规定，办理托收承付必须具备以下三个前提条件：① 收付双方使用托收承付结算必须签有符合《经济合同法》的购销合同，并在合同中注明使用异地托收承付结算方式。② 收款人办理托收，必须具有商品确已发运的证件。③ 收付双方办理托收承付结算，必须重合同、守信誉。根据《支付结算办法》规定，若收款人对同一付款人发货托收累计三次收不回货款的，收款人开户银行应暂停收款人向付款人办理托收；付款人累计三次提出无理拒付的，付款人开户银行应暂停其向外办理托收。

托收承付的付款方式有验单付款和验货付款两种方式，应在合同中予以注明。验单付款的承付期为 3 天，验货付款的承付期为 10 天。承付期内购货企业未表示拒绝付款的，银行视为同意承付，于承付期满的次日上午银行开始营业时，将款项划给销货企业。付款单位开户银行对不足支付的托收款项可作逾期付款处理，但对拖欠单位按每日 0.05%计算逾期付款赔偿金。

7. 委托收款

委托收款，是指收款人委托银行向付款人收取款项的结算方式。委托收款分邮寄和电报两种，由收款人选用。前者是以邮寄方式由收款人开户银行向付款人开户银行转送委托收款凭证、提供收款依据的方式，后者则是以电报方式由收款人开户银行向付款人开户银行转送委托收款凭证，提供收款依据的方式。

凡在银行或其他金融机构开立账户的单位或个人的商品交易,公用事业单位向用户收取水电费、邮电费、燃气费、公房租金等劳务款项以及其他应收款项，无论是在同城还是异地，均可使用委托收款的结算方式。可以使用委托收款结算方式的凭证有：已承兑商业汇票、债券、定期储蓄存款、定活两便储蓄存款、活期储蓄存款等。

付款人应于接到通知的3日内书面通知银行付款。付款人未在规定期限内通知银行付款的，视同同意付款，银行应于付款人接到通知日的次日起第4日上午开始营业时，将款项划给收款人。

银行在办理划款时，付款人存款账户不足支付的，应通过被委托银行向收款人发出未付款项通知书。按照有关办法规定，债务证明留存付款人开户银行的，应将其债务证明连同未付款项通知书邮寄被委托银行转交收款人。

8. 信用卡

信用卡是商业银行向个人或单位发行的，凭以向特约单位购物、消费和向银行存取现金，且具有消费信用的特制载体卡片。信用卡可以透支，透支还款期限最长为60天。

按发行对象不同，信用卡分为单位卡和个人卡。凡在中国境内金融机构开立基本存款账户的单位均可申请单位卡。单位卡账户的资金一律从基本存款账户转入，不得交存现金，也不得将销售收入的款项存入信用卡，且不得用于10万元以上的商品交易、劳务供应款项的结算，不得支取现金。

根据清偿方式的不同，信用卡可分为贷记卡和准贷记卡。贷记卡是指银行发行的、并给予持卡人一定信用额度、持卡人可在信用额度内先消费后还款的信用卡；准贷记卡是指银行发行的，持卡人按要求交存一定金额的备用金，当备用金账户余额不足支付时，可在规定的信用额度内透支的准贷记卡。通常所说的信用卡，一般单指贷记卡。

9. 信用证

信用证是开证行根据开证申请人（付款人）的申请，向受益人（收款人）开出的有一定金额、并在一定期限内凭规定的单据承诺付款的付款承诺书。信用证的性质是一种银行信用，即由银行对买卖双方提供信用保证。信用证是国际贸易中最主要、最常用的支付方式。

信用证方式有三个特点：

一是信用证是一项自足文件（self-sufficient instrument）。信用证不依附于买卖合同，银行在审单时强调的是信用证与基础贸易相分离的书面形式上的认证，而不管销货方是否改造合同以及履行合同的程度如何。

二是信用证方式是纯单据业务（pure documentary transaction）。信用证是凭单付款，不以货物为准。只要单据相符，开证行就应无条件付款，不管货物的真假好坏。

三是开证银行负首要付款责任（primary liabilities for payment）。信用证是一种银行信用，它是银行的一种担保文件，开证银行对支付有首要付款的责任。

（三）设置和登记银行存款账户

为加强对银行存款的管理，及时了解和掌握银行存款的存、取和结存情况，企业应当设置银行存款总账和日记账。其中银行存款日记账应按照开户银行和其他金融机构、存款种类、币种等分别设置，进行银行存款的明细核算。银行存款日记账应定期与银行对账单核对，月份终了，银行存款日记账的余额必须与银行总账余额核对相符。

银行存款日记账和总账的登记与库存现金日记账和总账的登记原理相同。

二、进行职业判断与操作

【情境 1-7】 2019 年 5 月 4 日,重庆长胜发动机制造有限公司向中国工商银行借入一笔生产经营用短期借款 60 000 元,期限 5 个月,年利率为 6%。根据借款协议规定,该项借款的本金到期后一次归还,利息分月预提,按季支付。借款已于当日收到。

在实际工作中,向银行借入的款项都是通过银行转账到企业的存款账户,由于当日已收到借款,因此,应增加银行存款,在借方登记"银行存款"。该银行存款来源于借款,而且借款期限为 6 个月,应确认为企业的流动负债,在贷方登记"短期借款"。因此,应作如下操作:

借:银行存款　　　　　　　　　　　　　　　　　　　　　　　60 000
　　贷:短期借款　　　　　　　　　　　　　　　　　　　　　　60 000

根据【情境 1-7】的会计分录,填制重庆长胜发动机制造有限公司记账凭证,并登记相关日记账和明细账。

【情境 1-8】 2019 年 5 月 4 日,重庆长胜发动机制造有限公司收到重庆啤酒公司前欠货款 150 000 元;同日,用银行存款支付 20 000 元因违反税法规定的罚款。

公司收到重庆啤酒公司前欠货款,银行存款增加,应在借方登记"银行存款",同时,应向重庆啤酒公司收取的货款减少,即应收账款减少,应在贷方登记"应收账款"。因此,应作如下操作:

借:银行存款　　　　　　　　　　　　　　　　　　　　　　　150 000
　　贷:应收账款——重庆啤酒公司　　　　　　　　　　　　　150 000

同时,当天用银行存款支付了罚款 20 000 元,银行存款减少,应在贷方登记"银行存款";由于罚款不是企业日常经营业务的支出,应列入营业外支出中,即在借方登记"营业外支出"。因此,应作如下操作:

借:营业外支出　　　　　　　　　　　　　　　　　　　　　　20 000
　　贷:银行存款　　　　　　　　　　　　　　　　　　　　　　20 000

根据【情境 1-8】的会计分录,填制重庆长胜发动机制造有限公司记账凭证,并登记相关日记账和明细账。

作业五　清查银行存款

一、熟悉职业规范

为了准确掌握银行存款的实际金额,防止记账发生差错,企业应定期对银行存款进行清查。银行存款的清查是采用对账法,即银行存款日记账与开户银行对账单进行核对,正常情况下,双方的余额应一致,如果不一致,可能有两个原因:记账错误和未达账项。记账错误是指企业或银行对存款的收入或支出的错记或漏记;未达账项是指银行和企业对同一笔款项的收付业务,因取得凭证的时间不同,发生的一方已取得凭证并登记入账,而另一方尚未取得凭证没有登记入账的款项。

在逐笔核对时,如果发现记账错误,就按错账更正法进行更正。如果发现未达账项,为了消除各种未达账项对企业和银行双方存款余额的影响,应编制"银行存款余额调节表"对未达账项进行调整，以便掌握实现的银行存款余额。

银行存款余额调节表的编制可用公式表示如下：

银行存款日记账调节后的余额=现有余额+银行已收企业未收款项-银行已付企业未付款项

银行对账单调节后的余额=现有余额+企业已收银行未收款项-企业已付银行未付款项

在具体操作时，记住：一方已收另一方未收，说明该笔款项应该收，那就应在未收一方加上去；一方已付另一方未付，说明该笔款项应该付，那就在未付一方减出去。

二、职业判断与操作

对于银行存款余额调节表的具体编制，在"基础会计"课程中已学过，这里不再赘述。

需要注意的是，银行存款余额调节表只是为了核对账目，并不能作为调整银行存款账面余额的记账依据，只有等结算凭证到达后才能据以入账。

考证回顾

【判断题】（2016年）编制银行存款余额调节表只是为了核对账目，不能作为调节银行存款日记账账面余额的记账依据。（   ）

作业六 核算其他货币资金

一、熟悉职业规范

（一）认知其他货币资金

其他货币资金是指企业除库存现金、银行存款以外的各种货币资金，主要包括银行汇票存款、银行本票存款、信用卡存款、信用证保证金存款、外埠存款、存出投资款等。因其存放地点和用途与库存现金和银行存款不同，管理上也有别于库存现金和银行存款，因此企业应单独进行会计核算。

1. 银行汇票存款

银行汇票存款是指申请人为取得银行汇票，按照规定存入银行的款项。银行汇票的出票银行为银行汇票的付款人。单位和个人各种款项的结算，均可使用银行汇票。银行汇票可用于转账，填明"现金"字样的银行汇票也可用于支取现金。申请银行汇票时，应向银行提交"银行汇票委托书"，并将款项交存银行。申请人收到银行签发的银行汇票和解讫通知后，应一并交付给汇票上记明的收款人。收款人应在出票金额以内，根据实际需要的款项办理结算，并将实际结算的金额和多余金额准确、清晰地填入银行汇票和解讫通知的有关栏内，到银行办理款项入账手续。收款人可以将银行汇票背书转让给被背书人，但背书转让以不超过出票金额的实际结算金额为准。

银行汇票的提示付款期为自出票日起一个月，持票人超过付款期限提示付款的，银行将不予受理。且在提示付款时，必须同时提交银行汇票和解讫通知，否则，银行不予受理。如果银行汇票丢失，失票人可以凭人民法院出具的享有票据权利的证明，向出票银行请求付款和退款。

2. 银行本票存款

银行本票存款指申请人为取得银行本票，按照规定存入银行的款项。单位和个人在同一票据交换区域需要支付的各种款项，均可使用银行本票。银行本票可用于转账，注明"现金"字样的银行本票可用于支取现金。申请银行本票时，应向银行填写"银行本票申请书"，并将款项存入银行。申请人或收款人为单位的，不得申请签发现金银行本票。申请人应将银行本票交付给本票上记明的收款人。收款人可以将银行本票背书转让给被背书人。

在有效付款期内，银行见票付款。持票人超过付款期限提示付款的，银行不予受理。如果银行本票丢失，失票人可以凭人民法院出具的享有票据权利的证明，向出票银行请求付款和退款。

3. 信用卡存款

信用卡存款是指企业为了取得信用卡而存入银行信用卡专户的款项。在日常生活中，我们需要区别贷记卡和准贷记卡。贷记卡是指发卡银行给予持卡人一定的信用额度，持卡人可在信用额度内先消费、后还款的信用卡，且首月最低还款额度不得低于当月透支余额的10%；准贷记卡是指持卡人必须先按发卡银行要求交存一定金额的备用金，当备用金账户余额不足时，可在发卡银行规定的信用额度内透支的信用卡，透支期限最长为60天。

4. 信用证保证金存款

信用证保证金存款是指采用信用证结算方式的企业为开具信用证而存入银行信用证保证金专户的款项。企业向银行申请开立信用证，应填写"信用证申请书"，一同提交信用证申请人承诺书和购销合同，并将信用证保证金交存银行。

5. 外埠存款

外埠存款是指企业为了到外地进行临时或零星采购，而汇往采购地银行开立采购专户的款项。该账户的存款不计利息，只付不收，付完清户，除了采购人员可从中提取少量现金外，一律转账结算。企业汇出款项时，须填写汇款委托书，加盖"采购资金"字样。

6. 存出投资款

存出投资款是指企业已存入证券公司但尚未进行短期投资的款项。企业如要购买股票或债券等进行短期投资，须在证券公司开立证券账户，并通过银行将款项划转到该账户。然后通过电话委托或网上交易买卖股票或债券。

（二）设置和登记其他货币资金账户

1. 总分类账户

为反映和监督其他货币资金的收支与结存情况，企业应当设置"其他货币资金"总分类核算账户。该账户属于资产类，借方登记其他货币资金的增加数，贷方登记其他货币资金的减少数，期末余额在借方，反映企业实际持有的其他货币资金。

2. 明细分类核算账户

因其他货币资金种类多，为了反映和监督各自的收支和结存情况，应在开设"其他货币资金"总账账户的同时，按其具体内容设置"银行汇票""银行本票""信用卡""信用证保证金""外埠存款""存出投资款"等明细账户，进行明细核算。

二、职业判断与操作

【情境 1–9】 重庆长胜发动机制造有限公司于 2019 年 5 月 5 日将 30 000 元交存银行取得银行汇票一张，准备用此款购买材料。

公司将款项存入银行取得银行汇票，导致银行存款减少，其他货币资金增加，因此，应借记"其他货币资金——银行汇票"账户，贷记"银行存款"账户。具体操作如下：

借：其他货币资金——银行汇票　　　　　　　　　　　　　30 000
　　贷：银行存款　　　　　　　　　　　　　　　　　　　　　　30 000

虽然此款是用于购买材料，但还没购买，因此，购买材料的业务在此不进行核算。

根据【情境 1–9】的会计分录，填制重庆长胜发动机制造有限公司记账凭证，并登记相关日记账和明细账。

如果是企业销售商品收到银行汇票，则应填制进账单，连同汇票一起到开户银行办理款项入账手续，并根据进账单回单及销货发票等，借记"银行存款"账户，贷记"主营业务收入""应交税费——应交增值税（销项税额）"等账户。

【情境 1–10】 重庆长胜发动机制造有限公司于 2019 年 5 月 5 日，将 10 000 元存入银行办理信用卡，用于购买办公用品，并于当天购买办公用品 6 000 元。

取得信用卡的核算与取得银行汇票的核算相似，只是由于购买的是办公用品，应记入"管理费用"。因此，应作如下操作：

借：其他货币资金——信用卡　　　　　　　　　　　　　　10 000
　　贷：银行存款　　　　　　　　　　　　　　　　　　　　　　10 000
借：管理费用　　　　　　　　　　　　　　　　　　　　　　6 000
　　贷：其他货币资金——信用卡　　　　　　　　　　　　　　　 6 000

根据【情境 1-10】的会计分录，填制重庆长胜发动机制造有限公司记账凭证，并登记相关日记账和明细账。

对于银行本票、外埠存款、信用证保证金存款等的核算可比照上述任务进行，而使用存出投资款购买股票或债券等进行短期投资的核算，将在交易性金融资产中进行学习。

关键词

货币资金（Monetary Capital）　　　库存现金（Cash on Hand）
银行存款（Bank Deposit）　　　　　其他货币资金（Other Monetary Funds）

能力实训

一、单项选择题

1. 以下不属于货币资金的是（　　）。
   A. 现金　　　　　B. 银行存款　　　　C. 其他货币资金　　D. 应收账款
2. 作为企业的辅助结算账户，用于借款转存、借款归还和其他结算的资金收付的办理的

项目一 资产

账户是（　　）。
　　A. 基本存款账户　　B. 一般存款账户　　C. 专用存款账户　　D. 临时存款账户
　3. 企业现金清查业务中，经检查仍无法查明原因的现金短款，经批准后应计入（　　）。
　　A. 财务费用　　B. 管理费用　　C. 销售费用　　D. 营业外支出
　4. 企业在进行现金清查时，查出的溢余款项，先记入"待处理财产损溢"账户，经进一步核查，无法查明原因的，经批准后，正确的会计处理方法是（　　）。
　　A. 将其从"待处理财产损溢"账户转入"管理费用"账户
　　B. 将其从"待处理财产损溢"账户转入"营业外收入"账户
　　C. 将其从"待处理财产损溢"账户转入"其他应付款"账户
　　D. 将其从"待处理财产损溢"账户转入"其他应收款"账户
　5. 下列各项中，不属于货币资金的是（　　）。
　　A. 库存现金　　B. 银行存款　　C. 其他货币资金　　D. 应收票据
　6. 在对"银行存款日记账"和"银行对账单"核对后发现的未达账项，企业应作的处理为（　　）。
　　A. 以"银行对账单"为原始凭证制作记账凭证，并登记入账
　　B. 以"银行存款余额调节表"为原始凭证制作记账凭证，并登记入账
　　C. 以"银行存款余额调节表"和"银行对账单"为原始凭证制作记账凭证，并登记入账
　　D. 待有关结算凭证到达后再制作记账凭证，并登记入账
　7. 企业存放在银行的银行汇票存款，应通过（　　）账户进行核算。
　　A. 其他货币资金　　B. 其他应收款　　C. 应收票据　　D. 库存现金
　8. 企业的存出保证金，应借记（　　）。
　　A. 其他货币资金　　B. 应收票据　　C. 其他应收款　　D. 应收账款
　9. 下列违反现金管理制度的选项是（　　）。
　　A. 企业以现金支付各种劳保支出和福利费
　　B. 出纳人员根据收付款凭证登记现金日记账
　　C. 核定后的库存现金限额，开户单位应当严格遵守，超出部分应于当日终了前存入银行
　　D. 未经批准，企业从现金收入中直接支付现金支出
　10. 在下列各项中，使得企业银行存款日记账余额大于银行对账单余额的事项有（　　）。
　　A. 企业开出支票，持票人未到银行兑现
　　B. 银行代扣水电费，企业尚未接到通知
　　C. 银行误将其他公司的存款记入本企业银行存款账户
　　D. 银行收到委托收款结算方式下结算款项，企业尚未收到通知

二、多项选择题
　1. 下列各项中，属于其他货币资金的有（　　）。
　　A. 备用金　　B. 信用卡存款　　C. 银行承兑汇票　　D. 银行汇票存款
　2. 下列说法正确的是（　　）。
　　A. 银行存款账户分为三种　　B. 一个企业只能开立一个基本存款账户
　　C. 一般存款账户不得办理现金支取　　D. 开立一般存款账户实行开户许可证制度
　3. 下列账款中，属于未达账项的有（　　）。

A. 企业已开出但银行尚未兑现的支票
B. 企业已收款入账，但银行尚未收款入账
C. 银行收到委托款项但尚未通知企业
D. 银行划付电话费但未将其通知单送达企业

4. 下列各项中，会使企业银行存款日记账余额大于银行对账单余额的是（　　）。
A. 企业已收款入账但银行尚未收款入账
B. 企业已付款入账但银行尚未付款入账
C. 银行已收款入账但企业尚未收款入账
D. 银行已付款入账但企业尚未付款入账

5. 下列各项中，通过"其他货币资金"账户核算的有（　　）。
A. 信用证保证金存款　　　　　　　B. 银行汇票存款
C. 备用金　　　　　　　　　　　　D. 银行本票存款

6. 在下列各项中，会使得企业银行存款日记账余额小于银行对账单余额的有（　　）。
A. 企业开出支票，对方未到银行兑现
B. 银行代扣水电费，企业尚未接到通知
C. 银行误将其他公司的存款记入本企业银行存款账户
D. 委托收款结算方式下，银行收到结算款项，企业尚未收到通知

三、判断题（正确的划"√"，错误的划"×"）

1. "库存现金"账户反映企业的库存现金，包括企业内部各部门周转使用、由各部门保管的定额备用金。（　　）
2. 如果企业与银行对账单存在差额，是由于存在未达账项造成的，企业应该编制银行存款余额调节表，并据此进行相应的账务处理。（　　）
3. 银行存款余额调节表是调整企业银行存款账面余额的原始凭证。（　　）
4. 库存现金的清查包括出纳每日的清点核对和清查小组定期和不定期的清查。（　　）
5. 企业库存现金限额为3～5天的日常零星开支需要量，包括企业内部各部门周转使用、由各部门保管的定额备用金和职工薪酬等。（　　）
6. 属于出纳工作失误造成的现金短缺，应计入营业外支出。（　　）
7. 企业与银行核对银行存款账目时，对已发现的未达账项，应当编制银行存款余额调节表进行调节，但无须作账面调整，待结算凭证到达后再进行账务处理，登记入账。（　　）
8. 现金清查中发现现金短缺或溢余时，都应通过"待处理财产损溢"账户核算。（　　）

四、实务题

1. 重庆长胜发动机制造有限公司2019年5月30日银行存款日记账余额为250 000元，银行对账单余额为235 000元，经查对有下列未达账项：

（1）公司于5月29日开出转账支票支付电话费，金额3 000元，持票人尚未到银行办理转账手续。

（2）银行于5月28日代付公司本月水电费12 000元，但付款通知尚未到达公司。

（3）公司于5月30日收到A公司预购货款的转账支票18 000元已入账，但银行尚未

入账。

（4）银行于5月28日收到公司销货款12 000元，银行已入账，但公司尚未收到收款通知。

要求：

（1）根据所给资料编制银行存款余额调节表。

（2）如果调节后双方的银行存款余额仍不相等，则应如何处理？

（3）分析重庆长胜发动机制造有限公司在2019年5月30日可使用的银行存款有多少元？

2. 重庆长胜发动机制造有限公司于2019年5月10日进行现金清查，发现现金短款400元。经查，其中有300元系出纳小万工作失误导致的，应由其赔偿，另100元无法查明原因，已由财务经理批准按制度规定处理。要求编制相关会计分录。

3. 重庆长胜发动机制造有限公司于2019年5月15日进行现金清查，发现现金长款300元。经查，其中有100元应付给职工杨梅，另200元无法查明原因，已由财务经理批准按制度规定处理。要求编制相关会计分录。

任务二　核算存货

职业目标

1. 掌握存货的概念和范围；
2. 掌握存货的入账价值的确定；
3. 掌握存货发出的计价方法；
4. 掌握存货期末的计价方法；
5. 掌握原材料按实际成本计价的核算和按计划成本计价的核算；
6. 掌握存货盘盈、盘亏及毁损的账务处理；
7. 熟悉包装物计价和发出包装物的账务处理；
8. 熟悉低值易耗品摊销的一次摊销法和分期摊销法及账务处理；
9. 了解存货数量的盘存方法。

教学时数

建议教学时数15学时，其中讲授12学时、实践3学时。

教学指引

1. 了解学生基本信息；
2. 准备一个企业某月期初余额表；

3. 准备记账凭证、原材料明细账、库存商品明细账及其总账、会计准则等多种教学材料；
4. 引入一个较好的教学引入情景，如仓库存货现场的视频等；
5. 设计会计信息的主要记录内容。

典型工作任务

1. 计量存货的初始入账价值；
2. 计算发出存货的成本；
3. 按实际成本法核算原材料；
4. 按计划成本法核算原材料；
5. 清查存货；
6. 计量存货的期末价值。

主要学习内容

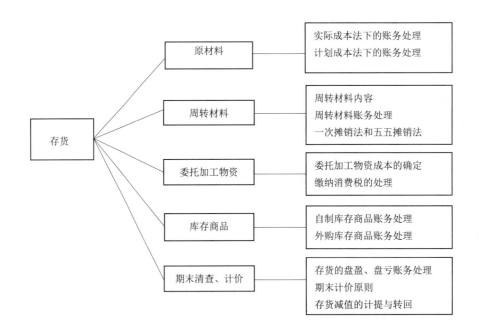

作业一　认 知 存 货

一、确认存货

（一）了解存货概念

存货是指企业在日常活动中持有以备出售的产成品或商品、处在生产过程中的在产品、在生产过程或提供劳务过程中耗用的材料或物料等。

项目一 资　产

从概念可以看出，存货是流动资产。在企业的生产经营过程中，有的存货被耗用转化为另一种存货，如原材料耗用后转化为产品，有的存货被销售后转化成收入和成本，有的存货以费用的形式被消耗。可见，存货随着形态或作用的变化，会影响到企业资产价值核算的正确性，也影响到企业损益计算的正确性。因此，企业应正确确认、计量存货。

（二）熟悉存货确认条件

某项资产是否属于存货，首先要看其是否符合存货的概念，在此前提下，看其是否同时满足下列条件：

1. 与该存货有关的经济利益很可能流入企业

资产最重要的特征是预期会给企业带来经济利益。因此，对存货的确认，关键是判断是否很可能给企业带来经济利益，或者其所包含的经济利益是否很可能流入企业。如甲企业销售的库存商品，如果已签订销售合同，并收到货款或收取货款的凭据，即使商品还未发出，但其所有权已发生转移，以后与该商品有关的经济利益将不再流入甲企业，该商品就不属于甲企业的存货。

2. 该存货的成本能够可靠地计量

成本能够可靠地计量是资产确认的一项基本条件。存货作为企业资产的组成部分，要予以确认也必须能够对其成本进行可靠的计量。存货的成本能够可靠地计量必须以取得确凿、可靠的证据为依据，并且具有可验证性。如果存货成本不能可靠的计量，则不能确认为一项存货。如企业承诺的订货合同，由于购货业务还未实际发生，相关成本不能可靠计量，就不能将合同中的标的作为存货。

通常，随着存货实物的交付，存货所有权也随之转移，而随着存货所有权的转移，所有权上的主要风险和报酬也一并转移，此时，一般可以同时满足存货确认的两个条件，因此存货确认的一个基本标志就是，企业是否拥有某项存货的法定所有权。凡企业拥有法定所有权的货物，无论存放何处，通常都应包括在企业的存货中；而尚未取得法定所有权或者已将法定所有权转移给其他企业的货物，即使存放在本企业，也不应包括在本企业的存货中。

具体来说，以下情况需要注意：

（1）已经确认为购进（如已付款等）而尚未到达或入库的在途货物，属于本企业存货。

（2）货物已经运离企业但货物尚未售出，属于本企业存货。

（3）已经售出但货物未运离企业，不属于本企业存货。

（4）未购入但货物在企业的，不属于本企业存货。

（三）分类

存货的构成内容很多，其形态、特点各异，因此根据不同标准，可以将存货分为不同的种类。如按存货的经济用途可分为：储存备售的存货、生产过程中的存货、储存备耗的存货；按存放地点可分为：库存存货、在途存货、加工中的存货、委托代销存货、寄存的存货；按来源渠道可分为：外购存货、自制存货、委托加工存货。

在日常会计核算中，最常见的分类是按存货的经济内容分，具体如下：

1. 原材料

原材料是指企业在生产过程中经加工改变其形态或性质并构成产品主要实体的各种原料

及主要材料、辅助材料、燃料、修理用备件、包装材料、外购半成品等。企业为建造固定资产等各项工程而储备的各种材料，虽然同属于材料，但是由于用于建造固定资产等各项工程不符合存货的定义，因此不能作为企业的存货进行核算。

2. 在产品
在产品是指企业正在制造尚未完工的生产物，包括正在各个生产工序加工的产品和已加工完毕但尚未检验或已检验但尚未办理入库手续的产品。

3. 半成品
半成品是指经过一定生产过程并已检验合格交付半成品仓库保管，但尚未制造完工成为产成品，仍需进一步加工的中间产品。

4. 产成品
产成品是指工业企业已经完成全部生产过程并已验收入库，可以按照合同规定的条件送交订货单位，或者可以作为商品对外销售的产品。企业接受来料加工制造的代制品和为外单位加工修理的代修品，制造和修理完工验收入库后，应视同企业的产成品。

5. 商品
商品是指商品流通企业外购或委托加工完成验收入库用于销售的各种物品。

工业企业的产成品和商业企业的商品，在会计核算时都记入"库存商品"。

6. 周转材料
周转材料是企业能够多次使用、逐渐转移其价值但仍保持原来形态、不确认为固定资产的材料，包括包装物和低值易耗品。

包装物是指为了包装本企业商品、产品而储备的各种包装容器，如桶、箱、瓶、坛、袋等。

低值易耗品是指不能作为固定资产核算的各种用具物品，如工具、管理用具、玻璃器皿、劳动保护用品以及在经营过程中周转使用的容器等。其特点是单位价值较低，或使用年限相对于固定资产较短，在使用过程中保持其原有实物形态基本不变。

7. 委托代销商品
委托代销商品是指企业委托其他单位代销的商品。受托代销商品不属于存货。

二、管理存货

生产车间等材料使用部门领用材料时，须填写"领料申请单"办理相应的审批手续，并凭借经过审核审批的领料申请单到仓库领料。超出存货领料限额的，应当经过特别授权。

"领料申请单"上应填明材料名称、规格、型号、领料数量以及材料用途，并经车间负责人签字。属计划内的材料应有材料计划，属限额供料的材料应符合限额供料制度。

仓库工作人员对"领料申请单"进行审核，审核内容包括材料的用途、领用部门、数量以及相关的审批签字信息等，审核无误后才能发料。领用材料时，领料人必须同发料仓库工作人员办理交接，当面点交清楚，并在领料申请单上签字。

材料仓库工作人员根据材料领用情况编制"材料出库单"，并在出库单上加盖"材料发讫"印章，同时需有仓库库管员、统计员的签章。

仓库工作人员及时将材料领用的单据交财务部，财务部会计根据加盖"材料发讫"章后的"材料出库单"登记库存材料明细账，并在材料出库单上签字。

对领用原材料进行核算时，根据领料材料汇总表借记"生产成本""管理费用""制造费用"等账户，贷记"原材料""包装物"等账户。

三、披露存货

资产负债表中"存货"项目，反映企业期末在库、在途和在加工的各项存货的价值。"存货"项目应根据"材料采购""原材料""周转材料""库存商品""发出商品""委托加工物资""委托代销商品""受托代销商品""生产成本"等账户的期末余额合计，减去"受托代销商品款""存货跌价准备"等账户期末余额后的金额填列。如果材料采用计划成本核算，以及库存商品采用售价金额法核算的企业，还应按加或减材料成本差异、商品进销差价后的金额填列。

企业应当在附注中披露与存货有关的下列信息：
（1）各类存货的期初和期末账面价值；
（2）确定发出存货成本所采用的方法；
（3）存货可变现净值的确定依据，存货跌价准备的计提方法，当期计提的存货跌价准备的金额，当期转回的存货跌价准备的金额，以及计提和转回的有关情况；
（4）用于担保的存货账面价值。

考证回顾

【单选题】（2014年）下列各项中，不属于库存商品的是（　　）。
A．接受外来材料的代制品
B．寄存在外销售的商品
C．为外单位加工代修品
D．已完成销售手续，客户未领取的商品

作业二　计量存货

存货的计量包括存货的初始计量、发出计量和期末计量。本作业主要阐述存货的初始计量和发出计量，存货的期末计量在本项目作业八中学习。

一、计量存货初始成本

企业取得存货应当按照成本进行计量。在实际工作中，不同方式下取得存货，实际成本构成也不相同。

（一）计量外购存货

外购存货的成本即存货的采购成本，指企业存货从采购到入库前所发生的全部支出，包括购买价款、相关税费、运输费、装卸费、保险费等其他可归属于存货采购成本的费用。

其中，存货的购买价款是指企业购入材料或商品的发票账单上列明的价款，但不包含按规定可以抵扣的增值税进项税。

相关税费是指企业购买存货发生的进口关税、消费税、资源税、小规模纳税人和购入物资不能取得增值税专用发票的一般纳税人购入存货支付的不可抵扣的增值税进项税额等，应计入存货的采购成本中。

其他可归属于存货采购成本的费用又叫采购费用，主要包括包装费、装卸费、运输费、保险费、入库前的仓储费、入库前的挑选整理费、运输途中的合理损耗等。这些费用能够分清负担对象的，应直接计入存货的采购成本；不能分清负担对象的，应选择合理的分配方法，分配计入有关存货的采购成本。分配方法通常包括按所购存货的重量或采购价格的比例进行分配。

商品流通企业在采购商品过程中发生的运输费、装卸费、保险费以及其他可归属于存货采购成本的费用等进货费用，应计入存货采购成本，也可以先进行归集，期末根据所购商品的存销情况进行分摊。对于已售商品的进货费用，计入当期损益；对于未售商品的进货费用，计入期末存货成本。商品流通企业采购商品的进货费用金额较小的，可以在发生时直接计入当期销售费用。

（二）计量自制存货

产成品、在产品、半成品等自制或需委托外单位加工完成的存货的成本由采购成本、加工成本以及使存货达到目前场所和状态所发生的其他支出构成。

采购成本是指自制过程中消耗的原材料、周转材料、半成品等的成本；加工成本是指在存货的加工过程中发生的追加费用，包括直接人工、按照一定方法分配的制造费用。直接人工是指企业在生产过程中，直接从事产品生产的工人的职工薪酬。制造费用是指一项间接的生产成本，包括生产部门管理人员的薪酬、折旧费、办公费、水电费、劳动保护费、季节性和修理期间的停工损失等；其他支出，是指除采购成本、加工成本以外使存货达到目前场所和状态所发生的相关支出。比如，企业设计产品发生的设计费用通常计入当期损益，但是，为特定客户设计产品发生的、可直接确定的设计费用应计入存货的成本。

（三）计量委托加工存货

委托外单位加工完成的存货，其成本包括实际耗用的原材料或者半成品的实际成本、加工费、装卸费、保险费、委托加工的往返运输费等费用以及按规定计入成本的税费。

（四）计量提供劳务取得存货

通过提供劳务取得的存货，其成本按从事劳务提供人员的直接人工和其他直接费用以及可归属于该存货的间接费用确定。

（五）计量投资者投入存货

投资者投入存货的成本应当按照投资合同或协议约定的价值确定，但合同或协议约定价值不公允的除外。在投资合同或协议约定价值不公允的情况下，按照该项存货的公允价值作为其入账价值。

（六）计量盘盈存货

盘盈的存货应按其重置成本作为入账价值，并通过"待处理财产损溢"账户进行会计处理，按管理权限报经批准后，冲减当期管理费用。

在确定存货的采购成本过程中，下列费用不应计入存货成本，而应在其发生时计入当期损益：

（1）非正常消耗的直接材料、直接人工和制造费用，应在发生时计入当期损益，不应计入存货成本。如由于自然灾害而发生的直接材料、直接人工和制造费用，不应计入存货成本，而应确认为当期损益（营业外支出）。

（2）企业在存货采购入库后发生的储存费用，应在发生时计入当期损益（管理费用）。但是，在生产过程中为达到下一个生产阶段所必需的仓储费用应计入存货成本。如某种酒类产品生产企业为使生产的酒达到规定的产品质量标准而必须发生的仓储费用，应计入酒的成本，而不应计入当期损益。

（3）不能归属于使存货达到目前场所和状态的其他支出不符合存货的定义和确认条件，应在发生时计入当期损益，不得计入存货成本。

（七）计量接受捐赠存货

企业接受捐赠的存货，应按公允价值入账。

二、计量发出存货成本

企业应当根据各类存货的实物流转方式、企业管理的要求、存货的性质等实际情况，合理地选择发出存货成本的计算方法，以合理确定当期发出存货的实际成本。对于性质和用途相似的存货，应当采用相同的成本计算方法确定发出存货的成本。企业在确定发出存货的成本时，可以根据企业性质、管理方式等选用先进先出法、月末一次加权平均法、移动加权平均法、个别计价法、毛利率法、零售价法。

（一）先进先出法

先进先出法是以先购入的存货应先发出（销售或耗用）这样一种存货实物流动假设为前提，对发出存货进行计价。采用这种方法，先购入的存货成本在后购入存货成本之前转出，据此确定发出存货和期末存货的成本。

采用这种方法，收到存货时应在存货明细分类账中逐笔登记每一批存货的数量、单价、金额；发出存货时，按照先进先出的原则确定发出存货的单位实际成本、逐笔登记发出存货的金额和结存存货的金额。

【情境2-1】M公司2019年5月份甲材料明细账如表2-1所示。采用先进先出法核算发出存货和期末存货的成本。

表2-1 甲材料明细分类账

计量单位：千克
金额单位：元

2019年		凭证编号	摘要	收入			发出			结存		
月	日			数量	单价	金额	数量	单价	金额	数量	单价	金额
5	1		期初余额							300	50	15 000
	10	略	购入	900	60	54 000				300 900	50 60	15 000 54 000

续表

2019年		凭证编号	摘要	收入			发出			结存		
月	日			数量	单价	金额	数量	单价	金额	数量	单价	金额
	11		发出				300 500	50 60	15 000 30 000	400	60	24 000
	18		购入	600	70	42 000				400 600	60 70	24 000 42 000
	20		发出				400 400	60 70	24 000 28 000	200	70	14 000
	23		购入	200	80	16 000				200 200	70 80	14 000 16 000
	31		本月合计	1 700	—	112 000	1 600	—	97 000	200 200	70 80	14 000 16 000

本月发出甲材料的成本=300×50+500×60+400×60+400×70=97 000（元）

本月结存甲材料的成本=200×70+200×80=30 000（元）

采用先进先出法，便于准确计算日常发出存货及结存存货的成本，但在存货收发业务频繁、单价经常变动的情况下，企业计算的工作量较大；应用该种方法的优点是企业不能随意挑选存货价格以调整当期利润，但当物价上涨时，期末存货成本接近于市价，而发出成本偏低，会高估企业当期利润和库存存货价值，反之则低估当期利润和库存存货价值。

（二）月末一次加权平均法

月末一次加权平均法，是指以当月全部进货数量加上月初存货数量作为权数，去除当月全部进货成本加上月初存货成本，计算出存货的加权平均单位成本，以此为基础计算当月发出存货的成本和期末存货的成本的一种方法。其计算公式如下：

$$加权平均单位成本 = \frac{月初结存存货实际成本 + 本期收入存货实际成本}{月初结存存货数量 + 本期收入存货数量}$$

本期发出存货成本=本期发出存货数量×加权平均单位成本

期末结存存货成本=期末结存存货数量×加权平均单位成本

如果计算出的加权平均单位成本不是整数，需四舍五入的，为优先保证存货结存成本的正确性，应采用倒挤成本法计算发出存货的成本。计算公式如下：

期末结存存货成本=期末结存存货数量×加权平均单位成本

本期发出存货成本=期初结存存货成本+本期收入存货成本−期末结存存货成本

【情境2-2】根据【情境2-1】资料采用一次加权平均法计算发出和结存甲材料成本。

加权平均单价=（15 000+54 000+42 000+16 000）÷（300+900+600+200）=63.5（元）

期末结存甲材料成本=400×63.5=25 400（元）

本月发出甲材料成本=（15 000+54 000+42 000+16 000）−25 400=101 600（元）

采用月末一次加权平均法能简化核算工作，而且在市场价格上涨或下跌时所计算出来的单位成本平均化，对存货成本的分摊较为折中。但这种方法将全部计算工作集中在月末进行，平时不能从账上反映发出和结存存货的单价及金额，不利于加强对存货的日常管理与控制。

（三）移动加权平均法

移动加权平均法，是指以每次进货的成本加上原有库存存货的成本，除以每次进货数量与原有库存存货的数量之和，据以计算加权平均单位成本，作为在下次进货前计算各次发出存货成本的依据。即每购进一次存货，就计算一次库存存货的平均单位成本，作为本次购进后到下次购进前发出存货的单位成本。其计算公式如下：

$$移动加权平均单位成本 = \frac{原有存货成本 + 本批收入存货实际成本}{原有存货数量 + 本批收入存货数量}$$

本次发出存货成本=本次发出存货数量×移动加权平均单位成本

结存存货成本=结存存货的数量×移动加权平均单位成本

如果移动加权平均单位成本计算结果存在四舍五入，也应采用倒挤法计算本次发出存货的实际成本。

【情境2–3】根据【情境2–1】资料，采用移动加权平均法计算发出和结存甲材料成本。

（1）10日购入甲材料后的单位成本=（15 000+54 000）÷（300+900）=57.5（元）

11日发出甲材料成本=800×57.5=46 000（元）

11日发货后结存甲材料成本=400×57.5=23 000（元）

（2）18日购入甲材料后的单位成本=（23 000+42 000）÷（400+600）=65（元）

20日发出存货成本=800×65=52 000（元）

20日发货后结存存货成本=200×65=13 000（元）

（3）23日购入存货后的单位成本=（13 000+16 000）÷（200+200）=72.5（元）

因为23日后未发出、购买存货，所以月末结存存货成本为29 000元。

采用移动加权平均法能及时并比较客观地反映发出及结存存货的成本，但由于每次收货后都要计算一次平均单位成本，因而计算工作量较大。

（四）个别计价法

个别计价法，亦称个别认定法、具体辨认法、分批实际法，其特征是注重所发出存货具体项目的实物流转与成本流转之间的联系，逐一辨认各批发出存货和期末存货所属的购进批别或生产批别，分别按其购入或生产时所确定的单位成本计算各批发出存货和期末存货的成本。即把每一种存货的实际成本作为计算发出存货成本和期末存货成本的基础。其计算公式如下：

每次存货发出成本=该次存货发出数量×该次存货的单位成本

每次存货结存成本=该次存货结存数量×该次存货的单位成本

假定【情境2–1】中11日发出的是10日购进的甲材料，20日发出的是期初的300千克和18日购进的500千克甲材料，则本月发出甲材料成本为：

800×60+300×50+500×70=48 000+15 000+35 000=98 000（元）

对于不能替代使用的存货、为特定项目专门购入或制造的存货以及提供的劳务，如珠宝、名画等贵重品，通常采用个别计价法确定发出存货的成本。在实际工作中，越来越多的企业采用计算机信息系统进行会计处理，个别计价法可以广泛应用于发出存货的计价，并且个别计价法确定的存货成本最为准确。但是在存货收发频繁的情况下,其发出成本分辨的工作量较大。

(五)毛利率法

毛利率法是根据本期实际销售额乘以上季度(或本期计划)毛利率匡算本期销售毛利,据以计算本期发出存货成本和期末结存存货成本的一种方法。其计算公式如下:

$$毛利率 = \frac{销售毛利}{销售净额} \times 100\%$$

销售净额=商品销售收入–销售退回与折让

销售毛利=销售净额×毛利率

销售成本=销售净额–销售毛利

或销售成本=销售净额×(1–毛利率)

期末存货成本=期初存货成本+本期购货成本–本期销售成本

【情境2–4】某商场2019年5月1日,甲类商品库存60 000元,本月购进140 000元,本月销售收入160 000元,发生销售退回6 000元。已知上季度该类商品的毛利率为20%。

本月销售净额=160 000–6 000=154 000(元)

销售毛利=154 000×20%=30 800(元)

本月销售成本=154 000–30 800=123 200(元)

月末库存商品成本=60 000+140 000–123 200=76 800(元)

(六)零售价法

零售价法是指用存货成本占零售价的百分比计算发出存货和期末存货成本的一种方法。采用这种方法,期初存货和本期购进存货同时按成本和零售价记录,本期销售只按零售价记录,通过计算存货成本占零售价的百分比,即成本率,计算出期末存货成本和本期销售成本。其计算公式如下:

$$成本率 = \frac{期初存货成本+本期购货成本}{期初存货售价总额+本期购货售价总额} \times 100\%$$

期末存货售价总额=期初存货售价总额+本期购货售价总额–本期销售总额

期末存货成本=期末存货售价总额×成本率

本期销售成本=期初存货成本+本期购货成本–期末存货成本

【情境2–5】某商场2019年5月的期初存货成本为100 000元,售价总额为125 000元;本期购货成本为650 200元,售价总额为812 750元;本期销售收入为850 000元。

$$成本率 = \frac{100\ 000+650\ 200}{125\ 000+812\ 750} \times 100\% = 80\%$$

期末存货售价总额=125 000+812 750–850 000=87 750(元)

期末存货成本=87 750×80%=70 200(元)

本期销售成本=100 000+650 200–70 200=680 000(元)

毛利率法和零售价法主要适用于商品流通企业,其中毛利率法尤其适用于商品批发企业,零售价法尤其适用于商品零售企业。

项目一 资　产

作业三　核算原材料

一、认知原材料

原材料是指企业在生产过程中经过加工改变其形态或性质并构成产品主要实体的各种原料、主要材料和外购半成品，以及不构成产品实体但有助于产品形成的辅助材料。原材料具体包括原料及主要材料、辅助材料、外购半成品、修理用备件、包装材料、燃料等。原材料的日常收发及结存，可以采用实际成本法核算，也可以采用计划成本法核算。

二、按实际成本法核算原材料

原材料按实际成本法核算是指每种材料收入、发出、结存的核算均按实际成本计价。其特点是：从原材料的收发凭证到明细分类账和总分类账的登记，全部都是按照实际成本反映。

（一）熟悉职业规范

在实际成本法下，企业应设置"原材料"账户和"在途物资"账户进行核算。

"原材料"账户，用于核算库存各种材料的收发与结存情况。该账户属于资产类账户，在实际成本法下，本账户借方登记入库材料的实际成本，贷方登记发出材料的实际成本，期末余额在借方，反映企业库存材料的实际成本。该账户应按原材料的类别、品种和规格设置材料明细账，进行明细核算。

"在途物资"账户，用于核算企业采用实际成本进行材料或商品等物资的日常核算、货款已付尚未验收入库的各种物资的采购成本。该账户属于资产类账户，借方登记企业购入在途物资的实际成本，贷方登记验收入库的在途物资的实际成本，期末余额在借方，反映企业在途物资的采购成本。该账户应按供应单位和物资品种设置明细账，进行明细核算。

（二）进行职业判断与操作

1. 核算外购材料

企业在外购材料时，由于结算方式和采购地点的不同，材料入库和货款的支付在时间上不一定完全同步，相应的账务处理存在着差异，具体分为以下五种情况来处理：

（1）货款已经支付（或已开出、承兑商业汇票），材料同时验收入库。应根据发票、账单等结算凭证确定的材料成本，借记"原材料"账户，根据取得的增值税专用发票上注明的进项税额，借记"应交税费——应交增值税（进项税额）"账户，按实际支付的款项或应付票据面值，贷记"银行存款"或"应付票据"等账户。

【情境2-6】M公司于2019年5月9日从贵州钢铁公司购入圆钢一批，取得的增值税专用发票上注明的价款为100 000元，增值税税额为13 000元，款项113 000元已通过银行转账支付，圆钢已验收入库。

借：原材料——圆钢　　　　　　　　　　　　　　　　　　　100 000
　　应交税费——应交增值税（进项税额）　　　　　　　　　　13 000
　　贷：银行存款　　　　　　　　　　　　　　　　　　　　　　　113 000

（2）货款已经支付（或已开出、承兑商业汇票），材料尚未验收入库或尚未到达。应根据发票账单等结算凭证，借记"在途物资""应交税费——应交增值税（进项税额）"账户，贷记"银行存款"或"应付票据"等账户；待材料到达、验收入库后，再根据收料单，借记"原材料"，贷记"在途物资"。

【情境2-7】M公司2019年5月12日从贵州钢铁公司购进钢板一批，已收到增值税专用发票：价款为300 000元，增值税税额为39 000元；运输企业开具的货物运输业增值税专用发票中标明运费4 000元，增值税税额360元，装卸费800元，运输保险费1 500元，款项由贵州钢铁公司已垫付。M公司签发并承兑一张票面价值为345 660元、3个月到期的商业汇票给贵州钢铁公司，但钢板5月16日才收到。

12日已收到发票，且开出商业汇票，采购业务已发生，并能可靠地计量该批钢板的成本，因此，应进行账务处理：

  借：在途物资——贵州钢铁公司   306 300
    应交税费——应交增值税（进项税额）   39 360
    贷：应付票据——贵州钢铁公司   345 660

16日，上述钢板到达验收入库时，采购业务已完成，应将在途物资转入原材料。

  借：原材料——钢板   306 300
    贷：在途物资——贵州钢铁公司   306 300

（3）材料已验收入库，货款尚未支付。此时又要分两种具体情况：

第一，在材料验收入库时，因为发票、账单未到达，所以未付款。这种情况在材料入库时不需要进行账务处理，等到结算凭证到达时，再按采购并入库处理；如果月末结算凭证一直未到，应估价入账，反映存货和负债的增加，下月月初再用红字冲回。

【情境2-8】M公司从外地采购圆钢一批，材料已到并验收入库，但银行的结算凭证和发票等单据未到，货款尚未支付。月末，按暂估价入账，假设其暂估价为195 000元。

  借：原材料——圆钢   195 000
    贷：应付账款——暂估应付账款   195 000

下月月初用红字予以冲回：

  借：原材料——圆钢   195 000
    贷：应付账款——暂估应付账款   195 000

假设下月收到该批材料的发票账单，增值税专用发票上注明的材料价款为193 000元，增值税税额为25 090元，编制会计分录如下：

  借：原材料——圆钢   193 000
    应交税费——应交增值税（进项税额）   25 090
    贷：银行存款   218 090

第二，材料已验收入库，发票账单也已到达，但款项未支付。这种情况视为企业采用赊购方式购买材料。结算单据已到，由于企业银行存款不足而暂未付款，其表明企业因购入材料已占用了供应单位的资金，形成了应付账款，企业应在收到材料和发票账单时进行账务处理。

在【情境2-6】中，假设M公司未付任何款项给销售方，则应进行如下操作：

  借：原材料——圆钢   100 000

项目一 资　产

应交税费——应交增值税（进项税额）		13 000
贷：应付账款——贵州钢铁公司		113 000

（4）货款已经预付，材料尚未验收入库。预付材料价款时，未收到材料和发票等结算凭证，采购业务还未发生，因此，应按照实际预付金额，借记"预付账款"账户，贷记"银行存款"账户；已经预付货款的材料验收入库，根据发票账单等所列的价款、税额等，借记"原材料"账户和"应交税费——应交增值税（进项税额）"账户，贷记"预付账款"账户；如果预付款项不足时，需补付上项货款，按补付金额，借记"预付账款"账户，贷记"银行存款"账户；如果退回上项多付的款项，借记"银行存款"账户，贷记"预付账款"账户。

【情境2-9】M公司计划购入原材料圆钢一批，根据购销合同规定于2019年5月17日通过银行转账预付20 000元货款的50%，计10 000元。材料于20日到达，并补付余款。

5月17日预付时：
　　借：预付账款　　　　　　　　　　　　　　　　　　　　　　　10 000
　　　　贷：银行存款　　　　　　　　　　　　　　　　　　　　　　　　10 000
20日材料验收入库时：
　　借：原材料——圆钢　　　　　　　　　　　　　　　　　　　　　20 000
　　　　应交税费——应交增值税（进项税额）　　　　　　　　　　　　2 600
　　　　贷：预付账款　　　　　　　　　　　　　　　　　　　　　　　　22 600
补付所欠货款时：
　　借：预付账款　　　　　　　　　　　　　　　　　　　　　　　12 600
　　　　贷：银行存款　　　　　　　　　　　　　　　　　　　　　　　　12 600

（5）材料短缺。企业外购原材料在验收入库时可能会发生短缺情况，必须认真查明原因，分清经济责任，分不同情况进行处理：

第一，凡属运输途中的合理损耗，如由于自然损耗等原因而发生的短缺，应当计入验收入库材料的采购成本之中，相应提高入库材料的实际单位成本，不需要对损耗部分的材料单独进行账务处理。

第二，凡属由供应单位少发货等原因造成的短缺，应分两种情况处理：一是货款尚未支付的情况，企业应按短缺的数量和发票单价计算拒付金额，填写拒付理由书，向银行办理拒付手续，经银行同意后即可根据收料单、发票账单、拒付理由书和银行结算凭证，按实际支付金额记账。当然，也可让销售方补齐材料，按原价支付款项；二是货款已经支付并已记入"在途物资"账户的情况，企业应将短缺部分的成本和增值税转入"应收账款"账户，同时，按实际收到的材料记入"原材料"账户，并转出短缺部分对应的增值税。

第三，凡属由运输机构或个人过失造成的短缺，应由其赔偿，将短缺部分的成本和增值税转入"其他应收款"账户。

第四，尚待查明原因和需要报经批准才能转销的短缺，应先转入"待处理财产损溢"账户，待查明原因后再分别处理：属于应由供应单位、运输机构、保险公司或其他过失人负责赔偿的损失，记入"应收账款""其他应收款"等账户；属于自然灾害等非常原因造成的损失，应将扣除残料价值和过失人、保险公司赔款后的净损失，记入"营业外支出——非常损失"账户；属于无法收回的其他损失，记入"管理费用"账户。

【情境2-10】M公司2019年5月3日从外地甲单位购入圆钢1 000吨，每吨500元，单位增值税 85 元，单位运费 40 元，运费的增值税税率为 9%，装卸费、保险费共计 6 800 元，全部款项共 636 200 元，已用银行存款支付。5 月 20 日，圆钢运达，验收入库 950 吨，短缺 50 吨，其中 2 吨属定额内合理损耗，其余 48 吨短缺原因不明，待查。

（1）5 月 3 日，采购的圆钢成本为 500×1 000+40×1 000+6 800=546 800 元，增值税为 85×1 000×13%+40×1 000×9%=　　元。

借：在途物资——圆钢　　　　　　　　　　　　　　　　　　　　　546 800
　　应交税费——应交增值税（进项税额）　　　　　　　　　　　　 89 400
　　贷：银行存款　　　　　　　　　　　　　　　　　　　　　　　　636 200

（2）5 月 20 日，圆钢验收入库时：

采购材料的实际单位成本=546 800÷1 000=546.8（元）
验收入库材料的实际成本=（1 000–48）×546.8=520 553.6（元）
短缺材料的实际成本=48×546.8+（48÷1 000）×89 400=30 537.6（元）

借：原材料——圆钢　　　　　　　　　　　　　　　　　　　　　　520 553.6
　　待处理财产损溢——待处理流动资产损溢　　　　　　　　　　　 30 537.6
　　贷：在途物资——圆钢　　　　　　　　　　　　　　　　　　　 546 800
　　　　应交税费——应交增值税（进项税额转出）　　　　　　　　　 4 291.2

（3）以后查明原因，短缺的 48 吨材料是运输部门的责任造成的，运输部门已同意赔款但款项尚未收到。

借：其他应收款——运输部门　　　　　　　　　　　　　　　　　　 30 537.6
　　贷：待处理财产损溢——待处理流动资产损溢　　　　　　　　　 30 537.6

2. 核算发出材料

企业发出的材料不管其用途如何，均应办理必要的手续和填制领、发料凭证，据以进行发出材料的核算。各种领、发料凭证是进行原材料发出总分类核算的依据，但为了简化日常材料核算的工作，企业平时可不直接根据领、发料凭证填制记账凭证，而是在月末根据当月的领、发料凭证，按领用部门和用途进行归类汇总，编制"发料凭证汇总表"，据以进行材料发出的总分类核算。

材料发出后，应根据谁使用谁承担的原则，将材料成本转入相关成本费用，具体核算方法如下：

（1）企业生产经营领用原材料。按实际成本，借记"生产成本""制造费用""销售费用""管理费用"等账户，贷记"原材料"账户。具体而言，生产产品领用的计入生产成本，车间一般耗用的计入制造费用，销售部门领用的计入销售费用，行政管理部门领用的计入管理费用。

（2）集体福利或个人消费领用原材料。如果领用外购用于生产的原材料，应按实际成本加上不予抵扣的增值税额等，借记"应付职工薪酬"账户，按实际成本，贷记"原材料"账户，按不予抵扣的增值税进项税额，贷记"应交税费——应交增值税（进项税额转出）"账户。

（3）出售原材料。企业应按销售确认收入和销项税额，并结转材料成本。但由于不是主营业务，因此，收入应记入"其他业务收入"。即按已收或应收的价款，借记"银行存款"或"应收账款"账户，按实现的营业收入，贷记"其他业务收入"账户，按应交的增值税额，贷记"应交税费——应交增值税（销项税额）"账户；按出售原材料的实际成本，借记"其他业务成本"账户,贷记"原材料"账户。成本结转也可月度终了进行。

原材料按实际成本法核算,由于其收入、发出及结存都按实际成本计价,所以能直接提供材料资金的结存数额;为计算产品的生产成本提供较准确的材料耗用数;而且对于一些规模比较小,材料收发业务也比较少的企业来说核算工作较为简单。但是,这种计价核算方式不能在账簿中反映采购的材料成本是节约还是超支,不便于对采购部门的工作业绩进行有效的考核;另外,在材料品种较多、收发业务频繁的情况下,其核算工作量较大。因此,这种计价核算方法一般只适用于材料收发业务较少的中小型企业。

三、按计划成本法核算原材料

(一)熟悉职业规范

计划成本法是指企业存货的收入、发出和结存均按预先制定的计划成本计价,同时另设"材料成本差异"账户,登记实际成本与计划成本的差额。

采用计划成本法的前提是制定每一品种规格存货的计划成本,计划成本是指在正常的市场条件下,企业取得存货应当支付的合理成本,包括采购成本、加工成本和其他成本,其组成内容应当与实际成本完全一致。存货的计划成本一般由企业采购部门会同财会等有关部门共同制定,制定的计划成本应尽可能接近实际,以利于发挥计划成本的考核和控制功能。采用计划成本进行日常核算的企业,其基本的核算程序如下:

(1)企业应先制定各种存货的计划成本目录,规定存货的分类,各种存货的名称、规格、编号、计量单位和计划单位成本。除一些特殊情况外,计划单位成本在年度内一般不作调整。

(2)平时收到存货时,应按计划单位成本计算出收入存货的计划成本填入收料单内,并按实际成本与计划成本的差额,作为"材料成本差异"分类登记。

(3)平时领用、发出的存货,都按计划成本计算,月份终了再将本月发出存货应负担的成本差异进行分摊,随同本月发出存货的计划成本计入有关成本、费用账户,将发出存货的计划成本调整为实际成本。发出存货应负担的成本差异,必须按月分摊,不得在季末或年末一次分摊。

原材料按计划成本核算的企业,除了设置"原材料"账户核算材料收入、发出、结存的计划成本外,还要设置"材料采购"和"材料成本差异"账户来核算材料实际采购成本和实际成本与计划成本的差异,不再设置"在途物资"账户。

"原材料"账户。本账户用于核算库存各种材料的收发与结存情况。在材料采用计划成本法时,本账户的借方登记入库材料的计划成本,贷方登记发出材料的计划成本,期末余额在借方,反映企业库存材料的计划成本。

"材料采购"账户。本账户借方登记采购材料的实际成本,贷方登记入库材料的计划成本。借方大于贷方表示超支,从本账户借方转入"材料成本差异"账户的贷方;期末为借方余额,反映企业在途材料的采购成本。

"材料成本差异"账户。本账户反映企业已入库各种材料的实际成本与计划成本的差异,借方登记超支差异及发出材料应负担的节约差异,贷方登记节约差异及发出材料应负担的超支差异。期末如为借方余额,反映企业库存材料的实际成本大于计划成本的差异(即超支差异);如为贷方余额,反映企业库存材料实际成本小于计划成本的差异(即节约差异)。

（二）进行职业判断与操作

1. 核算收入材料

企业从外部购入的材料。由于采用的结算方式不同，收入材料与支付货款的时间不同，其账务处理也不同。同时，需要指出的是，在会计实务中，为了简化会计核算，企业在平时收到存货时，可以不进行结转入库存货计划成本和入库存货成本差异的总分类核算。等到月份终了，再将本月已付款或已开出商业承兑汇票并已验收入库的存货，按实际成本和计划成本分别汇总，一次结转本月入库存货的计划成本和入库存货的成本差异。具体操作如下：

（1）货款已经支付（或已开出、承兑商业汇票），材料同时验收入库。

【情境2–11】重庆长胜发动机制造有限公司2019年5月6日从重庆长江公司购入圆钢一批，增值税专用发票上注明的材料价款为200 000元，增值税税额为26 000元，材料已验收入库，计划成本为205 000元。企业当即开出并承兑一张面值为234 000元、期限为2个月的商业汇票结算货款。编制会计分录如下：

① 开出、承兑商业汇票结算货款：

借：材料采购——圆钢　　　　　　　　　　　　　　　　　　200 000
　　应交税费——应交增值税（进项税额）　　　　　　　　　 26 000
　　贷：应付票据——重庆长江公司　　　　　　　　　　　　　　　226 000

② 材料验收入库：

借：原材料——圆钢　　　　　　　　　　　　　　　　　　　205 000
　　贷：材料采购——圆钢　　　　　　　　　　　　　　　　　　　200 000
　　　　材料成本差异——圆钢　　　　　　　　　　　　　　　　　　5 000

根据【情境2–11】的会计分录，填制重庆长胜发动机制造有限公司本月记账凭证，并登记相关明细账。

（2）货款已经支付（或已开出、承兑商业汇票），材料尚未验收入库。

【情境2–12】重庆长胜发动机制造有限公司2019年5月6日从外地乙单位购入钢板一批，增值税发票列明材料价款80 000元，增值税税额10 400元，运输费增值税专用发票上价款2 000元，增值税额180元，货款共92 580元已通过银行转账支付，但到月末材料仍未运到。

虽材料未到达，但已收到发票账单，并已付款，采购业务已发生，应做采购业务账：

借：材料采购——钢板　　　　　　　　　　　　　　　　　　82 000
　　应交税费——应交增值税（进项税额）　　　　　　　　　 10 580
　　贷：银行存款　　　　　　　　　　　　　　　　　　　　　　　92 580

根据【情境2–12】的会计分录，填制重庆长胜发动机制造有限公司记账凭证，并登记相关日记账和明细账。

如果该批材料在6月3日运到并验收入库，其计划成本为81 000元，入库材料成本差异为超支差1 000元，则在收料时才作材料入库和结转成本差异的账务处理。编制会计分录如下：

借：原材料——钢板　　　　　　　　　　　　　　　　　　　81 000
　　材料成本差异——钢板　　　　　　　　　　　　　　　　　 1 000
　　贷：材料采购——钢板　　　　　　　　　　　　　　　　　　　82 000

项目一 资 产

（3）材料已验收入库，货款尚未支付。这类业务包括两种情况：一是发票账单尚未到达，因而尚未付款；二是发票账单已经到达，尚未付款。为了简化核算手续，在月份内发生此类业务时，可暂不进行总分类核算，待付款或开出商业承兑汇票后，再按正常程序进行账务处理。如果月终仍未付款或未开出商业承兑汇票的，则应根据发票账单收到与否而进行不同的账务处理。

第一，尚未收到发票账单的情况。月终时，企业应根据收料凭证，按材料的计划成本暂估入账，下月初用红字冲回，其账务处理与按实际成本计价的账务处理基本相同，不需通过"材料采购"账户核算。等下月付款或开出、承兑商业汇票后，才按正常程序通过"材料采购"账户核算。

【情境2-13】M公司2019年5月10日从丙单位购入圆钢一批，材料已运到并验收入库，其计划成本为50 000元，到月终时该批圆钢的发票账单尚未收到，货款未付。企业应于月终按材料的计划成本估价入账，编制会计分录如下：

借：原材料——圆钢　　　　　　　　　　　　　　　　　　　　　50 000
　　贷：应付账款——暂估应付账款　　　　　　　　　　　　　　　　50 000

根据【情境2-13】的会计分录，填制重庆长胜发动机制造有限公司本月记账凭证，并登记相关明细账。

下月月初用红字将上述会计分录冲回：

借：原材料——圆钢　　　　　　　　　　　　　　　　　　　　　50 000
　　贷：应付账款——暂估应付账款　　　　　　　　　　　　　　　　50 000

以后收到发票账单并支付款项时，按正常程序记账。

第二，已收到发票账单，或虽然发票账单未到但根据合同、随货同行发票等能够计算并确定材料实际成本的情况。月终时，应按材料采购的正常核算程序，通过"材料采购"账户进行核算，只是因未付款，产生"应付账款"。

【情境2-14】沿用【情境2-13】的资料，假定企业在6月20日已收到发票账单，该批材料价款49 000元，增值税税额6 370元，但仍未付款。

借：材料采购——圆钢　　　　　　　　　　　　　　　　　　　　49 000
　　应交税费——应交增值税（进项税额）　　　　　　　　　　　　　6 370
　　贷：应付账款——丙单位　　　　　　　　　　　　　　　　　　　55 370
借：原材料——圆钢　　　　　　　　　　　　　　　　　　　　　50 000
　　贷：材料采购——圆钢　　　　　　　　　　　　　　　　　　　　49 000
　　　　材料成本差异——圆钢　　　　　　　　　　　　　　　　　　 1 000

以后付款时，编制会计分录如下：

借：应付账款——丙单位　　　　　　　　　　　　　　　　　　　55 370
　　贷：银行存款　　　　　　　　　　　　　　　　　　　　　　　　55 370

（4）预付款项购料。企业采购材料预付款项时，应在"预付账款"账户核算，待收料结算时，再通过"材料采购"账户核算。

【情境2-15】重庆长胜发动机制造有限公司在2019年5月7日从重庆长江公司订购钢板一批，根据合同规定以银行存款预付购货款30 000元，编制会计分录如下：

借：预付账款——重庆长江公司　　　　　　　　　　　　　　　　30 000

  贷：银行存款   30 000

  5月8日，上述预购的材料按时到达，已验收入库，计划成本为98 600元，有关发票上注明的材料价款为100 000元，增值税税额为13 000元，共计113 000元，同时以银行存款补付货款87 000元。编制会计分录如下：

  借：材料采购——钢板   100 000
    应交税费——应交增值税（进项税额）   13 000
    贷：预付账款——重庆长江公司   113 000
  借：预付账款——重庆长江公司   87 000
    贷：银行存款   87 000
  借：原材料——钢板   98 600
    材料成本差异——钢板   1 400
    贷：材料采购——钢板   100 000

  根据【情境2-15】的会计分录，填制重庆长胜发动机制造有限公司本月记账凭证，并登记相关日记账和明细账。

  （5）材料短缺毁损。材料验收入库时发现短缺与毁损，其账务处理与按实际成本计价的账务处理大致相同；运输途中的合理损耗，应计入材料的实际成本；应由供应单位、外部运输机构或有关责任人赔偿的材料短缺与毁损，应按照材料的实际成本及应负担的增值税，借记"应收账款"（验收前已付款）"应付账款"（验收前未付款）"其他应收款"等账户，贷记"材料采购""应交税费——应交增值税（进项税额转出）"账户；尚待查明原因和需要报经批准才能转销的损失，先记入"待处理财产损溢"账户，查明原因后再作处理。

2. 材料发出的核算

  为简化日常核算工作，企业可于月终编制"发料凭证汇总表"，据以进行发出材料的总分类核算。在按计划成本计价的方式下，原材料发出的总分类核算包括两方面内容：一是按计划成本结转发出材料的成本，按材料发出的不同用途，借记有关账户，贷记"原材料"账户；二是结转发出材料应负担的成本差异，借记有关账户，贷记"材料成本差异"账户（超支差用蓝字，节约差用红字）。发出材料的计划成本加上（或减去）应负担的成本差异，就是发出材料的实际成本。

  调整的基本公式如下：

$$实际成本 = 计划成本 + 成本差异（节约用负数）$$

  材料成本差异随着材料的入库而形成，包括外购材料、自制材料、委托加工完成材料入库等；同时也随着材料发出而转销，如领用材料、出售材料、消耗材料等。期初和当期形成的材料成本差异，应在当期已发出材料和期末结存材料之间进行分配，属于已消耗材料应分配的材料成本差异，从"材料成本差异"账户转入有关账户。企业应当在月份终了时计算材料成本差异率，据以分配当月形成的材料成本差异。材料成本差异率计算公式如下：

$$材料成本差异率 = \frac{月初结存材料的成本差异 + 本月收入材料的成本差异}{月初结存材料的计划成本 + 本月收入材料的计划成本} \times 100\%$$

  上述公式中分子上的材料成本差异，超支差异用正，节约差异用负。

$$发出材料应负担的成本差异 = 发出材料的计划成本 \times 材料成本差异率$$

项目一 资　产

发出材料的实际成本＝发出材料的计划成本±发出材料应负担的成本差异

结存材料的实际成本＝结存材料的计划成本±结存材料应负担的成本差异

需要注意的是，本月收入材料的计划成本中不包括暂估入账材料的计划成本。材料成本差异率的计算方法一经确定，不得随意变更。如果确需变更，应在会计报表附注中予以说明。企业应按照存货的类别，如原材料、周转材料等，对材料成本差异进行明细核算，但不能使用综合差异率来分摊发出存货和结存存货应负担的材料成本差异。

【情境 2-16】重庆长胜发动机制造有限公司采用计划成本法进行材料的日常核算，2019年5月份，月初结存圆钢的计划成本为52 000元，成本差异为超支差异2 000元；本月入库材料的计划成本和成本差异如【情境2-11】和【情境2-14】所示。本月1—10日发出圆钢的计划成本为270 000元，其中，基本生产车间生产领用160 000元，基本生产车间一般耗用20 000元，辅助生产车间领用60 000元，行政管理部门领用5 000元，出售25 000元。该企业材料领用的核算每旬进行一次。

① 结转发出材料的计划成本时，账务处理如下：

借：生产成本——基本生产成本　　　　　　　　　　　　　160 000
　　生产成本——辅助生产成本　　　　　　　　　　　　　 60 000
　　制造费用　　　　　　　　　　　　　　　　　　　　　 20 000
　　管理费用　　　　　　　　　　　　　　　　　　　　　 5 000
　　其他业务成本　　　　　　　　　　　　　　　　　　　 25 000
　　贷：原材料——圆钢　　　　　　　　　　　　　　　　270 000

② 结转发出材料应负担的成本差异时，账务处理如下：

本月材料成本差异率＝（2 000–5 000–1 000）÷（52 000+205 000+ 50 000）×100%＝–1.3%

生产产品领用圆钢应负担的成本差异＝160 000×（–1.3%）＝–2 080（元）

车间一般耗用圆钢应负担的成本差异＝20 000×（–1.3%）＝–260（元）

辅助生产车间领用圆钢应负担的成本差异＝60 000×（–1.3%）＝–780（元）

行政管理部门领用圆钢应负担的成本差异＝5 000×（–1.3%）＝–65（元）

出售圆钢应负担的成本差异＝25 000×（–1.3%）＝–325（元）

由于计算出来的差异率为负，说明是节约差，意味着实际成本小于计划成本。

借：材料成本差异——圆钢　　　　　　　　　　　　　　　 3 510
　　贷：生产成本——基本生产成本　　　　　　　　　　　 2 080
　　　　生产成本——辅助生产成本　　　　　　　　　　　 780
　　　　制造费用　　　　　　　　　　　　　　　　　　　 260
　　　　管理费用　　　　　　　　　　　　　　　　　　　 65
　　　　其他业务成本　　　　　　　　　　　　　　　　　 325

根据【情境2-16】的会计分录，填制重庆长胜发动机制造有限公司本月记账凭证，并登记相关明细账。

考证回顾

【多选题】（2016年）某企业原材料采用计划成本法核算，下列各项中，该企业应在"材料成本差异"账户贷方登记的有（　　）。

A. 入库原材料的成本超支差异
B. 发出原材料应负担的成本超支差异
C. 入库原材料的成本节约差异
D. 发出原材料应负担的成本节约差异

作业四　核算周转材料

一、认知周转材料

周转材料，是指企业能够多次使用、逐渐转移其价值但仍保持原有形态，且不能确认为固定资产的材料，如包装物、低值易耗品。

企业周转材料可按实际成本法核算，也可按计划成本核算。具体核算时，应设置"周转材料"账户，并可按周转材料的种类和性质，设置相关明细账户进行明细核算。

二、核算低值易耗品

低值易耗品，是指不能作为固定资产使用的各种用具物品，如工具、管理用具、玻璃器皿，以及在经营过程中周转使用的包装容器等。

低值易耗品属于劳动资料，它可以多次参加生产周转，在使用过程中需要进行维修，还具有品种多、数量大、价值较低、使用年限较短、容易损坏、收发频繁等特点。

低值易耗品按用途可分为一般工具、专用工具、替换设备、管理用具、劳动保护用品等。

（一）熟悉职业规范

为了反映和监督低值易耗品的增减变化及其结算情况，企业应当设置"周转材料——低值易耗品"账户，该账户属于资产类，借方登记购入、自制、委托加工完成并验收入库及盘盈等增加的低值易耗品的成本，贷方登记领用、报废等减少的低值易耗品的成本；其期末余额在借方，反映企业期末结存低值易耗品的成本。

低值易耗品采购、入库的核算，不论是按实际成本计价还是按计划成本计价，均与原材料的账务处理基本相同，只是入库时要将"原材料"账户改为"周转材料"账户。

但是，由于低值易耗品可以多次反复使用，其价值随使用次数逐渐转移，因此其发出的会计处理因采用的摊销方法不同而有所不同。具体摊销方法有：一次转销法、分次摊销法。

（二）进行职业判断与操作

1. 一次转销法

一次转销法，是指低值易耗品在领用时就将其全部账面价值计入相关资产成本或当期损益的方法。一次转销法通常适用于价值较低或极易损坏的低值易耗品。领用低值易耗品时，按其实际成本借记"生产成本""制造费用""管理费用""销售费用"等账户，贷记"周转材料——低值易耗品"账户。报废时，将报废低值易耗品的残料价值作为当月低值易耗品摊销额的减少，冲减有关成本费用，借记"原材料"或"银行存款"等账户，贷记"生产成本""制造费用""管理费用""销售费用"等账户。

如果低值易耗品是按计划成本核算的，应在领用当月结转应分摊的成本差异。

项目一 资　产

【情境 2–17】重庆长胜发动机制造有限公司基本生产车间于 2019 年 5 月 11 日领用一次性使用的一般工具一批，实际成本为 2 000 元。

虽然是车间领用，但并没有明确说是生产产品直接耗用，因此，应将工具的成本转入制造费用，应作如下账务处理：

借：制造费用　　　　　　　　　　　　　　　　　　　　　　　　2 000
　　贷：周转材料——低值易耗品　　　　　　　　　　　　　　　　2 000

根据【情境 2–17】的会计分录，填制重庆长胜发动机制造有限公司本月记账凭证，并登记相关明细账。

【情境 2–18】M 公司基本生产车间于 2019 年 5 月 11 日领用专用工具一批，计划成本 1 300 元，厂部管理部门领用办公用品一批，计划成本 1 100 元，当月材料成本差异率为 2%。

（1）领用时账务处理如下：

借：制造费用　　　　　　　　　　　　　　　　　　　　　　　　1 300
　　管理费用　　　　　　　　　　　　　　　　　　　　　　　　1 100
　　贷：周转材料——低值易耗品　　　　　　　　　　　　　　　　2 400

（2）由于列入上述管理费用和制造费用的是计划成本，又已知材料成本差异率，因此应将车间和管理部门领用的低值易耗品应分摊的差异转出，以反映实际的费用账务处理如下：

借：制造费用　　　　　　　　　　　　　　　　　　　　　　　　　26
　　管理费用　　　　　　　　　　　　　　　　　　　　　　　　　22
　　贷：材料成本差异——低值易耗品　　　　　　　　　　　　　　48

2. 分次摊销法

分次摊销法，是指低值易耗品在领用时，摊销其账面价值的单次平均摊销额，即按使用次数平均摊销。这种方法适用于多次反复使用的低值易耗品。在采用此方法的情况下，需要在"周转材料——低值易耗品"下单独设置"在用""在库""摊销"三级明细账户。领用时，由"在库"转为"在用"，并在每次领用时进行摊销。在最后一次摊销时，同时将"在用"与"摊销"结平。在会计实务中，比较常见的是五五摊销法，即分两次摊销，在领用时摊销其成本的 50%，在报废时再摊销其成本的 50%。

【情境 2–19】重庆长胜发动机制造有限公司对低值易耗品采用五五摊销法摊销。2019 年 5 月 11 日基本生产车间领用专用工具一批，实际成本为 20 000 元。2019 年 10 月，该批工具不能继续使用予以报废，收回残料 500 元。

（1）5 月领用低值易耗品时，账务处理如下：

借：周转材料——低值易耗品（在用）　　　　　　　　　　　　　20 000
　　贷：周转材料——低值易耗品（在库）　　　　　　　　　　　　20 000

同时摊销其价值的 50%，账务处理如下：

借：制造费用　　　　　　　　　　　　　　　　　　　　　　　10 000
　　贷：周转材料——低值易耗品（摊销）　　　　　　　　　　　10 000

（2）10 月低值易耗品报废时，摊销其价值的另外 50%，并结转摊销额和残值，账务处理如下：

借：制造费用　　　　　　　　　　　　　　　　　　　　　　　10 000
　　贷：周转材料——低值易耗品（摊销）　　　　　　　　　　　10 000

借：周转材料——低值易耗品（摊销）	20 000	
贷：周转材料——低值易耗品（在用）		20 000
借：原材料	500	
贷：制造费用		500

根据【情境 2-19】的会计分录，填制重庆长胜发动机制造有限公司本月记账凭证，并登记相关明细账。

三、核算包装物

（一）认知包装物

包装物是指为了包装本企业的商品而储备的各种包装容器，如桶、箱、瓶、坛、袋等。包装物按具体用途可分为：

（1）生产过程中用于包装产品作为产品组成部分的包装物；

（2）随同产品出售而不单独计价的包装物；

（3）随同商品出售而单独计价的包装物；

（4）出租或出借给购买单位使用的包装物。

下列各项不属于包装物核算范围：

（1）各种包装材料，如纸、绳、铁丝、铁皮等，应作为原材料核算。

（2）用于储存和保管商品、材料而不对外出售、出租、出借的包装容器，应按其价值大小和使用年限的长短，分别作为固定资产和低值易耗品核算。

（3）单独列作商品、产品的自制包装容器，应作为"库存商品"处理。

（二）熟悉职业规范

包装物实际成本的组成内容与原材料相同。企业应设置"周转材料——包装物"账户，用于核算企业库存的各种包装物的实际成本或计划成本。该账户属于资产类账户，其借方登记购入、自制、委托加工完成验收入库等原因增加的包装物成本；贷方登记领取、出售、出租、出借等原因减少的包装物成本；期末余额在借方，反映期末未用的包装物成本。

包装物采购、入库的核算，不论是按实际成本计价还是按计划成本计价，均与原材料的账务处理基本相同，但是发出包装物因用途不同而分别进行不同的会计处理。

（三）进行职业判断与操作

1. 生产领用包装物

生产过程中领用的包装物，在包装产品后，就成为产品的一部分，因此，应将包装物的成本计入产品的生产成本。借记"生产成本"账户，贷记"周转材料——包装物"账户。按计划成本法核算的，还应结转成本差异。

【情境 2-20】重庆长胜发动机制造有限公司生产车间 2019 年 5 月 12 日为生产 A 产品，领用一批包装物，计划成本为 2 000 元，材料成本差异率为 –1%。账务处理如下：

借：生产成本	1 980
材料成本差异	20

　　　　贷：周转材料——包装物　　　　　　　　　　　　　　　　　　　　　　　　2 000
　　根据【情境2-20】的会计分录，填制重庆长胜发动机制造有限公司本月记账凭证，并登记相关明细账。

2. 随同商品出售但不单独计价的包装物

随同商品出售但不单独计价的包装物，其发出主要是为了确保销售商品的质量或提供较为良好的销售服务，因此，应将这部分包装物的成本记入"销售费用"账户。按计划成本核算的，还应结转成本差异。

【情境2-21】重庆长胜发动机制造有限公司2019年5月12日为销售产品领用一批包装物，计划成本为2 000元，材料成本差异率为-1%，该批包装物随同产品出售，不单独计价。账务处理如下：

　　借：销售费用　　　　　　　　　　　　　　　　　　　　　　　　　　　　　　1 980
　　　　材料成本差异　　　　　　　　　　　　　　　　　　　　　　　　　　　　　　20
　　　　贷：周转材料——包装物　　　　　　　　　　　　　　　　　　　　　　　　2 000

根据【情境2-21】的会计分录，填制重庆长胜发动机制造有限公司本月记账凭证，并登记相关明细账。

3. 随同商品出售并单独计价的包装物

包装物随同商品出售并单独计价，实际上就是出售包装物，其账务处理与出售原材料相同。出售包装物取得的收入记入"其他业务收入"账户，出售包装物的成本记入"其他业务成本"账户。按计划成本核算的，还应结转成本差异。

【情境2-22】重庆长胜发动机制造有限公司2019年5月12日在出售产品时，随同产品出售一批包装物，其售价为3 000元，增值税额390元，款项已通过银行收取。其成本为2 800元，材料成本差异率为-1%。

随同商品出售单独计价，应单独确认收入并结转包装物成本。账务处理如下：

　　借：银行存款　　　　　　　　　　　　　　　　　　　　　　　　　　　　　　3 390
　　　　贷：其他业务收入　　　　　　　　　　　　　　　　　　　　　　　　　　　3 000
　　　　　　应交税费——应交增值税（销项税额）　　　　　　　　　　　　　　　　 390
　　借：其他业务成本　　　　　　　　　　　　　　　　　　　　　　　　　　　　2 772
　　　　材料成本差异　　　　　　　　　　　　　　　　　　　　　　　　　　　　　　28
　　　　贷：周转材料——包装物　　　　　　　　　　　　　　　　　　　　　　　　2 800

根据【情境2-22】的会计分录，填制重庆长胜发动机制造有限公司本月记账凭证，并登记相关日记账和明细账。

4. 出租、出借包装物

当企业出租、出借包装物给客户使用时，为了督促客户尽快归还，都要收取押金，作为客户按规定归还包装物的资金保证。收到出租、出借包装物的押金，借记"库存现金""银行存款"等账户，贷记"其他应付款"账户；退回押金作相反会计分录。对于逾期未退包装物，按没收的押金，借记"其他应付款"账户，按应交的增值税，贷记"应交税费——应交增值税（销项税额）"账户，按其差额，贷记"其他业务收入"账户。如果这部分没收的押金收入应交消费税等税费的，将应交的税费计入"其他业务成本"，借记"其他业务成本"账户，贷记"应交税费——应交消费税"等账户。

出借包装物是商品销售过程中无偿让渡资产使用权的行为，包装物出借期间发生的价值损耗应计入"销售费用"账户。

出租包装物是一种有偿让渡资产使用权的行为，因此，除了收取押金外，还要按期收取租金，记入"其他业务收入"账户，相应的包装物出租期间发生的价值损耗应记入"其他业务成本"账户。

以后收回已使用过的出租、出借包装物，不再进行账务处理，但应加强包装物的实物管理，在有关备查账簿上进行增减登记。

出租、出借的包装物，不能使用而报废时，按其残料价值，借记"原材料"等账户，贷记"其他业务成本"（出租包装物）"销售费用"（出借包装物）等账户。

由于出租、出借包装物可以重复使用，并且在使用过程中基本保持原来的实物形态。其价值随着使用而逐渐损耗，因此，出租、出借包装物的成本应采用适当的摊销方法计入各期损益。出租、出借包装物价值的摊销方法有一次转销法和五五摊销法。

（1）一次转销法。一次转销法是指在第一次领用全新包装物用于出租或出借时将其成本一次计入产品成本或期间费用的一种方法。在此方法下，领用时，按其实际成本，借记"其他业务成本"或"销售费用"账户，贷记"周转材料——包装物"账户。

【情境2-23】M公司在销售产品的过程中出租给乙企业包装物500只，每只实际成本40元，每只包装物收取押金50元和租金10元，已存入银行。租用期满后，甲企业退回包装物450只，其中40只不能继续使用，报废时收回残料100元，已入库；另外50只包装物甲企业逾期未退回，按合同规定没收押金2 500元，其余押金退回。该企业适用的增值税税率为13%。根据上述资料，编制会计分录。

（1）领用包装物用于出租：
借：其他业务成本　　　　　　　　　　　　　　　　　　　　　　　20 000
　　贷：周转材料——包装物　　　　　　　　　　　　　　　　　　　20 000

（2）收到出租包装物的押金、租金：
借：银行存款　　　　　　　　　　　　　　　　　　　　　　　　　30 000
　　贷：其他业务收入　　　　　　　　　　　　　　　　　　　　　4 424.78
　　　　应交税费——应交增值税（销项税额）　　　　　　　　　　　575.22
　　　　其他应付款　　　　　　　　　　　　　　　　　　　　　　25 000

（3）收回包装物，退还押金：
借：其他应付款　　　　　　　　　　　　　　　　　　　　　　　　22 500
　　贷：银行存款　　　　　　　　　　　　　　　　　　　　　　　22 500

（4）报废40只包装物，残料入库：
借：原材料　　　　　　　　　　　　　　　　　　　　　　　　　　　100
　　贷：其他业务成本　　　　　　　　　　　　　　　　　　　　　　100

对于仍可使用的410只包装物在备查簿上登记即可。

（5）没收未退回50只包装物押金：
借：其他应付款　　　　　　　　　　　　　　　　　　　　　　　　2 500
　　贷：其他业务收入　　　　　　　　　　　　　　　　　　　　　2 212.39
　　　　应交税费——应交增值税（销项税额）　　　　　　　　　　　287.61

（2）五五摊销法。五五摊销法是指包装物在领用时或出租、出借包装物时先摊销其成本的一半，在报废时再摊销其成本的另一半，即包装物分两次各按 50%进行摊销。在采用此方法的情况下，"周转材料——包装物"账户下需要单独设置"库存未用包装物""库存已用包装物""出租包装物""出借包装物""包装物摊销"五个明细账户。领用低值易耗品时，按其实际成本借记"周转材料——包装物（出租包装物）"或"周转材料——包装物（出借包装物）"账户，贷记"周转材料——包装物（库存未用包装物）"账户；同时，按其成本的 50%借记"其他业务成本"或"销售费用"账户，贷记"周转材料——包装物（包装物摊销）"账户。在包装物收回入库时，按其实际成本借记"周转材料——包装物（库存已用包装物）"账户，贷记"周转材料——包装物（出租包装物）"或"周转材料——包装物（出借包装物）"账户。包装物报废或收不回来时，按其成本的 50%借记"其他业务成本"或"销售费用"账户，贷记"周转材料——包装物（包装物摊销）"账户；同时，按其实际成本借记"周转材料——包装物（包装物摊销）"，贷记"周转材料——包装物（出租包装物）"或"周转材料——包装物（出借包装物）"账户。

【情境2–24】沿用【情境2–23】资料，假定出租包装物采用五五摊销法进行摊销，M 公司的账务处理如下：

（1）领用包装物用于出租：

借：周转材料——包装物（出租包装物） 20 000
　　贷：周转材料——包装物（库存未用包装物） 20 000

同时，摊销 50%成本

借：其他业务成本 10 000
　　贷：周转材料——包装物（包装物摊销） 10 000

（2）收回 450 只出租包装物：

借：周转材料——包装物（库存已用包装物） 16 400
　　贷：周转材料——包装物（出租包装物） 16 400

报废 40 只包装物：

借：其他业务成本 800
　　贷：周转材料——包装物（包装物摊销） 800

借：周转材料——包装物（包装物摊销） 1 600
　　贷：周转材料——包装物（出租包装物） 1 600

借：原材料 100
　　贷：其他业务成本 100

（3）摊销并结转逾期未退回 50 只包装物：

借：其他业务成本 1 000
　　贷：周转材料——包装物（包装物摊销） 1 000

借：周转材料——包装物（包装物摊销） 2 000
　　贷：周转材料——包装物（出租包装物） 2 000

没收押金业务的会计分录与一次摊销法一致，此处略。

作业五　核算委托加工物资

一、认知委托加工物资

委托加工物资是指企业委托外单位加工的各种材料、商品等物资。

委托加工物资实际成本包括实际耗用发出物资的成本，支付的加工费，加工物资的往返运杂费、保险费和应计入成本的税费等。

二、熟悉职业规范

为了反映和监督委托加工物资增减变动及其结存情况，企业应当设置"委托加工物资"账户，借方登记委托加工物资的实际成本，贷方登记加工完成验收入库物资的实际成本和剩余物资的实际成本，期末余额在借方，反映企业尚未完工的委托加工物资实际成本和发出委托加工物资的运杂费等。委托加工物资也可以采用计划成本法或售价进行核算，其方法与原材料和库存商品相似。

委托加工业务在会计处理上主要包括发出加工物资、支付加工费和运费、支付相关税费、收回加工物资和剩余物资等几个环节。

三、进行职业判断与操作

【情境2-25】M公司为增值税一般纳税人，2019年5月1日，委托星光公司加工乙材料一批，发出甲材料成本为50 000元；2019年5月28日，M公司支付加工费1 000元，应负担的增值税进项税额为130元、运杂费200元，款项已通过银行转账支付，假定M公司所委托加工后的材料属于应税消费品，收回的委托加工材料用于继续生产应交消费税产品。2019年5月28日，M公司向乙公司支付消费税7 000元，款项已通过银行转账支付；2019年5月30日，M公司收回委托加工材料，并入库。

1. 发出加工物资

企业发出委托加工物资时，应将物资的实际成本由"原材料""库存商品"等账户转入"委托加工物资"等账户，借记"委托加工物资"账户，贷记"原材料"或"库存商品"等账户。如果材料采用的计划成本法核算，还应同时结转材料成本差异，贷记或借记"材料成本差异"账户。因此，M公司5月1日应作如下财务处理：

借：委托加工物资——星光公司　　　　　　　　　　　　　　50 000
　　贷：原材料——甲材料　　　　　　　　　　　　　　　　　　50 000

2. 支付加工费、运杂费及税费

受托方接受加工业务，要向委托方收取加工费。同时，受托方提供了加工劳务，还要按加工费的13%收取增值税。企业支付的加工费，应负担的运杂费、增值税等，都构成加工物资的成本，在支付时，应借记"委托加工物资""应交税费——应交增值税（进项税额）"等账户，贷记"银行存款"等账户。

另外，如果加工的是消费品，还应按规定交纳消费税。消费税由受托方代收代交。委托方对支付的消费税，要根据加工物资收回后的目的不同区别核算：

项目一 资　产

（1）加工物资收回后直接用于销售的，其所负担的消费税计入加工物资成本，借记"委托加工物资"账户，贷记"应付账款""银行存款"等账户。

（2）加工物资收回后用于连续生产应税消费品的，其所付的消费税先借计"应交税费——应交消费税"账户，贷记"应付账款""银行存款"等账户。

需要注意的是：

（1）（受托方）代收代交的消费税＝消费税组成计税价格×消费税税率

＝［（材料实际成本＋加工费）÷（1－消费税税率）］×消费税税率

（2）委托方应交纳的增值税＝加工费（不含税价格）×增值税税率

因此，M公司5月28日应进行如下财务处理：

借：委托加工物资——星光公司　　　　　　　　　　　　　1 200

　　应交税费——应交增值税（进项税额）　　　　　　　　　130

　　应交税费——应交消费税　　　　　　　　　　　　　　7 000

　　　贷：银行存款　　　　　　　　　　　　　　　　　　　　　8 330

3. 收回委托加工物资

借：原材料——乙材料　　　　　　　　　　　　　　　　51 200

　　　贷：委托加工物资　　　　　　　　　　　　　　　　　　　51 200

如果加工完成收回的是直接对外销售或用于继续加工的商品，上述分录借方应为"库存商品"；如果之前发出的用于加工的材料或商品，在加工完成后还有剩余，在收回时应借记"原材料""库存商品"等账户，贷记"委托加工物资"账户。

考证回顾

【单选题】（2015年）2014年6月5日，M公司委托某量具厂加工一批量具，发出材料的计划成本为80 000元，材料成本差异率为5%，以银行存款支付运杂费2 000元，6月25日以银行存款支付上述量具的加工费用20 000元，6月30日收回委托加工的量具，并以银行存款支付运杂费3 000元，假定不考虑其他因素，M公司收回该批量具的实际成本是（　　）元。

　　A. 102 000　　　　B. 105 000　　　　C. 103 000　　　　D. 109 000

作业六　核算库存商品

一、认知库存商品

库存商品是指企业已完成全部生产过程并已验收入库，合乎标准规格和技术条件，可以按照合同规定的条件送交订货单位，或可以作为商品对外销售的产品以及外购或委托加工完成验收入库用于销售的各种商品。

库存商品具体包括库存产成品、外购商品、存放在门市部准备出售的商品、发出展览的商品、寄存在外的商品、接受来料加工制造的代制品和为外单位加工修理的代修品等。对于已完成销售手续、但购买单位在月末未提取的产品，不应作为企业的库存商品，而应作为代管商品处理，单独设置代管商品备查簿进行登记。

库存商品可以采用实际成本核算，也可以采用计划成本核算，其具体核算方法与原材料相似。商品流通企业的库存商品可以采用进价核算，也可采用售价核算。

二、核算自制库存商品

（一）熟悉职业规范

自制库存商品是指企业领用材料并经过一定生产加工达到检验合格标准交付仓库的成品，生产车间根据完工数量开具自制入库商品明细表（包含产品名称、规格、数量、生产车间及生产时间等），交至仓储部门，仓储部门进行点验和检查，然后签收，编制相应的入库单。仓储部门签收后，将实际入库数量传递给会计部门。会计部门以此作为库存商品入库的凭证。

为了核算自制库存商品的收入、发出、结存情况，应设置"库存商品"账户。该账户属于资产类账户，借方登记完工验收入库产品成本，贷方登记发出产品成本；期末余额在借方，表示库存产品的成本。该账户应按产品种类、名称、规格和存放地点设置明细账，进行明细分类核算。

在自制库存商品完工入库时，涉及生产车间由原材料到半成品到最终形成成品的过程，因此需要结合"生产成本"账户来核算。该账户属于成本类账户，借方登记为制造产品直接发生的材料、燃料、工资以及职工福利费等直接费用及间接费用；贷方登记生产完工并已验收入库的产品、自制半成品等实际成本。月末借方余额，表示尚未加工完成的各项在产品的成本。

（二）进行职业判断与操作

1. 生产

企业为生产产品，需要耗用材料，消耗人工、水电等，这些消耗都将构成产品的成本。在耗用时，能分清哪种产品耗用的，就直接计入该产品的生产成本，不能分清的，先计入制造费用，期末按一定标准分配计入相关产品的生产成本。

耗用材料和人工时，账务处理如下：

借：生产成本
　　贷：原材料
　　　　应付职工薪酬

分配制造费用时，账务处理如下：

借：生产成本
　　贷：制造费用

2. 入库

产品生产完工后，应验收入库。完工入库的各种产成品，应于月终根据入库凭证和成本计算资料，编制"产成品入库汇总表"，据以计入"库存商品"账户。

【情境2-26】M公司"产成品入库汇总表"记载，2019年5月份完工验收入库A产品1 000件，每件实际成本为50元；B产品2 000件，每年实际成本为80元，账务处理如下：

借：库存商品——A产品		50 000
——B产品		160 000
贷：生产成本——基本生产成本——A产品		50 000
——基本生产成本——B产品		160 000

3. 销售

【情境2-27】M公司在2019年5月份销售A产品500件，实际单位成本50元，总成本25 000元。账务处理如下：

借：主营业务成本　　　　　　　　　　　　　　　　　　　　　　　　25 000
　贷：库存商品——A产品　　　　　　　　　　　　　　　　　　　　25 000

如果库存商品按计划成本核算，实际成本与计划成本之间的差异，应通过"产品成本差异"账户核算。月末应分摊已销库存商品应分担的产品成本差异，分摊原理与材料成本差异的分摊相同。

三、核算外购库存商品

（一）熟悉职业规范

商品流通企业的库存商品来源于外购，为反映库存商品外购成本及收入、发出、结存情况，应当设置"在途物资""库存商品"等主要账户进行核算。

商品流通企业外购商品可以采用进价核算，也可采用售价核算。采用售价核算的，商品售价与进价的差额，应通过"商品进销差价"账户核算。月末，应分摊已销商品应承担的进销差价，将已销商品的销售成本调整为实际成本。借记"商品进销差价"，贷记"主营业务成本"。进销差价率计算公式如下：

$$进销差价率 = \frac{月末分摊前商品进销差价账户余额}{月末库存商品账户余额 + 本月主营业务收入账户贷方发生额 + 月末委托代销商品账户余额 + 月末发出商品账户余额} \times 100\%$$

本月已销商品应分摊的进销差价=本月主营业务收入账户贷方发生额×进销差价率

（二）进行职业判断与操作

1. 数量进价金额核算

数量进价金额核算法是以实物数量和进价金额两种计量单位，反映商品购进、销售、储存情况的一种方法。这种方法一般适用于批发企业批发商品的核算，其要点是：

（1）会计部门对库存商品总账和明细账的购进、销售、储存金额均按进价记载。

（2）按商品的品名、规格、等级和编号分户进行明细核算。库存商品明细账对每种库存商品的增减和结存情况，既反映金额又反映数量。

【情境2-28】某商场2019年5月10日购进甲商品300件，每件150元，取得增值税专用发票。另支付运杂费500元，未取得运费专用增值税发票。全部款项已开出转账支票支付。5月15日商品验收入库。

5月10日采购时，账务处理如下：

借：在途物资——甲商品　　　　　　　　　　　　　　　　　　　45 500
　　应交税费——应交增值税（进项税额）　　　　　　　　　　　 5 915
　　贷：银行存款　　　　　　　　　　　　　　　　　　　　　　51 415
5月15日验收入库时，账务处理如下：
借：库存商品——甲商品　　　　　　　　　　　　　　　　　　　45 500
　　贷：在途物资——甲商品　　　　　　　　　　　　　　　　　45 500

2. 售价金额核算

售价金额核算法，是指在建立实物负责制的基础上，以售价为计量单位，控制商品的购进、销售、储存情况的一种核算方法。即平时商品的购入、加工收回、销售均按售价记账，售价与进价的差额通过"商品进销差价"账户核算，期末计算进销差价率和本期已销售商品应分摊的进销差价，并据以调整本期销售成本。相关计算公式如下：

$$商品进销差价率 = \frac{期初库存商品进销差价 + 本期购入商品进销差价}{期初库存商品售价 + 本期购入商品售价} \times 100\%$$

本期销售商品应分摊的商品进销差价＝本期商品销售收入×商品进销差价率
本期销售商品的成本＝本期商品销售收入－本期销售商品应分摊的商品进销差价
期末结存商品的成本＝期初库存商品的进价成本＋本期购进商品的进价成本－
　　　　　　　　　　本期销售商品的成本

【情境2-29】 某商品零售企业2019年5月月初库存B商品3 000件，单位售价为50元，商品进销差价为42 000元。5月5日，从某批发公司购入B商品5 000件，单位进价成本为35元，单位售价52元，货款及相关增值税已用银行存款支付。所有单价均不含税。本月内共销售B商品4 000件，货款200 000元，增值税26 000元，已收存银行。

（1）5日，购进B商品时，账务处理如下：
借：在途物资——B商品　　　　　　　　　　　　　　　　　　175 000
　　应交税费——应交增值税（进项税额）　　　　　　　　　　 22 750
　　贷：银行存款　　　　　　　　　　　　　　　　　　　　　197 750
（2）B商品验收入库时，账务处理如下：
借：库存商品——B商品　　　　　　　　　　　　　　　　　　260 000
　　贷：材料采购——B商品　　　　　　　　　　　　　　　　175 000
　　　　商品进销差价　　　　　　　　　　　　　　　　　　　 85 000
（3）销售B商品时，账务处理如下：
借：银行存款　　　　　　　　　　　　　　　　　　　　　　　226 000
　　贷：主营业务收入——B商品　　　　　　　　　　　　　　200 000
　　　　应交税费——应交增值税（销项税额）　　　　　　　　 26 000
（4）结转已销商品成本，账务处理如下：
借：主营业务成本——B商品　　　　　　　　　　　　　　　　200 000
　　贷：库存商品——B商品　　　　　　　　　　　　　　　　200 000
月末，计算商品进销差价率，分摊进销差价。
　　　进销差价率＝(42 000＋85 000)/(150 000＋260 000)×100%＝30.98%

本月已销商品应分摊的进销差价＝200 000×30.98%＝61 960（元）

借：商品进销差价　　　　　　　　　　　　　　　　　　　　61 960
　　贷：主营业务成本——B商品　　　　　　　　　　　　　　　　61 960

作业七　清 查 存 货

清查存货是指通过对存货的实地盘点，确定存货的实有数量，并与账面结存数核对，从而确定存货实存数与账面结存数是否相符的一种专门方法，也称作存货清查。存货清查的方法一般采用实地盘点法。

由于存货种类繁多、收发频繁，在日常收发过程中可能发生计量错误、计算错误、自然损耗，还可能发生损坏变质以及贪污、盗窃等情况，造成账实不符，清查时就会出现存货的盘盈盘亏。对于存货的盘盈盘亏，应填写存货盘点报告，及时查明原因，按照规定程序报批处理。

一、确定存货数量

（一）实地盘存制

实地盘存制也称定期盘存制，指会计期末通过对全部材料进行实地盘点，以确定期末存货的结存数量，然后分别乘以各项存货的单价，计算出期末存货的成本，并据以计算出本期耗用或已销售存货成本的一种存货盘存方法。该方法的特点是平时只在存货账上记录存货的增加数，期末通过实地盘点确定存货的实际结存数，然后用倒挤的方法确定本期存货的减少数。

本期发出存货成本=期初存货成本+本期收入存货成本-期末存货成本

期末存货成本=期末存货数量×单价

采用实地盘存制，由于平时不记录存货减少数，可以简化日常核算工作。但这种方法不能随时反映存货的发出、结存动态，而且由于以存计耗、以存计销，凡属未被计入期末盘点数中的都假定为已经耗用或销售，这就把由于盗窃、浪费等原因造成的损失隐没在耗用或销售成本之中，不利于对存货的控制和管理，也不利于正确计算和分析成本。

（二）永续盘存制

永续盘存制也叫账面盘存制，是指通过设置存货明细账，逐笔或逐日地记录存货收入或发出的数量、金额，以随时结出结余存货结存数量、金额的一种存货盘存方法。

由于这种方法可以随时在存货明细账上反映各项存货的收入、发出和结存情况，因而能提供准确的成本计算资料；同时，通过实地盘点，核对账实，针对存在的问题提出改进的措施，有利于存货的管理。但是采用该方法登记存货明细账的工作量较大。

二、核算盘盈的存货

（一）熟悉职业规范

企业应定期或不定期地通过对存货的清查（实地盘点法），确定存货的实有数量，并与账面记录核对，从而确定存货实有数与账面数是否相符。实存数大于账存数，为存货盘盈。

企业发生存货盘盈时，应以实物为准，调增账存数，做到账实相符，借记"原材料""库存商品"等账户，贷记"待处理财产损溢"账户；盘盈的存货查明原因后，按管理权限报经批准，根据不同原因进行不同的处理。如系查不到具体原因或是因自然升溢、计量差错等原因形成的盘盈，应冲减"管理费用"；如系少发，应补发给对方；如系多收，应退还给对方。

（二）进行职业判断与操作

【情境2-30】重庆长胜发动机制造有限公司2019年5月13日在财产清查中发现盘盈圆钢100千克，实际单位成本为20元，计划单位成本是25元。经查属于材料收发计量方面的错误。

在查明原因之前，应调整账面余额，做到账实相符。同时，圆钢系企业的流动资产，为与固定资产盘盈盘亏处理相区别，应在"待处理财产损溢"下设"待处理流动资产损溢"明细账。

批准处理前，账务处理如下：

借：原材料——圆钢　　　　　　　　　　　　　　　　　　　2 500
　　贷：待处理财产损溢——待处理流动资产损溢　　　　　　　　2 000
　　　　材料成本差异——圆钢　　　　　　　　　　　　　　　　500

批准处理后，账务处理如下：

借：待处理财产损溢——待处理流动资产损溢　　　　　　　　2 000
　　贷：管理费用　　　　　　　　　　　　　　　　　　　　　2 000

根据【情境2-30】的会计分录，填制重庆长胜发动机有限公司本月记账凭证，并登记相关明细账。

三、核算盘亏及毁损的存货

（一）熟悉职业规范

企业在定期或不定期地对存货进行清查时，发现实存数小于账存数，为存货盘亏。企业发生存货盘亏时，应以实物为准，调减账存数，做到账实相符，借记"待处理财产损溢"账户，贷记"原材料""库存商品"等账户。

导致盘亏的原因较多，报经批准后，根据不同原因分别进行处理：

（1）系自然原因产生的定额内损耗，经批准后转作管理费用；

（2）系计量收发错误和管理不善等原因造成的存货盘亏和毁损，先扣除残料价值、可以收回的保险赔款和过失人赔偿，然后将净损失计入管理费用；

（3）系自然灾害或意外事故造成的存货毁损，在扣除残料价值和可收回的保险赔款后，将净损失转作营业外支出。

（二）进行职业判断与操作

【情境2-31】2019年5月13日，M公司对钢板进行盘点，发现盘亏30千克，实际单位成本20元，转出的增值税进项税额为78元。经查，属于2016年夏天雷击造成的毁损。其中，应由保管员王力赔偿160元；属于保险公司责任范围，应由保险公司赔偿350元。按实际成本法核算。

（1）批准处理前，账务处理如下：

借：待处理财产损溢——待处理流动资产损溢　　　　　　　　678
　　贷：原材料——钢板　　　　　　　　　　　　　　　　　600
　　　　应交税费——应交增值税（进项税额转出）　　　　　78

（2）查明原因，批准处理后，账务处理如下：

借：其他应收款——王力　　　　　　　　　　　　　　　　　160
　　　　　　　——保险公司　　　　　　　　　　　　　　　350
　　营业外支出　　　　　　　　　　　　　　　　　　　　　168
　　贷：待处理财产损溢——待处理流动资产损溢　　　　　　678

【多选题】（2016年）下列各项中，企业盘亏的库存商品按管理权限报经批准后，正确的会计处理有（　　）。

A．应由保险公司和过失人承担的赔款，记入"其他应收款"账户
B．入库的残料价值，记入"原材料"账户
C．盘亏库存商品净损失中，属于一般经营损失的部分，记入"管理费用"账户
D．盘亏库存商品净损失中，属于非常损失的部分，记入"营业外支出"账户

作业八　核算期末存货价值

一、认知期末存货计量原则

企业会计准则规定：资产负债表日，存货应当按照成本与可变现净值孰低计量。

成本与可变现净值孰低法是指对期末存货按照成本与可变现净值两者之中的较低者进行计价的方法。即当存货成本低于可变现净值时，存货按成本计量；当存货成本高于可变现净值时，存货按可变现净值计量，同时按照成本高于可变现净值的差额计提存货跌价准备，计入当期损益。

成本是指存货的历史成本，即前面所学习的计量发出存货成本时所计算出来的期末存货实际成本。可变现净值是指在日常活动中，存货的估计售价减去至完工时估计将要发生的成本、估计的销售费用以及相关税费后的金额。可变现净值的特征表现为存货的预计未来现金流量，而不是存货的售价或合同价。

二、熟悉职业规范

当存货成本高于其可变现净值时，表明存货可能发生损失，应在存货销售之前确认这一损失，计入当期损益，并相应减少存货的账面价值。以前减记存货价值的影响因素已经消失

的，减记的金额应当予以恢复，并在原计提的存货跌价准备金额内转回，转回的金额也计入当期损益。

为了反映和监督存货跌价准备的计提、转回和转销情况，企业应当设置"存货跌价准备"账户。该账户系资产类的备抵账户，贷方登记计提的存货跌价准备金额，借方登记实际发生的存货跌价损失和转回的存货跌价准备金额，期末余额一般在贷方，反映企业已计提但尚未转销的存货跌价准备。

在企业结转存货销售成本时，对于已计提存货跌价准备的存货，也应当一并结转，以调整销售成本，借记"存货跌价准备"账户，贷记"主营业务成本""其他业务成本"等账户。

企业通常应当按照单个存货项目计提存货跌价准备。对于数量繁多、单价较低的存货，可以按照存货类别计提存货跌价准备。与在同一地区生产和销售的产品系列相关、具有相同或类似最终用途或目的，且难以与其他项目分开计量的存货，可以合并计提存货跌价准备。

三、进行职业判断与操作

【情境 2-32】M 公司按照"存货与可变现净值孰低"对期末存货进行计价。假设，2019 年 5 月 31 日某材料的账面成本为 100 000 元，由于市场价格下跌，预计可变现净值为 90 000 元。

可变现净值低于成本 10 000 元，企业应计提存货跌价准备 10 000 元，计入当期损益，体现在"资产减值损失——计提的存货跌价准备"账户中，账务处理如下：

借：资产减值损失——计提的存货跌价准备　　　　　　　　10 000
　　贷：存货跌价准备　　　　　　　　　　　　　　　　　　　　　　10 000

2019 年 6 月 30 日，由于市场价格有所上升，使得该材料的预计可变现净值为 94 000 元。

由于 6 月 30 日市场价格有所上升，该材料的可变现净值有所恢复，应计提的存货跌价准备为 6 000 元（94 000-100 000），但之前已计提 10 000 元，则当期应转回已计提的存货跌价准备为 4 000 元，账务处理如下：

借：存货跌价准备　　　　　　　　　　　　　　　　　　　　　4 000
　　贷：资产减值损失——计提的存货跌价准备　　　　　　　　　　4 000

2019 年 7 月 31 日，由于市场价格进一步上升，预计可变现净值为 111 000 元。

该材料的可变现净值有所恢复，应当冲减存货跌价准备为 11 000 元（100 000-111 000），但是对该材料已计提的存货跌价准备目前只有 6 000 元，因此，当期应当转回的存货跌价准备为 6 000 元而不是 11 000 元（即以将该材料已计提的"存货跌价准备"余额冲减至零为限），账务处理如下：

借：存货跌价准备　　　　　　　　　　　　　　　　　　　　　6 000
　　贷：资产减值损失——计提的存货跌价准备　　　　　　　　　　6 000

关键词

存货（Inventory）　　　　　　　　　　　　原材料（Raw Materials）
库存商品（Finished Goods）　　　　　　　　在途物资（Material in Transit）
材料采购（Procurement of Materials）　　　周转材料（Circulating Materials）

项目一 资　产

材料成本差异（Materials Cost Variance）　　实际成本（Actual Cost）
计划成本（Plan Cost）　　委托加工物资（Work in Process Outsourced）
商品进销差价（Difference Between Purchase）
资产减值损失（Impairment of Assets）
存货跌价准备（Inventory Falling Price Reserves）

能力实训

一、单项选择题

1. 下列各种中，不属于存货的是（　　）。
   A. 原材料　　　　　　B. 工程物资　　　　　C. 委托加工物资　　　D. 包装物
2. 下列各项中，不计入存货采购成本的是（　　）。
   A. 负担的运输费用　　　　　　　　　　B. 支付的进口关税
   C. 入库后的仓储费　　　　　　　　　　D. 入库前整理挑选费
3. 某企业为增值税一般纳税人，从外地购入原材料 6 000 吨，收到增值税专用发票上注明的售价为每吨 1 200 元，增值税税款为 1 224 000 元，运输途中取得的运输业增值税专用发票上注明的运费为 60 000 元，增值税额为 6 600 元，另发生装卸费 10 000 元，途中保险费为 18 000 元。原材料运到后验收数量为 5 996 吨，短缺 4 吨为合理损耗，则该原材料的入账价值为（　　）元。
   A. 7 068 000　　B. 7 088 000　　C. 7 288 000　　D. 7 079 000
4. 小规模纳税人购买原材料，发票上价格为 100 万元，增值税 17 万元，另支付保险费 1 万元，则原材料的入账成本为（　　）万元。
   A. 117　　　　　B. 118　　　　　C. 101　　　　　D. 100
5. A 企业接受一批原材料投资，该批原材料投资时点的市场公允价格为 100 万元，双方协议确定的价值为 60 万元，A 企业接受投资时原材料的入账价值为（　　）万元。
   A. 100　　　　　B. 85　　　　　C. 60　　　　　D. 117
6. 某增值税一般纳税企业购进农产品一批，支付买价 12 000 元，装卸费 1 000 元，入库前挑选整理费 400 元。按照税法规定，该批购进的农产品可按买价的 13%抵扣增值税额。该批农产品的采购成本为（　　）元。
   A. 12 000　　　B. 12 200　　　C. 13 000　　　D. 11 840
7. 外购材料发生的短缺与毁损，如属途中合理损耗，应作如下处理（　　）。
   A. 若未付款，应拒付货款
   B. 若已付款，应向供应单位索赔
   C. 列入营业外支出
   D. 相应提高入库材料的实际单位成本，不再另作处理
8. 某企业采用先进先出法计算发出甲材料的成本，2019 年 2 月 1 日，结存甲材料 200 千克，每千克实际成本 100 元；2 月 10 日购入甲材料 300 千克，每千克实际成本 110 元；2 月 15 日发出甲材料 400 千克。2 月月末，库存甲材料的实际成本为（　　）元。

A. 10 000　　　　　B. 10 500　　　　　C. 10 600　　　　　D. 11 000

9. 某企业月初库存材料 60 件，每件为 1 000 元，月中又购进两批，一次 200 件，每件 950 元，另一次 100 件，每件 1 046 元，该企业发出存货采用月末一次加权平均法，则月末该材料的加权平均单价为（　　）元。

A. 980　　　　　　B. 985　　　　　　C. 990　　　　　　D. 1 182

10. 某企业为增值税一般纳税人，增值税税率为 17%。本月销售一批材料，价税合计 6 084 元。该批材料计划成本为 4 200 元，材料成本差异率为 2%，该企业销售材料应确认的损益为（　　）元。

A. 916　　　　　　B. 1 084　　　　　C. 1 884　　　　　D. 1 968

11. 某企业材料采用计划成本核算。月初结存材料计划成本为 200 万元，材料成本差异为节约 20 万元，当月购入材料一批，实际成本为 135 万元，计划成本为 150 万元，领用材料的计划成本为 180 万元。当月结存材料的实际成本为（　　）万元。

A. 153　　　　　　B. 162　　　　　　C. 170　　　　　　D. 187

12. 某增值税一般纳税企业因管理不善导致一批库存材料被盗，该批原材料实际成本为 20 000 元，保险公司赔偿 11 600 元。该企业购入材料的增值税税率为 17%，该批毁损原材料造成的非正常损失净额是（　　）元。

A. 8 400　　　　　B. 19 600　　　　　C. 9 200　　　　　D. 11 800

13. 企业对随同商品出售且单独计价的包装物进行会计处理时，该包装物的实际成本应结转到的会计账户是（　　）。

A. 制造费用　　　　B. 管理费用　　　　C. 销售费用　　　　D. 其他业务成本

14. 企业销售产品领用不单独计价的包装物一批，其计划成本为 8 000 元，材料成本差异率为 1%，此项业务企业应计入销售费用的金额为（　　）元。

A. 8 000　　　　　B. 7 920　　　　　C. 8 080　　　　　D. 0

15. 企业委托加工应税消费品，如果收回后用于连续生产，委托方对于尚未支付的受托方代收代缴的消费税的会计处理，正确的是（　　）。

　　A. 借记"原材料"账户，贷记"银行存款"账户
　　B. 借记"应交税费——应交消费税"账户，贷记"应付账款"账户
　　C. 借记"委托加工物资"账户，贷记"银行存款"账户
　　D. 借记"委托加工物资"账户，贷记"应付账款"账户

16. 某企业采用成本与可变现净值孰低法对存货进行期末计价，成本与可变现净值按单项存货进行比较。2019 年 12 月 31 日，甲、乙、丙三种存货成本与可变现净值分别为：甲存货成本 10 万元，可变现净值 8 万元；乙存货成本 12 万元，可变现净值 15 万元；丙存货成本 18 万元，可变现净值 15 万元。甲、乙、丙三种存货已计提的跌价准备分别为 1 万元、2 万元、1.5 万元。假定该企业只有这三种存货，2019 年 12 月 31 日应补提的存货跌价准备总额为（　　）万元。

A. −0.5　　　　　B. 0.5　　　　　　C. 2　　　　　　　D. 5

17. 2019 年 12 月 31 日，某企业原材料余额 20 万元，已计提存货跌价准备 4 万元，由于市价上升，预计可变现净值为 19 万元，年末应转回存货跌价准备的金额为（　　）万元。

A. 4　　　　　　　B. 1　　　　　　　C. 3　　　　　　　D. 5

项目一 资　　产

18. 2019 年 5 月 31 日，某企业乙存货的实际成本为 100 万元，加工该存货至完工产成品估计还将发生成本为 20 万元，估计销售费用和相关税费为 2 万元，估计用该存货生产的产成品售价 110 万元。假定乙存货月初"存货跌价准备"账户余额为 5 万元，2019 年 5 月 31 日应计提的存货跌价准备为（　　）万元。

A. -10　　　　　　B. 7　　　　　　C. 10　　　　　　D. 12

19. 按规定，在成本与可变现净值孰低法下，对成本与可变现净值进行比较确定当期存货跌价准备金额时，一般应当（　　）。

A. 分别单个存货项目进行比较　　　　B. 分别存货类别进行比较
C. 按全部存货进行比较　　　　　　　D. 企业根据实际情况作出选择

20. 下列各项中，不在资产负债表"存货"项目中列示的是（　　）。

A. 生产成本　　　　　　　　　　　　B. 委托代销商品
C. 为在建工程购入的工程物资　　　　D. 发出商品

二、多项选择题

1. 企业为外购存货发生的下列各项支出中，应计入存货成本的有（　　）。

A. 入库前的挑选整理费　　　　　　　B. 运输途中的合理损耗
C. 不能抵扣的增值税进项税额　　　　D. 运输途中因自然灾害发生的损失

2. 下列税金中，应计入存货成本的有（　　）。

A. 由受托方代扣代缴的委托加工直接用于对外销售的商品负担的消费税
B. 由受托方代扣代缴的委托加工继续用于生产应纳消费税的商品负担的消费税
C. 进口原材料交纳的进口关税
D. 一般纳税人进口原材料交纳的增值税

3. 一般纳税企业委托其他单位加工材料收回后直接对外销售的，其发生的下列支出中，应计入委托加工物资成本的有（　　）。

A. 加工费　　　　　　　　　　　　　B. 增值税
C. 发出材料的实际成本　　　　　　　D. 受托方代收代交的消费税

4. 以下内容可作为包装物通过"周转材料"核算的有（　　）。

A. 随同产品出售而不单独计价的包装物　　B. 随同产品出售而单独计价的包装物
C. 纸、绳、铁丝、铁皮等包装材料　　　　D. 用于储存和保管产品、材料的包装物

5. "材料成本差异"账户贷方可以用来登记（　　）。

A. 购进材料实际成本小于计划成本的差额　B. 发出材料应负担的超支差异
C. 发出材料应负担的节约差异　　　　　　D. 购进材料实际成本大于计划成本的差额

6. 下列各项中，企业可以采用的发出存货成本计价方法有（　　）。

A. 先进先出法　　　　　　　　　　　B. 移动加权平均法
C. 个别计价法　　　　　　　　　　　D. 成本与可变现净值孰低法

7. 下列关于存货盘盈盘亏说法正确的是（　　）。

A. 存货盘盈时，经批准后，存在记入"管理费用"账户的情况
B. 存货盘亏时，经批准后，存在记入"管理费用"账户的情况
C. 企业发生存货盘盈盘亏，会涉及"待处理财产损溢"账户
D. 企业发生存货盘盈盘亏，不会涉及"其他应收款"账户

8. 下列关于企业存货会计处理的表述中,正确的有(　　)。
A. 存货成本包括采购成本、加工成本和其他成本
B. 存货期末计价应按照成本与可变现净值孰低计量
C. 存货采用计划成本核算的,期末应将计划成本调整为实际成本
D. 结转商品销售成本的同时不需要转销其已计提的存货跌价准备

9. 下列各项中,关于周转材料会计处理表述正确的有(　　)。
A. 多次使用的包装物应根据使用次数分次进行摊销
B. 低值易耗品金额较小的可在领用时一次计入成本费用
C. 随同商品销售出借的包装物的摊销额应计入"管理费用"
D. 随同商品出售单独计价的包装物取得的收入应计入"其他业务收入"

10. 下列关于存货可变现净值的说法中,正确的有(　　)。
A. 材料生产的产品过时,导致其市场价格低于产品成本,可以表明存货的可变现净值低于成本
B. 为执行销售合同或者劳务合同而持有的存货,通常应当以产成品或商品的合同价格作为其可变现净值的计算基础
C. 如果持有的存货数量少于销售合同订购数量,实际持有与该销售合同相关的存货应以销售合同所规定的价格作为可变现净值的计算基础
D. 用于出售的材料等,通常以其所生产的商品的售价作为其可变现净值的计算基础

三、判断题(正确的划"√",错误的划"×")

1. 商品流通企业在采购商品过程中发生的运输费、装卸费、保险费等,应当直接计入当期损益。(　　)
2. 企业已发出的商品,均不属于企业的存货。(　　)
3. 采用先进先出法时,当市场上的物价持续上涨时,期末的成本最接近于市价,而发出成本偏低,会高估企业当期利润和库存商品的价值;反之,会低估企业的当期利润和库存商品的价值。(　　)
4. 委托加工物资收回后用于连续生产应税消费品的,委托方应将交纳的消费税计入委托加工物资的成本。(　　)
5. 企业采用计划成本核算原材料,平时收到原材料时应按实际成本借记"原材料"账户,领用或发出原材料时应按计划成本贷记"原材料"账户,期末再将发出材料和期末结存材料调整为实际成本。(　　)
6. 计划成本法下,本期发出材料应负担的成本差异应按期(月)分摊结转。(　　)
7. 属于非常损失造成的存货毁损,应按该存货的实际成本计入"营业外支出"。(　　)
8. 企业租入包装物支付的押金应计入"其他业务成本"。(　　)
9. 收回以前的转销的坏账损失,会导致坏账准备余额增加。(　　)
10. 企业对存货计提的跌价准备,在以后期间不能再转回。(　　)

四、实务题

1. M公司2019年5月份A商品有关收、发、存情况如下:
(1) 5月1日结存300件,单位成本为2万元。
(2) 5月8日购入200件,单位成本为2.2万元。

（3）5月10日发出400件。
（4）5月20日购入300件，单位成本为2.3万元。
（5）5月28日发出200件。
（6）5月31日购入200件，单位成本为2.5万元。

要求：（1）采用先进先出法计算A商品5月份发出存货的成本和期末结存存货的成本。

（2）采用月末一次加权平均法计算A商品5月份发出存货的成本和期末结存存货的成本。

（3）比较两种方法计价对当期利润的影响。

2. 某企业2019年5月20日购买甲材料1 000千克，单价10元，增值税1 700元，装卸费100元，款项以银行存款支付，材料尚未到达企业。2019年6月25日材料验收入库，短缺10千克，原因待查。

（1）编制5月20日购入时的分录。

（2）6月25日材料验收入库，短缺原因存在如下情况，分别编制相关会计分录：

① 如果上述短缺是供应单位少发货造成的，供应单位已同意退款但尚未收到；

② 如果上述短缺是运输部门责任造成的，运输部门已同意赔款100元但尚未收到；

③ 如果上述短缺是自然灾害造成的，保险公司同意赔款100元但尚未收到。

3. 某工厂材料存货采用计划成本记账，2019年5月份"原材料"账户某类材料的期初余额为40 000元，"材料成本差异"账户期初借方余额为4 000元，原材料单位计划成本为10元。该工厂5月份发生如下经济业务：

（1）5月10日进货1 000千克，以银行存款支付材料货款9 500元，材料增值税进项税额1 615元，运费400元，材料已验收入库；

（2）5月15日，车间一般耗用领用材料100千克；

（3）5月20日进货2 000千克，增值税发票上价税合计22 464元（增值税税率为17%）款项用银行存款支付，另支付运费1 000元，材料已验收入库；

（4）5月25日，车间生产产品领用材料2 500千克。

要求：完成上述业务的会计分录，计算材料成本差异率，计算发出材料应负担的材料成本差异并编制相关会计分录。

4. 甲企业为增值税一般纳税人，适用的增值税税率为13%，原材料按实际成本核算。2019年12月月初，A材料账面余额90 000元，该企业12月份发生的有关经济业务如下：

（1）5日，购入A材料1 000千克，增值税专用发票上注明的价款300 000元，增值税税额51 000元，购入该种材料发生保险费1 000元，发生运输费4 000元（已取得运输发票），运输费用的增值税税率9%，运输过程中发生合理损耗10千克，材料已验收入库，款项均已通过银行付清。

（2）15日，委托外单位加工B材料（属于应税消费品），发出B材料成本70 000元，支付加工费20 000元，取得的增值税专用发票上注明的增值税额为3 400元，由受托方代收代缴的消费税为10 000元，材料加工完毕验收入库，款项均已支付，材料收回后用于继续生产应税消费品。

（3）20日，领用A材料60 000元，用于企业正在自建的办公楼，购入A材料时支付的相应增值税税额为10 200元。

（4）25 日，生产领用 A 材料一批，该批材料成本 15 000 元。对外销售 A 材料一批，售价 10 000 元，成本 6 000 元，款项已通过银行存款收清。

（5）31 日，收到丙公司作为资本投入的 A 材料 2 100 千克并验收入库。投资合同约定该批原材料价值 84 000 元（不含允许抵扣的进项税额 14 280 元），丙公司已开具增值税专用发票。假设合同约定的价值与公允价值相等，未发生资本溢价。

要求：根据资料（1）—（5），分别编制相关分录。

任务三 核算金融资产

  职业目标

1. 了解投资的概念；
2. 了解金融资产的概念并能区分各种金融资产；
3. 掌握交易性金融资产的核算；
4. 掌握持有至到期投资的核算；
5. 掌握可供出售金融资产的核算；
6. 掌握应收票据、应收账款、预付账款及其他应收款的核算；
7. 掌握应收款项期末减值的确认与计量；
8. 通过对金融资产的学习，树立投资理财观念。

  教学时数

建议教学时数 11 学时，其中讲授 7 学时、实践 4 学时。

  教学指引

1. 准备企业会计准则和常见的会计法规文件供学生阅读；
2. 收集有关投资的合同、协议供学生判断投资类型使用；
3. 准备好多媒体教学设备及教学课件、软件供教学使用；
4. 收集相关视频教学资料和网络教学资源供学生自主学习。

  典型工作任务

1. 核算以摊余成本计量的金融资产业务；
2. 核算以公允价值计量且其变动计入其他综合收益的金融资产业务；
3. 核算以公允减值计量且其变动计入当期损益的金融资产业务；

4. 核算应收款项业务。

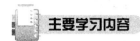主要学习内容

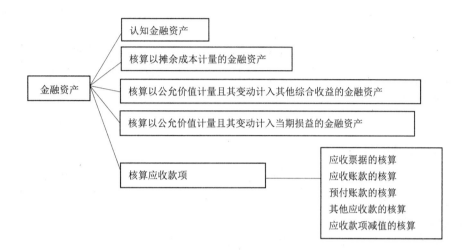

作业一　认知金融资产

一、认知投资

（一）了解投资的概念

所谓投资，一般是指经济主体为获取预期收益而垫付货币或其他资源于某些事业的经济活动。投资这一含义表明了投资主体、投资目的、投资方式和投资行为过程的内容及其内在联系。企业的投资分为广义投资和狭义投资。广义的投资包括对外投资和对内投资，债权性投资、权益性投资等属于对外投资，投资购买固定资产等属于对内投资；狭义的投资一般仅为对外投资。科学理解投资的含义必须注意以下五点：

（1）从事投资事业，首先是谁来投资。投资活动的经济主体，简称投资主体，或投资者、投资方。在现实的社会经济生活中，投资主体有多层次和多种类型，如：直接从事投资的各级政府、企业、事业单位、企业集团或者个人，等等。投资就是这些人或人格化的组织进行的一种有意识的经济活动。

（2）投资者为什么投资。垫付货币或其他资源，旨在保证回流，实现增殖。投资活动是为了获取一定的预期的效益。进行任何经济活动使成果超过消耗，以少投入换取多产出，是任何社会形态下人类经济活动都要受其支配的一条基本经济规律。经济效益是投资活动的出发点和归结点。经济效益有其自然方面，还有其社会方面，不同社会形态下的经济效益，其社会实质和衡量标准是不相同的。投资的效益，不仅仅体现在经济效益，还反映在社会效益和环境效益等诸多方面。就广义而言，经济效益的内涵和外延含有经济、社会、环境效益的统一的意思。

（3）投资可以运用多种形式，投放运用于多种事业。直接投资是投资的重要方式之一。

它直接运用于购建固定资产和流动资产,形成实物资产——生产资料,以产出产品,体现为使用价值和价值;间接投资用于购买股票、债券等,形成金融资产,用以实现投资的目的;还有风险投资,如开发高新技术的投资,勘探地下、海底资源的投资等。

(4)以货币资金(或资本)垫付为特征的投资活动是连续性的活动,它不是一次完成的。同时,投资也不只是一次性的投入行为,而是包含着资金的筹集、分配、使用和回收、增殖的全过程。投资是资金不断循环周转的运动过程。

(5)投资的含义具有双重性:既是指特定的经济活动,又表现为特定的货币资金。这也就是说投资是投资主体为了获得预期效益而不断转化为资产的一定量货币资金。

由此可见,垫支资源、形成资本资产、取得未来回报、而回报具有不确定性是投资的基本特点。

(二)熟悉投资的分类

投资是一项很复杂的经济活动,为了加强管理和分别核算,有必要对投资进行科学的分类。投资按不同标准可以分为不同的种类。

1. 按投资方向分类

按投资方向的不同,投资可分为实物投资和金融投资。

实物投资是指投资者将资金用于建造、购置固定资产和流动资产,直接用于生产经营,并以此获得未来收益的投资行为。比如:房地产投资、固定资产投资、存货投资等。

金融投资是指投资者以获得未来收益为目的,用货币资金去购买金融资产的投资行为。比如股票投资、债券投资等。

在本能力单元中,我们只学习金融投资的核算,主要包括交易性金融资产、持有至到期投资和长期股权投资的核算。

2. 按投资回收期限分类

按投资回收期限的长短,投资可分为短期投资和长期投资。短期投资是指回收期在一年以内(含一年)的投资,主要包括现金、应收款项、存货、短期有价证券等投资;长期投资是指回收期在一年以上的投资,主要包括固定资产、无形资产、对外长期投资等。

3. 按投资行为的介入程度分类

按投资行为的介入程度,分为直接投资和间接投资。直接投资包括企业内部直接投资和对外直接投资,前者形成企业内部直接用于生产经营的各项资产,后者形成企业持有的各种股权性资产,如持有子公司或联营公司股份等。间接投资是指通过购买被投资对象发行的金融工具而将资金间接转移交付给被投资对象使用的投资,如企业购买特定投资对象发行的股票、债券、基金等。

4. 按投资的范围不同分类

按投资的范围不同,分为对内投资和对外投资。从企业的角度看,对内投资就是项目投资,是指企业将资金投放于为取得供本企业生产经营使用的固定资产、无形资产、其他资产和垫支流动资金而形成的一种投资。对外投资是指企业为购买国家及其他企业发行的有价证券或其他金融产品(包括:期货与期权、信托、保险),或以货币资金、实物资产、无形资产向其他企业(如联营企业、子公司等)注入资金而发生的投资。

企业投资核算的主要内容应包括正确记录和反映各项投资所发生的投资成本、确认投资损益,并按规定计提投资损失准备,做好投资信息的披露。

二、认知金融资产

(一) 金融资产的概念

1. 金融工具

金融工具是指使一个企业形成金融资产,同时使另一个企业形成金融负债或者权益工具的合同,包括金融资产、金融负债和权益工具。金融资产是指企业的货币资金、应收款项、股权和债权投资等;金融负债是指企业的应付款项等;权益工具指企业发行的普通股和认证权证等。比如:M公司发行公司债券筹集资金,乙公司购买M公司发行的债券进行债券投资,M公司形成金融负债,而乙公司则形成金融资产;如果M公司发行普通股票筹集资金,乙公司购买M公司发行的普通股票进行权益性投资,M公司形成权益工具,乙公司则形成金融资产。

金融工具按是否直接与信用活动有关进行分类可以分为基本金融工具和衍生金融工具。基本金融工具包括应收款项、应付款项、应付债券等;衍生金融工具包括期货合同、远期合同、互换与期权等。本项目主要讲解的是基本金融工具。

2. 金融资产

金融资产是指一切可以在金融市场上进行交易,具有现实价格和未来估价的金融工具的总称,主要包括库存现金、应收款项、贷款、股权投资、债权投资、基金投资、衍生金融资产等。

(二) 金融资产的分类

根据业务模式和合同现金流量特征等两个判断依据,将取得的金融资产在初始确认时划分为以下三类:

(1) 以摊余成本计量的金融资产。

(2) 以公允价值计量且其变动计入其他综合收益的金融资产。

(3) 以公允价值计量且其变动计入当期损益的金融资产。

企业取得的金融资产,应在初始确认时进行上述分类,分类一经确定不得随意变更。

企业管理金融资产的业务模式,是指企业如何管理其金融资产以产生现金流量。业务模式决定企业所管理金融资产现金流量的来源是收取合同现金流量、出售金融资产赚取价差还是两者兼有。

金融资产的合同现金流量特征,是指金融工具合同约定的、反映相关金融资产经济特征的现金流量属性。分类为以摊余成本计量的金融资产的合同现金流量特征,应当与基本借贷安排相一致,即相关金融资产特定日期产生的合同现金流量仅为收回的本金和以未偿付本金金额为基础收取的利息,其中,本金是指金融资产在初始确认时的公允价值;利息包括对货币时间价值、与特定时期未偿付本金金额相关的信用风险以及其他基本借贷风险、成本和利润率的对价。

知识链接

2017年，财政部修订发布了《企业会计准则第22号——金融工具确认和计量》《企业会计准则第23号——金融资产转移》和《企业会计准则第24号——套期会计》三项金融工具相关会计准则。这是财政部贯彻落实中央经济工作会议防控金融风险、促进经济稳中求进的重要举措，有利于企业加强金融资产和负债管理，夯实资产质量，切实保护投资者和债权人利益；有利于推动企业加强风险管理，及时预警企业面临的金融风险，有效防范和化解金融风险；有利于促进企业战略、业务、风控和会计管理的有机融合，全面提升企业管理水平和效率；有利于提高金融市场透明度，强化金融监管，提升监管效能，对促进企业管理转型升级和资本市场健康发展将产生积极而深远的影响。

新金融工具相关会计准则的修订内容主要包括：一是金融资产分类由现行"四分类"改为"三分类"，减少金融资产类别，提高分类的客观性和有关会计处理的一致性；二是金融资产减值会计由"已发生损失法"改为"预期损失法"，以更加及时、足额地计提金融资产减值准备，揭示和防控金融资产信用风险；三是修订套期会计相关规定，使套期会计更加如实地反映企业的风险管理活动。

新金融工具相关会计准则将自2018年1月1日起在境内外同时上市的企业，以及在境外上市并采用国际财务报告准则或企业会计准则编制财务报告的企业施行，自2019年1月1日起在其他境内上市企业施行，自2021年1月1日起在执行企业会计准则的非上市企业施行，鼓励企业提前施行。保险公司执行新金融工具相关会计准则的过渡办法另行规定。

作业二　核算以摊余成本计量的金融资产

一、认知以摊余成本计量的金融资产

根据修订后的金融工具确认与计量准则规定，金融资产同时满足下列条件的，应当分类为以摊余成本计量的金融资产：

（1）企业管理该金融资产的业务模式是以收取合同现金流量为目标。

（2）该金融资产的合同条款规定，在特定日期产生的现金流量，仅为收回的本金和以未偿付本金金额为基础收取的利息。

这类金融资产，一般是企业持有的而且不准备转让出售的债券、贷款、租赁应收款等。

可见，这类金融资产具有到期日固定、回收金额固定或可确定，且企业有明确意图和能力持有至到期而不准备转让出售的特征。

二、熟悉职业规范

（一）取得以摊余成本计量的金融资产

如前所述，企业以摊余成本计量的金融资产包括持有而不准备出售的债券、贷款、租赁应收款等，由于本教材主要学习工商企业的业务核算，因此，本作业下将以债券为例来学习

以摊余成本计量的金融资产的核算，对于应收款项单独放在作业五中学习。

企业外购持有而不准备出售的债券，属于以摊余成本计量的金融资产。由于企业一直持有该债券到债券到期才收回，因此，企业应设置"债权投资"账户，用来核算企业债权投资的价值。该账户属于资产类，应当按照持有至到期投资的类别和品种，分别"成本""利息调整""应计利息"等进行明细核算。其中，"利息调整"实际上反映企业债券投资溢价和折价的相应摊销。

企业取得的债权投资，应按该投资的面值，借记"债权投资——成本"，按支付的价款中包含的已到付息期但尚未领取的利息，借记"应收利息"，按实际支付的金额，贷记"银行存款"等账户，按其溢折价差额，借记或贷记"债权投资——利息调整"。取得持有至到期投资过程中发生的佣金、手续费等交易费用也计入"债权投资——利息调整"账户。

（二）持有以摊余成本计量的金融资产

以摊余成本计量的金融资产在持有期间，企业应以实际利率确认其摊余成本和实际利息。

1. 摊余成本

会计期末，企业应按摊余成本计量以摊余成本计量的金融资产。

摊余成本是指该金融资产的初始确认金额经下列调整后的结果：

（1）扣除偿还的本金；

（2）加上或减去采用实际利率法将初始确认金额与到期日金额之间的差额进行摊销形成的累计摊销额；

（3）扣除该金融资产发生的减值损失。

实际利率是指将金融资产在预期期间内的未来现金流量，折现为该金融资产当前账面价值所使用的利率。实际利率应当在取得金融资产投资时确定，在随后期间保持不变。

在实务中，由于债券本息偿还方式的不同，其摊余成本的计算也有所不同，具体为：

（1）分期付息、一次还本。对于分期付息、一次还本的债券投资，在资产负债表日，应按票面利率和面值计算确定的应收未收利息，借记"应收利息"账户，按摊余成本和实际利率计算确定的利息收入，贷记"投资收益"账户，按其差额，借记或贷记"债权投资——利息调整"。

期末摊余成本=期初摊余成本+本期应计提的利息（即"投资收益"，期初摊余成本×实际利率）-本期收到的利息（即"应收利息"，分期付息债券的面值×票面利率）-本期计提的减值准备。

（2）一次还本付息。对于一次还本付息债的券投资，企业应于资产负债表日按票面利率和面值计算确定的应收未收利息，借记"债权投资——应计利息"，按债权投资摊余成本和实际利率计算确定的利息收入，贷记"投资收益"账户，按其差额，借记或贷记"债权投资——利息调整"。

期末摊余成本不需要减去计入应计利息的金额。因为应计利息属于债权投资的明细账户，在持有期间不产生现金流量。

期末摊余成本=期初摊余成本+本期应计提的利息（即"投资收益"，期初摊余成本×实际利率）-本期计提的减值准备。

2. 减值损失

会计准则规定，企业应采用预期损失法对金融工具的减值进行会计处理，但以公允价值计量且其变动计入当期损益的金融资产不能计提减值准备。

企业应当判断金融工具的违约风险自初始确认以来是否显著增加，如果已显著增加，企业应采用概率加权方法，计算确定该金融工具在整个存续期的预期信用损失，以此确认和计提减值损失准备。

如果未显著增加，企业应当按照相当于该金融工具未来12个月内预期信用损失的金额确认和计提损失准备。未来12个月内预期信用损失，是指因资产负债表日后12个月内可能发生的金融工具违约事件而导致的预期信用损失，是整个存续期预期信用损失的一部分，不是预计在未来12个月内将发生的现金短缺。

如果企业在前一会计期间已经按照相当于金融工具整个存续期内预期信用损失的金额计量了损失准备，但在当期资产负债表日，该金融工具已不再属于自初始确认后信用风险显著增加的情形的，企业应当在当期资产负债表日按照相当于未来12个月内预期信用损失的金额计量该金融工具的损失准备，由此形成的损失准备的转回金额应当作为减值利得计入当期损益。

在每个资产负债表日，企业应当将整个存续期内预期信用损失的变动金额作为减值损失或利得计入当期损益。

信用损失：主要是收取的合同现金流量与预期收取的现金流量之间差额的现值。

对于企业持有的债券在确定发生减值时，借记"资产减值损失"账户，贷记"持有至到期投资减值准备"账户。

已计提减值准备的持有至到期投资价值以后又得以恢复，应在原已计提的减值准备内，按恢复增加的金额，借记"债权投资减值准备"账户，贷记"资产减值损失"账户。

（三）处置以摊余成本计量的金融资产

金融资产一旦出售，该资产就不再存在，企业应从账簿中予以核销，包括其成本、利息调整、应计利息、减值准备等。因此，出售持有至到期投资时，应按实际收到的金额，借记"银行存款"或"其他货币资金——存出投资款"等账户，按其账面余额，贷记债权投资（成本、利息调整、应计利息）等明细账户余额，按其差额，贷记或借记"投资收益"账户。已计提减值准备的，还应同时结转减值准备。

三、进行职业判断与操作

【情境3–1】2019年1月1日，重庆长胜发动机制造有限公司委托某证券公司从上海证券交易所购入H上市公司债券，支付价款980 000元，另支付相关交易费用20 000元，该债券是2019年1月1日发行的5年期公司债券，债券票面价值总额为1 150 000元，票面年利率为6%，于年末支付本年度债券利息，本金在债券到期时一次性偿还，年实际利率为10%。划分为债权投资（假定不考虑所得税、减值损失等因素）。

重庆长胜发动机制造有限公司已将购入的债券划分为债权投资，由于利息于年末支付，即在购入债券时的价款中没有已到期未付利息，因此，应按债券面值1 150 000元借记"债权投资——成本"账户，按实际支付款项1 000 000元贷记"其他货币资金——存出投资款"账

户,倒挤出的差额 150 000 元贷记"债权投资——利息调整"账户。账务处理如下:

借:债权投资——H 公司债券(成本)　　　　　　　　　　　　1 150 000
　　贷:其他货币资金——存出投资款　　　　　　　　　　　　　1 000 000
　　　　债权投资——H 公司债券(利息调整)　　　　　　　　　　 150 000

根据【情境 3-1】的会计分录,填制重庆长胜发动机制造有限公司本月记账凭证,并登记相关明细账。

【情境 3-2】承【情境 3-1】,年末,资产负债表日,要求对该项债权投资计算利息。

投资是分期付息、一次还本债券投资,每期利息计算结果如表 3-1 所示:

表 3-1 每期利息计算结果表

日期	本期收到的利息(a) 1 150 000×6%	本期计提的利息 (b)=期初(c)×10%	利息调整 (b)-(a)	摊余成本余额 (c)=期初(c)+(b)-(a)
2019 年 1 月 1 日				1 000 000
2019 年 12 月 31 日	69 000	100 000	31 000	1 031 000
2020 年 12 月 31 日	69 000	103 100	34 100	1 065 100
2020 年 12 月 31 日	69 000	106 510	37 510	1 102 610
2022 年 12 月 31 日	69 000	110 261	41 261	1 143 871
2023 年 12 月 31 日	69 000	75 129*	6 129	1 150 000
合计	1 545 000	545 000	150 000	

*尾数调整,用倒挤法。

2019 年 12 月 31 日,应计提的债券利息=1 000 000×10%=100 000 元,而债券实际利息收入=1 150 000×6%=69 000 元,差额 31 000 元计入"债权投资——利息调整"借方,增加了该项投资的期末摊余成本,期末摊余成本=1 000 000+31 000=1 031 000 元。账务处理如下:

借:应收利息　　　　　　　　　　　　　　　　　　　　　　　　69 000
　　债权投资——利息调整　　　　　　　　　　　　　　　　　　　31 000
　　贷:投资收益　　　　　　　　　　　　　　　　　　　　　　 100 000

实际收到利息时:

借:其他货币资金——存出投资款　　　　　　　　　　　　　　　69 000
　　贷:应收利息　　　　　　　　　　　　　　　　　　　　　　　69 000

2020 年 12 月 31 日,应计提的债券利息=1 031 000×10%=103 100 元,而债券实际利息收入=1 150 000×6%=69 000 元,差额 34 100 元计入"债权投资——利息调整"借方,增加了该项投资的期末摊余成本,期末摊余成本=1 031 000+34 100=1 065 100 元。账务处理如下:

借:应收利息　　　　　　　　　　　　　　　　　　　　　　　　69 000
　　债权投资——利息调整　　　　　　　　　　　　　　　　　　　34 100
　　贷:投资收益　　　　　　　　　　　　　　　　　　　　　　 103 100
借:其他货币资金——存出投资款　　　　　　　　　　　　　　　69 000
　　贷:应收利息　　　　　　　　　　　　　　　　　　　　　　　69 000

2021年12月31日，应计提的债券利息=1 065 100×10%=106 510元，而债券实际利息收入=1 150 000×6%=69 000元，差额37 510元计入"债权投资——利息调整"借方，增加了该项投资的期末摊余成本，期末摊余成本=1 065 100+37 510=1 102 610元。账务处理如下：

  借：应收利息 69 000
    债权投资——利息调整 37 510
   贷：投资收益 106 510
  借：其他货币资金——存出投资款 69 000
   贷：应收利息 69 000

2022年12月31日，应计提的债券利息=1 102 610×10%=110 261元，而债券实际利息收入=1 150 000×6%=69 000元，差额41 261元计入"债权投资——利息调整"借方，增加了该项投资的期末摊余成本，期末摊余成本=1 102 610+41 261=1 143 871元。账务处理如下：

  借：应收利息 69 000
    债权投资——利息调整 41 261
   贷：投资收益 110 261
  借：债权投资——存出投资款 69 000
   贷：应收利息 69 000

2023年12月31日，最后一期尾数调整，"债权投资——利息调整"账户=150 000−（31 000+34 100+37 510+41 261）=6 129元，债券实际利息收入=1 150 000×6%=69 000元，所以，本期应计提的债券利息=6 129+69 000=75 129元。账务处理如下：

  借：应收利息 69 000
    债权投资——利息调整 6 129
   贷：投资收益 75 129
  借：其他货币资金——存出投资款 69 000
   贷：应收利息 69 000

2023年12月31日，收回本金时，编制会计分录如下：

  借：其他货币资金——存出投资款 1 150 000
   贷：债权投资——成本 1 150 000

【学中做】假设在【情境3-2】中，发行债券是到期一次还本付息，应如何进行账务处理？

【情境3-3】承【情境3-1】和【情境3-2】假设2020年1月1日，重庆长胜发动机制造有限公司以1 800 000元出售所持有H公司债券，重庆长胜发动机有限公司出售了债券，该债券已不属于企业，应将其成本及其相关的价值全部转出。出售时，该债券的账面价值在2019年12月31日为1 031 000元，实际收到银行存款1 800 000元，差额769 000元应确认为投资收益，在贷方登记"投资收益"账户。账务处理如下：

  借：其他货币资金——存出投资款 1 800 000
    债权投资——利息调整 119 000
   贷：债权投资——成本 1 150 000
    投资收益 769 000

项目一 资　产

知识链接

债券发行条件与方式

证券法第十六条　公开发行公司债券，应当符合下列条件：

（一）股份有限公司的净资产不低于人民币三千万元，有限责任公司的净资产不低于人民币六千万元；（二）累计债券余额不超过公司净资产的百分之四十；（三）最近三年平均可分配利润足以支付公司债券一年的利息；（四）筹集的资金投向符合国家产业政策；（五）债券的利率不超过国务院限定的利率水平；（六）国务院规定的其他条件。

公开发行公司债券筹集的资金，必须用于核准的用途，不得用于弥补亏损和非生产性支出。

上市公司发行可转换为股票的公司债券，除应当符合第一款规定的条件外，还应当符合本法关于公开发行股票的条件，并报国务院证券监督管理机构核准。

公司债券发行方式有溢价发行、平价发行、折价发行。如发行价高于面值则为溢价发行，如等于面值则为平价发行，如低于面值则为折价发行。

作业三　核算以公允价值计量且其变动计入其他综合收益的金融资产

一、认知以公允价值计量且其变动计入其他综合收益的金融资产

修订后的会计准则规定，金融资产同时满足下列条件的，应当分类为以公允价值计量且其变动计入其他综合收益的金融资产：

（1）企业管理该金融资产的业务模式既以收取合同现金流量为目标又以出售该金融资产为目标。

（2）该金融资产的合同条款规定，在特定日期产生的现金流量，仅为收回的本金和以未偿付本金金额为基础收取的利息。

这样分类就是将市值变动较大，没有合同现金流量也没有特定回收本金和利息的股票全部剔除出作为可供出售金融资产核算。

这类金融资产，一般是企业持有的而且准备转让出售的债券、贷款、租赁应收款等。也就是说，企业对这类金融资产既可持有至到期，也可中途出售，目前的意图不明确。

二、熟悉职业规范

（一）取得以公允价值计量且其变动计入其他综合收益的金融资产

对于以公允价值计量且其变动计入其他综合收益的金融资产，由于企业持有的目的不明确，既可持有至到期，也可中途出售，因此，工业企业应设置"其他债权投资"或"其他权益工具投资"账户，用以核算以公允价值计量且其变动计入其他综合收益的金融资产在取得、持有、处置等业务中的公允价值。

金融资产为债券投资的，应设置四个明细账户进行核算："成本""公允价值变动""利息调整""应计利息"。"成本"明细账户仅反映债券的面值；"公允价值变动"明细账户反映的是资产负债表日该债券公允价值高于或者低于账面余额的差额；"利息调整"是指企业购入债券的本金与支付的实际购入成本的差额；"应计利息"明细账户在核算到期一次还本付息债券时才用。

同时，还应设置"其他综合收益"账户，用来核算企业该项金融资产公允价值变动而形成的应计入所有者权益的利得和损失等。

企业在具体取得债券并划分为以公允价值计量且其变动计入其他综合收益的金融资产时，应当按照取得金融资产的公允价值和交易费用作为初始确认金额。实际支付的价款中包含的已到付息期但尚未取得的债券利息，单独确认为"应收利息"。即：取得时应按债券的面值，借记"其他债权投资——成本"账户；按支付的价款中包含的已到付息期尚未领取的利息，借记"应收利息"账户；按实际支付的金额，贷记"其他货币资金——存出投资款"等账户；按上述借贷差额，借记或贷记"其他债权投资——利息调整"。

（二）持有以公允价值计量且其变动计入其他综合收益的金融资产

以公允价值计量且其变动计入其他综合收益的金融资产为债券投资的，资产负债表日利息的会计处理分为两种情况：

（1）分期付息、一次还本债券，应于资产负债表日按票面利率计算确定的应收未收利息，借记"应收利息"账户；按可供出售债券摊余成本和实际利率计算确定的利息收入，贷记"投资收益"账户；按其差额，借记或贷记"其他债权投资——利息调整"账户。

（2）一次还本付息债券，应于资产负债表日按票面利率计算确定的应收未收利息，借记"其他债权投资——应计利息"账户；按可供出售债券摊余成本和实际利率计算确定的利息收入，贷记"投资收益"账户；按其差额，借记或贷记"其他债权投资——利息调整"账户。

资产负债表日，可供出售金融资产公允价值高于其账面余额的差额，借记"其他债权投资——公允价值变动"账户，贷记"其他综合收益"；反之，作相反分录。

金融资产期末是按照公允价值计量的，其公允价值变动并没有计入当期损益，而是计入了其他综合收益。金融资产一旦发生了减值，需要反映在利润表上，所以要计提减值准备，确认减值损失。当金融资产的公允价值发生严重或非暂时性下跌，企业应该按照累计减记的金额，借记"资产减值损失"账户，按应从所有者权益中转出原计入资本公积的累计损失金额，贷记"其他综合收益"账户，按其差额贷记"其他债权投资减值准备"账户。在确认减值损失以后，债券的利息收入应当按照确定减值损失时对未来现金流量进行折现采用的折现率计算确认。

对于已确认减值损失的金融资产，在随后会计期间内公允价值已上升且客观上与确认原减值损失事项有关的，应当在原已确认的减值损失范围内按已恢复的金额，借记"其他债权投资减值准备"账户，贷记"资产减值损失"。

（三）处置以公允价值计量且其变动计入其他综合收益的金融资产

以公允价值计量且其变动计入其他综合收益的金融资产在处置时，应按实际收到的金额借记"其他货币资金——存出投资款"等账户，按其账面余额贷记"其他债权投资——成本

（或应计利息）"等账户，借记或贷记"其他债权投资——公允价值变动（或者利息调整）"等账户，按照转出的公允价值变动的累计金额借记或贷记"其他综合收益"账户，上述借贷差额借记或者贷记"投资收益"账户。

三、进行职业判断与操作

【情境3-4】2019年3月15日，重庆长胜发动机制造有限公司托某证券公司从上海证券交易所购入G股份有限公司2019年1月1日发行的3年期公司债券，支付价款1 028 244元，该公司债券的票面总金额为1 000 000元，票面年利率为4%，实际利率为3%，利息每年年末支付，本金到期支付。重庆长胜发动机制造有限公司根据目标将其划分为以公允价值计量且其变动计入其他综合收益的金融资产。

购入债券并划为以公允价值计量且其变动计入其他综合收益的金融资产，企业的其他债权投资增加，按照面值应在借方登记"其他债权投资——成本"账户1 000 000元；按实际支付的价款贷记"其他货币资金——存出投资款"账户1 028 244元，差额借记"其他债权投资——利息调整"账户。编制会计分录如下：

借：可供出售金融资产——成本　　　　　　　　　　　　　　1 000 000
　　　　　　　　　　——利息调整　　　　　　　　　　　　　　28 244
　　贷：其他货币资金——存出投资款　　　　　　　　　　　　1 028 244

根据【情境3-4】的会计分录，填制重庆长胜发动机制造有限公司本月记账凭证，并登记相关明细账。

【情境3-5】承【情境3-4】，2019年12月31日，该债券的市场价格为1 000 100元，重庆长胜发动机制造有限公司计算当年债券利息收入，确认公允价值变动。

2019年12月31日，应计提的债券利息=1 000 000×4%=40 000元，而债券实际利息收入=1 028 244×3%=30 847元（四舍五入），差额9 153元记入"可供出售金融资产——利息调整"借方，减少了该项投资的期末摊余成本，期末摊余成本=1 028 244－9 153=1 019 091元。期末市场价格是1 000 100元，公允价值减少了1 019 091－1 000 100=18 991元，记入"其他综合收益"账户借方。编制会计分录如下：

借：应收利息　　　　　　　　　　　　　　　　　　　　　　40 000
　　贷：投资收益　　　　　　　　　　　　　　　　　　　　　30 847
　　　　其他债权投资——利息调整　　　　　　　　　　　　　 9 153

实际收到利息时，编制会计分录如下：

借：其他货币资金——存出投资款　　　　　　　　　　　　　40 000
　　贷：应收利息　　　　　　　　　　　　　　　　　　　　　40 000
借：其他综合收益　　　　　　　　　　　　　　　　　　　　18 991
　　贷：可供出售金融资产——公允价值变动　　　　　　　　　18 991

【情境3-6】承【情境3-4】、【情境3-5】，2020年4月2日，重庆长胜发动机制造有限公司出售了G公司的全部债券，出售价款为1 000 000元。

重庆长胜发动机制造有限公司出售了债券，该债券已不属于公司，应将其成本及其相关的价值全部转出。出售时，该债券的成本为1 000 000元，利息调整为19 091元（28 244－9 153），且由于2019年12月31日公允价值变动形成了"其他债权投资——公允价值变动"18 991元，应在出售时连同该债券的初始成本一起转出；同时，转出其他综合收益 18 991 元。差额确认为当期投资收益。编制会计分录如下：

  借：其他货币资金——存出投资款   1 000 000
    其他债权投资——公允价值变动   18 991
    投资收益   19 091
    贷：其他债权投资——成本   1 000 000
        ——利息调整   19 091
      其他综合收益   18 991

【学中做】如【情境 3-5】中期末市场价格为 1 100 000 元，【情境 3-6】中出售价格为 1 300 000 元，应如何进行账务处理？

作业四 核算以公允价值计量且其变动计入当期损益的金融资产

一、认知以公允价值计量且其变动计入当期损益的金融资产

  2017 年修订后的会计准则规定，对于既不能确定为摊余成本计量的金融资产也不能确认为以公允价值计量且其变动计入其他综合收益的金融资产，则确认为以公允价值计量且其变动计入当期损益的金融资产。这类金融资产一般是指股票投资，但应与作为长期股权投资的股票投资相区别。当然，对于购入的债券等，如果明确是为了随时出售赚取差价，也应划分为以公允价值计量且其变动计入当期损益的金融资产。
  该类金融资产现金流量的来源是出售金融资产赚取价差，因此具有以下四个特点：
  （1）持有目的是近期出售；
  （2）活跃市场上有公开报价；
  （3）以公允价值计量；
  （4）公允价值变动计入当期损益（公允价值变动损益）。

二、熟悉职业规范

（一）取得以公允价值计量且其变动计入当期损益的金融资产

  按照会计准则的要求，企业取得的以公允价值计量且其变动计入当期损益的金融资产，应在"交易性金融资产"账户中进行核算。取得时，按照公允价值作为其初始确认金额，记入"交易性金融资产——成本"账户；取得交易性金融资产所支付价款中包含已宣告尚未发放的现金股利，记入"应收股利"账户；取得交易性金融资产所支付价款中包含已到期但尚未领取的债券利息，记入"应收利息"账户。
  取得以公允价值计量且其变动计入当期损益的金融资产所发生的相关交易费用应当在发生时记入"投资收益"。交易费用是指可直接归属于购买、发行或处置金融工具新增的外部费用，包括支付给代理机构、咨询公司、券商等的手续费和佣金及其他必要支出。

项目一 资 产

（二）持有以公允价值计量且其变动计入当期损益的金融资产

企业持有以公允价值计量且其变动计入当期损益的金融资产为股票的，在持有期间，对于被投资单位宣告发放的现金股利，应当确认为"应收股利"，并记入当期"投资收益"。如为债券，持有期间，在资产负债表日按分期付息、一次还本债券投资的票面利率计算利息，应当确认为"应收利息"，并记入当期"投资收益"。

资产负债表日，该类金融资产应当按照公允价值计量，公允价值与账面余额之间的差额计入当期损益。交易性金融资产的公允价值高于其账面余额时，应按其差额借记"交易性金融资产——公允价值变动"账户，贷记"公允价值变动损益"账户；交易性金融资产的公允价值低于其账面余额时，应按其差额借记"公允价值变动损益"账户，贷记"交易性金融资产——公允价值变动"账户。

（三）处置以公允价值计量且其变动计入当期损益的金融资产

出售以公允价值计量且其变动计入当期损益的金融资产时，应当将该金融资产出售时的公允价值与账面余额之间的差额确认为投资收益，同时调整公允价值变动损益。

企业按实际收到的金额，借记"其他货币资金——存出投资款"等账户，按该金融资产的账面余额，贷记"交易性金融资产"账户，按其差额，借记或贷记"投资收益"账户。

三、进行职业判断与操作

【情境3-7】 2019年5月15日，重庆长胜发动机制造有限公司托某证券公司从上海证券交易所购入H上市公司股票500 000股，每股股价2.5元（含已宣告尚未发放现金股利0.5元），并将其划分为以公允价值计量且其变动计入当期损益的金融资产。另支付相关交易费用为40 000元。

购入股票并划为以公允价值计量且其变动计入当期损益的金融资产，企业的交易性金融资产增加，应在借方登记"交易性金融资产——成本"账户；而购买价款中含有已宣告尚未发放的股利250 000元（0.5×500 000股），应从买价中扣除，登记在"应收股利"账户的借方，购入过程中支付的相关交易费用40 000元，根据职业规范要求，应冲减该项投资的收益，借记"投资收益"账户。账务处理如下：

借：交易性金融资产——成本　　　　　　　　　　　　　1 000 000
　　应收股利　　　　　　　　　　　　　　　　　　　　　250 000
　　投资收益　　　　　　　　　　　　　　　　　　　　　　40 000
　贷：其他货币资金——存出投资款　　　　　　　　　　1 290 000

根据【情境3-7】的会计分录，填制重庆长胜发动机制造有限公司本月记账凭证，并登记相关明细账。

【学中做】 2019年3月15日，重庆长胜发动机制造有限公司用银行存款购入G公司发行的公司债券，该笔债券于2018年7月1日发行，面值为500 000元，票面利率为4%，上年债券利息于下年4月月初支付。该公司将其划分为交易性金融资产，支付价款750 000元（其中包含已经宣告发放的债券利息50 000元），另支付交易费用10 000元。该如何进行账务处理？

【情境 3-8】承【情境 3-7】，重庆长胜发动机制造有限公司于 2019 年 3 月 16 日收到 H 公司的已宣告尚未发放的股利 250 000 元。

3 月 5 日收到的 250 000 元利息，是在购买时已记入"应收股利"，该股利现已收到，应予以冲销先前的"应收股利"。

2019 年 3 月 16 日，收到股利时，账务处理如下：

　　借：其他货币资金——存出投资款　　　　　　　　　　　　　250 000
　　　　贷：应收股利　　　　　　　　　　　　　　　　　　　　　　　　250 000

根据【情境 3-8】的会计分录，填制重庆长胜发动机制造有限公司本月记账凭证，并登记相关明细账。

假设重庆长胜发动机制造有限公司 2020 年 3 月 16 日，又收到股利 500 000 元。如何进行账务处理？

2020 年 3 月 20 日收到的利息，是 2019 年产生的股利，企业应按照权责发生制原则的要求确认这一年进行投资的收益，因此，应在 H 公司宣告分配股利时，将 500 000 元确认为"应收股利"，并记入当期"投资收益"。假设 2020 年 3 月 2 日 H 公司宣告分配股利，应当根据能收到的股利确认投资收益，账务处理如下：

　　借：应收股利　　　　　　　　　　　　　　　　　　　　　　　500 000
　　　　贷：投资收益　　　　　　　　　　　　　　　　　　　　　　　　500 000

2020 年 3 月 16 日，收到股利时，账务处理如下：

　　借：其他货币资金——存出投资款　　　　　　　　　　　　　500 000
　　　　贷：应收股利　　　　　　　　　　　　　　　　　　　　　　　　500 000

【情境 3-9】承【情境 3-7】，2019 年 4 月 30 日，假设重庆长胜发动机制造有限公司所购入 H 上市公司股票每股市价为 3 元。

重庆长胜发动机制造有限公司 2019 年 3 月 15 日购买的股票市价为 1 000 000 元，2019 年 4 月 31 日市价为 1 500 000 元，增值了 500 000 元，应确认为收益，在调增"交易性金融资产"的账面价值时，增加"公允价值变动损益"。账务处理如下：

　　借：交易性金融资产——公允价值变动　　　　　　　　　　　500 000
　　　　贷：公允价值变动损益　　　　　　　　　　　　　　　　　　　　500 000

【学中做】在【情境 3-9】中，如果股票每股市价为 1.5 元，应如何进行账务处理？

【情境 3-10】承【情境 3-7】、【情境 3-9】，假设 2019 年 5 月 10 日，重庆长胜发动机制造有限公司出售了所持有的 H 公司的公司股票，出售时每股市价 4 元。

重庆长胜发动机制造有限公司出售了股票，该股票已不属于企业，应将其成本及其相关的价值全部转出。出售时，该股票的账面价值为 1 500 000 元，实际收到款项 2 000 000 元，差额 500 000 元应确认为投资收益，在贷方登记"投资收益"账户。该股票在持有过程中，升值 500 000 元，最终由于公允价值变动形成的"交易性金融资产——公允价值变动" 500 000 元，应在出售时连同该债券的初始成本一起转出。账务处理如下：

　　借：其他货币资金——存出投资款　　　　　　　　　　　　2 000 000
　　　　贷：交易性金融资产——成本　　　　　　　　　　　　　　　　1 000 000
　　　　　　　　　　　　　　——公允价值变动　　　　　　　　　　　　500 000
　　　　　　投资收益　　　　　　　　　　　　　　　　　　　　　　　500 000

项目一 资　产

知识链接

认 识 股 价

股票的市场价格一般是指股票在二级市场上交易的价格。股票的市场价格由股票的价值决定，但同时受到许多其他因素的影响。其中，供求关系是直接的影响因素，其他因素都是通过作用于供求关系而影响股票价格的。由于影响股票价格的因素复杂多变，所以股票的市场价格呈现出高低起伏的波动性特征。

股票的市场价格由股票的价值所决定，但同时受许多其他因素的影响。一般地看，影响股票市场价格的因素主要有以下四个方面：

一、宏观因素

宏观因素包括对股票市场价格可能产生影响的社会、政治、经济、文化等方面。

（1）宏观经济因素，即宏观经济环境状况及其变动对股票市场价格的影响，包括宏观经济运行的周期性波动等规律性因素和政府实施的经济政策等政策性因素。股票市场是整个金融市场体系的重要组成部分，上市公司是宏观经济运行微观基础中的重要主体，因此股票市场的股票价格理所当然地会随宏观经济运行状况的变动而变动，会因宏观经济政策的调整而调整。例如，一般地讲，股票价格会随国民生产总值的升降而涨落。

（2）政治因素，即影响股票市场价格变动的政治事件。一国的政局是否稳定对股票市场有着直接的影响。一般而言，政局稳定则股票市场稳定运行；相反，政局不稳则常常引起股票市场价格下跌。除此之外，国家的首脑更换、罢工、主要产油国的动乱等也对股票市场有重大影响。

（3）法律因素，即一国的法律特别是股票市场的法律规范状况。一般来说，法律不健全的股票市场更具有投机性，振荡剧烈，涨跌无序，人为操纵成分大，不正当交易较多；反之，法律法规体系比较完善，制度和监管机制比较健全的股票市场，证券从业人员营私舞弊的机会较少，股票价格受人为操纵的情况也较少，因而表现得相对稳定和正常。总体上说，新兴的股票市场往往不够规范，而成熟的股票市场法律法规体系则比较健全。

（4）军事因素，主要是指军事冲突。军事冲突是一国国内或国与国之间、国际利益集团与国际利益集团之间的矛盾发展到不可以采取政治手段来解决的程度的结果。军事冲突小则造成一个国家内部或一个地区的社会经济生活的动荡，大则打破正常的国际秩序。它使股票市场的正常交易遭到破坏，因而必然导致相关的股票价格的剧烈动荡。例如，海湾战争之初，世界主要股市均呈下跌之势，而且随着战局的不断变化，股市均大幅振荡。

（5）文化、自然因素。就文化因素而言，一个国家的文化传统往往在很大程度上决定着人们的储蓄和投资心理，从而影响股票市场资金流入流出的格局，进而影响股票市场价格；证券投资者的文化素质状况则从投资决策的角度影响着股票市场。一般地，文化素质较高的证券投资者在投资时相对较为理性，如果证券投资者的整体文化素质较高，则股票市场价格相对比较稳定；相反，如果证券投资者的整体文化素质偏低，则股票市场价格容易出现暴涨暴跌。在自然因素方面，如发生自然灾害，生产经营就会受到影响，从而导致有关股票价格下跌；反之，如进入恢复重建阶段，由于投入大量增加，对相关物品的需求也大量增加，从而导致相关股票价格的上升。

二、区域因素

区域因素主要是指产业发展前景和区域经济发展状况对股票市场价格的影响。它是介于宏观和微观之间的一种中观影响因素，因而它对股票市场价格的影响主要是结构性的。

（1）在产业方面，每一种产业都会经历一个由成长到衰退的发展过程，这个过程称为产业的生命周期。产业的生命周期通常分为四个阶段，即初创期、成长期、稳定期、衰退期。处于不同发展阶段的产业在经营状况及发展前景方面有较大差异，这必然会反映在股票价格上。蒸蒸日上的产业股票价格呈上升趋势，日见衰落的产业股票价格则逐渐下落。

（2）在区域方面，由于区域经济发展状况、区域对外交通与信息沟通的便利程度、区域内的投资活跃程度等的不同，分属于各区域的股票价格自然也会存在差异，即便是相同产业的股票也是如此。经济发展较快、交通便利、信息化程度高的地区，投资活跃，股票投资有较好的预期；相反，经济发展迟缓、交通不便、信息闭塞的地区，其股票价格总体上呈平缓甚至下跌趋势。

三、公司因素

公司因素，即上市公司的运营对股票价格的影响。上市公司是发行股票筹集资金的运用者，也是资金使用的投资收益的实现者，因而其经营状况的好坏对股票价格的影响极大。而其经营管理水平、科技开发能力、产业内的竞争实力与竞争地位、财务状况等无不关系着其运营状况，因而从各个不同的方面影响着股票的市场价格。由于产权边界明确，公司因素一般只对本公司的股票市场价格产生深刻的影响，是一种典型的微观影响因素。

四、市场因素

市场因素，即影响股票市场价格的各种股票市场操作。例如，看涨与看跌、买空与卖空、追涨与杀跌、获利平仓与解套或割肉等行为，不规范的股票市场中还存在诸如分仓、串谋、轮炒等违法违规操纵股票市场的操作行为。一般而言，如果股票市场的做多行为多于做空行为，则股票价格上涨；反之，如果做空行为占上风，则股票价格趋于下跌。由于各种股票市场操作行为主要是短期行为，因而市场因素对股票市场价格的影响具有明显的短期性质。

作业五　核算应收款项

应收款项是指企业拥有的将来获取现款、商品或者劳动的权利。它是企业在日常生产经营过程中发生的各种债权，是企业重要的流动资产。应收款项主要包括：应收票据、应收账款、预付账款、其他应收款等。根据金融资产的概念和分类，应收款项应属于以摊余成本计量的金融资产，因其是在日常生产经营过程中形成的，与债券具有不同性质，因此，在此单独学习。

一、认知应收款项

（一）认知应收票据

应收票据是指企业因销售商品、提供劳务等而收到的商业汇票。商业汇票是一种由出票人签发的，委托付款人在指定日期无条件支付确定金额给收款人或持票人的票据。

项目一 资　产

1. 商业汇票有效期的规定

商业汇票的付款期限，最长不超过六个月。定日付款的汇票付款期限自出票日起计算，并在汇票上记载具体到期日；出票后定期付款的汇票付款期限自出票日起按月计算，并在汇票上记载；见票后定期付款的汇票付款期限自承兑或拒绝承兑日起按月计算，并在汇票上记载。商业汇票的提示付款期限，自汇票到期日起10日。符合条件的商业汇票的持有人，可以持未到期的商业汇票连同贴现凭证向银行申请贴现。

2. 商业汇票的种类

根据承兑人的不同，商业汇票分为商业承兑汇票和银行承兑汇票。

（1）商业承兑汇票。商业承兑汇票是指由付款人签发并承兑，或由收款人签发交由付款人承兑的汇票。商业承兑汇票的付款人收到开户银行的付款通知，应在当日通知银行付款。付款人在接到通知日的次日起三日内（遇法定休假日顺延）未通知银行付款的，视同付款人承诺付款。银行将于付款人接到通知日的次日起第四日（遇法定休假日顺延），将票款划给持票人。付款人提前收到由其承兑的商业汇票，应通知银行于汇票到期日付款。银行在办理划款时，付款人存款账户不足的，银行应填制付款人未付款通知书，连同商业承兑汇票邮寄持票人开户银行转交持票人。

（2）银行承兑汇票。银行承兑汇票是指由在承兑银行开立存款户的存款人（也即出票人）签发，由承兑银行承兑的票据。企业申请使用银行承兑汇票时，应向其承兑银行按票面金额的万分之五交纳手续费。银行承兑汇票的出票人应于汇票到期前将票款足额交存其开户银行，承兑银行应在汇票到期日或到期日后的见票当日支付票款。银行承兑汇票的出票人于汇票到期前未能足额交存票款时，承兑银行除凭票向持票人无条件付款外，对出票人尚未支付的汇票金额按每天万分之五计收利息。

（二）认知应收账款

应收账款是指企业因销售商品、提供劳务等经营活动，应向购货单位或接受劳务单位收取的款项，主要包括企业销售商品或提供劳务等应向有关债务人收取的价款及代购货单位垫付的包装费、运杂费等。具体来说，应收账款的入账价值包括：因销售商品或提供劳务从购货方或接受劳务方应收的合同或协议价款，增值税销项税额，代购货单位垫付的包装费、运杂费等。

（三）认知预付账款

预付账款是指企业按照合同规定预付的款项。预付款项情况不多的企业，可以不设置"预付账款"账户，而直接通过"应付账款"账户核算（记入"应付账款"的借方）。

（四）认知其他应收款

其他应收款是指企业除应收票据、应收账款、预付账款等以外的其他各种应收及暂付款项，主要包括：

（1）应收的各种赔款、罚款，如因企业财产等遭受损失而应向有关保险公司收取的赔偿款等；

（2）应收的出租包装物租金；

（3）应向职工收取的各种垫付款项，如为职工垫付的水电费，应由职工负担的医药费、房租费等；

（4）存出保证金，如租入包装物支付的押金；

（5）其他各种应收、暂付款项，如拨付内部单位的备用金等。

（五）认知应收款项减值

企业的各项应收款项，可能会因购货人拒付、破产、死亡等原因而无法收回。这类无法收回的应收款项就是坏账。企业因坏账而遭受的损失为坏账损失。在实际发生坏账损失时，会减少当期利润，特别是在损失金额较大的情况下，甚至会出现当期亏损的假象，容易让投资者、管理者等作出错误决定。因此，按照谨慎性质量要求，企业应当在资产负债表日对应收款项的账面价值进行检查，有客观证据表明该应收款项发生减值的，应当将该应收款项的账面价值减记至预计未来现金流量现值，减记的金额确认减值损失，计提坏账准备。确定应收款项减值有两种方法：直接转销法和备抵法，我国企业会计准则规定采用备抵法确定应收款项的减值。

二、熟悉职业规范

（一）核算应收票据

1. 核算应收票据的取得与到期收款

为了反映和监督应收票据的取得、票款收回等经济业务，企业应当设置"应收票据"账户，借方登记企业取得的商业汇票的面值；贷方登记到期收回、到期前向银行贴现或背书转让的应收票据的票面余额；期末余额在借方，反映企业持有的未到期商业汇票的票面金额。

"应收票据"账户按照开出、承兑商业汇票的单位设置明细账进行明细核算。同时设置"应收票据备查簿"逐笔登记商业汇票的种类、号数、出票日、票面金额、交易合同号、付款人、承兑人、背书人的姓名或单位名称、到期日、背书日、贴现日、贴现率、贴现净额、收款日、收回金额、退票情况等资料。商业汇票结清票款或退票后，在备查簿中应予注销。

由于应收票据取得的原因不同，其会计处理亦有所区别。因债务人抵偿前欠货款而取得的应收票据，借记"应收票据"账户，贷记"应收账款"账户；因企业销售商品、提供劳务等而收到开出、承兑的商业汇票，借记"应收票据"账户，贷记"主营业务收入""应交税费——应交增值税（销项税额）"等账户。商业汇票到期收回款项时，借记"银行存款"账户，贷记"应收票据"账户。

2. 核算应收票据的转让

企业可以将自己持有的商业汇票背书转让给第三方，以取得生活经营中所需要货币资金或财产物资。背书是指在票据背面或粘单上记载有关事项并签章的票据行为。背书转让的，背书人应当承担票据责任。通常情况下，企业将持有的商业汇票背书转让以取得所需物资时，借记"材料采购（或原材料、在途物资、库存商品）""应交税费——应交增值税（进项税额）"；贷记"应收票据"账户，借贷如果有差额，借记或贷记"银行存款"等账户。

3. 核算应收票据的贴现

企业如果需要获取资金，可以将持有的未到期商业汇票向银行申请贴现。票据贴现是指持票人为了资金融通的需要而在票据到期前以贴付一定利息的方式向银行出售票据。对于贴现银行来说，就是收购没有到期的票据。票据贴现的贴现期限都较短，一般不会超过六个月，而且可以办理贴现的票据也仅限于已经承兑的并且尚未到期的商业汇票。

商业汇票的持票人向银行办理贴现业务必须具备下列条件：第一，在银行开立存款账户的企业法人以及其他组织；第二，与出票人或者直接前手具有真实的商业交易关系；第三，提供与其直接前手之前的增值税发票和商品发运单据复印件；第四，申请票据贴现的单位必须是具有法人资格或实行独立核算、在银行开立有基本账户并依法从事经营活动的经济单位。贴现申请人应具有良好的经营状况，具有到期还款能力；第五，贴现申请人持有的票据必须真实，票式填写完整、盖印、压数无误，凭证在有效期内，背书连续完整；第六，贴现申请人在提出票据贴现的同时，应出示贴现票据项下的商品交易合同原件并提供复印件或其他能够证明票据合法性的凭证，同时还应提供能够证明票据项下商品交易确已履行的凭证（如发货单、运输单、提单、增值税发票等复印件）。

应收票据的贴现利息及贴现净额的计算公式如下：

贴现净额=票据到期值−贴现利息

贴现利息=票据到期值×贴现率×贴现期

贴现期是指从贴现日到票据到期日之间的间隔，可以是整月，如果不是整月，也可以按实际日历天数计算（算头不算尾，或算尾不算头）。银行规定，承兑人在异地的，计算利息时，另加三天的划款日期。

企业持未到期商业汇票向银行申请贴现，按实际收到的金额，借记"银行存款"等账户；贴现利息借记"财务费用"；按贴现商业汇票的面值贷记"应收票据"（不带追索权的商业汇票）或"短期借款"（带追索权的商业汇票）。

（二）核算应收账款

为了反映和监督应收账款的增减变动情况及结果，企业应设置"应收账款"账户。不单独设置"预收账款"账户的企业，预收的账款也在"应收账款"账户核算（记入"应收账款"的贷方）。应收账款账户的借方登记应收账款的增加，贷方登记应收账款的收回和确认的坏账损失，期末余额一般在借方，反映企业尚未收回的应收账款；如果期末余额在贷方，则反映企业预收的账款。因此，在编制资产负债表时，预收账款项目的金额应包括应收账款贷方余额。"应收账款"账户应按债务人设置明细账户，进行明细核算。

企业销售商品等发生应收款项时，应在借方登记"应收账款"账户，在应收账款收回或转化为商业汇票或原材料等时，则应在贷方登记"应收账款"账户。

在确定应收账款入账价值时，如果发生商业折扣，按照扣除商业折扣（打折）后的金额收取款项，所以商业折扣不影响应收账款的计价。如果发生现金折扣，企业应按总价法核算，即按照没有扣除现金折扣之前的总金额确认应收账款，待实际发生现金折扣时，销售方将折扣金额作为理财费用，记入当期"财务费用"账户。

（三）核算预付账款

企业根据购货合同的规定向供应单位预付款项时，账务处理如下：

借：预付账款
　　贷：银行存款

企业收到所购物资时，账务处理如下：

借：材料采购（原材料、库存商品）［按应计入购入物资成本的金额］
　　应交税费——应交增值税（进项税额）
　　贷：预付账款

注意：本分录中，当预付货款小于采购货物所需支付的款项时，应将不足部分补付，账务处理如下：

借：预付账款
　　贷：银行存款

当预付货款大于采购货物所需支付的款项时，对收回的多余款项，账务处理如下：

借：银行存款
　　贷：预付账款

（四）核算其他应收款

为了反映和监督其他应收款的增减变动情况和结果，企业应当设置"其他应收款"账户进行核算。"其他应收款"账户借方登记其他应收款的增加，贷方登记其他应收款的收回，期末余额一般在借方，表示企业尚未收回的其他应收款项。其他应收款也应按债权人设置明细账户，进行明细核算。

（五）核算应收款项减值

（1）直接转销法。在直接转销法下，对日常核算中应收款项可能发生的坏账损失不予考虑，只在实际发生坏账损失时，才作为损失计入当期损益，同时冲销应收款项，即：

借：资产减值损失
　　贷：应收账款

这种方法的优点是账务处理简单、实用，缺点是不符合权责发生制和收入与费用相互配比的原则。在这种方法下，只有坏账已经发生时才能将其确认为当期费用，导致各期损益不实；另外，在资产负债表上，应收账款是按其账面余额而不是按净额反映，这在一定程度上歪曲了期末财务状况。所以，企业会计准则规定采用"备抵法"。

（2）备抵法。备抵法是采用一定的方法按期估计坏账损失，计入当期费用，同时建立坏账准备，待坏账实际发生时，冲销已提的坏账准备和相应的应收款项。采用这种方法，坏账损失计入同一期间的损益，体现了配比原则的要求，避免了企业明盈实亏；在会计报表上列示应收款项净额，使会计报表使用者能了解企业应收款项的可变现金额。

在备抵法下，企业应当根据实际情况合理估计当期坏账损失金额。由于企业发生坏账损失带有很大的不确定性，所以只能以过去的经验基础，参照当前的信用政策、市场环境和行业惯例，准确地估计每期应收款项未来现金流量现值，从而确定当期减值损失金额，计入当期损益（信用减值损失）。对于短期应收款项的未来现金流量与其现值相关很小，在确认相关减值损失时，可不对其未来现金流量进行折现；对于长期应收款项则需要确定折现率对其未来现金流量进行折现后再确认相关减值损失。

企业应当设置"坏账准备"账户，核算应收款项的坏账准备计提、转销等情况。企业当期计提的坏账准备应当计入"信用减值损失"。"坏账准备"账户的贷方登记当期计提的坏账准备金额，借方登记实际发生的坏账损失金额和冲减的坏账准备金额，期末余额一般在贷方，反映企业已计提但尚未转销的坏账准备。

坏账准备可按以下公式计算：

当期应计提的坏账准备=当期按应收款项计算应提坏账准备金-
（或+）"坏账准备"账户的贷方（或借方）余额

当期按应收款项计算应提坏账准备金=当期应收款项余额×坏账准备计提比例

企业计提坏账准备时，按应计提的金额，借记"信用减值损失——计提的坏账准备"账户，贷记"坏账准备"账户。冲减多计提的坏账准备时，借记"坏账准备"账户，贷记"信用减值损失——计提的坏账准备"账户。

三、进行职业判断与操作

【情境3-11】2019年5月16日，重庆长胜发动机制造有限公司向A公司销售产品一批，当日发出商品并收到A公司为期3个月的银行承兑汇票。货款为2 000 000元，适用增值税率为13%。

A公司用银行承兑汇票抵偿货款2 260 000元，重庆长胜发动机制造有限公司收到汇票时，应收票据增加，应借记"应收票据"账户；同时，商品已发出，满足收入确认条件，应贷记"主营业务收入"账户。账务处理如下：

借：应收票据　　　　　　　　　　　　　　　　　　　　　　　2 260 000
　　贷：主营业务收入　　　　　　　　　　　　　　　　　　　　260 000
　　　　应交税费——应交增值税（销项税额）　　　　　　　　　340 000

假设8月1日，重庆长胜发动机制造有限公司上述应收票据到期，收回票面金额2 260 000元，则：

借：银行存款　　　　　　　　　　　　　　　　　　　　　　　2 260 000
　　贷：应收票据　　　　　　　　　　　　　　　　　　　　　2 260 000

根据【情境3-11】的会计分录，填制重庆长胜发动机制造有限公司本月记账凭证，并登记相关明细账。

【情境3-12】承【情境3-11】，假定重庆长胜发动机制造有限公司于5月17日将上述银行承兑汇票背书转让，以取得生产经营所需的A材料，该材料价款为3 000 000，适用增值税税率为13%。差额款项用银行存款支付。

购入材料总金额为3 390 000元，转让的应收票据金额为2 260 000元，差额1 130 000则用银行存款支付。因此，重庆长胜发动机制造有限公司应收票据减少2 260 000元，而原材料增加3 000 000元。账务处理如下：

借：原材料　　　　　　　　　　　　　　　　　　　　　　　　3 000 000
　　应交税费——应交增值税（进项税额）　　　　　　　　　　390 000

贷：应收票据　　　　　　　　　　　　　　　　　　　　　　　　　　2 260 000
　　　　银行存款　　　　　　　　　　　　　　　　　　　　　　　　　　1 130 000
　根据【情境3-12】的会计分录，填制重庆长胜发动机制造有限公司本月记账凭证，并登记相关日记账和明细账。

　【情境3-13】2019年5月21日，重庆长胜发动机制造有限公司将持有未到期商业汇票向开户银行申请贴现，银行贴现利率为12%。该商业汇票的票面金额为2 260 000元，签发日为2019年3月21日，期限为3个月。重庆长胜发动机制造有限公司与承兑企业在同一票据交换区域。

　重庆长胜发动机制造有限公司持有的商业汇票签发日为2019年3月21日，期限3个月，到期日应为2019年6月21日，5月21日申请贴现，那么，贴现期应为1个月。相关计算和账务处理如下：

　　贴现利息=2 260 000×（12%÷12）×1=22 600（元）
　　贴现净额=2 260 000–22 600=2 237 400（元）

　　借：银行存款　　　　　　　　　　　　　　　　　　　　　　　　　　2 237 400
　　　　财务费用——利息支出　　　　　　　　　　　　　　　　　　　　　　22 600
　　　　贷：应收票据　　　　　　　　　　　　　　　　　　　　　　　　2 260 000

　根据【情境3-13】的会计分录，填制重庆长胜发动机制造有限公司本月记账凭证，并登记相关日记账和明细账。

　【情境3-14】2019年5月17日，重庆长胜发动机制造有限公司采用托收承付结算方式向B公司销售商品一批，增值税发票注明货款5 000 000元，增值税税额为650 000元，以银行存款代垫运杂费100 000元，已办理托收手续。

　重庆长胜发动机有限公司销售商品已办理托收手续，证明销售已实现，应确认销售收入，但款项尚未收回，形成应收账款，应收账款金额为5 000 000+650 000+100 000元。账务处理如下：

　　借：应收账款　　　　　　　　　　　　　　　　　　　　　　　　　　5 750 000
　　　　贷：主营业务收入　　　　　　　　　　　　　　　　　　　　　　5 000 000
　　　　　　应交税费——应交增值税（销项税额）　　　　　　　　　　　　　650 000
　　　　　　银行存款　　　　　　　　　　　　　　　　　　　　　　　　　100 000

　以后实际收回款项时：
　　借：银行存款　　　　　　　　　　　　　　　　　　　　　　　　　　5 750 000
　　　　贷：应收账款　　　　　　　　　　　　　　　　　　　　　　　　5 750 000

　根据【情境3-14】的会计分录，填制重庆长胜发动机有限公司本月记账凭证，并登记相关日记账和明细账。

　【情境3-15】2019年5月18日，重庆长胜发动机有限公司向C公司采购圆钢2 000千克，每千克单价100元，所需支付的货款总额为200 000元。按照合同规定向C公司预付60%的货款，验收货物后以银行存款补付其余款项。

　预付60%的货款，未包括增值税，因此，企业应增加120 000元的预付账款。而实际采购时需要支付货款的13%的进项税额，即26 000元，实际支付款项为226 000元，原先预付的款项不足，应以银行存款补付，银行存款减少。账务处理如下：

项目一 资　产

（1）21日预付60%货款时：

借：预付账款　　　　　　　　　　　　　　　　　　　　　　　　120 000
　　贷：银行存款　　　　　　　　　　　　　　　　　　　　　　　　　120 000

（2）22日收到采购的原材料时：

借：材料采购——圆钢　　　　　　　　　　　　　　　　　　　　200 000
　　应交税费——应交增值税（进项税额）　　　　　　　　　　　　 26 000
　　贷：预付账款　　　　　　　　　　　　　　　　　　　　　　　　　226 000

借：预付账款　　　　　　　　　　　　　　　　　　　　　　　　106 000
　　贷：银行存款　　　　　　　　　　　　　　　　　　　　　　　　　106 000

根据【情境3-15】的会计分录，填制重庆长胜发动机有限公司本月记账凭证，并登记相关日记账和明细账。

【情境3-16】2019年5月18日，M公司在采购中发生材料毁损，按保险合同约定，应由保险公司赔偿损失10 000元，赔款尚未收到。

保险赔款不属于销售业务应收的货款，因此不能在"应收账款"账户中核算，而应记入"其他应收款"账户，在确认为应收款项时，应借记"其他应收款"账户，以后收回时，应贷记"其他应收款"账户。账务处理如下：

借：其他应收款——保险赔款　　　　　　　　　　　　　　　　　 10 000
　　贷：材料采购　　　　　　　　　　　　　　　　　　　　　　　　　 10 000

以后收到上述赔偿款时：

借：银行存款　　　　　　　　　　　　　　　　　　　　　　　　 10 000
　　贷：其他应收款　　　　　　　　　　　　　　　　　　　　　　　　 10 000

【情境3-17】2019年5月18日，重庆长胜发动机有限公司以银行存款替总经理垫付应由其个人负担的医药费共计3 000元，于发放工资时扣除。

为职工垫付的医药费，企业有权收回，在未收到时，应记入"其他应收款"账户借方。以后收回时，在贷方反映。账务处理如下：

（1）垫付时：

借：其他应收款——总经理　　　　　　　　　　　　　　　　　　　 3 000
　　贷：银行存款　　　　　　　　　　　　　　　　　　　　　　　　　　3 000

（2）以后从工资中扣除时：

借：应付职工薪酬——工资　　　　　　　　　　　　　　　　　　　 3 000
　　贷：其他应收款——总经理　　　　　　　　　　　　　　　　　　　　3 000

根据【情境3-17】的会计分录，填制重庆长胜发动机有限公司本月记账凭证，并登记相关日记账和明细账。

【情境3-18】2018年12月31日，重庆长胜发动机有限公司对应收D公司的账款进行减值测试。应收账款余额合计为1 000 000元，重庆长胜发动机有限公司根据D公司的资信情况确定按10%计提坏账准备。

坏账准备没有期初余额，按应收账款余额计算的坏账准备金额就是当期应计提的坏账准备。账务处理如下：

借：信用减值损失——计提的坏账准备　　　　　　　　　　　　　　　　　100 000
　　贷：坏账准备　　　　　　　　　　　　　　　　　　　　　　　　　　　　100 000

【情境3-19】重庆长胜发动机有限公司2019年5月18日确认D公司的应收账款无法收回，实际发生坏账损失30 000元。

企业确实无法收回的应收款项按管理权限报经批准后作为坏账转销时，应当冲减已计提的坏账准备，借记"坏账准备"账户，贷记"应收账款""其他应收款"等账户。账务处理如下：

借：坏账准备　　　　　　　　　　　　　　　　　　　　　　　　　　　　30 000
　　贷：应收账款　　　　　　　　　　　　　　　　　　　　　　　　　　　　30 000

根据【情境3-19】的会计分录，填制重庆长胜发动机有限公司本月记账凭证，并登记相关日记账和明细账。

【情境3-20】承【情境3-21】和【情境3-22】，重庆长胜发动机有限公司2019年年末应收D公司的账款余额为1 200 000元，经减值测试，重庆长胜发动机有限公司决定仍按10%计提坏账准备。

重庆长胜发动机有限公司坏账核算方法，其"坏账准备"账户应保持的贷方余额为120 000（1 200 000×10%）元；计提坏账准备前，"坏账准备"账户的实际余额为贷方70 000（100 000-30 000）元，因此2019年年末应计提的坏账准备金额为50 000（120 000-70 000）元。账务处理如下：

借：信用减值损失——计提的坏账准备　　　　　　　　　　　　　　　　　50 000
　　贷：坏账准备　　　　　　　　　　　　　　　　　　　　　　　　　　　　50 000

【学中做】若【情境3-20】中，重庆长胜发动机有限公司2019年年末应收D公司的账款余额为600 000元，该如何进行账务处理？

【情境3-21】重庆长胜发动机有限公司2020年1月20日收到2019年已转销的坏账20 000元，已存入银行。

已确认并转销的应收款项以后又收回的，应当按照实际收到的金额增加坏账准备的账面余额。已确认并转销的应收款项以后又收回时，借记"应收账款""其他应收款"等账户，贷记"坏账准备"账户；同时，借记"银行存款"账户，贷记"应收账款""其他应收款"等账户，也可以按照实际收回的金额，借记"银行存款"账户，贷记"坏账准备"账户。账务处理如下：

借：应收账款　　　　　　　　　　　　　　　　　　　　　　　　　　　　20 000
　　贷：坏账准备　　　　　　　　　　　　　　　　　　　　　　　　　　　　20 000
借：银行存款　　　　　　　　　　　　　　　　　　　　　　　　　　　　20 000
　　贷：应收账款　　　　　　　　　　　　　　　　　　　　　　　　　　　　20 000

 考证回顾

1.【多选题】（2013年）属于其他应收款的有（　　　）。
A. 应向责任人收取的现金赔偿
B. 为职工垫付的款项

C. 为客户垫付的运费

D. 应收保险公司赔款

2.【多选题】(2013年) 下列各项中, 会引起应收账款账面价值变动的有 (   )。

A. 支付手续费方式下发出委托代销商品

B. 计提坏账准备

C. 代购货方垫付的包装费

D. 租入包装物支付的押金

关键词

应收账款（Accounts Receivable）　　应收票据（Notes Receivable）

预付账款（Prepayments）　　坏账准备（Allowance for Doubtful Account）

投资（Investment）　　交易性金融资产（Trading Financial Assets）

持有至到期投资（The Held-to-maturity Investment）

可供出售金融资产（Available-for-sale Financial Assets）

能力实训

一、单项选择题

1. M 公司 2019 年 10 月 9 日自证券市场购入丁公司发行的股票 100 万股,共支付价款 400 万元,其中包括交易费用 2 万元。购入时,丁公司已宣告但尚未发放的现金股利为每股 0.3 元。M 公司将购入的丁公司股票作为以公允价值计量且其变动计入当期损益的金融资产核算。该金融资产的入账价值为 (   ) 万元。

A. 398　　　　　　B. 368　　　　　　C. 370　　　　　　D. 400

2. M 公司 2019 年 10 月 10 日自证券市场购入乙公司发行的股票 100 万股,共支付价款 860 万元,其中包括交易费用 4 万元。购入时,乙公司已宣告但尚未发放的现金股利为每股 0.16 元。M 公司将购入的乙公司股票作为以公允价值计量且其变动计入当期损益的金融资产核算。2019 年 12 月 30 日该金融资产的公允价值为 860 万元,该金融资产对 2019 年当期损益的影响金额为 (   ) 万元。

A. 4　　　　　　　B. 16　　　　　　　C. 24　　　　　　　D. 30

3. M 公司将其持有的交易性金融资产全部出售,售价为 3 000 万元;该金融资产的账面价值为 2 800 万元（其中成本 2 500 万元,公允价值变动 300 万元）。假定不考虑其他因素,M 公司对该交易应确认的投资收益为 (   ) 万元。

A. 200　　　　　　B. -200　　　　　　C. 500　　　　　　D. -500

4. M 公司 2019 年 7 月 1 日购入乙公司 2019 年 1 月 1 日发行的债券,支付价款为 2 100 万元（含已到付息期但尚未领取的债券利息 40 万元）,另支付交易费用 15 万元。该债券面值为 2 000 万元。票面年利率为 4%（票面利率等于实际利率）,每半年付息一次,M 公司将其划分为以公允价值计量且其变动计入当期损益的金融资产。M 公司 2019 年度该项金融资产应确认的投资收益为（　　）万元。

A. 25　　　　　　B. 40　　　　　　C. 65　　　　　　D. 80

5. 某企业购入W上市公司股票180万股，并将其划分为以公允价值计量且其变动计入当期损益的金融资产，共支付款项2 830万元，其中包括已宣告但尚未发放的现金股利126万元。另外，支付相关交易费用4万元。该项金融资产的入账价值为（　　）万元。

A. 2 700　　　　　B. 2 704　　　　　C. 2 830　　　　　D. 2 834

6. 2019年1月1日，M公司购买一项债券，剩余年限为5年，将其划分为以摊余成本计量的金融资产，买价为90万元，交易费用为5万元；每年年末按票面利率可收得固定利息4万元，债券在第5年年末兑付可得到本金110万元，不得提前兑付。债券实际利率为6.96%。该债券2018年年末的摊余成本为（　　）万元。

A. 94.68　　　　　B. 97.61　　　　　C. 92.26　　　　　D. 100.40

7. A公司于2019年1月5日从证券市场上购入B公司发行在外的股票100万股，将其划分为以公允价值计量且其变动计入其他综合收益的金融资产，每股支付价款6元（含已宣告但尚未发放的现金股利0.5元），另支付相关费用12万元，不考虑其他因素，则A公司该金融资产取得时的入账价值为（　　）万元。

A. 600　　　　　　B. 612　　　　　　C. 550　　　　　　D. 562

8. 长江公司2019年5月10日销售商品应收大海公司的一笔应收账款1 200万元，2019年9月30日计提坏账准备150万元，2019年12月31日，该笔应收账款的未来现金流量现值为950万元。在此之前未计提坏账准备，2019年12月31日，该笔应收账款应计提的坏账准备为（　　）万元。

A. 300　　　　　　B. 100　　　　　　C. 250　　　　　　D. 0

9. 票据贴现期即从（　　）。

A. 票据开出日到贴现日　　　　　　B. 票据开出日到到期日

C. 票据贴现日到到期日　　　　　　D. 票据贴现日到实际收款日

10. 预收货款业务不多的企业，可以不设置"预收账款"账户，其所发生的预收货款，可以通过（　　）核算。

A. "应收账款"账户借方　　　　　　B. "应付账款"账户借方

C. "应收账款"账户贷方　　　　　　D. "应付账款"账户贷方

二、多项选择题

1. 下列各项中，不应计入交易性金融资产取得成本的有（　　）。

A. 支付的相关税金　　　　　　B. 支付的购买价格

C. 支付的手续费　　　　　　　D. 支付的价款中包含的应收利息

2. 在计算持有至到期投资的期末摊余成本时，下列项目中应对持有至到期投资的初始确认金额予以调整的有（　　）。

A. 已偿还的本金

B. 初始确认金额与到期日金额之间的差额按实际利率法摊销形成的累计摊销额

C. 已发生的减值损失

D. 取得金融资产时支付的手续费

3. 下列项目中应通过"其他应收款"核算的有（　　）。

项目一 资　产

A. 拨付给企业各内部单位的备用金

B. 应收的各种罚款

C. 收取的各种押金

D. 应向职工收取的各种垫付款项

4. 下列关于可供出售金融资产的表述中，正确的有（　　）。

A. 可供出售金融资产发生的减值损失应计入当期损益

B. 可供出售金融资产的公允价值变动应计入当期损益

C. 取得可供出售金融资产发生的交易费用应直接计入资本公积

D. 处置可供出售金融资产时，以前期间因公允价值变动计入其他综合收益的金额应转入当期损益

5. 关于"预付账款"账户，下列说法正确的有（　　）。

A. "预付账款"属于资产性质的账户

B. 预付货款不多的企业，可以不单独设置"预付账款"账户，将预付的货款记入"应付账款"账户的借方

C. "预付账款"账户贷方余额反映的是应付供应单位的款项

D. "预付账款"账户核算企业因销售业务产生的往来款项

6. 下列各种情况，进行会计处理时，应计入"坏账准备"账户贷方的是（　　）。

A. 首次按"应收账款"账户期末余额计算坏账准备

B. 收回过去已确认并转销的坏账

C. 期末"坏账准备"账户余额为贷方，且大于计提前坏账准备余额

D. 发生坏账

7. 按现行准则规定，通过"应收票据"及"应付票据"核算的票据包括（　　）。

A. 银行汇票　　　　　　　　　B. 银行承兑汇票

C. 银行本票　　　　　　　　　D. 商业承兑汇票

8. 下列各项，会引起期末应收账款账面价值发生变化的有（　　）。

A. 收回应收账款

B. 收回已转销的坏账

C. 计提应收账款坏账准备

D. 结转到期不能收回的应收票据

三、判断题

1. 企业持有交易性金融资产期间，被投资单位宣告发放的现金股利应确认为投资收益。（　　）

2. 企业为取得持有至到期投资发生的交易费用应计入当期损益，不应计入其初始成本。（　　）

3. 长期股权投资采用成本法核算时，只要被投资单位宣告分派现金股利，就应确认投资收益。（　　）

4. 可供出售金融资产和交易性金融资产的相同点是都按公允价值进行后续计量，且公允价值变动计入当期损益。（　　）

5. 收回以前的转销的坏账损失，会导致坏账准备余额增加。（　　）

6. 在备抵法下，已确认并已转销的坏账损失后，以后又回收的，仍然应通过"应收账款"账户核算，并贷记"资产减值损失"账户。（　　）

7. 其他应收款账户借方登记其他应收款的增加，贷方登记其他应收款的收回，期末余额一般在借方。（　　）

四、实务题

1. 2019年5月至7月，重庆长胜发动机制造有限公司发生的以公允价值计量且其变动计入当期损益的金融资产业务如下：

（1）5月1日，向D证券公司划出投资款1 000万元，款项已通过开户行转入D证券公司银行账户。

（2）5月2日，委托D证券公司购入A上市公司股票100万股，每股8元，另发生相关的交易费用2万元，并将该股票划分为以公允价值计量且其变动计入当期损益的金融资产。

（3）5月31日，该股票在证券交易所的收盘价格为每股7.70元。

（4）6月30日，该股票在证券交易所的收盘价格为每股8.10元。

（5）7月10日，将所持有的该股票全部出售，所得价款825万元，已存入银行。假定不考虑相关税费。

要求：为重庆长胜发动机制造有限公司上述业务进行账务处理（会计账户要求写出明细账户，答案中的金额单位用万元表示）。

2. 重庆长胜发动机制造有限公司根据历史经验，按应收账款5%的比例计提坏账准备，有关资料如下：

（1）2019年12月应收账款期初余额为100万元，坏账准备贷方余额为2万元；

（2）12月7日，向B公司销售产品210件，单价1万元，增值税率13%，单位销售成本0.6万元，销售货款未收到；

（3）12月20日，因产品质量问题，B公司退回10件商品，重庆长胜发动机制造有限公司同意退货，并办理了退货手续和开具红字专用发票；

（4）12月24日发生坏账损失3万元；

（5）12月29日收回前期已确认的坏账2万元，并存入银行；

（6）2019年12月计提坏账准备。

要求：根据以上业务进行账务处理。

3. 重庆长胜发动机制造有限公司2019年5月1日购买B公司发行的债券200万股，成交价为每股12.5元，另支付交易费用60万元，作为以公允价值计量且其变动计入其他综合收益的金融资产核算。

（1）2019年6月30日，该股票每股市价为12元，公司预计该股票价格下跌是暂时的。

（2）2019年12月31日，B公司因违反相关证券法规，受到证券监管部门查处，受此影响，B公司股票的价格发生严重下跌，2019年12月31日收盘价格为每股市价6元。

（3）2020年6月30日B公司整改完成，加之市场宏观面好转，收盘价格为每股市价10元。

（4）2020年7月20日将该股票以每股市价11元出售。

要求：根据以上业务进行账务处理。

任务四 核算长期股权投资

1. 了解长期股权投资的概念；
2. 熟悉长期股权投资的分类；
3. 掌握合并、非合并形成长期股权投资初始投资成本的确认与核算方法；
4. 掌握长期股权投资成本法的适用情形与核算方法；
5. 掌握长期股权投资权益法的适用情形与核算方法；
6. 掌握长期股权投资减值准备的计提与核算方法；
7. 掌握长期股权投资处置的核算方法；
8. 能正确登记长期股权投资明细分类账和总分类账。

建议教学时数 10 学时，其中讲授 6 学时、实践 4 学时。

1. 了解学生基本信息；
2. 准备记账凭证，三栏式明细账、总账等教学材料；
3. 设计一个较好的教学引入情景，如吉利收购沃尔沃、联想收购 IBM 等；
4. 设计会计信息的主要记录内容；
5. 准备《企业会计准则第 2 号——长期股权投资》《企业会计准则第 8 号——资产减值》《企业会计准则第 20 号——企业合并》《企业会计准则第 22 号——金融工具确认与计量》等阅读材料。

1. 取得长期股权投资的核算；
2. 持有长期股权投资的核算；
3. 处置长期股权投资的核算。

主要学习内容

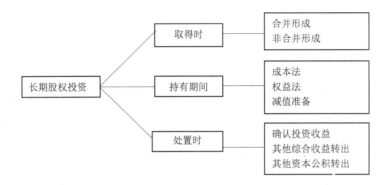

作业一 认知长期股权投资

一、了解长期股权投资的含义

（一）长期股权投资的概念

长期股权投资，是指投资方对被投资单位实施控制、重大影响的权益性投资，以及对其合营企业的权益性投资。不具有控制、共同控制和重大影响的其他投资，不作为长期股权投资核算，而应当按照《企业会计准则第 22 号——金融工具确认与计量》的规定进行会计核算。

（1）投资方能够对被投资单位实施控制的权益性投资，即对子公司投资。控制，是指投资方拥有对被投资单位的权力，通过参与被投资单位的相关活动而享有可变回报，并且有能力运用对被投资单位的权力影响其回报金额。根据持股比例大小，可进一步将子公司分为全资子公司（持股比例为 100%）和控股子公司（持股比例超过 50%但不足 100%）。

（2）投资方与其他合营方一同对被投资单位实施共同控制且对被投资单位净资产享有权利的权益性投资，即对合营企业投资。共同控制，是指按照相关约定对某项安排所共有的控制，并且该安排的相关活动必须经过分享控制权的参与方一致同意后才能决策。

（3）投资方对被投资单位具有重大影响的权益性投资，即对联营企业投资。重大影响，是指对一个企业的财务和经营政策有参与决策的权力，但并不能够控制或者与其他方共同控制这些政策的制定。实务中，较为常见的重大影响体现为在被投资单位的董事会或类似权力机构中派有代表，通过在被投资单位财务和经营决策制定过程中的发言权实施重大影响。投资方直接或通过子公司间接持有被投资单位 20%以上但低于 50%的表决权时，一般认为对被投资单位具有重大影响，除非有明确的证据表明该种情况下不能参与被投资单位的生产经营决策，不形成重大影响。

（二）长期股权投资的特点

（1）准备长期持有。投资方通过长期持有被投资单位的股份，参与被投资单位生产经营活动，对被投资单位实施控制或施加重大影响。

(2) 获取经济利益，并承担相应的风险。长期股权投资的最终目标是为了获得收益或实现资本增值，这既包括持有期间通过分享被投资单位利润（股息）而确认的投资收益，亦包括以高于原投资成本的价格处置长期股权投资而形成的资本利得。但同时，若被投资单位经营状况不佳，或者进行破产清算，投资方作为其股东，需要承担相应的投资损失。

(3) 除股票投资外，长期股权投资通常不能随时出售。与持有交易性金融资产、可供出售金融资产可随时出售不同，投资方一旦成为被投资单位股东，就需按其持股比例享有股东权利并承担股东义务，一般情况下不能随意抽回出资。

(4) 长期股权投资相对于长期债权投资而言，投资风险较大。债权投资人享受按期取得利息支付，具有法律上的刚性约束；可于投资期届满后收回本金，即使遇公司破产，债权投资人亦享有剩余财产优先受偿权，从而降低了投资风险。而股权投资人享有的利润分配则是在支付利息、缴纳企业所得税、弥补亏损、计提公积金后，根据实际情况决定是否分配，不确定性较大；如遇公司破产，需先行保障债权投资人利益，增大了投资风险。

二、认知长期股权投资的分类

(1) 按取得长期股权投资的方式，可以将长期股权投资分为合并形成的长期股权投资和非合并形成的长期股权投资两大类。

企业合并分为吸收合并、新设合并和控股合并，此处涉及的企业合并一般指控股合并。

(2) 按投资方与被投资方的关系，可以将长期股权投资分为对子公司的长期股权投资、对合营企业的长期股权投资及对联营企业的长期股权投资三大类。

 考证回顾

1.【判断题】（2015年）控制是指投资方拥有对被投资方的权利，通过参与被投资方的相关活动而享有可变回报并且有能力运用对被投资方的权利影响其回报金额。（　　）

2.【多选题】（2015年）下列各项中，判断投资企业是否对被投资单位具有重大影响应考虑的情形有（　　）。

　A. 参与被投资单位财务和经营政策制定过程
　B. 向被投资单位提供关键技术资料
　C. 向被投资单位派管理人员
　D. 向被投资单位的董事会或者类似权力机构派代表

作业二　核算长期股权投资

一、确定长期股权投资初始成本

（一）熟悉职业规范

1. 确定合并形成长期股权投资初始成本

(1) 同一控制下企业合并形成长期股权投资初始投资成本的确定。合并方以支付现金、转让非现金资产或承担债务方式作为合并对价的，应当在合并日按照被合并方所有者权益在最终控制方合并财务报表中的账面价值的份额作为长期股权投资的初始投资成本。长期股权投资初始投资成本与支付的现金、转让的非现金资产以及所承担债务账面价值之间的差额，应当调整资本公积；资本公积不足冲减的，调整留存收益；但如果是长期股权投资的成本大于支付的现金、转让的非现金资产及所承担债务的账面价值，差额应记入资本公积——资本溢价。合并方为进行企业合并发生的审计、法律服务、评估咨询等各项直接相关费用，应当于发生时计入当期损益，作为管理费用核算。

合并方以发行权益性证券作为合并对价的，应当在合并日按照取得被合并方所有者权益账面价值的份额作为长期股权投资的初始投资成本。按照发行股份的面值总额作为股本，长期股权投资初始投资成本与所发行股份面值总额之间如有差额，则应当调整资本公积；资本公积不足冲减的，调整留存收益。合并方发行权益性证券发生的相关手续费、佣金等直接相关费用，抵减权益性证券的溢价收入，溢价收入不足冲减的，冲减留存收益。但企业发行权益性证券过程中发生的广告费、路演费、上市酒会费等费用，不属于发行权益性证券的直接相关费用，应当计入当期损益。

（2）非同一控制下企业合并形成长期股权投资初始投资成本确定。合并方以支付现金、转让非现金资产或承担债务方式作为合并对价的，应当在合并日按付出的资产、发生或承担的负债的公允价值（不包含已宣告但尚未发放的现金股利或利润）作为长期股权投资的初始投资成本。该公允价值与其付出的资产、发生或承担的负债的账面价值的差额，记入当期损益，具体为：如果付出的是固定资产或无形资产，差额记入营业外收入、营业外支出；如果付出的是长期股权投资或金融资产，差额记入投资收益。如果付出的资产是库存商品等存货，应视同销售处理，即要按其公允价值确认主营业务收入，并计算销项税额，结转主营业务成本，差额记入营业外收入或营业外支出；如付出的是投资性房地产，应按其公允价值确认其他业务收入，并结转其他业务成本，差额记入营业外收入或营业外支出。

非同一控制下企业因合并发生的直接相关费用计入当期损益。

2. 确定非合并形成长期股权投资初始投资成本

非合并形成的长期股权投资，主要是对合营、联营企业的投资，应当按照付出对价的公允价值（不包含已宣告但尚未发放的现金股利或利润）作为初始投资成本。在交易不具有商业实质或公允价值无法取得时，以投出资产账面价值确认。取得长期股权投资发生的直接相关费用（如审计、法律服务、评估咨询等中介费用）计入投资成本。

综上所述，对于长期股权投资在个别财务报表中的初始确认和计量，区分企业合并取得和其他方式取得两种类型进行规范，主要的确认和计量原则如表4-1所示：

表4-1 企业合并确认和计量原则

项目	企业合并中取得的长期股权投资（对子公司的投资）		企业合并以外取得的长期股权投资（对联营/合营企业投资）
	同一控制下企业合并	非同一控制下企业合并	
长期股权投资初始确认和计量	按照取得被合并方所有者权益账面价值的份额作为长期股权投资的初始投资成本。合并直接相关费用计入当期损益	以支付对价的公允价值作为长期股权投资的初始投资成本。合并直接相关费用计入当期损益	一般以支付对价的公允价值作为长期股权投资的初始投资成本；在交易不具有商业实质或公允价值无法取得时，以投出资产账面价值确认。取得投资直接相关费用计入投资成本

项目一 资 产

（二）进行职业判断与操作

【情境 4-1】 2019 年 5 月 18 日，重庆长胜发动机制造有限公司出资 100 万元成立重庆小胜发动机制造有限公司并拥有重庆小胜发动机制造有限公司 60%股权。

重庆长胜发动机制造有限公司拥有重庆小胜发动机制造有限公司 60%的股份，重庆小胜发动机制造有限公司为重庆长胜发动机制造有限公司的子公司。投资后，重庆长胜发动机制造有限公司对外投资增加 100 万元，银行存款减少 100 万元。因此，账务处理如下：

借：长期股权投资——小胜公司　　　　　　　　　　　　1 000 000
　　贷：银行存款　　　　　　　　　　　　　　　　　　　　1 000 000

根据【情境 4-1】的会计分录，填制重庆长胜发动机制造有限公司本月记账凭证，并登记相关日记账和明细账。

【学中做】 在【情境 4-1】中，重庆小胜发动机制造有限公司应如何进行账务处理？

【情境 4-2】 重庆长胜发动机制造有限公司和重庆全胜发动机制造有限公司均为重庆制造集团的全资子公司。2019 年 5 月 19 日，重庆长胜发动机制造有限公司出资 100 万元，向重庆制造集团购买重庆全胜发动机制造有限公司的全部股权。当日，重庆全胜发动机制造有限公司所有者权益在重庆制造集团合并财务报表中的账面价值为 80 万元。假设重庆长胜发动机制造有限公司资本公积为 5 万元，盈余公积为 10 万元，未分配利润为 20 万元。

重庆长胜发动机制造有限公司购买重庆全胜发动机制造有限公司 100%的股份属于同一控制下合并形成的长期股权投资，应按照被合并方（重庆全胜发动机制造有限公司）所有者权益在最终控制方（重庆制造集团）合并财务报表中账面价值的份额（80×100%=80 万元）作为长期股权投资的初始投资成本，付出对价账面价值 100 万元高于 80 万元的部分（100-80=20 万元）首先冲减资本公积 5 万元，然后冲减盈余公积 10 万元，再冲减未分配利润 5 万元。因此，账务处理如下：

借：长期股权投资——全胜公司　　　　　　　　　　　　800 000
　　资本公积　　　　　　　　　　　　　　　　　　　　　 50 000
　　盈余公积　　　　　　　　　　　　　　　　　　　　　100 000
　　利润分配——未分配利润　　　　　　　　　　　　　　 50 000
　　贷：银行存款　　　　　　　　　　　　　　　　　　　1 000 000

根据【情境 4-2】的会计分录，填制重庆长胜发动机制造有限公司记账凭证，并登记相关日记账和明细账。

【学中做】 在【情境 4-2】中，若重庆长胜发动机制造有限公司出资金额为 60 万元，其他条件不变，又应如何进行账务处理？

【情境 4-3】 2019 年 5 月 19 日，重庆长胜发动机制造有限公司以一批存货（成本价为 80 万元，公允价值 100 万元）为对价取得重庆久胜发动机制造有限公司 80%的股权。重庆长胜发动机制造有限公司为合并重庆久胜发动机制造有限公司发生审计、法律服务、评估咨询费共计 10 万元，以银行存款支付。假设重庆长胜发动机制造有限公司与重庆久胜发动机制造有限公司之前无任何关联关系。

重庆长胜发动机制造有限公司取得重庆久胜发动机制造有限公司 80%的股权属于非同一控制下控股合并，应按公允价值确定长期股权投资成本。由于付出的是存货，还应对存货视同销售处理。审计、法律服务、评估咨询费共计 10 万元，全部作为管理费用，计入当期损益。因此，账务处理如下：

  借：长期股权投资——久胜公司   1 170 000
    贷：主营业务收入   1 000 000
      应交税费——应交增值税（销项税额）   170 000
  借：管理费用   100 000
    贷：银行存款   100 000
  借：主营业务成本   800 000
    贷：库存商品   800 000

  根据【情境 4-3】的会计分录，填制重庆长胜发动机制造有限公司记账凭证，并登记相关日记账和明细账。

  【学中做】在【情境 4-3】中，若重庆小胜发动机制造有限公司所有者权益公允价值为 150 万元，其他条件不变，重庆长胜发动机制造有限公司又应如何进行账务处理？

  【情境 4-4】假设 2019 年 5 月 19 日，重庆长胜发动机制造有限公司以一批存货（成本价为 40 万元，公允价值 50 万元）为对价取得重庆久胜发动机制造有限公司 40% 的股权。当日，重庆久胜发动机制造有限公司所有者权益账面价值为 100 万元，公允价值为 100 万元。重庆长胜发动机制造有限公司为合并重庆久胜发动机制造有限公司发生审计、法律服务、评估咨询费共计 10 万元。不考虑增值税。

  重庆长胜发动机制造有限公司取得重庆久胜发动机制造有限公司 40% 的股权属于非合并取得长期股权投资，应当按照付出对价公允价值（50 万元）作为初始投资成本（与取得被投资方重庆久胜发动机制造有限公司所有者权益份额无关）。审计、法律服务、评估咨询费共计 10 万元计入初始投资成本。因此，账务处理如下：

  借：长期股权投资——久胜公司   600 000
    贷：主营业务收入   500 000
      银行存款   100 000
  借：主营业务成本   400 000
    贷：库存商品   400 000

二、按成本法核算长期股权投资

（一）熟悉职业规范

（1）投资方能够对被投资单位实施控制的长期股权投资，应当采用成本法核算。

（2）采用成本法核算的长期股权投资应当按照初始投资成本计价。追加或收回投资应当调整长期股权投资的成本。被投资单位宣告分派的现金股利或利润，应当确认为当期投资收益，但不调整长期股权投资账面价值。

（3）投资方处置长期股权投资时，按照实际取得的价款与处置长期股权投资账面价值份额的差额确认为投资损益。

（二）进行职业判断与操作

【情境 4-5】2018 年 1 月 1 日，重庆长胜发动机制造有限公司以 80 万元从非关联方处购入重庆小胜发动机制造有限公司 80%的股份。2018 年，重庆小胜发动机制造有限公司实现净利润 10 万元。2019 年 5 月 1 日，重庆小胜发动机制造有限公司宣告分配利润 4 万元。2019 年 5 月 31 日，重庆长胜发动机制造有限公司收到重庆小胜发动机制造有限公司分配的利润。

重庆长胜发动机制造有限公司持有重庆小胜发动机制造有限公司 80%的股份，能够对重庆小胜发动机制造有限公司实施控制，应采用成本法核算。2018 年，重庆小胜发动机制造有限公司实现净利润时，重庆长胜发动机制造有限公司不做账务处理；2019 年 5 月 1 日，重庆小胜发动机制造有限公司宣告分配利润时，重庆长胜发动机制造有限公司按其享有的份额（4×80%=3.2 万元）确认投资收益；2019 年 5 月 31 日，重庆长胜发动机制造有限公司收到分配的利润时，冲减应收股利。

2019 年 5 月 1 日，账务处理如下：

借：应收股利   32 000
    贷：投资收益   32 000

2019 年 5 月 31 日，账务处理如下：

借：银行存款   32 000
    贷：应收股利   32 000

【学中做】在【情境 4-5】中，若重庆小胜发动机制造有限公司 2018 年亏损，宣告不分配利润。那么重庆长胜发动机制造有限公司应如何处理？

三、按权益法核算长期股权投资

（一）熟悉职业规范

（1）投资方对联营企业和合营企业的长期股权投资，应当采用权益法核算。

（2）长期股权投资采用权益法核算的，应分别设置"成本""损益调整""其他综合收益""其他权益变动"进行明细核算。

（3）权益法下，如果初始投资成本与其在投资时应享有被投资单位可辨认净资产公允价值份额不一致，长期股权投资的初始投资成本大于投资时应享有被投资单位可辨认净资产公允价值份额时，其差额性质与商誉相同，不调整已确认的初始投资成本；长期股权投资的初始成本小于投资时应享有被投资单位可辨认净资产公允价值份额的，应按其差额，调整长期股权投资成本，借记"长期股权投资——成本"账户，贷记"营业外收入"账户。

（4）投资方取得长期股权投资后，应当按照应享有或应分担的被投资单位实现的净损益和其他综合收益的份额，分别确认投资收益和其他综合收益，同时调整长期股权投资的账面价值（长期股权投资——损益调整，长期股权投资——其他综合收益）；投资方按照被投资单位宣告分派的利润或现金股利计算应享有的部分，相应减少长期股权投资的账面价值（长期股权投资——损益调整）；投资方对于被投资单位除净损益、其他综合收益和利润分配以外所有者权益的其他变动，应当调整长期股权投资的账面价值（长期股权投资——其他权益变动）并计入所有者权益（资本公积——其他资本公积）。

（5）投资方处置长期股权投资时，按照实际取得的价款与处置长期股权投资账面价值份额的差额确认为投资损益。因采用权益法核算而累计确认的"其他综合收益""其他资本公积"按处置比例结转至当期损益（投资收益）。

（二）进行职业判断与操作

【情境4-6】2018年1月1日，重庆长胜发动机制造有限公司以80万元从非关联方处购入重庆小胜发动机制造有限公司40%的股份。2018年，重庆小胜发动机制造有限公司实现净利润20万元，确认其他综合收益6万元，其他资本公积4万元。2019年5月1日，重庆小胜发动机制造有限公司宣告分配利润10万元。2019年5月31日，重庆长胜发动机制造有限公司收到重庆小胜发动机制造有限公司分配的利润。

重庆长胜发动机制造有限公司持有重庆小胜发动机制造有限公司40%的股份，能够对重庆小胜发动机制造有限公司施加重大影响，属于对联营企业的投资，应采用权益法核算。2016年，当重庆小胜发动机制造有限公司实现净利润、确认其他综合收益、其他资本公积时，重庆长胜发动机制造有限公司应按其享有的份额相应调整长期股权投资账面价值，并相应确认投资收益（20×40%=8万元）、其他综合收益（6×40%=2.4万元）、其他资本公积（4×40%=1.6万元）。2019年5月1日，重庆小胜发动机制造有限公司宣告分配利润时，重庆长胜发动机制造有限公司应按其享有的份额（10×40%=4万元）冲减长期股权投资账面价值，并确认应收股利。2019年5月31日，重庆长胜发动机制造有限公司收到分配的利润时，冲减应收股利。因此，应进行如下操作：

2018年1月1日，账务处理如下：
借：长期股权投资——小胜公司（成本）　　　　　　　　　800 000
　　贷：银行存款　　　　　　　　　　　　　　　　　　　800 000

2018年12月31日，账务处理如下：
借：长期股权投资——损益调整　　　　　　　　　　　　　80 000
　　　　　　　　——其他综合收益　　　　　　　　　　　24 000
　　　　　　　　——其他权益变动　　　　　　　　　　　16 000
　　贷：投资收益　　　　　　　　　　　　　　　　　　　80 000
　　　　其他综合收益　　　　　　　　　　　　　　　　　24 000
　　　　资本公积——其他资本公积　　　　　　　　　　　16 000

2019年5月1日，账务处理如下：
借：应收股利　　　　　　　　　　　　　　　　　　　　　40 000
　　贷：长期股权投资——损益调整　　　　　　　　　　　40 000

2019年5月31日，账务处理如下：
借：银行存款　　　　　　　　　　　　　　　　　　　　　40 000
　　贷：应收股利　　　　　　　　　　　　　　　　　　　40 000

【情境4-7】承【情境4-6】，2019年5月31日，重庆长胜发动机制造有限公司以100万元的价格将持有的重庆小胜发动机制造有限公司股权全部处置。

2019年5月31日，重庆长胜发动机制造有限公司持有重庆小胜发动机制造有限公司股权的账面价值为80+8+2.4+1.6-4=88万元，处置价100万元高于账面价值部分（100-88=12

万元）确认为投资收益。同时，将原确认的其他综合收益、其他资本公积全部转出，计入当期损益。因此，账务处理如下：

借：银行存款　　　　　　　　　　　　　　　　　　　　　1 000 000
　　贷：长期股权投资——小胜公司（成本）　　　　　　　　　　800 000
　　　　　　　　　　——损益调整　　　　　　　　　　　　　　 40 000
　　　　　　　　　　——其他综合收益　　　　　　　　　　　　 24 000
　　　　　　　　　　——其他权益变动　　　　　　　　　　　　 16 000
　　　　　　投资收益　　　　　　　　　　　　　　　　　　　　120 000
借：其他综合收益　　　　　　　　　　　　　　　　　　　　 24 000
　　资本公积——其他资本公积　　　　　　　　　　　　　　　 16 000
　　贷：投资收益　　　　　　　　　　　　　　　　　　　　　　 40 000

【情境4-8】重庆长胜发动机制造有限公司以协议价300万元购入丙公司股票，占丙公司20%的股权，并准备长期持有。丙公司所有者权益账面价值1 600万元。假定丙公司可辨认净资产公允价值与其所有者权益账面价值一致。

重庆长胜发动机制造有限公司长期股权投资初始成本为300万元，占丙公司20%股权并长期持有，对丙公司有重大影响，应按权益法进行核算。应享有丙公司可辨认净资产份额为1 600×20%=320万元，但初始成本为300万元，差额20万元则要调整初始成本。因此，账务处理如下：

借：长期股权投资——丙公司（成本）　　　　　　　　　　　3 200 000
　　贷：银行存款　　　　　　　　　　　　　　　　　　　　　3 000 000
　　　　营业外收入　　　　　　　　　　　　　　　　　　　　 200 000

【学中做】在【情境4-8】中，若重庆长胜发动机制造有限公司支付的对价为350万元。那么重庆长胜发动机制造有限公司应如何处理？

四、核算长期股权投资减值

（一）熟悉职业规范

（1）投资方应关注长期股权投资账面价值是否大于应享受被投资方所有者权益账面价值份额等类似情况。出现类似情况时，投资方应按照《企业会计准则第8号——资产减值》对长期股权投资进行减值测试，若其可收回金额低于账面价值，应将其长期股权投资账面价值减至其可收回金额，减记的金额确认为减值损失，计入当期损益，同时计提相应的资产减值准备。

（2）长期股权投资减值损失一经确认，在以后会计期间不得转回。

（二）进行职业判断与操作

【情境4-9】假设2019年12月31日，重庆长胜发动机制造有限公司对子公司重庆小胜发动机制造有限公司长期股权投资账面价值为100万元，经测试，其可收回金额为80万元；2020年12月31日，其可收回金额上升至120万元。

2019年12月31日，长期股权投资账面价值（100万元）高于其可收回金额（80万元），应将长期股权投资账面价值减至其可收回金额，差额（100-80=20 万元）确认为减值损失；2020 年 12 月 31 日，其可收回金额（120 万元）高于账面价值（80 万元），无须进行处理。因此，应进行如下操作：

2019 年 12 月 31 日，账务处理如下：

借：资产减值损失——计提的长期投资减值准备　　　　　　200 000
　　贷：长期股权投资减值准备　　　　　　　　　　　　　　　　　200 000

知识链接

万达集团并购传奇影业

2018 年 1 月 12 日，万达集团宣布以不超过 35 亿美元现金（约合人民币 230 亿）的价格，收购美国传奇影业公司 100%股权，成为迄今中国企业在海外最大的文化产业并购案，也一举让万达影视成为全球收入最高的电影企业。

美国传奇影业公司是美国著名影视制作企业，业务包括电影、电视、数字媒体、动漫等。美国传奇影业出品过的大片包括《蝙蝠侠》《盗梦空间》《侏罗纪世界》《环太平洋》《魔兽世界》等，已在全球累计获得超过 120 亿美元的票房。

对于万达集团并购美国传奇影业，万达集团美国董事长王健林表示主要基于两点：一是利用美国传奇影业上千个优质 IP 与万达旅游产业联动，增加万达旅游产业链的协同效应；二是增加万达全球电影市场的地位，万达集团还会有更大的电影资本动作。而王健林所说的"更大的电影资本动作"逐步得到验证：2018 年 5 月 3 日，万达集团旗下 AMC 院线宣布将以 11 亿美元收购美国连锁影院卡麦克影业；2018 年 7 月 12 日，AMC 院线以 9.21 亿英镑（约合人民币 80.94 亿）并购欧洲第一大院线 Odeon & UCI 院线。

若一系列收购最终完成，万达集团将形成全球院线布局。拥有中国、北美、欧洲世界三大电影市场的万达集团，将有望成为全球最大的院线运营商。而万达影视类布局远不止这些，万达集团一边通过自身影视类资产不断融资造血，一边又在全世界范围内巨资并购，如今万达集团跨国全产业链影视帝国已浮出水面。

考证回顾

1.【单选题】（2018 年）2015 年 1 月 15 日，M 公司购买非同一控制下乙公司发行的股票 8 000 万股，拟长期持有，持有 51%的股权并达到控制，每股买价 5 元，款项已经支付。乙公司当年实现净利润 500 万元，宣告分配现金股利 200 万元。2015 年 12 月 31 日，长期股权投资的账面余额为（　　）万元。

A. 40 153　　　　　　B. 40 255　　　　　　C. 40 000　　　　　　D. 40 102

2.【多选题】（2015 年）下列各项中，不影响成本法核算下的长期股权投资账面价值的有（　　）。

A. 被投资单位实现净利润　　　　　　B. 被投资单位资本公积变动
C. 被投资单位收到现金捐赠　　　　　D. 被投资单位发放股票股利

项目一 资　产

关键词

长期股权投资（Long-term Equity Investment）　　减值准备（Impairment Loss）
企业合并（Enterprise Merger）　　　　　　　　非企业合并（Non-merger）
成本法（Cost Method）　　　　　　　　　　　　权益法（The Equity Method）

能力实训

一、单项选择题

1. 控制，一般是指持股比例（　　）。
   A. 大于50%（不含50%）
   B. 介于20%（含20%）至50%（含50%）
   C. 小于20%（不含20%）
   D. 小于5%

2. 通过同一控制合并形成长期股权投资而发生的审计、法律服务、评估咨询费应计入（　　）。
   A. 冲减资本公积　　　　　　　　B. 长期股权投资初始投资成本
   C. 管理费用　　　　　　　　　　D. 销售费用

3. 通过非同一控制合并取得长期股权投资而发生的审计、法律服务、评估咨询费应计入（　　）。
   A. 冲减资本公积　　　　　　　　B. 长期股权投资初始投资成本
   C. 管理费用　　　　　　　　　　D. 销售费用

4. 通过非合并方式取得长期股权投资而发生的审计、法律服务、评估咨询费应计入（　　）。
   A. 冲减资本公积　　　　　　　　B. 长期股权投资初始投资成本
   C. 管理费用　　　　　　　　　　D. 销售费用

5. 通过同一控制下企业合并形成长期股权投资初始投资成本按照（　　）确定。
   A. 付出对价的账面价值
   B. 付出对价的公允价值
   C. 合并日被合并方所有者权益在最终控制方合并财务报表中的账面价值
   D. 付出对价的公允价值与按照被合并方所有者权益在最终控制方合并财务报表中的账面价值的份额孰高

6. 通过非同一控制下企业合并形成长期股权投资初始投资成本按照（　　）确定。
   A. 付出对价的账面价值
   B. 付出对价的公允价值
   C. 合并日被合并方所有者权益在最终控制方合并财务报表中的账面价值
   D. 付出对价的公允价值与取得被投资方净资产公允价值的份额孰高

7. 长期股权投资采用权益法核算的，当被投资方实现净利润时，投资方应（　　）。

A. 调整长期股权投资账面价值，同时增加"投资收益"

B. 调整长期股权投资账面价值，同时增加"其他综合收益"

C. 调整长期股权投资账面价值，同时增加"其他资本公积"

D. 不做任何处理

8. 长期股权投资采用成本法核算的，当被投资方实现净利润时，投资方应（　　）。

A. 调整长期股权投资账面价值，同时增加"投资收益"

B. 调整长期股权投资账面价值，同时增加"其他综合收益"

C. 调整长期股权投资账面价值，同时增加"其他资本公积"

D. 不做任何处理

9. 长期股权投资采用权益法核算的，当被投资方确认其他综合收益时，投资方应（　　）。

A. 调整长期股权投资账面价值，同时增加"投资收益"

B. 调整长期股权投资账面价值，同时增加"其他综合收益"

C. 调整长期股权投资账面价值，同时增加"其他资本公积"

D. 不做任何处理

10. 投资方处置长期股权投资时，按照实际取得的价款与处置长期股权投资账面价值份额的差额应确认为（　　）。

A. 主营业务收入　　　　　　　　　B. 其他业务收入

C. 投资收益　　　　　　　　　　　D. 营业外收入

二、多项选择题

1. 以下应作为长期股权投资核算的是（　　）。

A. 对子公司的投资

B. 对合营企业的投资

C. 对联营企业的投资

D. 对不具有控制、共同控制、重大影响的企业投资

2. 按取得方式，长期股权投资取得方式有（　　）两种。

A. 合并形成的长期股权投资　　　　B. 非合并形成长期股权投资

C. 可供出售金融资产　　　　　　　D. 持有至到期投资

3. 以下长期股权投资应采用权益法核算的是（　　）。

A. 对全资子公司投资　　　　　　　B. 对合营企业的投资

C. 对联营企业的投资　　　　　　　D. 对控股子公司投资

4. 长期股权投资采用权益法核算，通常应设置（　　）明细账户。

A. 长期股权投资——投资成本　　　B. 长期股权投资——损益调整

C. 长期股权投资——其他综合收益　D. 长期股权投资——其他权益变动

5. 关于同一控制下企业合并形成长期股权投资，初始投资成本与支付的现金、转让的非现金资产以及所承担债务账面价值之间的差额处理，说法不正确的是（　　）。

A. 应当调整资本公积；资本公积不足冲减的，调整留存收益

B. 应当调整留存收益；留存收益不足冲减的，调整资本公积

C. 应当计入营业外收入

D. 应当计入投资收益

6. 关于非同一控制下企业合并形成长期股权投资，投资方付出对价的公允价值小于取得被投资方净资产公允价值份额的差额处理，说法不正确的是（　　）。

　　A. 应计入投资收益

　　B. 应计入营业外收入

　　C. 应当调整资本公积；资本公积不足冲减的，调整留存收益

　　D. 不做处理

7. 企业取得长期股权投资时支付对价中包含被投资方已宣告但尚未发放的现金股利或利润的处理，说法不正确的是（　　）。

　　A. 确认为长期股权投资初始投资成本

　　B. 应计入投资收益

　　C. 应当调整资本公积；资本公积不足冲减的，调整留存收益

　　D. 单独确认为应收股利

8. 成本法下，企业持有长期股权投资期间被投资方宣告发放现金股利或利润时，关于投资方的处理说法不正确的是（　　）。

　　A. 按其享有的份额确认投资收益

　　B. 冲减长期股权投资成本

　　C. 应当调整资本公积；资本公积不足冲减的，调整留存收益

　　D. 增加长期股权投资成本

9. 关于长期股权投资减值，说法正确的是（　　）。

　　A. 当长期股权投资可收回金额高于其账面价值时，投资方应对长期股权投资计提减值准备

　　B. 当长期股权投资可收回金额低于其账面价值时，投资方应对长期股权投资计提减值准备

　　C. 长期股权投资减值损失一经确认，在以后会计期间可以转回

　　D. 长期股权投资减值损失一经确认，在以后会计期间不得转回

10. 关于长期股权投资处置，说法正确的是（　　）。

　　A. 投资方处置长期股权投资时，按照实际取得的价款与处置长期股权投资账面价值份额的差额确认为投资损益

　　B. 投资方处置长期股权投资时，按照实际取得的价款与处置长期股权投资账面价值份额的差额确认为营业外收入

　　C. 因采用权益法核算而确认的"其他综合收益""其他资本公积"按处置比例结转至当期损益（投资收益）

　　D. 因采用权益法核算而确认的"其他综合收益""其他资本公积"不做任何处理

三、判断题（正确的划"√"，错误的划"×"）

1. 对子公司的投资应采用权益法核算。　　　　　　　　　　　　　　　　　　　（　　）

2. 企业合并形成长期股权投资的，初始投资成本应当包括审计、法律服务、评估咨询等中介费用。　　　　　　　　　　　　　　　　　　　　　　　　　　　　　　　　（　　）

3. 合并以外方式形成长期股权投资的，发生的审计、法律服务、评估咨询等中介费用应作为管理费用核算。　　　　　　　　　　　　　　　　　　　　　　　　　　　　（　　）

4. 成本法下，如果被投资方实现净利润，投资方应按其享有的比例调整长期股权投资。
　　　　　　　　　　　　　　　　　　　　　　　　　　　　　　　　　　　　（　　）

5. 成本法下，如果被投资方确认其他综合收益，投资方无需进行账务处理。（　）

6. 权益法下，如果被投资方宣告分配利润，投资方无需调整长期股权投资账面价值。（　）

7. 不论是取得长期股权投资时就已包含已宣告但尚未发放的现金股利或利润，还是持有长期股权投资期间被投资方宣告发放的现金股利或利润，均应确认为投资收益。（　）

8. 权益法下，被投资方宣告分配的现金股利或利润越多，长期股权投资账面价值就越高。（　）

9. 成本法下，不论被投资方实现净利润还是宣告分配利润，投资方均无需对长期股权投资进行调整。（　）

10. 长期股权投资处置时，应按照实际取得的价款确认主营业务收入，按长期股权投资账面价值结转主营业务成本。（　）

四、实务题

1. 2018年1月1日，重庆长胜发动机制造有限公司以一批库存商品为对价（公允价值200万元，账面价值120万元）从其母公司重庆制造集团手中购入重庆小胜发动机制造有限公司100%的股权。当日，重庆小胜发动机制造有限公司所有者权益在重庆制造集团合并财务报表中账面价值的份额为150万元。为进行企业合并，重庆长胜发动机制造有限公司发生审计、评估、法律咨询费5万元。2018年，重庆小胜发动机制造有限公司实现净利润20万元，确认其他综合收益10万元。2019年5月1日，重庆小胜发动机制造有限公司宣告分配利润10万元。2019年5月31日，重庆长胜发动机制造有限公司收到重庆小胜发动机制造有限公司分配的利润。

要求：

（1）2018年1月1日，重庆长胜发动机制造有限公司取得对重庆小胜发动机制造有限公司长期股权投资初始投资成本是多少？应如何进行账务处理？

（2）2018年，重庆小胜发动机制造有限公司实现净利润，确认其他综合收益时，重庆长胜发动机制造有限公司是否需要进行账务处理？

（3）2019年5月1日，重庆小胜发动机制造有限公司宣告分配利润时，重庆长胜发动机制造有限公司应该如何进行账务处理？

（4）2019年5月31日，重庆长胜发动机制造有限公司收到重庆小胜发动机制造有限公司分配的利润时，重庆长胜发动机制造有限公司应该如何进行账务处理？

2. 2018年1月1日，重庆长胜发动机制造有限公司以一批库存商品为对价（公允价值200万元，账面价值120万元）从其母公司重庆制造集团手中购入重庆小胜发动机制造有限公司40%的股权。发生审计、评估、法律咨询费10万元，以银行存款支付。当日，重庆小胜发动机制造有限公司所有者权益公允价值为600万元。2018年，重庆小胜发动机制造有限公司实现净利润60万元，确认其他综合收益20万元、其他资本公积10万元。2019年5月1日，重庆小胜发动机制造有限公司宣告分配利润40万元。2019年5月31日，重庆长胜发动机制造有限公司收到重庆小胜发动机制造有限公司分配的利润。2019年，重庆小胜发动机制造有限公司实现净利润50万元，确认其他综合收益10万元、其他资本公积10万元。2019年12月31日，经测算，重庆长胜发动机制造有限公司持有重庆小胜发动机制造有限公司长期股权投资可收回金额为250万元。2020年1月20日，重庆长胜发动机制造有限公司以270

万元的价格将其持有重庆小胜发动机制造有限公司的股权全部出售。

（1）2018年1月1日，重庆长胜发动机制造有限公司取得对重庆小胜发动机制造有限公司长期股权投资初始投资成本是多少？应如何进行账务处理？

（2）2018年，重庆小胜发动机制造有限公司实现净利润，确认其他综合收益、其他资本公积时，重庆长胜发动机制造有限公司是否需要进行账务处理？如需要，应如何进行账务处理？

（3）2019年5月1日，重庆小胜发动机制造有限公司宣告分配利润时，重庆长胜发动机制造有限公司应该如何进行账务处理？

（4）2019年5月31日，重庆长胜发动机制造有限公司收到重庆小胜发动机制造有限公司分配的利润时，重庆长胜发动机制造有限公司应该如何进行账务处理？

（5）2019年，重庆小胜发动机制造有限公司实现净利润，确认其他综合收益、其他资本公积时，重庆长胜发动机制造有限公司是否需要进行账务处理？如需要，应如何进行账务处理？

（6）2019年12月31日，重庆长胜发动机制造有限公司是否需要对其持有重庆小胜发动机制造有限公司长期股权投资计提减值准备？如需要，应如何进行账务处理？

（7）2020年1月20日，重庆长胜发动机制造有限公司将其持有重庆小胜发动机制造有限公司的股权全部出售时，应如何进行账务处理？

任务五　核算固定资产

职业目标

1. 熟悉固定资产的概念、特征及分类；
2. 掌握固定资产的取得方式及固定资产初始计量的账务处理流程和核算方法；
3. 掌握固定资产折旧方法及计提折旧的账务处理流程和核算方法；
4. 掌握固定资产后续支出的账务处理流程和核算方法；
5. 掌握固定资产处置的内容及账务处理流程和核算方法；
6. 掌握固定资产清查的账务处理流程和核算方法；
7. 掌握固定资产减值的账务处理流程和核算方法；
8. 熟悉在建工程的核算内容；
9. 掌握自营、出包建造工程的账务处理流程和核算方法；
10. 能正确运用会计职业判断进行账务处理。

教学时数

建议教学时数6学时，其中讲授3学时、实践3学时。

教学指引

1. 了解学生基本信息；
2. 准备记账凭证、总账账簿、三栏式明细账、固定资产登记簿、固定资产卡片等教学材料；
3. 设计一个较好的教学引入情景，如：固定资产清查工作场景视频等；
4. 准备《企业会计准则》等阅读材料；
5. 设计会计信息的主要记录内容。

 典型工作任务

1. 核算固定资产业务；
2. 核算在建工程业务。

 主要学习内容

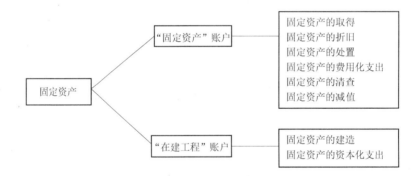

作业一 认知固定资产

一、了解固定资产的概念和特征

（一）固定资产的概念

固定资产是企业从事生产经营活动离不开的一项重要的资产，是资产负债表中非流动资产中的重要内容，在企业主要表现为房屋、建筑物、设备、机器、工具等。按最新企业会计准则的规定，固定资产是指同时具有以下特征的有形资产：① 为生产商品、提供劳务、出租或经营管理而持有的；② 使用寿命超过一个会计年度。

（二）固定资产的特征

从固定资产的定义来看，应具备以下两个特征：

项目一 资　产

第一，不同于存货用于对外出售，企业持有固定资产的目的是生产商品、提供劳务、出租或经营管理需要，这一特征是固定资产区别于存货等流动资产的重要标志。

第二，企业使用固定资产的期限较长，使用寿命一般超过一个会计年度。这一特征表明固定资产属于企业的非流动资产，给企业带来的收益超过一年，能在一年以上的时间里为企业创造经济利益。

固定资产在同时满足以下两个条件时，才能予以确认：

（1）与该固定资产有关的经济利益很可能流入企业。资产的最基本特征就是预期能给企业带来经济利益，如果某项固定资产包含的经济利益不是很可能流入企业，即使满足固定资产确认的其他条件，企业也不能将其确认为固定资产。在实务中，判断固定资产包含的经济利益是否很可能流入企业，主要依据与该固定资产所有权相关的风险和报酬是否转移给了企业。通常，只要取得了固定资产的所有权，就认为与该固定资产相关的风险和报酬转移给了企业，企业不论是否收到或持有该固定资产，都可作为企业的固定资产。如没有取得所有权，即使存放在企业，也不能作为企业的固定资产。但有时某项固定资产的所有权虽然不属于企业，企业却对该固定资产包含的经济利益实施控制，也可以作为企业的固定资产加以确认，如融资租入固定资产，这是实质重于形式的体现。

（2）该固定资产的成本能够可靠地计量。固定资产作为企业资产的重要组成部分，要予以确认，为取得该固定资产而发生的支出必须能够可靠地计量，否则，企业不应加以确认。在实务中，对于固定资产的确认，还需要注意以下两点：一是固定资产的各组成部分具有不同使用寿命或者以不同方式为企业提供经济利益、适用不同折旧率或折旧方法的，应当分别将各组成部分确认为单项固定资产。二是与固定资产有关的后续支出，满足固定资产确认条件的，应计入固定资产成本；不满足固定资产确认条件的，应在发生时计入当期损益。

二、掌握固定资产分类

企业的固定资产种类较多，规格不一，为了加强管理，便于组织会计核算，需要对其进行科学合理的分类。根据企业不同的管理和核算要求可以对固定资产进行不同的分类。

（一）按经济用途分类

固定资产按经济用途分类，可以分为生产经营用固定资产和非生产经营用固定资产，按此分类能反映和监督固定资产的组成和变化情况，借以考核和分析企业固定资产的利用情况，促使企业合理地配备固定资产，充分发挥其效用。生产经营用固定资产是直接服务于企业生产、经营过程的各种固定资产，如生产经营用的房屋、建筑物、机器、设备、器具、工具等。非生产经营用固定资产是不直接服务于生产、经营过程的各种固定资产，如职工食堂等使用的房屋、设备和其他固定资产等。

（二）按固定资产使用情况分类

固定资产按使用情况分类，可以分为使用中的固定资产、未使用的固定资产和不需用的固定资产。按此分类能使企业掌握固定资产的使用情况和利用效率，促使固定资产的合理使用。使用中的固定资产是正在使用过程中的经营性和非经营性固定资产，包括由于季节性或大修理等原因而暂时停用的固定资产、经营性出租给其他单位使用的固定资产、在内部替换使用的固定资产等；未使用的固定资产是已完工或已构建但尚未交付使用的新增固定资产及因改扩建等原因暂停使用的固定资产；不需用的固定资产是本企业多余或不适用的各种固定资产。

（三）综合分类

按固定资产的经济用途和使用情况等综合分类，可把企业的固定资产划分为七大类：
（1）生产经营用固定资产；
（2）非生产经营用固定资产；
（3）租出固定资产（指在经营租赁方式下出租给外单位使用的固定资产）；
（4）不需用固定资产；
（5）未使用固定资产；
（6）土地（指过去已经估价单独入账的土地。因征地而支付的补偿费，应计入与土地有关的房屋、建筑物的价值内，不单独作为土地价值入账。企业取得的土地使用权，应作为无形资产管理，不作为固定资产管理）；
（7）融资租入固定资产（指企业以融资租赁方式租入的固定资产，在租赁期内，应视同自有固定资产进行管理）。

由于企业的经营性质不同，经营规模各异，对固定资产的分类不可能完全一致。但实际工作中，企业大多采用综合分类的方法作为编制固定资产目录，进行固定资产核算的依据。

作业二　核算固定资产的取得

一、核算外购固定资产

（一）熟悉职业规范

1. 外购固定资产核算应设置的会计账户

为了反映企业固定资产的取得、计提折旧和处置情况，企业一般需要设置"固定资产""累计折旧""在建工程""工程物资"和"固定资产清理"等账户。而企业外购的固定资产一般涉及"固定资产"和"在建工程"等账户。

"固定资产"属于资产类账户，用于核算固定资产的原价。借方登记企业增加的固定资产原价，贷方登记企业减少的固定资产原价，期末一般为借方余额，反映企业期末固定资产的账面原价。企业在核算固定资产时，应设置"固定资产登记簿"和"固定资产卡片"，按固定资产类别、使用部门和项目进行明细核算。

"在建工程"属于资产类账户，用于核算企业基建、更新改造等在建工程发生的支出，借方登记企业各项在建工程的实际支出，贷方登记完工工程转出的成本，期末如有余额，一般在借方，反映企业尚未达到预定可使用状态的在建工程的成本。

项目一 资 产

2. 外购固定资产

企业外购固定资产符合确认条件的，应按实际支付的购买价款，相关税费，使固定资产达到预定可使用状态前所发生的归属于该项资产的运输费、装卸费、安装费和专业人员服务费等，作为固定资产的初始计量成本。

根据购入固定资产是否需要安装，进行不同的账务处理。购入不需安装的固定资产，应按实际支付的购买价款，相关税费，使固定资产达到预定可使用状态前所发生的归属于该项资产的运输费、装卸费、安装费和专业人员服务费等，计入固定资产成本，借记"固定资产"，贷记"银行存款"等账户。若企业为增值税一般纳税人，购入机器设备等固定资产的进项税额不纳入固定资产成本核算，可以在销项税中抵扣，借记"固定资产""应交税费——应交增值税（进项税额）"账户，贷记"银行存款"等账户。

购入需要安装的固定资产，应以购入固定资产的取得成本加上安装调试成本等作为固定资产的成本，先通过设置"在建工程"账户核算，待安装完毕达到预定可使用状态时，再从"在建工程"转入"固定资产"。购入和支付安装调试费用时，均借记"在建工程"等账户，贷记"银行存款"等账户；安装完毕达到预定可使用状态时，按其实际成本，借记"固定资产"账户，贷记"在建工程"账户。

由于价格原因，企业可能以一笔款项购入多项没有单独标价的固定资产，在满足确认条件时，应按各项固定资产公允价值的比例对总成本进行分配，分别确定各项固定资产的成本。

（二）进行职业判断与操作

【情境 5–1】2019 年 5 月 19 日，重庆长胜发动机制造有限公司购入一台不需要安装的机器，取得的增值税专用发票上注明的价款为 50 000 元，增值税税额 6 500 元，另支付包装费 1 000 元，上述款项均以银行存款支付。

重庆长胜发动机制造有限公司属于一般纳税人，增值税进项税额可在销项税中抵扣，不计入固定资产成本，而机器不需要安装，因此，按固定资产买价和包装费借记"固定资产"账户，账务处理如下：

借：固定资产　　　　　　　　　　　　　　　　　　　　　　　　51 000
　　应交税费——应交增值税（进项税额）　　　　　　　　　　　　6 500
　　贷：银行存款　　　　　　　　　　　　　　　　　　　　　　　　　57 500

根据【情境 5–1】的会计分录，填制重庆长胜发动机制造有限公司本月记账凭证，并登记相关日记账和明细账。

【情境 5–2】2019 年 5 月 19 日，重庆长胜发动机制造有限公司用银行存款购入一台需要安装的设备，增值税专用发票上注明的价款为 200 000 元，增值税税额为 26 000 元，支付安装费 20 000 元，并取得增值税专用发票税率为 13%税额为 2 600 元。上述款项均以银行存款支付。

重庆长胜发动机制造有限公司购入的设备需要进行安装，应先通过"在建工程"核算固定资产在达到预定可使用状态之前发生的成本。购入时发生的实际成本，即设备买价 200 000 元，记入"在建工程"账户的借方；安装过程中支付安装费时，将安装成本 20 000 元，也记入"在建工程"账户的借方，待设备安装完毕交付使用时，按实际总成本（200 000 元+20 000 元=220 000 元）从"在建工程"转入"固定资产"账户的借方。账务处理如下：

购买进行安装,账务处理如下:

借:在建工程 200 000
　　应交税费——应交增值税(进项税额) 26 000
　　贷:银行存款 226 000

支付安装费,账务处理如下:

借:在建工程 20 000
　　应交税费——应交增值税(进项税额) 2 600
　　贷:银行存款 226 000

安装完毕交付使用,账务处理如下:

借:固定资产 220 000
　　贷:在建工程 220 000

根据【情境 5–2】的会计分录,填制重庆长胜发动机制造有限公司本月记账凭证,并登记相关日记账和明细账。

【情境 5–3】2019 年 5 月 19 日,重庆长胜发动机制造有限公司购进一栋办公楼,取得该大楼的增值税专用发票并认证相符,发票注明的价款为 1 000 000 元,增值税进项税额为 90 000 元,款项已用银行存款支付。当月投入使用。不考虑其他相关因素。

购入的办公楼属于固定资产中的不动产,当月投入使用,则直接记入"固定资产"账户。按照现行增值税制度,所支付的进项税应该分期抵扣,进项税额中的 60%作为当期进项税进行抵扣,记入"应交税费——应交增值税(进项税额)",剩下的 40%在第 13 个月抵扣,记入"应交税费——待抵扣进项税额",本月该办公楼应抵扣的进项税额=110 000×60%=66 000。因此,账务处理如下:

借:固定资产 1 000 000
　　应交税费——应交增值税(进项税额) 90 000
　　贷:银行存款 1 090 000

根据【情境 5–3】的会计分录,填制重庆长胜发动机制造有限公司本月记账凭证,并登记相关日记账和明细账。

二、核算建造固定资产

(一)熟悉职业规范

企业自行建造固定资产,需按照建造该项资产达到预定可使用状态前所发生的必要支出,作为固定资产的成本。建造固定资产通过"在建工程"核算。在建工程是指企业正在建设尚未竣工投入使用的建设项目,包括固定资产的购进安装、新建、改建、扩建,或技术改造、设备更新和大修理工程等尚未完工的工程。在建工程是固定资产的形成阶段,通常有"自营"和"出包"两种建造方式。自营在建工程指企业自行购买工程用料、自行施工并进行管理的工程;出包在建工程是指企业通过签订合同,由其他工程队或单位承包建造的工程。

在建工程因建设方式不同而具有不同的核算内容。采用自营方式建造的工程,应当按照建造过程中实际发生的直接材料、直接工资、直接机械施工费等计量;采用出包方式建造的工程,按照应支付的工程价款等计量;属于设备安装工程的,应当按照所安装设备的价值、

项目一 资 产

工程安装费用、工程试运转等所发生的支出等确定工程成本。在建工程完工后，就形成厂房、设备、生产线等固定资产。

为了规范对企业在建工程的核算，需要设置"工程物资""在建工程"等资产类账户，用以对在建工程进行分类核算，便于为企业提供在建工程的管理信息。

"工程物资"属于资产类账户，用于核算企业为在建工程准备的各种物资的实际成本，借方登记企业购入工程物资的成本，贷方登记领用工程物资的成本，期末一般为借方余额，反映企业为在建工程准备的各种物资的成本。

（二）进行职业判断与操作

企业自建固定资产应首先通过"在建工程"核算，工程达到预定可使用状态时，再从"在建工程"转入"固定资产"，企业自建固定资产，主要有自营和出包两种形式，采取的方式不同，会计处理也不同。

1. 核算自营工程

自营工程是指由企业自行组织工程物资和施工人员从事工程施工的安装工程和建筑工程，自营建造固定资产的核算包括准备建造物资、实施建造过程、建造完工结转三个环节。实际工作中通过设置"工程物资"账户核算自建工程购入的各种物资。购入工程物资时，借记"工程物资"等账户，贷记"银行存款"等账户，领用时，借记"在建工程"账户，贷记"工程物资"账户。在建工程领用本企业原材料时，借记"在建工程"等账户，贷记"原材料"等账户。领用本企业生产的商品时，借记"在建工程"等账户，贷记"库存商品"等账户，发生其他费用（如分配工程人员工资等）时，借记"在建工程"账户，贷记"银行存款""应付职工薪酬"等账户。自营工程达到预定可使用状态时，按其成本，借记"固定资产"账户，贷记"在建工程"账户。

【情境5-4】重庆长胜发动机制造有限公司自建厂房一栋，购入为工程准备的物资600 000元，支付的增值税税额为78 000元，全部用于工程建设。领用本企业的原材料100 000元，领用本企业生产的商品一批成本为50 000元（生产所耗用材料的进项税额6 800元）。工程人员工资120 000元，支付的其他费用50 000元，工程完工并达到预定可使用状态。

公司自行建造厂房属于自营工程，通过"在建工程"账户核算。购入为工程准备的物资，根据取得的采购发票、运输单和验收单等原始凭证编制记账凭证核算业务，计入"工程物资"账户，领用企业生产的商品和原材料时，按商品和原材料的成本借记"在建工程"账户，贷记"原材料""库存商品"账户。工程人员的工资通过"应付职工薪酬"核算。工程完工达到预定可使用状态时，将"在建工程"账户转入"固定资产"账户。

购入工程物资时，账务处理如下：

借：工程物资　　　　　　　　　　　　　　　　　　　　　　600 000
　　应交税费——应交增值税（进项税额）　　　　　　　　　 78 000
　　贷：银行存款　　　　　　　　　　　　　　　　　　　　　　　678 000

领用工程物资时，账务处理如下：

借：在建工程　　　　　　　　　　　　　　　　　　　　　　600 000
　　贷：工程物资　　　　　　　　　　　　　　　　　　　　　　　600 000

领用原材料时，账务处理如下：

借：在建工程	100 000	
贷：原材料		100 000

领用商品时，账务处理如下：

借：在建工程	50 000	
贷：库存商品		50 000

分配工程建设人员工资时，账务处理如下：

借：在建工程	120 000	
贷：应付职工薪酬		120 000

支付工程发生的其他费用时，账务处理如下：

借：在建工程	50 000	
贷：银行存款		50 000

工程完工交付使用，账务处理如下：

固定资产完工实际成本=600 000+100 000+50 000+120 000+50 000=920 000（元）

借：固定资产	920 000	
贷：在建工程		920 000

2. 核算出包工程

出包工程是企业采用招标等方式将工程项目出包给建造商，由建造商组织施工的建筑工程和安装工程。企业采用出包方式建造的固定资产，其建造的具体支出主要由承建商核算。在这种方式下，"在建工程"主要是企业支付建造承包商工程价款的结算账户，支付的工程价款作为工程成本在该账户中核算。工程款的支付以合同中约定的工程进度为依据，在每次实际支付工程进度款项时，由对方开具增值税专用发票，按增值税专用发票上注明的价款，借记"在建工程"账户，按增值税专用发票上注明的增值税进项税额的60%，借记"应交税费——应交增值税（进项税额）"，剩余的40%（本月起第13个月可抵扣的进项税额）借记"应交税费——待抵扣进项税额"，按实际支付的金额，贷记"银行存款"账户；最后计算出完工成本，将在建工程成本从"在建工程"账户的贷方转入"固定资产"账户借方。

【情境5-5】重庆长胜发动机制造有限公司将一幢仓库的建造工程出包给长江公司（为一般纳税人）承建，按合理估计的发包工程进度和合同规定向该公司结算进度款800 000元，税率为9%，增值税税额为72 000元。工程完工后，收长江公司有关工程结算单据，补付工程款400 000元，税率为9%，增值税税额为36 000元，工程完工并达到预定可使用状态。要求为该公司进行账务处理。

重庆长胜发动机制造有限公司按合同进度结算工程款，以结算单据回单等原始凭证，增加在建工程成本，按支付的金额，记入"在建工程"的借方。工程结束时，对工程验收合格，工程达到预定可使用状态，补付工程价款，根据工程验收报告，结转工程成本入"固定资产"借方，反映增加固定资产的账面原值。

按合同进度结算工程款，账务处理如下：

借：在建工程	800 000	
应交税费——应交增值税（进项税额）	72 000	
贷：银行存款		872 000

工程完工验收合格，补付工程款，账务处理如下：

借：在建工程 400 000
　　应交税费——应交增值税（进项税额） 36 000
　　贷：银行存款 436 000
工程完工交付使用，账务处理如下：
借：固定资产 1 200 000
　　贷：在建工程 1 200 000

知识链接

取得固定资产的其他方式

除购入外，固定资产还可通过建造、融资租赁、接受投资、接受捐赠、债务重组、非货币性交易等方式获得。

融资租赁，是指实质上转移了与资产所有权有关的全部风险和报酬的租赁。融资租入的固定资产，在法律形式上资产所有权属于出租人，但从实质上判断其主要经济利益和风险是由承租人承担的，所以应由租入方作为一项固定资产入账。在融资租赁方式下，承租人应于租赁开始日将租赁开始日租入固定资产公允价值与最低租赁付款额现值两者中较低者作为租入固定资产入账价值，将最低租赁付款额作为长期应付款的入账价值，其差额作为未确认融资费用。

接受投资的固定资产，应当按照投资合同或协议约定的价值或者固定资产的公允价值确定投入账面价值，同时确认投资者的所有者权益。

接受捐赠的固定资产，按以下规定确定其入账价值：① 捐赠方提供了有关凭据的，按凭据上标明的金额加上应当支付的相关税费，作为入账价值；② 捐赠方没有提供有关凭据的，按以下顺序确定其入账价值：a. 同类或类似固定资产存在活跃市场的，按同类或类似固定资产的市场价格估计的金额，加上应当支付的相关税费，作为入账价值；b. 同类或类似固定资产不存在活跃市场的，按接受捐赠的固定资产的预计未来现金流量现值，作为入账价值。如接受捐赠的系旧的固定资产，按由上述方法确定的新固定资产价值，减去按该项资产的新旧程度估计的价值损耗后的余额，作为入账价值。

债务重组中取得的固定资产，其入账价值按《企业会计准则——债务重组》的规定确定。

非货币性交易中取得的固定资产，其入账价值按《企业会计准则——非货币性交易》的规定确定。

作业三　核算固定资产的折旧

一、计算固定资产折旧额

（一）熟悉职业规范

企业的固定资产在使用过程中由于磨损和技术进步等原因，会发生有形和无形的损耗。

为了真实地反映固定资产的账面价值，弥补固定资产的损耗，应在固定资产使用寿命内，按照确定的方法对应计折旧额进行系统的分摊。应计折旧额，是指应当折旧的固定资产原价扣除其预计净残值后的金额，已计提减值准备的固定资产，还应扣除已计提的固定资产减值准备累计金额。计提折旧应当根据固定资产的性质和使用情况，合理确定固定资产的使用寿命和预计净残值，除符合《企业会计准则第4号——固定资产》第十九条规定的以外，一经确定不得随意变更。上述事项需在报经股东大会或董事会、经理（厂长）会议或类似机构批准后，作为提取折旧的依据，并按法律、行政法规等的规定报送有关各方面备案。

影响固定资产折旧的因素主要来自于以下四个方面：

（1）固定资产原价，是指取得固定资产的成本；

（2）预计净残值，是指假定固定资产预计使用寿命已满并处于使用寿命终了时的预期状态，企业目前从该项资产处置中获得的扣除预计处置费用后的金额；

（3）固定资产减值准备，是指固定资产已计提的固定资产减值准备累计金额；

（4）固定资产的使用寿命，是指企业使用固定资产的预计期间，或者该固定资产所能生产产品或提供劳务的数量。企业在确定固定资产使用寿命时，应当考虑以下因素：该项资产预计生产能力或实物数量；该项资产预计有形和无形损耗，例如设备在使用过程中发生的磨损或因市场需求变化使产品过时等；法律或者类似规定对该项资产使用的限制。

为了准确而真实地计提固定资产折旧，按权责发生制原则，应合理划分固定资产计提折旧的空间范围和时间范围：

1. 空间范围

空间范围是指按准则规定应计提固定资产折旧的固定资产范围，除以下情况外，企业应当对所有固定资产计提折旧：

（1）已提足折旧仍继续使用的固定资产；

（2）单独计价入账的土地。

2. 时间范围

固定资产应当按月计提折旧，当月增加的固定资产，当月不计提折旧，从下月起计提折旧；当月减少的固定资产，当月仍计提折旧，从下月起不计提折旧。

在确定计提折旧的范围时，还应注意以下两点：

（1）固定资产提足折旧后，不论能否继续使用，均不再计提折旧；提前报废的固定资产，也不再补提折旧。所谓提足折旧，是指已经提足该项固定资产的应计折旧额。

（2）已达到预定可使用状态但尚未办理竣工决算的固定资产，应当按照估计价值确定其成本，并计提折旧；待办理竣工决算后，再按实际成本调整原来的暂估价值，但不需要调整原已计提的折旧额。

除此之外，企业还应至少在每年年度终了时，对固定资产的使用寿命，预计净残值和折旧方法进行复核。复核后的使用寿命预计数或预计净残值如与之前估计数有差异，应及时进行调整。与固定资产有关的经济利益预期实现方式有重大改变的，应改变固定资产折旧方法。

在企业中，固定资产经济利益的预期实现方式会有所不同，为了使固定资产的折旧更符合核算的要求，应合理选择固定资产的折旧方法。常用的折旧方法包括年限平均法、工作量法、双倍余额递减法和年数总和法等：年限平均法和工作量法在计提折旧额时按时期或工作

项目一 资 产

量均匀提取,属于直线折旧法;双倍余额递减法和年数总和法,计提折旧时加速递减,前期多提,后期少提,使固定资产成本加快得到补偿,属于加速折旧法。

(二)进行职业判断与操作

1. 年限平均法

年限平均法是指固定资产按使用年限等额计提折旧的一种方法,适用于使用年限内各期使用情况大致相同的固定资产。采用这种方法计提折旧,将固定资产的应计折旧额均匀地分摊到固定资产预计使用寿命内,各期折旧额相等。

年限平均法的计算公式如下:

$$年折旧率=(1-预计净残值率)/预计使用寿命(年)\times 100\%$$

$$月折旧率=年折旧率/12$$

$$月折旧额=固定资产原价\times 月折旧率$$

【情境5-6】重庆长胜发动机制造有限公司有一幢厂房,原价为8 000 000元,预计可使用20年,预计报废时的净残值率为4%。要求计算该厂房的折旧率和折旧额。

因为厂房在固定资产的使用寿命内,各期的使用情况基本相同,因此采用年限平均法计提固定资产折旧,将应计折旧额均衡地分摊到预计使用寿命内。计算如下:

$$年折旧率=(1-4\%)/20=4.8\%$$

$$月折旧率=4.8\%/12=0.4\%$$

$$月折旧额=8\,000\,000\times 0.4\%=32\,000(元)$$

2. 工作量法

工作量法是指按固定资产的实际工作量计算每期折旧额的一种方法,适用于在使用期间各期耗用情况差异很大,提供经济效益非常不均衡的固定资产。

工作量法的计算公式如下:

$$单位工作量折旧额=固定资产原价\times(1-预计净残值率)/预计总工作量$$

$$某项固定资产月折旧额=该项固定资产当月工作量\times 单位工作量折旧额$$

【情境5-7】重庆长胜发动机制造有限公司有一辆运货卡车,原价为400 000元,预计总行驶里程为500 000千米,预计报废时的净残值率为5%,本月行驶4 000千米。

因为运货卡车受企业采购和销售任务的季节性变动影响,各期的行驶情况差异较大,在销售旺季行驶里程数较大,而在销售淡季行驶里程数较少,故对该项固定资产应采用工作量法计提折旧。计算如下:

$$单位里程折旧额=400\,000\times(1-5\%)/500\,000=0.76(元/千米)$$

$$本月折旧额=4\,000\times 0.76=3\,040(元)$$

3. 双倍余额递减法

双倍余额递减法是指在不考虑固定资产净残值的情况下,根据每期期初固定资产原价减去累计折旧后的余额和双倍的直线法折旧率计算固定资产折旧的一种加速折旧方法。这种方法在折旧年限到期以前的两年内,应改变折旧方法将固定资产账面净值扣除预计净残值后的余额平均摊销。用这种方法计提折旧,折旧额逐年递减,因此适用于技术进步、更新换代较快的固定资产。

双倍余额递减法的计算公式如下：

$$年折旧率=2/预计使用寿命（年）\times 100\%$$

$$月折旧率=年折旧率/12$$

$$月折旧额=每月月初固定资产账面净值\times月折旧率$$

$$最后两年年折旧额=（到期以前两年年初账面净值-预计净残值）/2$$

【情境5-8】重庆长胜发动机制造有限公司有一台电子设备，属于更新换代较快、需要加速折旧的固定资产，该项设备的原价为1 600 000元，预计使用年限为5年，预计净残值为8 000元。要求计算该设备的年折旧额。

因为该项电子设备属于更新换代较快的固定资产，按新《企业所得税法》第三十二条规定，可以缩短折旧年限或采用加速折旧的方法计提折旧，因此采用双倍余额递减法来计提年折旧额。

$$年折旧率=2/5=40\%$$

$$第1年应提的折旧额=1\ 600\ 000\times40\%=640\ 000（元）$$

$$第2年应提的折旧额=（1\ 600\ 000-640\ 000）\times40\%=384\ 000（元）$$

$$第3年应提的折旧额=（1\ 600\ 000-640\ 000-384\ 000）\times40\%=230\ 400（元）$$

$$第4、第5年的年折旧额=（1\ 600\ 000-640\ 000-384\ 000-230\ 400-8\ 000）/2=168\ 800（元）$$

4. 年数总和法

年数总和法又称年限合计法，是指将固定资产原价减去预计净残值后的余额，乘以一个逐年递减的折旧率计算每年折旧额的一种加速折旧方法。使用的折旧率以分数的形式表示，分子代表固定资产尚可使用寿命，分母代表预计使用寿命逐年数字总和。

年数总和法的计算公式如下：

$$年折旧率=尚可使用年限/预计使用寿命的年数总和\times100\%$$

$$月折旧率=年折旧率/12$$

$$月折旧额=（固定资产原值-预计净残值）\times月折旧率$$

【情境5-9】重庆长胜发动机制造有限公司有一项因技术原因更新较快的固定资产，固定资产原价为1 000 000元，预计使用年限为5年，预计净残值为4 000元。要求计算该设备的年折旧额。

对于符合税法规定允许加速折旧的固定资产，经税务部门批准后，可以选择使用年数总和法对固定资产计提折旧，对该项设备采用此方法计提折旧，将固定资产的原价减去预计净残值后的余额，乘以一个逐年递减的折旧率，计算年折旧额。计算结果如表5-1所示。

表5-1　年数总和法计算年折旧额　　　　　　　　　　金额单位：元

年份	尚可使用年限	原价-净残值	变动折旧率	年折旧额	累计折旧
1	5	996 000	5/15	332 000	332 000
2	4	996 000	4/15	265 000	597 000
3	3	996 000	3/15	199 200	796 800
4	2	996 000	2/15	132 800	929 600
5	1	996 000	1/15	66 400	996 000

项目一 资　产

二、核算固定资产折旧

（一）熟悉职业规范

固定资产在具体核算时，应按月计提折旧，计提的折旧额记入"累计折旧"账户贷方，并根据固定资产的使用部门计入相关的成本或当期损益账户的借方。企业自行建造固定资产过程中，使用的固定资产的折旧额就计入在建工程的成本，记入"在建工程"账户的借方；基本车间使用的固定资产，其计提的折旧应记入"制造费用"账户借方；管理部门使用的固定资产，其计提的折旧应记入"管理费用"账户的借方；销售部门使用的固定资产，其计提的折旧应记入"销售费用"账户的借方；经营性租出的固定资产，其应提的折旧额应记入"其他业务成本"账户的借方。折旧时的分录为，借记"制造费用""管理费用""销售费用""其他业务成本"等账户，贷记"累计折旧"账户。

（二）进行职业判断与操作

【情境5-10】重庆长胜发动机制造有限公司2019年5月份根据"固定资产折旧计算表"，确定的各车间、厂部管理部门和销售部门应分配的折旧额为：一车间21 000元，二车间9 000元，三车间13 000元，行政管理部门7 000元，销售部门5 000元。

本月应核算的折旧额为3月月末折旧计算表中各部门应分配的折旧额，计提的折旧额按部门使用情况，需分别计入相关成本费用账户借方，并按应计提的总额计入"累计折旧"的贷方进行核算。

借：制造费用——一车间　　　　　　　　　　　　　　　　　　21 000
　　　　　　　——二车间　　　　　　　　　　　　　　　　　　 9 000
　　　　　　　——三车间　　　　　　　　　　　　　　　　　　13 000
　　管理费用　　　　　　　　　　　　　　　　　　　　　　　　 7 000
　　销售费用　　　　　　　　　　　　　　　　　　　　　　　　 5 000
　　贷：累计折旧　　　　　　　　　　　　　　　　　　　　　　55 000

根据【情境5-10】的会计分录，填制重庆长胜发动机制造有限公司本月记账凭证，并登记相关明细账（实际工作中，折旧是在月末进行，但为了知识学习和实操的连续性，在此将凭证时间确定为5月20日）。

考证回顾

【多选题】（2011年）下列各项中，应计提固定资产折旧的有（　　　）。
　A. 经营租入的设备
　B. 融资租入的办公楼
　C. 已达到预定可使用状态但未办理竣工决算的厂房
　D. 已达到预定可使用状态但未投产的生产线

作业四　核算固定资产的后续支出

一、认知固定资产后续支出

固定资产的后续支出是指固定资产在使用过程中发生的更新改造支出、修理费用等。企业的固定资产在投入使用后，各组成部分耐用情况不同或使用条件不同，会导致固定资产局部出现损坏，为了保持固定资产的运行效能，使其能正常地运转和使用，就必须对固定资产损坏的部分进行维护和修理，进行必要的后续支出。

固定资产的后续支出包括在使用过程中发生的更新改造和修理费用等。更新改造等后续支出，符合固定资产确认条件的应当予以资本化，称为固定资产资本化后续支出，计入固定资产成本。如固定资产改建、扩建或改良，在原有固定资产基础上，通过改扩建使固定资产发生下列一些变化：固定资产使用寿命延长；固定资产生产能力提高；产品质量提高；产品生产成本降低；使产品品种、性能、规格等发生良好的变化。若有被替换的部分，应同时将被替换部分的账面价值从固定资产的原账面价值中剔除。各部门发生的固定资产修理费用等后续支出，不符合固定资产确认条件，不予以资本化，称为固定资产费用化后续支出，应在发生时计入当期损益。

二、熟悉职业规范

对固定资产发生可资本化的后续支出进行核算，企业应将固定资产账面价值转入在建工程。发生的可资本化后续支出，通过"在建工程"账户核算。发生时，企业应将固定资产的原价、已计提的折旧和减值准备转销，借记"在建工程""累计折旧""固定资产减值准备"等账户，贷记"固定资产"账户；发生的可资本化后续支出时，借记"在建工程"账户，发生后续支出取得增值税专用发票的，应区分动产和不动产。如为动产，按增值税发票上的进项税额，借记"应交税费——应交增值税（进项税额）"，如为不动产，进项税分别按60%和40%分两年抵扣，借记"应交税费——应交增值税（进项税额）""应交税费——待抵扣进项税额"等账户。贷记"银行存款"等账户；固定资产发生的后续支出完工并达到预定可使用状态时，借记"固定资产"账户，贷记"在建工程"账户。

企业固定资产费用化后续支出，应在发生时计入当期损益。按固定资产的使用部门，将企业生产车间（部门）和行政管理部门等发生的固定资产修理费用等后续支出借记"管理费用""应交税费——应交增值税（进项税额）"账户，贷记"银行存款"等账户；企业发生的与专设销售机构相关的固定资产修理费用等后续支出借记"销售费用""应交税费——应交增值税（进项税额）"账户，贷记"银行存款"等账户。

三、进行职业判断与操作

【情境5-11】重庆长胜发动机制造有限公司2014年4月购入一台设备总价为7 000 000元（含发动机），发动机当时的购价为600 000元。公司未将发动机作为一项单独的固定资产核算。2019年5月20日，公司的生产任务加重，为了保证设备的正常运转，公司决定更换一部性能更为先进、功率更大的发动机，新发动机的购价为800 000元，增值税专用发票上

项目一 资 产

注明的增值税税额为 136 000 元，另需支付安装费 30 000 元，并取得增值税专用发票，税率为 13%。假定设备的年折旧率为 5%，不考虑预计净残值和相关税费的影响。

购进安装发动机后，固定资产的性能提高，则安装新发动机的支出属于固定资产的资本化后续支出，应转入在建工程核算。需要注意的是，进行这笔业务核算时要考虑固定资产已提取折旧的因素。首先，安装前设备已计提的折旧为 7 000 000×5%×5=1 750 000（元），另购入安装新发动机后，需要终止确认老发动机的账面价值，价值为 600 000–600 000×5%×5=450 000（元），将其转入营业外支出。

将固定资产转入在建工程，账务处理如下：
借：在建工程   5 250 000
　　累计折旧   1 750 000
　　贷：固定资产   7 000 000

安装新发动机，账务处理如下：
借：在建工程   830 000
　　应交税费——应交增值税（进项税额）   141 100
　　贷：工程物资   936 000
　　　　银行存款   35 100

终止确认旧发动机的账面价值，账务处理如下：
借：营业外支出   450 000
　　贷：在建工程   450 000

安装完毕，投入使用，账务处理如下：
借：固定资产   5 630 000
　　贷：在建工程   5 630 000

固定资产入账价值=5 250 000+830 000–450 000=5 630 000（元）

根据【情境5-11】的会计分录，填制重庆长胜发动机制造有限公司本月记账凭证，并登记相关日记账和明细账。

【情境5-12】 2019 年 5 月 20 日，重庆长胜发动机制造有限公司对生产车间使用的设备进行日常修理，发生维修费 20 000 元，税率为 13%，增值税税额为 2 600 元，账务处理如下：
借：管理费用   20 000
　　应交税费——应交增值税（进项税额）   2 600
　　贷：银行存款   22 600

根据【情境5-12】的会计分录，填制重庆长胜发动机制造有限公司本月记账凭证，并登记相关日记账和明细账。

考证回顾

【单选题】（2018 年）某企业对一条生产线进行改扩建，该生产线原价 1 000 万元，已计提折旧 300 万元，扩建生产线发生相关支出 800 万元，满足固定资产确认条件，则改建后生产线的入账价值为（   ）万元。

A. 800　　　　　　B. 1 500　　　　　　C. 1 800　　　　　　D. 1 000

作业五　核算固定资产的处置

一、认知固定资产处置

企业在生产经营的过程中，可能由于生产转型等原因，使部分固定资产不再适用或不再需要，也可能因为磨损和技术进步等原因使固定资产报废，或因自然灾害等原因使固定资产毁损，这时需对这些固定资产进行处置。固定资产的处置包括固定资产的出售、报废、毁损、对外投资、非货币性资产交换、债务重组等。在对上述事项进行会计处理时，应当按照规定程序办理手续，结转固定资产的账面价值，计算有关的清理收入、清理费用及残料价值等。

二、熟悉职业规范

固定资产的处置应通过"固定资产清理"核算。"固定资产清理"属于资产类账户，借方登记转出的固定资产账面价值、清理过程中支付的相关税费和其他费用，贷方登记固定资产清理完成的处理，期末若为借方余额，反映企业尚未清理完毕的固定资产清理净损失，期末若为贷方余额，反映企业尚未清理完毕的固定资产净收益。在固定资产清理完成后，通过该账户反向结转入当期损益，结转后该账户没有余额。

固定资产的处置主要涉及以下五个环节：

1. 转入固定资产清理

企业出售、报废、毁损、对外投资、非货币性资产交换、债务重组固定资产时，需要先将固定资产净值即还未得到补偿的部分价值转入固定资产清理，借记"固定资产清理"账户；将已计提的累计折旧和减值准备转出，借记"累计折旧"和"固定资产减值准备"账户；按其账面原价转出固定资产，贷记"固定资产"账户。

2. 核算发生的清理费用

在固定资产的清理过程中，支付的相关税费和其他费用，作为清理环节付出的代价，借记"固定资产清理"账户，按实际支付的费用贷记"银行存款"等账户。

3. 核算固定资产处置的各项收入

清理固定资产时，可能因为出售、残料及残值变价等产生各项收入，作为清理的收益用于抵扣清理的损失，并按收益的实际形式，在发生时借记"银行存款""原材料"等账户，贷记"固定资产清理"账户。

4. 处理损失赔偿

在确认赔偿时，应由保险公司或者过失人赔偿的损失，借记"其他应收款"账户，贷记"固定资产清理"账户。

5. 处理清理净损益

固定资产清理完成后，账户的差额在借方，反映为清理净损失，根据损失的性质，如为生产经营期间正常的处理损失，将净损失从"固定资产清理"账户的贷方，转入"营业外支出——非流动资产处置损失"账户的借方；如为自然灾害等非正常原因造成的损失，则将净损失从"固定资产清理"账户的贷方，转入"营业外支出——非常损失"账户的借方。账户的差额在贷方，反映为清理净收益，从"固定资产清理"账户的借方，转入"营业外收入——非

项目一 资 产

流动资产处置利得"账户的贷方。

三、进行职业判断与操作

【情境 5–13】重庆长胜发动机制造有限公司因产品转型,于 2019 年 5 月 20 日,将一台原价为 180 000 元的机器设备出售,开具的增值税专用发票上注明的价款为 160 000 元,增值税税额为 27 200 元,出售时,该设备已计提折旧 38 800 元,已计提减值准备 4 000 元,公司以银行存款支付该设备拆卸费用 5 000 元。

出售机器设备属于固定资产的处置,应转入"固定资产清理"进行核算,分别核算该建筑物清理的账面价值、应付的税费和出售收益,并核算清理的净损益。出售机器设备,应将出售时缴纳的增值税借记"固定资产清理",贷记"应交税费——应交增值税(销项税额)"。

转入清理,账务处理如下:
借:固定资产清理　　　　　　　　　　　　　　　　　　　137 200
　　累计折旧　　　　　　　　　　　　　　　　　　　　　 38 800
　　固定资产减值准备　　　　　　　　　　　　　　　　　　4 000
　　贷:固定资产　　　　　　　　　　　　　　　　　　　180 000
出售机器设备,账务处理如下:
借:银行存款　　　　　　　　　　　　　　　　　　　　 187 200
　　贷:固定资产清理　　　　　　　　　　　　　　　　　160 000
　　　　应交税费——应交增值税(销项税额)　　　　　　 27 200
发生清理费用,账务处理如下:
借:固定资产清理　　　　　　　　　　　　　　　　　　　 5 000
　　贷:银行存款　　　　　　　　　　　　　　　　　　　 5 000
结转清理净损益,账务处理如下:
借:固定资产清理　　　　　　　　　　　　　　　　　　　45 000
　　贷:资产处置损益——非流动资产处置利得　　　　　　 45 000

根据【情境 5–13】的会计分录,填制重庆长胜发动机制造有限公司本月记账凭证,并登记相关日记账和明细账。

【学中做】在【情境 5–13】中,如果企业已经计提减值准备为 50 000 元,又应该怎么处理?

【情境 5–14】重庆长胜发动机制造有限公司因水灾而毁损了一座仓库,该仓库原价为 2 000 000 元,已计提折旧 500 000 元,未计提减值准备。其残料估计价值为 50 000 元,残料已办理入库。发生的清理费用为 25 000 元,以现金支付。经保险公司核定应赔偿的损失为 1 000 000 元,尚未收到赔款。假定不考虑相关税费的影响,要求为该公司进行账务处理。

因水灾毁损的仓库应转入固定资产清理,核算其清理净损益,需注意的是如为净损失,处理时应转入"营业外支出——非常损失"账户核算。

将仓库转入清理,账务处理如下:
借:固定资产清理　　　　　　　　　　　　　　　　　　1 500 000
　　累计折旧　　　　　　　　　　　　　　　　　　　　 500 000

贷：固定资产　　　　　　　　　　　　　　　　　　　　　　　　2 000 000
残料入库，账务处理如下：
　　借：原材料　　　　　　　　　　　　　　　　　　　　　　　　　　50 000
　　　　贷：固定资产清理　　　　　　　　　　　　　　　　　　　　　　50 000
支付清理费用，账务处理如下：
　　借：固定资产清理　　　　　　　　　　　　　　　　　　　　　　　　25 000
　　　　贷：库存现金　　　　　　　　　　　　　　　　　　　　　　　　25 000
确定保险公司赔偿损失，账务处理如下：
　　借：其他应收款　　　　　　　　　　　　　　　　　　　　　　　1 000 000
　　　　贷：固定资产清理　　　　　　　　　　　　　　　　　　　　1 000 000
结转清理净损益，账务处理如下：
　　借：营业外支出——非常损失　　　　　　　　　　　　　　　　　475 000
　　　　贷：固定资产清理　　　　　　　　　　　　　　　　　　　　475 000

考证回顾

【单选题】（2018年）某企业处置一项固定资产收回的价款为80万元，该资产原价为100万元，已计提折旧60万元，计提减值准备5万元，处置发生的清理费用5万元。不考虑其他因素，处置该资产对当期利润总额的影响金额为（　　）万元。

A. 40　　　　　　B. 80　　　　　　C. 50　　　　　　D. 35

作业六　清查固定资产

一、认知固定资产清查

　　为了保证固定资产核算的真实性，充分挖掘现有固定资产的潜能，企业应定期或至少每年年末对固定资产进行清查盘点，在固定资产清查的过程中，如果发现盘盈或盘亏的固定资产，需要填制固定资产盘盈盘亏报告表，对于清查固定资产出现损溢，应及时查明原因，并按照相关规定报批处理。

二、熟悉职业规范

1. 固定资产盘盈

　　企业定期清查财产，清查中实际清点的固定资产价值大于其账面价值的部分，称为固定资产盘盈。根据《企业会计准则第28号——会计政策、会计估计变更和差错更正》的规定，盘盈的固定资产，应作为前期差错处理，在按管理权限报经批准前先通过"以前年度损益调整"账户核算，核算时按重置成本确定其入账价值，借记"固定资产"账户，贷记"以前年度损益调整"账户。报经批准后，将应纳所得税扣除，按扣除后的金额结转为留存收益。

2. 固定资产盘亏

　　固定资产盘亏是指在财产清查中，实际清点的固定资产价值小于固定资产账面原值的部

项目一 资 产

分。在发现盘亏时应通过"待处理财产损溢"账户核算盘亏固定资产的账面价值,借记"待处理财产损溢"账户,按已经计提的累计折旧和减值准备,分别借记"累计折旧"账户和"固定资产减值准备"账户,按固定资产的原价贷记"固定资产"账户。按管理权限报经批准后处理时,如果由保险公司或过失人赔偿的,应借记"其他应收款"账户,其他的盘亏应记入营业外支出账户,借记"营业外支出——盘亏损失"账户,贷记"待处理财产损溢"账户。

三、进行职业判断与操作

【情境5–15】2019年5月21日,重庆长胜发动机制造有限公司在财产清查过程中,发现一台未入账的设备,重置成本为50 000元(假定与其计税基础不存在差异),假定该公司适用的所得税税率为25%,按净利润的10%计提法定盈余公积。要求为该公司进行账务处理。

按规定,未入账的设备作为前期差错处理,先通过"以前年度损益调整"核算重置成本,并按适用所得税税率计算应纳的所得税,重置成本扣除所得税后,转为公司的留存收益。

盘盈固定资产时,账务处理如下:

借:固定资产　　　　　　　　　　　　　　　　　　　　　　　　　50 000
　　贷:以前年度损益调整　　　　　　　　　　　　　　　　　　　　　50 000

计算应交纳的所得税,账务处理如下:

借:以前年度损益调整　　　　　　　　　　　　　　　　　　　　　　12 500
　　贷:应交税费——应交所得税　　　　　　　　　　　　　　　　　　12 500

报批后结转为留存收益,账务处理如下:

借:以前年度损益调整　　　　　　　　　　　　　　　　　　　　　　37 500
　　贷:盈余公积——法定盈余公积　　　　　　　　　　　　　　　　　 3 750
　　　　利润分配——未分配利润　　　　　　　　　　　　　　　　　　33 750

根据【情境5–15】的会计分录,填制重庆长胜发动机制造有限公司本月记账凭证,并登记相关明细账。

【情境5–16】2019年5月21日,重庆长胜发动机制造有限公司在财产清查过程中,发现短缺一台冷冻设备,该设备原价52 000元,已计提折旧20 000元,并已计提减值准备2 000元。经查,冷冻设备丢失的原因在于保管员小刘看守不当。经批准,由保管员小刘赔偿10 000元。假定不考虑增值税的影响,要求为该公司进行账务处理。

短缺设备,属于固定资产的盘亏,由于该设备折旧尚未提够,有部分价值未得到补偿,需对这部分价值按损失进行处理,发现盘亏时将该设备扣除折旧和减值的剩余部分转入"待处理财产损溢",待按程序报批后,由保管员小刘赔偿的部分记入"其他应收款",剩余部分记入"营业外支出——盘亏损失"。

发现冷冻设备丢失时,账务处理如下:

借:待处理财产损溢——待处理固定资产损溢　　　　　　　　　　　　30 000
　　累计折旧　　　　　　　　　　　　　　　　　　　　　　　　　　20 000
　　固定资产减值准备　　　　　　　　　　　　　　　　　　　　　　 2 000
　　贷:固定资产　　　　　　　　　　　　　　　　　　　　　　　　　52 000

报经批准后,账务处理如下:

借:其他应收款——小刘　　　　　　　　　　　　　　　　　10 000
　营业外支出——盘亏损失　　　　　　　　　　　　　　　20 000
　贷:待处理财产损溢——待处理固定资产损溢　　　　　　　　30 000

根据【情境5-16】的会计分录,填制重庆长胜发动机制造有限公司本月记账凭证,并登记相关明细账。

知识链接

对盘盈的固定资产,依据下列证据,确认为固定资产盘盈入账。
(1)固定资产盘点表;
(2)使用保管人对于盘盈情况说明材料;
(3)盘盈固定资产的价值确定依据(同类固定资产的市场价格,类似资产的购买合同、发票或竣工决算资料);
(4)单项或批量数额较大固定资产的盘盈,企业难以取得价值确认依据的,应当委托社会中介机构进行估价,出具估价报告。

对盘亏的固定资产,将其账面净值扣除责任人赔偿后的差额部分,依据下列证据,认定为损失:
(1)固定资产盘点表;
(2)盘亏情况说明(单项或批量金额较大的固定资产盘亏,企业要逐项作出专项说明,由社会中介机构进行职业推断和客观评判后出具经济鉴证证明);
(3)社会中介机构的经济鉴证证明;
(4)企业内部有关责任认定和内部核准文件等。

对报废、毁损的固定资产,将其账面净值扣除残值、保险赔偿和责任人赔偿后的差额部分,依据下列证据,认定为损失:
(1)企业内部有关部门出具的鉴定证明;
(2)单项或批量金额较大的固定资产报废、毁损,由企业作出专项说明,应当委托有技术鉴定资格的机构进行鉴定,出具鉴定证明;
(3)不可抗力原因(自然灾害、意外事故)造成固定资产毁损、报废的,应当有相关职能部门出具的鉴定报告。如消防部门出具的受灾证明,公安部门出具的事故现场处理报告、车辆报损证明,房管部门的房屋拆除证明,锅炉、电梯等安检部门的检验报告等;
(4)企业固定资产报废、毁损情况说明及内部核批文件;
(5)涉及保险索赔的,应当有保险理赔情况说明。

对被盗的固定资产,将其账面净值扣除责任人的赔偿和保险理赔后的差额部分,依据下列证据,认定为损失:
(1)向公安机关的报案记录;公安机关立案、破案和结案的证明材料;
(2)企业内部有关责任认定、责任人赔偿说明和内部核批文件;
(3)涉及保险索赔的,应当有保险理赔情况说明。

项目一 资　产

作业七　核算固定资产的减值

一、熟悉职业规范

固定资产的初始入账价值是历史成本,由于固定资产使用的年限较长,企业在使用过程中会由于市场条件和经营环境的变化、科学技术的进步以及企业经营管理不善等多种原因,导致该项固定资产给企业创造未来经济利益的能力大大下降。此时,固定资产的真实价值则有可能低于账面价值,所以在会计期末时必须对固定资产减值损失进行确认。我们将在资产负债表日可收回金额低于账面价值的现象称为固定资产减值。按新会计准则的谨慎性原则要求,当企业的固定资产发生减值时,应将该项固定资产的账面价值减记至可收回金额,以真实反映固定资产的价值,并确定其因为减值而发生的损失,通过计提相应资产减值准备的方式,计入当期损益。固定资产的减值损失一经确认,以后会计期间不得转回。

企业应设置"固定资产减值准备"账户计提减值准备,并确认减值损失,其核算处理按确认的减值损失,即账面价值与可收回金额之间的差额,借记"资产减值损失——计提的固定资产减值准备"账户,贷记"固定资产减值准备"账户。

二、进行职业判断与操作

【情境5-17】2019年5月,重庆长胜发动机制造有限公司某生产线因技术进步等原因,可能发生减值的迹象。经计算,该生产线的可收回金额合计为1 750 000元,账面价值为2 000 000元,以前年度未对该生产线计提过减值准备。

该生产线发生减值,需要先确定其减值损失,即用账面价值减去可收金额的差额,2 000 000-1 750 000=250 000(元),然后按损失额提取减值准备。账务处理如下:

借:资产减值损失——计提的固定资产减值准备　　　　　　　　　　250 000
　　贷:固定资产减值准备　　　　　　　　　　　　　　　　　　　　250 000

根据【情境5-17】的会计分录,填制重庆长胜发动机制造有限公司本月记账凭证,并登记相关明细账(实际工作中计提减值准备是在月末进行,在此,凭证时间写5月21日)。

【学中做】承【情境5-17】,假设上述生产线在2017年4月可收回金额为1 950 000元,应如何处理?

【单选题】(2013年)某企业2011年5月1日购入一台不需安装的生产用设备。原值为500 000元,预计净残值率为4%,预计使用年限为5年,采用年数总和法计提折旧。2012年年末可收回金额为250 000元,应计提的固定资产减值准备是(　　)元。

A. 114 000　　　　　B. 15 333.4　　　　　C. 103 000　　　　　D. 36 667

初级会计实务

 关键词

固定资产（Fixed Assets） 累计折旧（Accumulated Depreciation）
在建工程（Construction-in-process）

 能力实训

一、单项选择题

1. 下列各项中属于企业固定资产的是（　　）。
   A. 工业企业外购价值很低的生产工具　　B. 房地产开发企业开发代售的商品房
   C. 商贸企业销售的电脑　　　　　　　　D. 4S 店自用小汽车
2. 下列各项，不应通过"固定资产清理"账户核算的有（　　）。
   A. 出售的固定资产　　　　　　　　　　B. 盘亏的固定资产
   C. 报废的固定资产　　　　　　　　　　D. 毁损的固定资产
3. 下列关于固定资产折旧的表述中不正确的是（　　）。
   A. 车间管理用固定资产折旧计入制造费用中
   B. 生产车间闲置固定资产折旧计入制造费用中
   C. 工程用固定资产折旧计入在建工程中
   D. 售后部门固定资产折旧计入销售费用中
4. A 企业 2016 年 1 月购入一项固定资产，原价为 600 万元，采用年限平均法计提折旧，使用寿命为 10 年，预计净残值为零，2019 年 5 月该企业对该项固定资产的某一主要部件进行更换，发生支出合计 400 万元，符合固定资产确认条件，被更换的部件的原价为 300 万元。则对该项固定资产进行更换后的原价为（　　）万元。
   A. 210　　　　　B. 1 000　　　　　C. 820　　　　　D. 610
5. M 公司为增值税一般纳税人，适用的增值税率为 17%。2019 年 5 月 28 日，M 公司购入一台需要安装的设备，以银行存款支付设备价款 120 万元、增值税进项税额 20.4 万元。6 月 6 日，M 公司以银行存款支付装卸费 0.6 万元。7 月 10 日，设备开始安装，在安装过程中，M 公司发生安装人员工资 0.8 万元；领用原材料一批，该批原材料的成本为 6 万元，相应的增值税进项税额为 1.02 万元，市场价格为 6.3 万元。设备于 2019 年 9 月 20 日完成安装，达到预定可使用状态。不考虑其他因素，则 M 公司该设备的入账价值为（　　）万元。
   A. 127.4　　　　B. 127.7　　　　C. 128.42　　　　D. 148.82
6. A 公司 2019 年 6 月 19 日购入设备一台，取得的增值税专用发票上注明的设备买价为 226 万元，增值税税额为 38.42 万元，支付的运输费为 1 万元，预计净残值为 2 万元，预计使用年限为 5 年，在采用年数总和法计提折旧的情况下，该设备 2017 年应提折旧额为（　　）万元。
   A. 79.02　　　　B. 75　　　　　　C. 67.5　　　　　D. 70
7. 由于自然灾害等原因造成的在建工程报废或毁损，减去残料价值和过失人或保险公司等赔款后的净损失，应借记的会计账户是（　　）。

项目一 资 产

A. 在建工程 B. 待处理财产损溢
C. 营业外支出 D. 固定资产清理

8. 企业生产车间使用的固定资产发生的下列支出中，直接计入当期损益的是（　　）。
A. 购入时发生的安装费用 B. 发生的装修费用
C. 购入时发生的运杂费 D. 发生的修理费

9. M 公司的一台机器设备采用工作量法计提折旧。该机器设备原价为 153 万元，预计可生产产品总产量为 450 万件，预计净残值率为 3%，本月生产产品 7.65 万件，则该台机器设备该月折旧额为（　　）万元。
A. 2.679 03 B. 2.629 59 C. 2.522 97 D. 2.522 835

10. 2019 年 5 月 1 日，M 公司决定对现有生产线进行改扩建，以提高其生产力能力。该生产线原值 2 400 万元，已计提折旧 750 万元。经过五个月的改扩建，完成了对这条生产线的改扩建工程，共发生支出 1 200 万元，符合固定资产确认条件。被更换的部件的原价为 200 万元，被更换的部件已计提的折旧为 50 万元。则对该项生产线进行更换后的原价为（　　）万元。
A. 3 450 B. 2 700 C. 3 600 D. 3 000

11. 某企业 2018 年 12 月 31 日购入一台设备，入账价值为 20 万元，预计使用寿命 10 年，预计净残值为 2 万元，采用年限平均法计提折旧。2019 年 12 月 31 日该设备存在减值迹象，经测试预计可收回金额为 12 万元，2019 年 12 月 31 日该项设备账面价值为（　　）万元。
A. 12 B. 16 C. 18 D. 18.2

12. 某企业出售一栋生产用厂房，取得处置价款 2 000 万元，该厂房原值 2 500 万元，已提折旧 800 万元，已提减值准备 100 万元，不考虑相关税费，则下列表述中正确的是（　　）。
A. 此项业务会影响营业利润 300 万元 B. 应计入营业外支出 300 万元
C. 此项业务影响利润总额 400 万元 D. 应计入营业外收入 300 万元

二、多项选择题

1. 下列关于企业取得固定资产的会计核算表述正确的有（　　）。
A. 企业应当按照取得固定资产的实际成本加相关费用作为固定资产的取得成本
B. 一般纳税人外购生产用动产设备负担的增值税不需计入取得成本
C. 外购需安装才能使用的固定资产需通过在建工程归集相关成本
D. 企业以一笔款项购入多项没有单独标价的固定资产，应按各项固定资产公允价值的比例对总成本进行分配

2. 固定资产的费用化后续支出，根据固定资产的使用部门，可以计入（　　）等账户。
A. 管理费用 B. 制造费用 C. 销售费用 D. 财务费用

3. 下列各项中，属于加速折旧的方法有（　　）。
A. 双倍余额递减法 B. 工作量法 C. 平均年限法 D. 年数总和法

4. 下列固定资产应计提折旧的有（　　）。
A. 融资租入的固定资产 B. 按规定单独估价作为固定资产入账的土地
C. 大修理停用的固定资产 D. 持有待售的固定资产

5. 采用自营方式建造厂房的情况下，下列项目中应计入固定资产取得成本的有（　　）。
A. 工程人员的应付职工薪酬

B. 工程在达到预定可使用状态前进行试运转时发生的支出

C. 工程领用本企业商品产品的实际成本

D. 生产车间为工程提供水电等费用

6. 通过"固定资产清理"账户核算的处置固定资产的净损益，可能转入的账户有（　　）。

A. 销售费用　　　　　　　　　　B. 营业外支出——处置非流动资产损失

C. 营业外支出——非常损失　　　D. 营业外收入——处置非流动资产利得

7. 下列关于固定资产的后续支出表述正确的有（　　）。

A. 固定资产的后续支出不满足资本化条件的计入当期损益

B. 生产车间固定资产的日常修理费用计入制造费用中

C. 满足资本化条件的固定资产后续支出应当将资本化的后续支出金额计入更新改造前的固定资产原值中

D. 固定资产发生可资本化的后续支出时应将固定资产的账面价值转入在建工程

8. 下列关于固定资产清查的会计处理表述正确的有（　　）。

A. 财产清查中盘盈的固定资产应按重置成本入账

B. 盘盈固定资产不会对当期损益造成影响

C. 盘亏的固定资产经批准后计入营业外支出

D. 盘盈固定资产属于企业的会计差错

9. 下列各项中需要通过"在建工程"账户核算的有（　　）。

A. 需安装的固定资产　　　　　　B. 更新改造的固定资产

C. 自建的固定资产　　　　　　　D. 日常维修的固定资产

10. 企业对固定资产预计使用寿命进行估计时应当考虑的因素有（　　）。

A. 预计生产能力　　　　　　　　B. 预计有形和无形的损耗

C. 预计的实物产量　　　　　　　D. 法律或者类似规定对资产使用的限制

三、判断题（正确的划"√"，错误的划"×"）

1. 固定资产盘盈先通过"待处理财产损溢"，批准后再转入"营业外收入"中。（　　）

2. 固定资产应当按月计提折旧，当月增加的固定资产，当月计提折旧。当月减少的固定资产，当月不提折旧。（　　）

3. 按双倍余额递减法计提的折旧额在任何时期都大于按年数总和法计提的折旧额。（　　）

4. 企业购入的工程物资，其增值税进项税额可以抵扣，而不计入工程物资的成本。（　　）

5. 对于构成固定资产的各组成部分，如果各自具有不同的使用寿命或者以不同的方式为企业提供经济利益，企业应将各组成部分单独确认为固定资产，并且采用不同的折旧率或者折旧方法计提折旧。（　　）

6. 企业以融资租赁方式租入的固定资产，在租赁期内应视同自有固定资产进行管理。（　　）

7. 固定资产提足折旧后，不论是否继续使用，均不再计提折旧，但是提前报废的固定资产需将尚未提足的折旧一次性提足。（　　）

8. 企业固定资产计提减值准备后，应当按减值后固定资产的账面价值计提后续期间的折旧。（　　）

项目一 资　产

9. 企业取得固定资产，发生与之有关的员工培训费需要计入固定资产成本，但专业人员的服务费应当计入当期损益。　　　　　　　　　　　　　　　　　　　　　（　）

10. 企业将固定资产对外出售，收取的增值税不会影响最终计入损益的金额。　（　）

四、实务题

1. 重庆长胜发动机制造有限公司以银行存款购入一台不需要安装的生产设备，增值税专用发票上注明的价款70 000元，增值税款11 900元，另支付运杂费2 000元，包装费3 000元，该设备已交付使用。

要求：编制该公司以上业务的会计分录。

2. 重庆长胜发动机制造有限公司自建厂房一幢，购入为工程准备的各种物资500 000元，支付的增值税额为85 000元，全部用于工程建设，领用本企业的原材料80 000元，工程人员应计工资100 000元，支付其他费用30 000元。工程完工并达到预定可使用状态。

要求：编制该公司以上业务的会计分录。

3. 重庆长胜发动机制造有限公司系增值税一般纳税人，对机器设备采用双倍余额递减法计提折旧。2015年12月20日，该公司购入一台不需要安装的机器设备，价款117 000元，增值税19 890元，另支付保险费2 000元、包装费1 000元，款项均以银行存款支付。该设备当日起投入基本生产车间使用，预计可使用5年，预计净残值为5 000元，假定不考虑固定资产减值因素。要求：

（1）编制重庆长胜发动机制造有限公司购入设备时的会计分录。

（2）分别计算重庆长胜发动机制造有限公司2016年度至2019年度每年的折旧额。

（3）编制重庆长胜发动机制造有限公司2016年年末计提折旧时的会计分录（假定折旧每年年末计提一次）。

4. 重庆长胜发动机制造有限公司2019年5月份固定资产增减业务如下：

（1）购买一台设备供一车间使用，采用工作量法计提折旧。该设备原价120万元，预计总工作时数为200 000小时，预计净残值为10万元。该设备2019年6月份工作量为4 000小时。

（2）厂部新办公楼交付使用，采用年限平均法计提折旧。该办公楼原价1 240万元，预计使用年限20年，预计净残值40万元。

（3）公司总部的一辆轿车使用期满予以报废。该轿车原价74万元，预计使用年限6年，净残值2万元，采用年限平均法计提折旧。假定2019年6月份未发生固定资产增减业务，不考虑其他固定资产的折旧。

要求：

（1）计算重庆长胜发动机制造有限公司2019年6月份应计提的折旧额。

（2）编制重庆长胜发动机制造有限公司2019年6月份计提折旧的会计分录。

（答案中的金额单位用万元表示）

5. 重庆长胜发动机制造有限公司2019年5月20日购入一台机器设备并投入使用，取得的增值税专用发票上注明的设备价款为200 000元，增值税税额为34 000元。因产品转型，2019年5月28日，重庆长胜发动机制造有限公司将该机器设备出售给长江公司，开具的增值税专用发票上注明的价款为160 000元，增值税税额为27 200元，出售时，该设备已计提折旧38 800元，已计提减值准备4 000元，重庆长胜发动机制造有限公司以银行存款支付该设备拆卸费用5 000元。

要求：编制该企业以上业务的会计分录。

6. 重庆长胜发动机制造有限公司为增值税一般纳税人，增值税税率13%。2017年发生固定资产业务如下：

（1）5月20日，该公司管理部门购入一台不需安装的A设备，取得的增值税专用发票上注明的设备价款为478万元，增值税税额为81.26万元，另发生运杂费2万元，款项均以银行存款支付。

（2）A设备经过调试后，于5月22日投入使用，预计使用10年，净残值为23万元，该公司决定采用双倍余额递减法计提折旧。

（3）7月15日，该公司生产车间购入一台需要安装的B设备，取得的增值税专用发票上注明的设备价款为600万元，增值税税额为102万元，另发生保险费10万元，款项均以银行存款支付。

（4）8月19日，该公司将B设备投入安装，以银行存款支付安装费10万元。B设备于8月25日达到预定可使用状态，并投入使用。

（5）B设备采用工作量法计提折旧，预计净残值为20万元，预计总工时为2万小时。9月，B设备实际使用工时为200小时。

假定购入上述设备的增值税可以作为进项税额抵扣。除上述资料外，不考虑其他因素。

要求：
（1）编制重庆长胜发动机制造有限公司2019年5月20日购入A设备的会计分录。
（2）计算重庆长胜发动机制造有限公司2019年6月A设备的折旧额并编制会计分录。
（3）编制重庆长胜发动机制造有限公司2019年7月15日购入B设备的会计分录。
（4）编制重庆长胜发动机制造有限公司2019年8月安装B设备及其投入使用的会计分录。
（5）计算重庆长胜发动机制造有限公司2019年9月B设备的折旧额并编制会计分录。

（答案中的金额单位用万元表示）

任务六 核算无形资产和其他资产

职业目标

1. 熟悉国家现行的有关无形资产的管理制度；
2. 理解无形资产的概念、特征、确认条件和内容的基础知识；
3. 掌握无形资产取得、摊销、处置、减值损失的核算；
4. 掌握其他资产的内容和核算方法；
5. 熟悉无形资产及其他资产核算的一般流程；
6. 正确填制无形资产的记账凭证和登记其总账及明细账；
7. 正确运用会计职业判断进行账务处理。

项目一 资 产

教学时数

建议教学时数6学时,其中讲授3学时、实践3学时。

教学指引

1. 了解学生基本信息;
2. 准备一个企业某月期初余额表;
3. 准备记账凭证、无形资产及其他资产的总分类账、明细分类账等多种教学材料;
4. 设计一个较好的教学情景,如与无形资产相关的案例导入;
5. 设计会计信息的主要记录内容;
6. 准备《企业会计准则——无形资产》等阅读材料;
7. 准备多媒体教学设备和网络教学资源。

典型工作任务

1. 核算无形资产业务;
2. 核算长期待摊费用业务。

主要学习内容

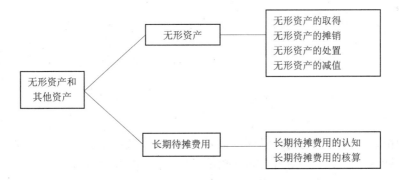

作业一 核算无形资产

一、认知无形资产

(一)了解无形资产概念与特征

1. 无形资产的概念

无形资产是指企业拥有或者控制的没有实物形态的可辨认的非货币性资产,主要包括专利权、非专利技术、商标权、著作权、土地使用权和特许权等。

2. 无形资产的特征

（1）无形资产不具有实物形态。无形资产是不具有实物形态的非货币性资产，体现的是一种权力或获得超额利润的能力。它没有实物形态，但却有价值，或者能使企业获得高于同行业一般水平的盈利能力。它不像固定资产、存货等有形资产具有实物形态，是以某种特有技术知识和权利形式存在，如非专利技术、土地使用权等。虽然无形资产不具有实物形态，但它通常又要依附于一定的实体，例如，某种专用技术必须通过一定配方、设备或工艺流程来体现。

（2）无形资产具有可辨认性。无形资产要符合无形资产定义中的可辨认性标准，需满足下列条件之一：一是能够从企业中分离或者划分出来，并能单独或者与相关合同、资产或负债一起，用于出售、转让、授予许可、租赁或者交换；二是源自合同性权利或其他法定权利，无论这些权利是否可以从企业或其他权利和义务中转移或者分离。

商誉是企业因地理位置优越、经营效益好、信誉高而获得客户的信任，形成经营上的优越条件，从而能给企业带来高于同行业的获利能力。商誉是与企业整体价值联系在一起的，其存在无法与企业自身分离，不具有可辨认性。因此，商誉不属于无形资产内容，平时不对商誉进行核算。

（3）无形资产属于非货币性长期资产。非货币性资产是指企业持有的货币资金和将以固定或可确定的金额收取的资产以外的其他资产。无形资产的经济价值在很大程度上受企业外部因素的影响，其预期的获利能力不能准确地加以确定，不存在活跃的交易市场，难以便捷地取得公允价值，一般不容易转化成现金，符合非货币性。无形资产的使用年限在一年以上，且能够在多个会计期间为企业带来经济利益，其价值将在各个受益期间逐渐摊销，又符合长期性。所以，无形资产属于非货币性长期资产。

3. 无形资产的确认条件

无形资产的确认是指符合无形资产确认条件的项目，作为无形资产加以记录并将其列入企业资产负债表。无形资产在满足定义的同时，还必须满足以下两个条件，企业才能加以确认：

（1）与该无形资产有关的经济利益很可能流入企业。作为无形资产确认的项目，必须具备其所产生的经济利益很可能流入企业这一条件。一般来说，无形资产产生的未来经济利益包括在销售商品、提供劳务的收入当中；或者企业使用该项无形资产而减少或节约了成本，如生产加工企业在生产工序中使用了某种知识产权，使其降低了未来生产成本。

在会计账务处理中，确定无形资产所创造的经济利益是否很可能流入企业，需要考虑相关的因素，提供确凿的证据，进行职业判断。比如企业是否有足够的人力资源、高素质的管理队伍、相关的硬件设备、相关的原材料等来配合无形资产为企业创造经济利益，当然，最为重要的是应关注外界因素的影响，比如，企业是否存在与该无形资产相关的新技术、新产品或者与无形资产相关的技术或赖以生存的产品的市场等。总之，在实施判断时，企业的管理部门应对无形资产在预计使用年限内存在的各种因素做出稳健的估计。

（2）该无形资产的成本能够可靠地计量。成本能够可靠地计量是确认资产的一项基本条件，对于无形资产而言，这一条件相对更为重要。例如，一些高科技领域的高科技人才，假定其与企业签订了服务合同，且合同规定其在一定期限内不能为其他企业提供服务。虽然他们的知识在规定的期限内预期能够为企业带来经济利益，但形成这些技术人才的知识所发生的支出却难以合理辨认或准确计量，从而就不能确认为企业的无形资产。

（二）无形资产的内容

无形资产主要包括专利权、非专利技术、商标权、著作权、土地使用权和特许权等。

1. 专利权

专利权是指国家专利主管机关依法授予发明创造专利申请人对其发明创造在法定期限内所享有的专有权利，包括发明专利权、实用新型专利权和外观设计专利权。它给予持有者独家使用或控制某项发明的特殊权利。《中华人民共和国专利法》明确规定，专利人拥有的专利权受到国家法律保护。专利是允许其持有者独家使用或控制的特权，但它并不保证一定能给持有者带来经济效益，如有的专利可能会被另外更有经济价值的专利所淘汰等。因此，企业不应将其所拥有的一切专利权都予以资本化，作为无形资产管理和核算。一般而言，只有从外单位购入的专利或者自行开发并按法律程序申请取得的专利，可以降低成本，或者提高产品质量，或者将其转让出去获得转让收入，这种专利才能作为无形资产管理和核算的内容。

企业从外单位购入的专利权，应按实际支付的价款作为专利权的成本。企业自行开发并按法律程序申请取得的专利权，应按照《企业会计准则第 6 号——无形资产》确定的金额作为成本。

2. 非专利技术

非专利技术即专有技术或技术秘密，是指先进的、未公开的、未申请专利、可以带来经济效益的技术及诀窍，主要内容包括：一是工业专有技术，即在生产上已经采用，仅限于少数人知道，不享有专利权或发明权的生产、装配、修理、工艺或加工方法的技术知识；二是商业（贸易）专有技术，即具有保密性质的市场情报、原材料价格情报以及用户、竞争对象的情况和有关知识；三是管理专有技术，即生产组织的经营方法、管理方式、培训职工方法等保密知识。非专利技术并不是专利法的保护对象，专有技术所有人依靠自我保密的方式来维持其独占权，可以用于转让和投资。

企业的非专利技术，有些是自己开发研究的，有些是根据合同规定从外部购入的。如果是企业自己开发研究的，应将符合《企业会计准则第 6 号——无形资产》规定的开发支出资本化条件的，确认为无形资产。对于从外部购入的非专利技术，应将实际发生的支出予以资本化，作为无形资产入账。

3. 商标权

商标是用来辨认特定的商品或劳务的标记。商标权是指专门在某类指定的商品或产品上使用特定的名称或图案的权利。商标经过注册登记，就获得了法律上的保护。《中华人民共和国商标法》明确规定，经商标局核准注册的商标为注册商标，商标注册人享有商标专用权，受法律保护。

企业自创的商标并将其注册登记，所花费用一般不大，是否将其资本化并不重要。能够给拥有者带来获利能力的商标，往往是通过多年的广告宣传和其他传播商标名称的手段，以及客户的信赖等树立起来的。广告费一般不作为商标权的成本，而是在发生时直接计入当期损益。

按照《中华人民共和国商标法》的规定，商标可以转让，但受让人应保证使用该注册商标的产品质量。如果企业购买他人的商标，一次性支出费用较大，可以将其资本化，作为无形资产管理。这时，应根据购入商标的价款、支付的手续费及有关费用作为商标的成本。

4. 著作权

著作权又称版权，指作者对其创作的文学、科学和艺术作品依法享有的某些特殊权利。著作权包括两方面，即精神权利（人身权利）和经济权利（财产权利）。前者指作品署名、发表作品、确认身份、保护作品的完整性、修改已经发表的作品等各项权利，包括作品署名权、发表权、修改权和保护作品完整权；后者指以出版、表演、广播、展览、录制唱片、摄制影片等方式使用作品以及因授权他人使用作品而获得经济利益的权利。

5. 土地使用权

土地使用权是指国家准许某一企业或单位在一定期间内对国有土地享有开发、利用、经营的权利。根据我国土地管理法的规定，我国土地实行公有制，任何单位和个人不得侵占、买卖或者以其他形式非法转让。企业取得土地使用权，应将取得时发生的支出资本化，作为土地使用权的成本，记入"无形资产"账户核算。

6. 特许权

特许权又称特许经营权、专营权，指企业在某一地区经营或销售某种特定商品的权利或是一家企业接受另一家企业使用其商标、商号、技术秘密等的权利。前者一般是由政府机构授权，准许企业使用或在一定地区享有经营某种业务的特权，如水、电、邮电、通信等专营权、烟草专卖权等；后者指企业间依照签订的合同，有限期或无限期使用另一家企业的某些权利，如连锁店分店使用总店的名称等。

二、核算无形资产的取得

（一）熟悉职业规范

无形资产通常是按实际成本计量，即以取得无形资产并使之达到预定用途而发生的全部支出作为无形资产的成本。取得无形资产的主要方式有外购、自行研究开发、投资者投入等。对于不同来源取得的无形资产，其成本构成不尽相同，会计处理也有所差异。

1. 核算外购的无形资产

外购无形资产的成本，包括购买价款、相关税费以及直接归属于使该项资产达到预定用途所发生的其他支出。其中，直接归属于使该项资产达到预定用途所发生的其他支出包括使无形资产达到预定用途所发生的专业服务费用、测试无形资产是否能够正常发挥作用的费用等。为引入新产品进行宣传发生的广告费、管理费、其他间接费用及无形资产已达到预定用途以后发生的费用不包括在无形资产的成本中。

企业取得的土地使用权，通常应当按照取得时所支付的价款及相关税费确认为无形资产。但土地使用权用于自行开发建造厂房等地上建筑物时，土地使用权的账面价值不与地上建筑物合并计算其成本，仍作为无形资产进行核算。如果房地产开发企业取得的土地使用权用于建造对外出售的房屋建筑物的，其相关的土地使用权的价值应计入所建造的房屋建筑物成本。

企业外购房屋建筑物所支付的价款中包括土地使用权以及建筑物的价值的，应当对实际支付的价款按照合理的方法在土地使用权和地上建筑物之间进行合理分配；如果确实无法在土地使用权和地上建筑物之间进行合理分配的,应当全部作为固定资产,按照固定资产确认和计量的原则进行处理。

为核算取得的无形资产,企业应当设置"无形资产"账户。"无形资产"账户属于资产类账户,核算企业持有的无形资产成本的变动情况,其借方登记取得无形资产的成本,贷方登记出售无形资产转出的账面余额,期末余额在借方,反映企业无形资产的成本。该账户应按无形资产的具体内容设置明细账,进行明细核算。外购无形资产的会计核算完全可以参考固定资产的会计核算,只要取得符合法律规定的可抵扣发票,可依法进行抵扣,若无法取得法律规定的可抵扣发票,则将相关税额计入无形资产的成本,可以在将来进行摊销。当企业购入无形资产时,应按实际支付的价款借记"无形资产""应交税费——应交增值税(进项税额)"等账户,贷记"银行存款"账户。

2. 核算自行研发的无形资产

企业自行研发无形资产,根据其研究特点,可以分为研究阶段和开发阶段分别进行核算。

(1) 研究阶段的初始计量。研究阶段是指为获取并理解新的科学或技术知识而进行的独创性的有计划调查。例如,为获取知识而进行的活动;研究成果或其他知识的应用研究、评价和最终选择等。从研究阶段具有计划性和探索性的特点来看,其研究是否能在未来形成成果,即已进行的研究活动将来是否会转入开发,通过开发后是否会形成无形资产均具有很大的不确定性。由于研究阶段具有不确定性,因此,研究阶段的有关支出,应当在发生时予以费用化计入当期损益。

(2) 开发阶段的初始计量。开发阶段是指在进行商业性生产或使用前,将研究成果或其他知识应用于某项计划或设计,以生产出新的或具有实质性改进的材料、装置、产品等。例如,生产前或使用前的原型和模型的设计、建造和测试。开发阶段具有针对性和形成成果的可能性较大的特点,相对于研究阶段而言,开发阶段应当是已完成研究阶段的工作,在很大程度上具备了形成一项新产品或新技术的基本条件。

在开发阶段发生的支出,如果不符合资本化条件,则应在发生时予以费用化计入当期损益;如果企业能够证明开发支出符合资本化条件,所发生的开发支出应予以资本化,将其计入无形资产成本。

开发阶段的支出,同时满足下列条件的才能资本化,计入无形资产成本:

① 完成该无形资产以使其能够使用或出售在技术上具有可行性;
② 具有完成该无形资产并使用或出售的意图;
③ 无形资产产生经济利益的方式,包括能够证明运用该无形资产生产的产品存在市场或无形资产自身存在市场,无形资产将在内部使用的,应当证明其有用性;
④ 有足够的技术、财务资源和其他资源支持,以完成该无形资产的开发,并有能力使用或出售该无形资产;
⑤ 归属于该无形资产开发阶段的支出能够可靠地计量。

为了核算企业进行研究与开发无形资产过程中发生的各项支出,应当设置"研发支出"账户,并按照研究开发项目,分别以"费用化支出""资本化支出"进行明细核算。对于不满足资本化条件的,借记"研发支出——费用化支出"账户,满足资本化条件的,借记"研发支出——资本化支出"账户,贷记"原材料""银行存款""应付职工薪酬"等账户。

同时,为了核算达到预定用途形成的无形资产,企业还应当设置"无形资产"账户,并按"研发支出——资本化支出"账户的余额,借记"无形资产"账户,贷记"研发支出——资本化支出"账户;对于不符合资本化条件的费用化支出,应转入"管理费用"账户。对于无法可靠区分研究阶段的支出和开发阶段的支出,应将其所发生的研发支出全部费用化,计入当期损益,即记入"管理费用"账户。

企业自行研发无形资产的计量,可用图 6-1 表示:

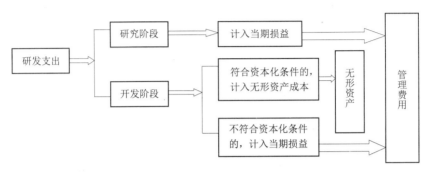

图 6-1　无形资产核算图

3. 核算投资者投入的无形资产

投资者投入无形资产的成本,应当按照投资合同或协议约定的价值确定,但合同或协议约定价值不公允的,应按无形资产的公允价值入账。

为了核算投资者投入的无形资产,企业除应当设置前述"无形资产"账户外,还应当设置反映投资者权益的"实收资本"等账户。即应按投资各方确认的价值或公允价值,借记"无形资产"账户,贷记"实收资本"账户。能取得可抵扣增值税发票的,按增值税发票金额计提抵扣增值税进项税额。

(二)进行职业判断与操作

【情境 6-1】重庆长胜发动机制造有限公司于 2019 年 5 月 21 日以 145 万元外购一项专利权,同时还发生相关费用 20 万元,款项已通过银行转账付讫,暂不考虑增值税的影响。

企业外购专利权买价 145 万元,相关费用 20 万元,合计 165 万元,构成无形资产的成本,无形资产增加,应在"无形资产"借方登记;款项已支付,银行存款减少,在"银行存款"贷方登记,账务处理如下:

借:无形资产——专利权　　　　　　　　　　　　　　　　　　　　 1 650 000
　　贷:银行存款　　　　　　　　　　　　　　　　　　　　　　　　 1 650 000

根据【情境 6-1】的会计分录,填制重庆长胜发动机制造有限公司本月记账凭证,并登记相关日记账和明细账。

【情境 6-2】重庆长胜发动机制造有限公司自行研究开发一项新产品专利技术,在开发过程中发生材料费 1 500 万元、人工费用 600 万元,以银行存款支付其他费用 1 700 万元,总计 3 800 万元,其中,符合资本化条件的支出为 2 000 万元。期末,该专利权达到预定用途形成无形资产,暂不考虑增值税的影响。

企业自行研究开发无形资产发生的研发支出中,有 2 000 万元符合资本化条件,应记入"研发支出——资本化支出"账户,其余不符合资本化条件的,应记入"研发支出——费用化支出"。在研究成果达到预定用途形成无形资产时,应将资本化支出部分转入"无形资产"账户,将费用化支出部分转入"管理费用"账户,账务处理如下:

借:研发支出——资本化支出　　　　　　　　　　　　　　20 000 000
　　　　　　——费用化支出　　　　　　　　　　　　　　18 000 000
　　贷:原材料　　　　　　　　　　　　　　　　　　　　15 000 000
　　　　应付职工薪酬　　　　　　　　　　　　　　　　　 6 000 000
　　　　银行存款　　　　　　　　　　　　　　　　　　　17 000 000
借:无形资产　　　　　　　　　　　　　　　　　　　　　20 000 000
　　贷:研发支出——资本化支出　　　　　　　　　　　　20 000 000
借:管理费用　　　　　　　　　　　　　　　　　　　　　18 000 000
　　贷:研发支出——费用化支出　　　　　　　　　　　　18 000 000

【情境 6–3】重庆长胜发动机制造有限公司于 2019 年 5 月 21 日接受正和公司的专利权投资,双方协议价格(等同于公允价值)为 500 万元。

投资者投入的无形资产,协议价格与公允价值相符。因此,应按投资双方确认的协议价格,同时增加"无形资产——商标权"和"实收资本",账务处理如下:

借:无形资产——商标权　　　　　　　　　　　　　　　 5 000 000
　　贷:实收资本——正和公司　　　　　　　　　　　　　5 000 000

根据【情境 6–3】的会计分录,填制重庆长胜发动机制造有限公司本月记账凭证,并登记相关日记账和明细账。

三、核算无形资产的摊销

(一)熟悉职业规范

无形资产在取得并进行初始计量后,其价值会因不断使用而降低。企业首先应在取得无形资产时分析判断其使用寿命。对于使用寿命有限的无形资产,应在其使用寿命期内采取系统合理的方法对其价值进行摊销。当自其可供使用(即其达到预定用途)当月起开始摊销;当月减少的无形资产,当月不再摊销。但对于使用寿命不确定的无形资产不应摊销,而是在每期期末进行减值测试,计提减值准备。

无形资产的应摊销金额是指无形资产的成本扣除预计残值后的金额。已计提减值准备的无形资产,还应扣除已计提的无形资产减值准备累计金额。而无形资产的残值是指在其经济寿命结束之前,企业预计将会处置该无形资产,并且从该处置中获得的利益。对于使用寿命有限的无形资产,其残值应当视为零。但下列情况除外:① 有第三方承诺在无形资产使用寿命结束时购买该无形资产;② 可以根据活跃市场得到预计残值信息,并且该市场在无形资产使用寿命结束时很可能存在。此外,残值确定后,在持有无形资产的期间,至少应于每年年末进行复核。预计其残值与原估计金额不同的,应按照会计估计变更进行处理。如果无形资产的残值重新估计高于其账面价值,无形资产不再摊销,直至残值降至低于账面价值时再恢复摊销。

无形资产摊销方法有直线法、生产总量法等。企业选择的无形资产摊销方法,应当能够反映与该项无形资产有关的经济利益的预期实现方式,并一致地运用于不同会计期间。若无法可靠确定预期实现方式的，应当采用直线法摊销。

无形资产的摊销额一般应计入当期损益，但如果某项无形资产是专门用于生产某种产品或者其他资产，其所包含的经济利益是通过转入到所生产的产品或者其他资产中实现的，则无形资产的摊销额应当计入相关资产的成本中。例如，某项专门用于生产过程的无形资产，其摊销额应构成所生产产品的一部分，即计入制造该产品的制造费用。

为核算企业摊销的无形资产金额，企业应设置"累计摊销"账户。"累计摊销"账户属于"无形资产"的调整账户，核算企业对使用寿命有限的无形资产计提的摊销额，借方登记处置无形资产转出的累计摊销，贷方登记企业计提的无形资产摊销。期末如有贷方余额，反映企业无形资产的累计摊销额。企业自用的无形资产，按月摊销额，借记"管理费用"账户，贷记"累计摊销"账户；出租的无形资产，按月摊销时，借记"其他业务成本"账户，贷记"累计摊销"账户；某项无形资产包含的经济利益通过所生产的产品或其他资产实现的，其摊销金额应当计入相关资产成本，借记"制造费用"等账户，贷记"累计摊销"账户。

（二）进行职业判断与操作

【情境6-4】 重庆长胜发动机制造有限公司向长江公司购入一项非专利技术，已经支付价款600万元，根据相关法律的规定，购买该项非专利技术的使用寿命为10年。假定其净残值为零，采用直线法按年摊销，不考虑其他相关税费。

外购非专利技术一项，应增加无形资产成本，即借方登记"无形资产——非专利技术"600万元，贷方登记"银行存款"600万元。没有明确非专利技术所包含的经济利益实现方式，摊销额应计入当期损益。即借方登记"管理费用"，贷方登记"累计摊销"。按直线法摊销时，每年摊销的金额应为6 000 000/10=600 000（元）

采购时，账务处理如下：

借：无形资产——非专利技术　　　　　　　　　　　　　　6 000 000
　　贷：银行存款　　　　　　　　　　　　　　　　　　　　6 000 000

当年摊销时，账务处理如下：

借：管理费用　　　　　　　　　　　　　　　　　　　　　　600 000
　　贷：累计摊销　　　　　　　　　　　　　　　　　　　　　600 000

【情境6-5】 2019年5月1日，重庆长胜发动机制造有限公司将自行开发完成的一项非专利技术出租给华北公司，该非专利技术的成本为480万元，双方约定的租赁期限为10年。华北公司每年支付专利权使用费72万元，不考虑其他相关税费。

出租专利权一项，即让渡无形资产的使用权而取得的租金收入，应确认其他业务收入的实现，每月的租金收入为720 000/12=60 000（元），在借方登记"银行存款"，贷方登记"其他业务收入"。按直线法摊销时，公司每月应摊销的金额为4 800 000/（10×12）=40 000（元），由于为出租无形资产，应将摊销额借记"其他业务成本"账户。

确认收入时，账务处理如下：

借：银行存款　　　　　　　　　　　　　　　　　　　　　　60 000
　　贷：其他业务收入　　　　　　　　　　　　　　　　　　　60 000

每月摊销时，账务处理如下：

借：其他业务成本　　　　　　　　　　　　　　　　　　　　40 000

项目一 资　产

　　贷：累计摊销　　　　　　　　　　　　　　　　　　　　　　　　　　　40 000

　　根据【情境6-5】的会计分录，填制重庆长胜发动机制造有限公司本月记账凭证，并登记相关日记账和明细账。

四、核算无形资产的处置

（一）熟悉职业规范

　　企业处置无形资产，应将取得的价款扣除该无形资产账面价值以及出售相关税费后的差额作为营业外收入或营业外支出进行会计处理。

　　企业出售某项无形资产，表明企业放弃该无形资产的所有权，应将实际取得的价款与该无形资产的账面价值的差额计入当期损益。如果是净收益，记入"营业外收入——处置非流动资产利得"；如果是净损失，记入"营业外支出——处置非流动资产损失"。

　　出售无形资产时，应按收到的金额，借记"银行存款"等账户；按已摊销的累计摊销，借记"累计摊销"账户；按已计提的减值准备，借记"无形资产减值准备"账户；按该无形资产的账面余额，贷记"无形资产"账户；按应支付的相关税费，贷记"应交税费"账户；按借贷差额贷记"营业外收入——处置非流动资产利得"或借记"营业外支出——处置非流动资产损失"。

　　企业预期无形资产不能为企业带来经济效益时，应当将其进行报废处理，即应当将无形资产的账面价值予以转销，其账面净值转作当期损益。报废无形资产时，应按已摊销的累计摊销额，借记"累计摊销"账户；原已计提减值准备的，借记"无形资产减值准备"账户；按其账面余额，贷记"无形资产"账户；按其差额，借记"营业外支出——处置非流动资产损失"账户。

（二）进行职业判断与操作

　　【情境6-6】 重庆长胜发动机制造有限公司将其购买的一项非专利技术转让给长江公司，取得收入600万元，该商标权的账面余额为500万元，累计摊销额为120万元。假定不考虑税费的影响。

　　企业出售商标权一项，无形资产减少，应按实际收到的金额，借记"银行存款"600万元；按已摊销的累计摊销，借记"累计摊销"120万元。同时，按该无形资产的账面余额，贷记"无形资产"500万元；按其出售的利得，贷记"营业外收入——处置非流动资产利得"220万元，账务处理如下：

　　借：银行存款　　　　　　　　　　　　　　　　　　　　　　　6 000 000
　　　　累计摊销　　　　　　　　　　　　　　　　　　　　　　　1 200 000
　　　贷：无形资产——商标权　　　　　　　　　　　　　　　　　5 000 000
　　　　　营业外收入——处置非流动资产利得　　　　　　　　　　2 200 000

　　【情境6-7】 重庆长胜发动机制造有限公司某项专利技术，其账面金额为300万元。该专利技术的摊销期限为10年，采用直线法进行摊销，已摊销6年。假定该专利技术的残值为零，2017年用其生产的产品没有市场，预期不能再为企业带来经济利益，应予以转销。

　　企业的无形资产预期不能给企业带来未来经济利益，应将无形资产予以转销，即减少无形资产账面价值，按已摊销的累计摊销额，借记"累计摊销"180 万元；按其账面金额，贷记"无形资产"300 万元；按其差额，借记"营业外支出"120 万元，账务处理如下：

借：累计摊销　　　　　　　　　　　　　　　　　　　　　　　1 800 000
　　营业外支出——处理非流动资产损失　　　　　　　　　　　1 200 000
　　贷：无形资产——专利权　　　　　　　　　　　　　　　　　　　3 000 000

五、核算无形资产的减值

（一）熟悉职业规范

无形资产在资产负债表日存在可能发生减值的迹象时，其可收回金额低于账面价值的，企业应当将该无形资产的账面价值减记至可收回金额，减记的金额确认为减值损失，计入当期损益，同时计提相应的资产减值准备。无形资产减值损失一经确认，在以后会计期间不得转回。

为核算无形资产的减值，企业应设置"无形资产减值准备"账户。该账户属于资产类中的抵减账户，贷方登记计提的减值准备，借方登记无形资产处置或报废时转出的减值准备。

在进行会计处理时，按应减记的金额，借记"资产减值损失——计提的无形资产减值准备"账户，贷记"无形资产减值准备"账户。

（二）进行职业判断与操作

【情境6-8】2019年5月月末，由于市场的不利原因，重庆长胜发动机制造有限公司某项专利技术在资产负债表日的账面价值为230万元，剩余摊销年限为5年，经减值测试，该专利技术的可收回金额为200万元。

由于外部环境的不利原因，导致无形资产可收回金额低于账面价值，按会计准则的要求，应计提减值准备，确认减值损失，应在借方登记"资产减值损失——计提的无形资产减值准备"30万元，贷方登记"无形资产减值准备"30万元。账务处理如下：

借：资产减值损失——计提的无形资产减值准备　　　　　　　　300 000
　　贷：无形资产减值准备　　　　　　　　　　　　　　　　　　　　300 000

根据【情境6-8】的会计分录，填制重庆长胜发动机制造有限公司本月记账凭证，并登记相关明细账（凭证时间写5月21日）。

知识链接

无形资产使用寿命的确定

无形资产初始确认和计量后，在其后使用该项无形资产期间内应以成本减去累计摊销额和累计减值损失后的余额计量。要确定无形资产在使用过程中的累计摊销额，其基础是估计无形资产的使用寿命，对于使用寿命有限的无形资产则需要在估计使用寿命内采用系统合理的方法进行摊销，对于适用寿命不确定的无形资产则不需要摊销。

项目一 资 产

1. 无形资产使用寿命的估计

无形资产准则规定，企业应当于取得无形资产时分析判断其使用寿命。如果无形资产的使用寿命是有限的，则应当估计该使用寿命的年限或者构成使用寿命的产量等类似计量单位数量；如果无法预见无形资产为企业带来未来经济利益期限的，则应当视为使用寿命不确定的无形资产。

无形资产的使用寿命包括法定寿命和经济寿命两个方面。法定寿命是指无形资产的使用寿命受法律、规章或合同的限制，例如我国法律规定发明专利权有效期为20年，商标权的有效期为10年。经济寿命是指无形资产都可以为企业带来经济利益的年限。由于受技术进步、市场竞争等因素的影响，无形资产的经济寿命往往短于法定寿命。因此，在估计无形资产的使用寿命时，应当综合考虑各方面相关因素的影响，合理确定无形资产的使用寿命。估计无形资产使用寿命应考虑的主要因素有：

（1）该资产通常的产品寿命周期，以及可获得的类似资产使用寿命的信息；

（2）技术、工艺等方面的现实情况及对未来发展的估计；

（3）以该资产生产的产品或服务的市场需求情况；

（4）现在或潜在的竞争者预期采取的行动；

（5）为维持该资产产生未来经济利益的能力预期的维护支出，以及企业预计支付有关支出的能力；

（6）对该资产的控制期限，对该资产适用的法律或类似限制，如特许使用期间、租赁期间等。

（7）与企业持有的其他资产使用寿命的关联性等。

2. 无形资产使用寿命的确定

源自合同性权利或其他法定权利取得的无形资产，其使用寿命不应超过合同性权利或其他法定权利的期限。合同性权利或其他法定权利能够在到期时因续约等延续，如果有证据表明企业续约不需要付出重大成本时，则续约期包括在使用寿命的估计中。

没有明确的合同或法律规定无形资产的使用寿命的，企业应当综合各个方面的情况来确定无形资产为企业带来未来经济利益的期限，如聘请相关专家进行论证或同行业的情况进行比较以及企业的历史经验等。如果经过这些努力确实无法合理确定无形资产为企业带来经济利益期限，才能将其作为使用寿命不确定的无形资产。

3. 无形资产使用寿命的复核

企业至少应当于每年年度终了，对无形资产的使用寿命进行复核，如果有证据表明无形资产的使用寿命不同于以前的估计，由于合同的续约或无形资产应用条件的改善，延长了无形资产的使用寿命，对于使用寿命有限的无形资产应改变其摊销年限，并按照《企业会计准则第28号——会计政策、会计估计变更和差错更正》进行处理。

企业应当在每个会计期间内对使用寿命不确定的无形资产进行复核。如果有证据表明无形资产的使用寿命是有限的，则应当按照会计估计变更处理，并按照无形资产准则中关于使用寿命有限无形资产的处理原则进行处理。

初级会计实务

考证回顾

【不定项】（2014年）2013年12月1日，某企业无形资产账面价值800万元，采用直线法摊销。12月份有关业务如下：

（1）1日，出租一项商标权的使用权，账面余额为600万元，已摊销120万元，本月应摊销5万元，收到本月租金10万元存入银行。

（2）5日，某项非专利技术自行研发成功并投入使用，其资本化支出为200万元，符合无形资产确认条件，但无法确定其预计使用年限。

（3）20日，以有偿方式取得一项土地使用权，直接用于对外出租，实际成本为5 000万元，预计使用年限为50年，采用公允价值模式进行后续计量。

（4）30日，出售一项管理用专利权，取得收入200万元，应交税费10万元。该专利权账面余额为300万元，已摊销50万元，未计提减值准备。

（5）31日，资料（2）中非专利技术的可收回金额为190万元。

要求：根据以上资料，假定不考虑其他因素，分析回答下列小题。

（1）根据资料（1），下列各项中，该企业出租商标权的会计处理结果正确的是（　　）。

A. 确认其他业务成本5万元　　　　　B. 确认管理费用5万元
C. 确认营业外收入10万元　　　　　D. 确认其他业务收入10万元

（2）根据资料（2），下列各项中，该企业非专利技术会计处理正确的是（　　）。

A. 该非专利技术采用直线法按10年进行摊销
B. 该非专利技术的初始入账价值为200万元
C. 该非专利技术计提的减值准备，以后期间不得转回
D. 该非专利技术不进行摊销

（3）根据资料（3），下列各项中，有偿取得土地使用权的会计处理表述正确的是（　　）。

A. 土地使用权应通过"无形资产"账户核算
B. 土地使用权应通过"投资性房地产"账户核算
C. 土地使用权采用直线法按50年进行摊销
D. 土地使用权不进行摊销

（4）根据资料（4），下列各项中，该企业出售专利权对当期利润总额的影响是（　　）。

A. 利润总额减少50万元　　　　　B. 利润总额减少60万元
C. 利润总额不变　　　　　　　　D. 利润总额增加10万元

（5）根据资料（5），下列各项中，该企业会计处理结果正确的是（　　）。

A. 无形资产期末账面价值200万元　　B. 无形资产期末账面价值190万元
C. 影响当期营业利润减少10万元　　　D. 影响当期利润总额减少10万元

项目一 资 产

作业二 核算其他资产

一、熟悉职业规范

其他资产是指除货币资金、交易性金融资产、应收及预付款项、存货、长期股权投资、持有至到期投资、可供出售金融资产、固定资产、无形资产等以外的资产,如长期待摊费用等。

长期待摊费用,是指企业已经发生但应由本期和以后各期负担的分摊期限在一年以上的各项费用,如以经营租赁方式租入的固定资产发生的改良支出等。与前述提及的资产相比,长期待摊费用有以下基本特征:

(1)长期待摊费用实际是虚资产,是一种已实际发生的支出,由于这笔支出将使以后期间的生产经营受益,按权责发生制原则,在费用项目的受益期限内分期平均摊销,从而形成会计意义上的资产。

(2)长期待摊费用一般不能单独转让,只能由企业的所有者和债权人来负担。所以,作为企业的所有者和债权人,不希望有更多的此类资产存在。

企业应当设置"长期待摊费用"账户,核算长期待摊费用的发生和摊销及结存情况。一般在发生时归集于"长期待摊费用"账户借方。借记"长期待摊费用"账户,贷记"原材料""银行存款"等账户。在规定时间按直线法摊销时,借记"管理费用""销售费用"等账户,贷记"长期待摊费用"账户。若有借方余额,反映企业尚未摊销完毕的长期待摊费用。

二、进行职业判断与操作

【情境6-9】 2018年12月1日,重庆长胜发动机制造有限公司对其以经营租赁方式租入的办公楼进行装修,发生以下有关支出:领用生产材料100 000元,购进该批原材料时支付的增值税进项税额为17 000元;辅助生产车间为该装修工程提供的劳务支出为26 000元;有关人员工资等职工薪酬87 000元。2019年5月1日,该办公楼装修完工,达到预定可使用状态并交付使用,并按租赁期10年开始进行摊销。假定不考虑其他因素。

企业以经营租赁方式租入的固定资产发生的改良支出,应作为长期待摊费用处理,发生材料、劳务、工资、税费支出,应在借方登记"长期待摊费用——租入固定资产改良支出";在贷方登记"原材料""应交税费""应付职工薪酬""银行存款"。

(1)装修领用原材料时,账务处理如下:

借:长期待摊费用——租入固定资产改良支出 100 000
  贷:原材料 100 000

(2)辅助生产车间为装修工程提供劳务时,账务处理如下:

借:长期待摊费用——租入固定资产改良支出 26 000
  贷:生产成本——辅助生产成本 26 000

(3)计提工程人员职工薪酬时,账务处理如下:

借:长期待摊费用——租入固定资产改良支出 87 000
  贷:应付职工薪酬 87 000

(4) 投入使用时开始摊销，每月摊销时，账务处理如下：

每月摊销金额=（100 000+26 000+87 000）/10/12=1 775（元）

借：管理费用　　　　　　　　　　　　　　　　　　　　　　　　1 775
　　贷：长期待摊费用——租入固定资产改良支出　　　　　　　　　　　1 775

考证回顾

【单选题】（2015年）甲企业经营租入办公楼一栋，经营需要重新装修，装修材料成本200 000元，增值税34 000元，付给装修工人工资50 000元，该办公楼要长期分摊的装修支出是（　　）元。

A．284 000　　　　B．250 000　　　　C．234 000　　　　D．200 000

关键词

无形资产（Intangible Asset）　　　　非货币性资产（Non-monetary Assets）
累计摊销（Accumulated Amortization）　研发支出（Research and Development Expenditure）
无形资产减值准备（Intangible Assets Depreciation Reserves）
长期待摊费用（Long-term Unamortized Expenses）

能力实训

一、单项选择题

1．下列各项中不属于企业无形资产的是（　　）。
A．商标权　　　　B．非专利技术　　　C．商誉　　　　D．土地使用权
2．关于企业内部研究开发项目的支出，下列说法中错误的是（　　）。
A．企业内部研究开发项目开发阶段的支出，应确认为无形资产
B．企业内部研究开发项目研究阶段的支出，应当于发生时计入当期损益
C．企业内部研究开发项目的支出，应当区分研究阶段支出与开发阶段支出
D．企业内部研究开发项目开发阶段的支出，可能确认为无形资产，也可能确认为费用
3．下列各项中，不构成无形资产入账价值的是（　　）。
A．购买价款　　　B．注册登记费　　　C．推广费　　　　D．注册费
4．对使用寿命有限的无形资产，下列说法中错误的是（　　）。
A．其摊销期限应当自无形资产可供使用时起至不再作为无形资产确认时止
B．其应摊销金额应当在使用寿命内系统合理摊销
C．无形资产的应摊销金额为其成本扣除预计残值后的金额。已计提减值准备的无形资产，还应扣除已计提的无形资产减值准备累计金额
D．其摊销期限应当自无形资产可供使用的下个月时起至不再作为无形资产确认时止
5．2019年5月20日A公司从乙公司购入一项土地使用权，支付购买价款2 000万元，

项目一 资 产

契税 80 万元,过户登记费 2 万元。A 公司预计该土地使用权尚可使用 30 年,采用直线法摊销,则 A 公司 2019 年应摊销(　　)万元。

A. 57.83　　　　B. 56.82　　　　C. 34.70　　　　D. 28.89

6. 2019 年 5 月 1 日,M 公司开始研究开发一项新技术,当月共发生研发支出 280 万元,其中,费用化的金额 120 万元,符合资本化条件的金额 160 万元。5 月月末,研发活动尚未完成。该公司 2019 年 5 月应计入当期利润总额的研发支出为(　　)万元。

A. 0　　　　B. 120　　　　C. 160　　　　D. 280

7. M 公司购入一项财务软件用于企业财务部门,M 公司将此软件作为无形资产核算。企业计提摊销时应计入的会计账户是(　　)。

A. 管理费用　　B. 销售费用　　C. 财务费用　　D. 其他业务成本

8. M 公司 2019 年将一项自行研发的非专利技术对外转让,取得转让价款 300 万元。已知该非专利技术的成本为 300 万元,已摊销 40 万元。不考虑相关税费,下列说法正确的是(　　)。

A. 计入营业外收入 40 万元　　　　B. 计入营业外支出 40 万元
C. 计入其他业务收入 40 万元　　　　D. 计入投资收益 40 万元

9. M 公司 2019 年 5 月 2 日以 1 300 万元价格对外转让一项商标权。该商标权系 M 公司 2016 年 7 月 9 日以 2 000 万元购入,购入时该商标权预计使用 8 年,法律规定有效期 10 年。M 公司采用直线法对无形资产计提摊销。假定不考虑相关税费,则 M 公司在转让无形资产时应确认的损益为(　　)万元。

A. 266.67　　　　B. 216.67　　　　C. 290.64　　　　D. 220.45

10. 企业以经营租赁方式(租期 3 年)租入办公大楼发生的改良支出应该计入的会计账户是(　　)。

A. 长期待摊费用　　B. 无形资产　　C. 固定资产　　D. 在建工程

11. 资产减值影响因素消失后,下列资产中,已确认的减值损失应在其已计提的减值准备金额内转回的是(　　)。

A. 存货　　　　B. 无形资产　　C. 投资性房地产　　D. 固定资产

12. 企业出租无形资产取得的收入,应当计入(　　)。

A. 主营业务收入　　B. 其他业务收入　　C. 投资收益　　D. 营业外收入

二、多项选择题

1. 关于无形资产的确认,应同时满足的条件有(　　)。

A. 符合无形资产的定义
B. 与该资产有关的经济利益很可能流入企业
C. 该无形资产的成本能够可靠地计量
D. 必须是企业外购的

2. 关于内部研究开发费用的确认和计量,下列说法中正确的有(　　)。

A. 企业研究阶段的支出应全部费用化,计入当期损益
B. 企业开发阶段的支出,符合资本化条件应资本化
C. 企业开发阶段的支出应全部费用化,计入当期损益
D. 企业开发阶段的支出应全部资本化,计入无形资产成本

3. 下列各项中属于无形资产特征的有(　　)。

A. 不具有实物形态　　　　　　　　B. 具有可辨认性
C. 能够单独计量　　　　　　　　　D. 能够为企业带来经济利益流入

4. 下列有关无形资产会计处理的表述中,正确的有(　　)。

A. 无形资产后续支出应当在发生时计入当期损益
B. 不能为企业带来经济利益的无形资产账面价值,应该全部转入当期的营业外支出
C. 企业自用的、使用寿命确定的无形资产的摊销金额,应该全部计入当期管理费用
D. 使用寿命有限的无形资产应当在取得当月起开始摊销

5. 下列各项中可以认定为企业无形资产的有(　　)。

A. 外购的商标权　　　　　　　　　B. 自行研发的非专利技术
C. 企业合并形成的商誉　　　　　　D. 已出租的土地使用权

6. 企业对使用寿命有限的无形资产进行摊销时,其摊销额应根据不同情况分别计入(　　)。

A. 管理费用　　　B. 制造费用　　　C. 研发支出　　　D. 其他业务成本

7. 下列各项中,会引起无形资产账面价值发生增减变动的有(　　)。

A. 对无形资产计提减值准备
B. 企业内部研究开发项目研究阶段发生的支出
C. 摊销无形资产成本
D. 出售无形资产

8. 下列关于企业内部研发形成无形资产的表述,正确的有(　　)。

A. 应当区分研究阶段和开发阶段
B. 研究阶段的支出一律费用化
C. 开发阶段的支出一律资本化
D. 无法区分研究阶段支出和开发阶段支出的一律费用化

9. 关于无形资产处置,下列说法正确的有(　　)。

A. 企业出售无形资产,应当将取得的价款与该无形资产账面价值的差额计入当期损益
B. 企业出售无形资产,应当将取得的价款与该无形资产账面净值的差额计入当期损益
C. 无形资产预期不能为企业带来经济利益的,应当将该无形资产的账面价值予以转销
D. 无形资产预期不能为企业带来经济利益的,也应按原预定方法和使用寿命摊销

三、判断题(正确的划"√",错误的划"×")

1. 企业无法可靠区分研究阶段和开发阶段支出的,应将其所发生的研发支出全部资产化计入无形资产成本。(　　)
2. 无形资产必须是能够从企业分离或划分出来的,并能够单独计量和出售的。(　　)
3. 企业取得无形资产的主要方式有外购和自行研发等。(　　)
4. 企业自行研发的无形资产如果不能合理预计使用寿命,则应当按5年来摊销。(　　)
5. 外购的无形资产,其成本包括购买价款、相关税费及直接归属于使该项资产达到预定用途所发生的其他支出,也包括为运行无形资产发生的培训费支出。(　　)
6. 资产负债表日应当对所有的无形资产进行减值测试。(　　)
7. 对使用寿命有限的无形资产,应当在取得当月开始摊销,处置当月停止摊销。(　　)
8. 无形资产减值损失一经确认,在以后持有期间不得转回。(　　)
9. 使用寿命有限的无形资产一定无残值。(　　)

10. 无形资产报废损失应计入营业外支出。   （   ）
11. 企业对无形资产计提的摊销额一定会对当期损益造成影响。   （   ）

四、实务题

1. 重庆长胜发动机制造有限公司正在研究和开发一项新工艺,2018 年 1 月至 7 月发生的各项研究、调查、试验等费用 120 万元,2018 年 10 月至 12 月发生材料人工等各项支出 70 万元,在 2018 年 9 月月末,该公司已证实该项新工艺能够研发成功,并满足无形资产确认标准。2019 年 1 月至 6 月又发生材料费用、直接参与开发人员的工资、场地设备等租金和注册费等支出 210 万元。2019 年 6 月月末该项新工艺完成,达到预定可使用状态。要求做出相关的账务处理(答案以万元为单位)。

2. 重庆长胜发动机制造有限公司 2015 年 1 月 1 日以银行存款 280 万元购入一项商标权。该项无形资产的预计使用年限为 10 年,2018 年年末预计该项无形资产的可收回金额为 110 万元,尚可使用年限为 5 年。另外,该公司 2016 年 1 月内部研发成功并可供使用非专利技术的无形资产的入账价值 210 万元,截至 2018 年年末,一直无法可靠预见这一非专利技术为企业带来未来经济利益的期限,即该项无形资产使用寿命不确定,2018 年年末预计其可收回金额为 170 万元,其后预计该非专利技术可以继续使用 4 年,该企业按直线法摊销无形资产,计算 2018 年年末计提无形资产减值准备和 2019 年的摊销金额,并编制会计分录。

3. 重庆长胜发动机制造有限公司于 2013 年度自行开发研制一项专利,共发生有关专利支出 1 180 000 元(其中属于研究阶段的支出 400 000 元,属于开发阶段的支出并符合资本化条件的支出 780 000 元)。该项专利于 2014 年年初研制成功并申请专利权获准,另在申请过程中发生的相关税费 20 000 元(假设上述支出均以银行存款支付)。

根据有关证据测定该项专利的预计寿命能够合理确定为 10 年,残值为零,预期经济利益流入平均,采用直线法从 2014 年年初开始摊销。

该企业在 2017 年年末,由于不利因素的影响,该项专利权的预计可收回金额为 420 000 元;2018 年年末由于不利因素的消失,该项专利权的预计可收回金额为 370 000 元;该企业于 2019 年年初将该项专利权对外出售,取得出售价款 320 000 元(假定不考虑相关税费)。

要求:根据上述资料:
(1) 编制该项专利在研制开发过程中及研制成功的相关会计分录;
(2) 编制该项专利权在 2017 年年末计提减值准备的会计分录;
(3) 确定该项专利权在 2018 年度的应摊销金额,并假设按年编制摊销的会计分录;
(4) 编制该项专利权在 2019 年年初出售的相关会计分录。

任务七 核算投资性房地产

1. 熟悉投资性房地产的有关概念;

2. 掌握成本计量模式下投资性房地产取得、后续计量、处置的账务处理流程和核算方法；
3. 掌握公允价值模式下投资性房地产取得、后续计量、处置的账务处理流程和核算方法；
4. 能熟练地识别和填制投资性房地产业务的各种原始凭证，并能根据原始凭证编制记账凭证；
5. 能根据投资性房地产业务的相关账户开设账户，并进行总分类和明细分类核算。

教学时数

建议教学时数7学时，其中讲授4学时、实践3学时。

教学指引

1. 了解学生基本信息；
2. 准备记账凭证、总账账簿、三栏式明细账等教学材料；
3. 设计一个较好的教学引入情景；
4. 准备《企业会计准则》《增值税暂行条例实施细则》等阅读材料；
5. 设计会计信息的主要记录内容。

典型工作任务

1. 核算成本计量模式下的投资性房地产业务；
2. 核算公允价值计量模式下的投资性房地产业务。

主要学习内容

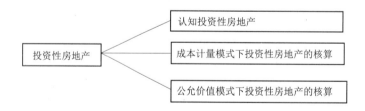

作业一 认知投资性房地产

一、了解投资性房地产的概念和特点

（一）投资性房地产的概念

投资性房地产是指为了赚取租金或资本增值，或者两者兼有而持有的房地产，包括已出租的土地使用权、持有并准备增值转让的土地使用权、已出租的建筑物。已出租的土地使用权和已出租的建筑物是投资性房地产的主要形式，属于一种让渡资产使用权的行为，让渡资产使用权取得的使用费收入即房地产租金。

（二）投资性房地产的特点

（1）投资性房地产是一种经营活动。随着市场经济的发展和完善，企业持有的房地产除了用作自身需求之外，出现了将房地产用于赚取租金或增值的活动，投资性房地产就形成了日常或者非日常的经营活动，形成的租金收入或者转让增值收益确认为企业的主营业务收入或者其他业务收入。

（2）投资性房地产要区别于自用房地产和用于销售的房地产。投资性房地产应当作为一项单独的资产来确认和核算，自用的办公楼或者厂房等房地产作为固定资产核算，销售的房地产作为存货核算。从而更加准确、清晰地反映企业所持有的房地产的构成情况和盈利能力。

二、熟悉投资性房地产的范围

1. 已出租的土地使用权

已出租的土地使用权是指企业通过出让或转让方式取得的，并以经营租赁方式出租的土地使用权。对于以经营租赁方式租入土地使用权再转租给其他单位的，不能确认为投资性房地产；企业计划出租但尚未出租的土地使用权，也不属于此类。如M公司与乙公司签署了土地使用权租赁协议，M公司以年租金360万元租赁使用乙公司拥有的20万平方米土地使用权。那么，自租赁协议约定的租赁期开始日起，这项土地使用权属于乙公司的投资性房地产。

2. 已出租的建筑物

已出租的建筑物，是指企业拥有产权的、以经营租赁方式出租的建筑物，包括自行建造或开发活动完成后用于出租的建筑物。如M公司承租乙公司的一栋厂房，租赁期为3年，对于乙公司而言，自租赁期开始起，该栋厂房属于投资性房地产。企业在判断和确认已出租的建筑物，应当把握以下要点：用于出租的建筑物是指企业拥有产权的建筑物，企业以经营租赁方式租入再转租的建筑物不属于投资性房地产；已出租的建筑物是企业已经与其他方签订了租赁协议，约定以经营租赁方式出租的建筑物；企业将建筑物出租，按租赁协议向承租人提供的相关辅助服务在整个协议中不重大的，应当将该建筑物确认为投资性房地产。

3. 持有并准备增值后转让的土地使用权

持有并准备增值后转让的土地使用权是指企业取得的、准备增值后转让的土地使用权。按照国家有关规定认定的闲置土地，不属于持有并准备增值后转让的土地使用权，也就不属于投资性房地产。

下列项目不属于投资性房地产：

（1）自用房地产，即为生产商品、提供劳务或者经营管理而持有的房地产。例如，企业生产经营用的厂房、办公楼属于固定资产；企业生产经营用的土地使用权属于无形资产。

（2）作为存货的房地产。作为存货的房地产通常是指房地产开发企业在正常经营过程中销售的或为销售而正在开发的商品房和土地。具有存货性质的房地产不属于投资性房地产。

三、确认投资性房地产

将某项目确认为投资性房地产，在应当符合投资性房地产概念的前提下，还必须同时满足下列两个条件：

（1）与该资产相关的经济利益很可能流入企业。

（2）该投资性房地产的成本能够可靠计量。

四、设置核算投资性房地产的账户

根据会计准则规定，投资性房地产的核算可根据不同情况采用成本计量模式或公允价值计量模式。所谓成本计量模式，是指不考虑投资性房地产公允价值的变动，按取得的历史成本进行计量。采用该计量模式时，投资性房地产按固定资产或无形资产核算原则进行核算，计提折旧或进行摊销，发生减值时还要计提减值准备。所谓公允价值模式，是指企业有确凿证据表明其投资性房地产的公允价值能够持续可靠取得时，就不对该投资性房地产计提折旧或进行摊销，而是以资产负债表日的公允价值为基础，调整其账面价值。

成本计量模式的会计处理比较简单，应设置"投资性房地产""投资性房地产累计折旧""投资性房地产累计摊销""投资性房地产减值准备"等账户。

公允价值计量模式下，应设置"投资性房地产"，并在该账户下设"成本""公允价值变动"两个明细账户。

考证回顾

【判断题】（2015年）对企业持有以备经营出租的空置建筑物，虽尚未签订租赁协议，但董事会已作出书面出租协议的，应确认为投资性房地产。（　　）

作业二　核算投资性房地产的取得

一、采用成本计量模式核算

（一）熟悉职业规范

外购土地使用权和建筑物，应当按取得时的实际成本进行初始计量。其成本包括购买价款、相关税费和可直接归属于该资产的其他支出。按照确定的成本，借记"投资性房地产"账户，贷记"银行存款"等账户。

（二）进行职业判断与操作

【情境7-1】重庆长胜发动机制造有限公司2019年5月计划购入一栋写字楼用于对外出租。5月12日与天信公司签订了经营租赁合同，约定自写字楼购买日起将这栋写字楼出租给天信公司，为期3年。5月22日，重庆长胜发动机制造有限公司实际购入写字楼，支付价款共计20 000 000元。

重庆长胜发动机制造有限公司购入写字楼用于租赁业务，条件符合已出租的建筑物，从租赁期开始应作为投资性房地产核算，按取得的实际成本进行初始计量。账务处理如下：

借：投资性房地产——写字楼　　　　　　　　　　　　　　20 000 000
　　应交税费——应交增值税（进项税额）　　　　　　　　 2 000 000
　　贷：银行存款　　　　　　　　　　　　　　　　　　　22 000 000

根据【情境 7-1】的会计分录，填制重庆长胜发动机制造有限公司本月记账凭证，并登记相关日记账和明细账。

【情境 7-2】重庆长胜发动机制造有限公司 2018 年 4 月购入一块土地的使用权，在该块土地上开始自行建造三栋厂房。2019 年 4 月建造的厂房即将完工，与 B 公司签订经营租赁合同，将其中的一栋厂房租赁给 B 公司使用，厂房完工时开始起租。2019 年 5 月 22 日，三栋厂房同时完工，该块土地使用权的成本为 9 000 000 元，三栋厂房的造价均为 10 000 000 元，能够单独出售。

租赁给 B 公司的厂房符合投资性房地产的确认条件，从起租日起应分别将厂房和厂房对应的土地使用权转为投资性房地产，分别从"在建工程""无形资产"转入"投资性房地产"借方。厂房对应的土地使用权按厂房的公允价值占公允价值总额的比重分配［9 000 000×（10 000 000÷30 000 000）=3 000 000（元）］。账务处理如下：

借：投资性房地产——厂房　　　　　　　　　　　　　　　10 000 000
　　贷：在建工程　　　　　　　　　　　　　　　　　　　10 000 000
借：投资性房地产——土地使用权　　　　　　　　　　　　 3 000 000
　　贷：无形资产——土地使用权　　　　　　　　　　　　 3 000 000

二、采用公允价值计量模式核算

（一）熟悉职业规范

《企业会计准则第 3 号——投资性房地产》第十条规定：企业有确凿证据表明其公允价值能够持续可靠取得的，可以采用公允价值计量模式。采用公允价值计量模式的投资性房地产，应当同时满足两个条件。一是投资性房地产所在地有活跃的房地产交易市场；二是企业能够从房地产交易市场上取得同类或类似房地产的市场价格及其相关信息，从而对投资性房地产的公允价值做出科学合理的估计。投资性房地产的公允价值是指在公平交易中，熟悉情况的当事人之间自愿进行房地产交易的价格。确定投资性房地产的公允价值时，应当参照活跃市场同类或者类似房地产的现行市场价格；无法取得同类或类似房地产现行市场价格的，应当参照活跃市场上同类或者类似房地产的最近交易价格，并考虑交易情况、交易日期、所在区域等因素，从而对投资性房地产的公允价值做出科学合理的估计。

外购或自行建造采用公允价值模式计量的土地使用权和建筑物，其实际成本的确定与采用成本计量模式的投资性房地产一致，按照取得时的实际成本进行初始计量。

（二）进行职业判断与操作

【情境 7-3】若【情境 7-1】中写字楼符合公允价值计量的条件，要求为该公司进行账务处理。

该公司购入写字楼用于租赁业务,条件符合已出租的建筑物,且符合公允价值计量的要求,故按公允价值计量模式核算。账务处理如下:

借:投资性房地产——成本(写字楼)　　　　　　　　　　　　　20 000 000
　　应交税费——应交增值税(进项税额)　　　　　　　　　　　 2 000 000
　　贷:银行存款　　　　　　　　　　　　　　　　　　　　　　22 000 000

【学中做】若【情境7-2】中的土地使用权和厂房符合公允价值计量条件,则采用公允价值计量模式进行核算。该如何进行账务处理?

作业三　核算投资性房地产的持有

一、采用成本计量模式核算

(一)熟悉职业规范

1. 投资性房地产与非投资性房地产之间的转换

房地产的转换,是房地产用途发生改变而对房地产进行的重新分类,转换的形式主要包括:

① 自用的建筑物改为出租,相应地由固定资产转换为投资性房地产;

② 自用的土地使用权改为用于赚取租金或资本增值,相应地由无形资产转换为投资性房地产;

③ 投资性房地产改为自用,相应地由投资性房地产转换为固定资产或无形资产;

④ 房地产企业作为存货的房地产改为出租,相应地由存货转换为投资性房地产;

⑤ 房地产企业作为经营出租的房地产改为对外销售,相应地由投资性房地产转为存货。

转换日是指房地产的用途发生改变、状态相应发生改变的日期。

(1)非投资性房地产转换为投资性房地产。

作为存货的房地产转换为投资性房地产时,应当按存货在转换日的账面价值,借记"投资性房地产"账户;原已经计提跌价准备的,借记"存货跌价准备"账户;按其账面余额,贷记"开发产品"等账户。

作为自用房地产转换为采用成本模式计量的投资性房地产,应当按该项建筑物或土地使用权在转换日的原价、累计折旧、减值准备等,分别转入"投资性房地产""投资性房地产累计折旧(摊销)""投资性房地产减值准备"。按其账面余额,借记"投资性房地产"账户,贷记"固定资产"或"无形资产"账户;按已计提的折旧或摊销,借记"累计折旧"或"累计摊销",贷记"投资性房地产累计折旧(摊销)",按已计提减值准备,借记"固定资产减值准备"或"无形资产减值准备"账户,贷记"投资性房地产减值准备"账户。

(2)投资性房地产转换为非投资性房地产。

企业的投资性房地产转换为自用房地产时,应当按该项投资性房地产在转换日的账面余额、累计折旧、减值准备等,分别转入"固定资产""累计折旧""固定资产减值准备"等账户。按其账面余额,借记"固定资产"或"无形资产"账户,贷记"投资性房地产"等账户;按已经计提的折旧或者摊销,借记"投资性房地产累计折旧(摊销)"账户,贷记"累计折旧"

或"累计摊销"账户；原已经计提减值准备的，借记"投资性房地产减值准备"账户，贷记"固定资产减值准备"或"无形资产减值准备"。

投资性房地产转换为存货时，应当按照该项房地产在转换日的账面价值，借记"开发产品"账户；按照已经计提的折旧或摊销，借记"投资性房地产累计折旧（摊销）"账户；原已经计提减值准备的，借记"投资性房地产减值准备"账户；按其账面余额，贷记"投资性房地产"账户。

2. 投资性房地产的后续计量

采用成本模式进行核算的投资性房地产后续计量包含三个方面的内容：一是在经营过程中对持有的投资性房地产参照固定资产和无形资产的核算，按月计提折旧或进行摊销，借记"其他业务成本"等账户，贷记"投资性房地产累计折旧（摊销）"账户；二是核算在经营过程中取得的租金收入和增值税，借记"银行存款"等账户，贷记"其他业务收入"和"应交税费——应交增值税（销项税额）"账户；三是在资产负债表日，当投资性房地产存在减值迹象时，经过减值测试确定发生减值的，应当计提减值准备，借记"资产减值损失"账户，贷记"投资性房地产减值准备"账户。

（二）进行职业判断与操作

【情境7-4】 2019年5月22日，重庆长胜发动机制造有限公司与C公司签订经营租赁协议，即日起将闲置厂房出租，该厂房成本为1 000 000元，已经计提累计折旧300 000元。

重庆长胜发动机制造有限公司将自用厂房用于租赁业务，条件符合已出租的建筑物，从转换日开始应作为投资性房地产核算，厂房的账面余额转入"投资性房地产"账户，"累计折旧"转入"投资性房地产累计折旧"。账务处理如下：

借：投资性房地产——厂房　　　　　　　　　　　　　1 000 000
　　累计折旧　　　　　　　　　　　　　　　　　　　　300 000
　　贷：固定资产　　　　　　　　　　　　　　　　　　1 000 000
　　　　投资性房地产累计折旧　　　　　　　　　　　　　300 000

根据【情境7-4】的会计分录，填制重庆长胜发动机制造有限公司本月记账凭证，并登记相关明细账。

【情境7-5】 2019年5月22日，重庆长胜发动机制造有限公司决定将已被拆除的厂房所在的土地待增值后转让。土地使用权的账面余额为7 000 000元，已经计提摊销1 000 000元。

重庆长胜发动机制造有限公司将所持有的土地准备增值后转让，条件符合投资性房地产的条件，土地的账面余额转入"投资性房地产"账户，"累计摊销"转入"投资性房地产累计摊销"。账务处理如下：

借：投资性房地产——土地使用权　　　　　　　　　　7 000 000
　　累计摊销　　　　　　　　　　　　　　　　　　　1 000 000
　　贷：无形资产——土地使用权　　　　　　　　　　　7 000 000
　　　　投资性房地产累计摊销　　　　　　　　　　　　1 000 000

根据【情境7-5】的会计分录，填制重庆长胜发动机制造有限公司本月记账凭证，并登记相关明细账。

【情境7-6】 2019年5月22日，重庆长胜发动机制造有限公司将出租的厂房收回，该厂房的成本 10 000 000 元，已经计提折旧 4 000 000 元。

重庆长胜发动机制造有限公司将出租的厂房收回改为自用，条件不符合投资性房地产的条件，投资性房地产转换为固定资产，厂房的账面余额转入"固定资产"账户，"投资性房地产累计折旧"转入"累计折旧"。账务处理如下：

借：固定资产——厂房　　　　　　　　　　　　　　　　　　　10 000 000
　　投资性房地产累计折旧　　　　　　　　　　　　　　　　　　4 000 000
　　贷：投资性房地产——厂房　　　　　　　　　　　　　　　　10 000 000
　　　　累计折旧　　　　　　　　　　　　　　　　　　　　　　4 000 000

根据【情境 7-6】的会计分录，填制重庆长胜发动机制造有限公司本月记账凭证，并登记相关明细账。

【学中做】2019 年 5 月 22 日，重庆长胜发动机制造有限公司决定将持有待售的写字楼租赁给 D 公司经营。该写字楼未计提存货跌价准备。该如何进行账务处理？

【情境 7-7】重庆长胜发动机制造有限公司 2019 年 4 月份将一栋厂房出租给 E 公司使用，确认为投资性房地产。该厂房的成本为 6 000 000 元，按照直线法计提折旧，使用寿命为 20 年，预计净残值为零。按照租赁合同规定，每月租金 50 000 元。2019 年 5 月 31 日，已收到 50 000 元租金存入银行。（不考虑增值税）

投资性房地产按月计提折旧，每月计提折旧=6 000 000÷20÷12=25 000（元）。借记"其他业务成本"等账户，贷记"投资性房地产累计折旧"账户；核算在经营过程中取得的租金收入和增值税金，借记"银行存款"等账户，贷记"其他业务收入"。账务处理如下：

借：其他业务成本　　　　　　　　　　　　　　　　　　　　　25 000
　　贷：投资性房地产累计折旧　　　　　　　　　　　　　　　　25 000
借：银行存款　　　　　　　　　　　　　　　　　　　　　　　 55 500
　　贷：其他业务收入　　　　　　　　　　　　　　　　　　　　50 000

【学中做】承【情境 7-7】，若 2019 年 12 月 31 日，已经计提折旧 30 000 元，可收回金额为 5 000 000 元，该如何进行账务处理？

二、采用公允价值计量模式核算

（一）熟悉职业规范

1. 投资性房地产与非投资性房地产之间的转换

（1）非投资性房地产转换为投资性房地产。采用公允价值模式计量的核算与采用成本计量模式有很大差异。

作为存货的房地产转换为采用公允价值模式计量的投资性房地产，应当按该项存货在转换日的公允价值，借记"投资性房地产——成本"账户，原已计提跌价准备的，借记"存货跌价准备"账户。按其账面余额贷记"开发产品"账户，如转换日的公允价值小于账面价值，按其差额借记"公允价值变动损益"；如转换日的公允价值大于账面价值，按其差额贷记"其他综合收益"，待该项投资性房地产处理时，记入其他综合收益的这一部分转入当期损益。

作为自用房地产转换为采用公允价值模式计量的投资性房地产，应当按该项建筑物或土地使用权在转换日的公允价值，借记"投资性房地产——成本"账户，按已计提的累计折旧

项目一 资 产

或累计摊销,借记"累计折旧"或"累计摊销",按已计提的减值准备,借记"无形资产减值准备""固定资产减值准备"账户,按其账面余额贷记"固定资产"或"无形资产"账户,如转换日的公允价值小于账面价值,按其差额借记"公允价值变动损益",如转换日的公允价值大于账面价值;按其差额贷记"其他综合收益",待该项投资性房地产处理时,记入其他综合收益的这一部分转入当期损益。

(2)投资性房地产转换为非投资性房地产。

在公允价值模式下,企业将投资性房地产转换为自用房地产时,应当以其转换日的公允价值作为自用房地产的账面价值,公允价值与原账面价值的差额计入当期损益。按该项投资性房地产的公允价值,借记"固定资产"或"无形资产"账户;按该项投资性房地产的成本,贷记"投资性房地产——成本"账户;按累计的公允价值变动,贷记或借记"投资性房地产——公允价值变动"账户;按其差额,贷记或借记"公允价值变动损益"账户。

投资性房地产转换为存货时,转换当日,投资性房地产的公允价值,借记"开发产品"等账户;按投资性房地产的成本,贷记"投资性房地产——成本"账户,按累计公允价值变动,贷记或借记"投资性房地产——公允价值变动"账户,按其差额,贷记或借记"公允价值变动损益"账户。

2. 投资性房地产的期末计量

采用公允价值模式计量的投资性房地产,不计提折旧或进行摊销,也不需要计提减值准备。而应在资产负债表日按公允价值进行计量。设置"投资性房地产——公允价值变动"账户进行核算,如投资性房地产的公允价值高于其账面价值,按其差额记入"投资性房地产——公允价值变动"账户借方,同时在"公允价值变动损益"账户的贷方记录增值额;如投资性房产的公允价值低于其账面价值,按其差额记入"投资性房地产——公允价值变动"账户贷方,同时在"公允价值变动损益"账户的借方记录减值额。

(二)进行职业判断与操作

【情境7-8】2019年5月1日,重庆长胜发动机制造有限公司与F公司签订合同,将闲置厂房出租,该厂房账面成本5 000 000元,已经计提折旧1 000 000元。起租日该厂房的公允价值为7 000 000元,假设该投资性房地产采用公允价值计量模式。

该厂房作为自用房地产转换为采用公允价值模式计量的投资性房地产,应当在转换日的公允价值,借记"投资性房地产——成本"账户;按已计提的累计折旧,借记"累计折旧";按其账面余额贷记"固定资产"账户,如转换日的公允价值7 000 000元,大于账面价值3 000 000元;按其差额,贷记"其他综合收益"账户。账务处理如下:

借:投资性房地产——成本(厂房)   7 000 000
  累计折旧   1 000 000
 贷:固定资产   5 000 000
  其他综合收益   3 000 000

【学中做】承【情境7-8】起租日该厂房的公允价值为3 000 000元,该如何进行账务处理?

【情境7-9】2019年5月15日,重庆长胜发动机制造有限公司将出租的厂房收回,准备用于本企业的生产产品。当日的公允价值为12 000 000元,该项房地产采用公允价值模式计量,原账面价值10 000 000元,其中成本9 000 000元,公允价值增值1 000 000元。

企业将投资性房地产转换为自用房地产时,按该项投资性房地产的公允价值 12 000 000 元,借记"固定资产"账户;按该项投资性房地产的成本 9 000 000 元,贷记"投资性房地产——成本"账户;按累计的公允价值变动 1 000 000 元,贷记"投资性房地产——公允价值变动"账户;按其差额,贷记"公允价值变动损益"账户 2 000 000 元。账务处理如下:

  借:固定资产   12 000 000
    贷:投资性房地产——成本(厂房)   9 000 000
      投资性房地产——公允价值变动(厂房)   1 000 000
      公允价值变动损益   2 000 000

【学中做】承【情境 7-9】2019 年 5 月 15 日,重庆长胜发动机制造有限公司将出租的厂房收回,准备用于本企业的生产产品。当日的公允价值为 6 000 000 元,该项房地产采用公允价值模式计量,原账面价值 10 000 000 元,其中成本 11 000 000 元,公允价值减少 1 000 000 元。该如何进行账务处理?

【情境 7-10】重庆长胜发动机制造有限公司出租的办公楼符合公允价值计量要求,采用公允价值模式进行投资性房地产的核算,2019 年 12 月 31 日该出租办公楼的公允价值为 17 000 000 元,账面价值为 16 000 000 元。当月租金收入 50 000 元已存入银行。

这笔业务反映的是出租办公楼在经营期内采用公允价值模式计量的相关核算,应确认租赁期内的租金收入,并于资产负债表日对其增值额 [17 000 000-16 000 000=1 000 000(元)] 进行确认,调整其账面价值,并计入当期损益。账务处理如下:

确认租金收入时,账务处理如下:

  借:银行存款   55 500
    贷:其他业务收入   50 000
      应交税费——应交增值税(销项税额)   5 500

资产负债表日调整投资性房地产的账面价值时,账务处理如下:

  借:投资性房地产——公允价值变动(办公楼)   1 000 000
    贷:公允价值变动损益   1 000 000

【学中做】承【情境 7-10】2019 年 12 月 31 日的公允价值为 14 000 000 元,该如何进行账务处理?

知识链接

投资性房地产计量模式变更的规定

为保证会计信息的可比性,企业对投资性房地产的计量模式一经确定,不得随意变更。只有在房地产市场比较成熟、能够满足采用公允价值模式条件的情况下,才允许企业对投资性房地产从成本模式计量变更为公允价值模式计量。成本模式转为公允价值模式的,应当作为会计政策变更处理,将计量模式变更时公允价值与账面价值的差额,调整期初留存收益。已经采用公允价值模式计量的投资性房地产,不得从公允价值模式转为成本模式。

项目一　资　产

考证回顾

1. 【单选题】(2015 年) 2013 年 12 月 31 日，某企业将自用建筑物转为投资性房地产对外出租，采用成本模式计量，转换日，该建筑物账面价值为 2 100 万元，尚可使用 25 年，预计净残值为 100 万元，采用年限平均法计提折旧。按照租赁合同，每年收取租金 100 万元，不考虑其他因素，对该企业 2014 年营业利润的影响金额为（　　）万元。
　　A. 80　　　　　B. 100　　　　　C. 16　　　　　D. 20

2. 【多选题】企业采用公允价值模式对投资性房地产进行后续计量，下列说法中正确的有（　　）。
　　A. 企业应对已出租的建筑物计提折旧
　　B. 企业应对已出租的土地使用权进行摊销
　　C. 企业不应对已出租的土地使用权进行摊销
　　D. 企业应当以资产负债表日投资性房地产的公允价值为基础调整其账面价值，公允价值与原账面价值之间的差额计入当期损益

作业四　核算投资性房地产的处置

一、成本计量模式下的处置

（一）熟悉职业规范

投资性房地产被处置，或者永久退出使用而且预计不能从其处置中取得经济利益时，应当终止确认该项投资性房地产。企业出售、转让、报废投资性房地产或者发生投资性房地产毁损，应当将处置收入扣除其账面价值和相关税费后的金额计入当期损益。

处置采用成本模式计量的投资性房地产时，应当按实际收到的处置款项，借记"银行存款"等账户，贷记"其他业务收入"账户；按照该项投资性房地产的账面价值，借记"其他业务成本"账户，按其账面余额，贷记"投资性房地产" 账户；按照已计提的折旧或摊销，借记"投资性房地产累计折旧（摊销）"账户；原已计提减值准备的，借记"投资性房地产减值准备" 账户。

（二）进行职业判断与操作

【情境 7-11】重庆长胜发动机制造有限公司将其出租的一栋写字楼确认为投资性房地产，采用成本模式计量。租赁期满后，重庆长胜发动机制造有限公司将该栋写字楼出售给 H 公司，合同价款为 50 000 000 元，增值税率 9%，H 公司用银行存款付清。出售时，该写字楼的成本为 20 000 000 元，已计提折旧 2 000 000 元。要求为该公司进行账务处理。

公司的写字楼确认为投资性房地产，现出售给 H 公司，应确认出售的收入，结转该项投资性房地产的账面价值，并将收入扣除账面价值后的净值计入当期损益。账务处理如下：
　　借：银行存款　　　　　　　　　　　　　　　　　　　　　54 500 000

贷：其他业务收入		50 000 000
应交税费——应交增值税（销项税额）		4 500 000
借：其他业务成本		18 000 000
投资性房地产累计折旧（摊销）		2 000 000
贷：投资性房地产——写字楼		20 000 000

根据【情境 7-11】的会计分录，填制重庆长胜发动机制造有限公司本月记账凭证，并登记相关日记账和明细账。

二、公允价值计量模式下的处置

（一）熟悉职业规范

处置采用公允价值模式计量的投资性房地产时，应当按实际收到的金额，借记"银行存款"等账户，贷记"其他业务收入"账户；按该项投资性房地产的账面余额，借记"其他业务成本"账户，按其成本，贷记"投资性房地产——成本"账户，按其累积公允价值变动，贷记或借记"投资性房地产——公允价值变动"账户。同时，将投资性房地产累计公允价值变动转入其他业务收入，借记或贷记"公允价值变动损益"账户，贷记或借记"其他业务收入"账户。若存在原转换日计入其他综合收益的金额，也一并转入其他业务收入，借记"其他综合收益"账户，贷记"其他业务收入"账户。

（二）进行职业判断与操作

【情境 7-12】重庆长胜发动机制造有限公司将其出租的一栋写字楼确认为投资性房地产，采用公允价值模式计量。租赁期满后，重庆长胜发动机制造有限公司将该栋写字楼出售给 G 公司，合同价款为 170 000 000 元，增值税率 9%。G 公司用银行存款付清。出售时，该写字楼的成本为 140 000 000 元，公允价值变动为借方余额 20 000 000 元。要求为该公司进行账务处理。

采用公允价值模式计量的写字楼出售，应核算处置收入，确认为"其他业务收入"，将该投资性房地产的成本和公允价值变动作为处置成本结转入"其他业务成本"，同时结转累积的公允价值变动损益。账务处理如下：

确认出售收入，账务处理如下：

借：银行存款		185 300 000
贷：其他业务收入		170 000 000
应交税费——应交增值税（销项税额）		15 300 000

结转处置成本，账务处理如下：

借：其他业务成本		16 000 000
贷：投资性房地产——成本（写字楼）		140 000 000
——公允价值变动		20 000 000

结转投资性房地产累计公允价值变动损益，账务处理如下：

借：公允价值变动损益		20 000 000
贷：其他业务成本		20 000 000

项目一 资　产

知识链接

成本计量模式转为公允价值计量模式的会计处理

房地产市场比较成熟，能够满足采用公允价值模式条件的情况下，才允许企业对投资性房地产从成本计量变更为公允价值模式计量。

成本模式转为公允价值模式的，应当作为会计政策变更处理，并按照计量模式变更时公允价值与账面价值的差额调整期初留存收益。企业变更投资性房地产计量模式时，应当按照计量模式变更日投资性房地产的公允价值，借记"投资性房地产——成本"账户；按照已经计提的折旧或摊销，借记"投资性房地产累计折旧（摊销）"账户；原来计提减值准备的，借记"投资性房地产减值准备"账户；按照账面余额，贷记"投资性房地产"账户，贷记或借记"利润分配——未分配利润""盈余公积"等账户。

借：投资性房地产——成本
　　投资性房地产累计折旧（摊销）
　　投资性房地产减值准备
　贷：投资性房地产
　　　利润分配——未分配利润
　　　盈余公积

考证回顾

【单选题】（2015年）关于投资性房地产后续计量表述正确的是（　　）。
A. 采用公允价值模式计量的，应计提折旧或摊销
B. 采用成本模式计量的，应计提折旧或摊销
C. 同一企业可以同时采用公允价值模式和成本模式进行核算
D. 采用公允价值模式计量的，需要计提减值准备

关键词

投资性房地产（Investment Property）
成本计量模式（Historical Cost Measurement Model）
公允价值计量模式（Fair Value Econometric Mode）

能力实训

一、单项选择题
1. 下列不属于企业投资性房地产的是（　　）。
A. 企业持有并准备增值后转让的土地使用权

B. 房地产企业拥有并自行经营的饭店

C. 房地产开发企业将作为存货的商品房以经营租赁方式出租

D. 企业自行建造以经营租赁方式出租的建筑物

2. 企业外购、自行建造等取得，采用成本模式计量的投资性房地产，应按投资性房地产准则确定的成本，借记（　　）账户，贷记"银行存款""在建工程"等账户。

　　A. 投资性房地产　　B. 固定资产　　C. 在建工程　　D. 无形资产

3. 某房地产开发商于 2019 年 5 月，将作为存货的商品房转换为采用公允价值模式计量的投资性房地产，转换日的商品房账面余额为 200 万元，已计提跌价准备 30 万元，该项房产在转换日的公允价值 250 万元，则转换日记入"投资性房地产"账户的金额是（　　）万元。

　　A. 250　　B. 70　　C. 280　　D. 220

4. 某房地产开发商于 2019 年 5 月，将作为存货的商品房转换为采用公允价值模式计量的投资性房地产，转换日的商品房账面余额为 150 万元，已计提跌价准备 20 万元，该项房产在转换日的公允价值 100 万元，则转换日记入"公允价值变动损益"账户的金额是（　　）万元。

　　A. 0　　B. 50　　C. 20　　D. 30

5. 某公司将一办公楼转换为采用公允价值模式计量的投资性房地产，该办公楼的账面原值为 4 000 万元，已计提的累计折旧为 100 万元，已计提的固定资产减值准备 200 万元，转换日的公允价值为 5 000 万元，则记入"其他综合收益"账户的金额为（　　）万元。

　　A. 5 000　　B. 3 700　　C. 4 700　　D. 1 300

6. 关于投资性房地产后续计量模式的转换，下列说法中正确的是（　　）。

A. 成本模式转为公允价值模式的，应当作为会计估计变更

B. 已采用公允价值模式计量的投资性房地产，不得从公允价值模式转为成本模式

C. 已采用成本模式计量的投资性房地产，不得从成本模式转为公允价值模式

D. 企业对投资性房地产的计量模式可以随意变更

7. 关于投资性房地产的初始计量，下列说法中不正确的是（　　）。

A. 采用公允价值模式或成本模式进行计量的外购投资性房地产，均应当按照成本进行初始计量

B. 采用公允价值模式进行计量的外购投资性房地产，取得时按照公允价值进行初始计量

C. 自行建造投资性房地产的成本，由建造该项资产达到预定可使用状态前所发生的必要支出构成

D. 外购投资性房地产的成本，包括购买价款、相关税费和可直接归属于该资产的其他支出

8. 按成本模式计量的投资性房地产，其折旧或摊销额应计入（　　）账户。

　　A. 营业外支出　　B. 管理费用　　C. 其他业务成本　　D. 资产减值损失

二、多项选择题

1. 下列各项中，属于投资性房地产的有（　　）。

A. 企业拥有并出租给员工居住的宿舍

B. 企业以经营租赁方式租出的写字楼

C. 房地产开发企业持有并准备增值后出售的房屋
D. 企业持有拟增值后转让的土地使用权
2. 下列有关投资性房地产后续计量会计处理的表述中，正确的有（   ）。
A. 不同企业可以分别采用成本模式或公允价值模式
B. 满足特定条件时可以采用公允价值模式
C. 同一企业可以分别采用成本模式和公允价值模式
D. 同一企业不得同时采用成本模式和公允价值模式
3. 关于投资性房地产的后续计量，下列说法中错误的有（   ）。
A. 采用公允价值模式计量的，不对投资性房地产计提折旧
B. 采用公允价值模式计量的，应对投资性房地产计提折旧
C. 已采用公允价值模式计量的投资性房地产，不得从公允价值模式转为成本模式
D. 已采用成本模式计量的投资性房地产，不得从成本模式转为公允价值模式
E. 已采用公允价值模式计量的投资性房地产，可以从公允价值模式转为成本模式
4. 以下关于投资性房地产的会计处理表述正确的有（   ）。
A. 投资性房地产按照成本进行初始计量
B. 满足投资性房地产确认条件的后续支出应当计入投资性房地产成本
C. 同一企业只能采用一种模式对所有投资性房地产进行后续计量
D. 以公允价值模式计量的投资性房地产，其公允价值与原账面价值之间的差额计入当期损益
E. 成本模式计量投资性房地产时，改变用途并不改变投资性房地产的账面价值
5. 企业有确凿证据表明房地产用途发生改变，应当将投资性房地产转换为其他资产或者将其他资产转换为投资性房地产的有（   ）。
A. 投资性房地产开始自用
B. 作为存货的写字楼，改为出租
C. 自用建筑物停止自用，改为出租
D. 自用土地使用权停止自用，用于赚取租金或资本增值
E. 自用生产线停止自用，改为出租

三、判断题（正确的划"√"，错误的划"×"）

1. 与投资性房地产有关的后续支出，应当在发生时计入当期损益。（   ）
2. 采用公允价值模式计量的，不对投资性房地产计提折旧或进行摊销，应当以资产负债表日投资性房地产的公允价值为基础调整其账面价值，公允价值与原账面价值之间的差额计入当期损益。（   ）
3. 采用公允价值模式计量的投资性房地产，满足一定条件后可以转为成本模式核算。（   ）
4. 采用成本模式计量的投资性房地产所取得的租金收入，应计入其他业务收入。（   ）

四、实务题

重庆长胜发动机制造有限公司为增值税一般纳税企业，投资性房地产税率9%，与投资性房地产有关的业务资料如下：

(1) 2019 年 5 月，公司购入一幢建筑物用于出租，价款为 800 万元，款项以银行存款转账支付。

(2) 公司购入的上述用于出租的建筑物预计使用寿命为 15 年，预计净残值为 36 万元，采用年限平均法按年计提折旧。

(3) 公司将取得的该项建筑物自购入当月起用于对外经营租赁，公司对该房地产采用成本模式进行后续计量。

要求：编制该公司以上业务的会计会录。

项目二
权　　益

 **项目要求**

通过本项目的实施，了解中小企业权益的内容，掌握应付账款、应付票据、应付职工薪酬、银行借款、应付债券、应交税费、长期应付款、预收账款、其他应付款、预计负债、实收资本、资本公积、盈余公积以及未分配利润的内容及账务处理的规范要求，并能根据具体业务进行职业判断与核算。

项目任务

任务八 核算债权人权益

职业目标

1. 熟悉应付账款、应付票据、应付职工薪酬、银行借款、应付债券、应交税费、长期应付款、预收账款、其他应付款、预计负债的概念和内容；
2. 掌握应付账款的发生、偿还和转销的核算方法；
3. 掌握应付票据的签发与承兑以及转销账务处理流程和核算方法；
4. 掌握货币性薪酬和非货币性薪酬的账务处理流程和核算方法；
5. 掌握短期借款与长期借款的账务处理流程和核算方法；
6. 掌握应付债券不同发行方式的账务处理，面值发行的利息计算与还本付息的核算方法；
7. 掌握应交税费的账务处理；
8. 熟悉长期应付款、预收账款、其他应付款、预计负债的账务处理；
9. 能正确填制和审核相关的原始凭证，如进料单、增值税票、商业汇票、借款合同等；
10. 能正确登记日记账、明细账和总账。

教学时数

建议教学时数 28 学时，其中讲授 20 学时、实践 8 时。

教学指引

1. 了解学生基本信息；
2. 准备记账凭证、库存现金和银行存款日记账、相关明细账及总账、会计准则等多种教学材料，还可以准备商业汇票样票、应付票据备查簿等；
3. 设计一个较好的教学引入情景，如模拟两个公司的债权债务往来等；
4. 设计会计信息的主要记录内容；
5. 准备劳动法、劳动合同法等阅读材料。

典型工作任务

1. 核算应付账款业务；
2. 核算应付票据业务；

项目二 权 益

3. 核算应付职工薪酬业务；
4. 核算银行借款业务；
5. 核算应付债券业务；
6. 核算应交税费业务；
7. 核算长期应付款业务；
8. 核算预收账款和其他应付款业务；
9. 核算预计负债业务。

主要学习内容

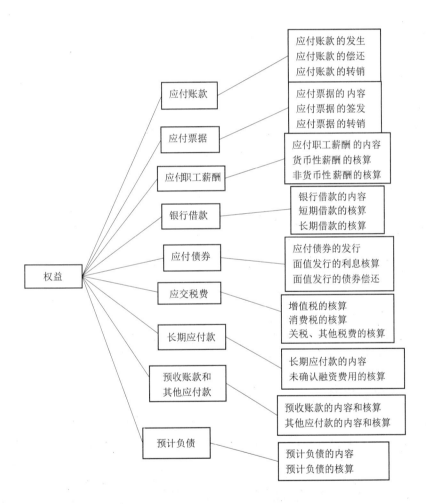

作业一 核算应付款项

一、认知应付账款

应付账款是指企业因购买材料、商品或接受劳务供应等经营活动而应付给供应单位的款项。应付账款一般应在与所购买物资所有权相关的主要风险和报酬已经转移,或者所购买的劳务已经接受时确认。

确认时,为了使所购入物资的金额、品种、数量和质量与合同规定的条款相符,避免因验收时发现所购物资的数量或质量存在问题而对入账的物资或应付账款金额进行改动,在物资和发票账单同时到达的情况下,一般在所购物资验收入库后,根据发票账单登记入账,确认应付账款。若物资先到,发票账单尚未到达,则不作账务处理,将物资验收入库,月末,按物资的市价或暂估价格入账,下月月初再红字冲回,直至发票账单到达再作物资与发票账单同时到达的账务处理。

二、熟悉职业规范

(一)应付账款的发生

企业购入材料、商品或接受劳务等所产生的应付账款,应按应付金额入账。购入材料、商品等验收入库,但货款尚未支付,根据发票账单,借记"材料采购""在途物资"等账户,按照可抵扣的增值税进项税额,借记"应交税费——应交增值税(进项税额)"账户,按应付的款项,贷记"应付账款"账户。如果所购物资已经验收入库,但发票账单未能同时到达的情况下,企业应付物资供应单位的债务已经成立,在会计期末,为了反映企业的负债情况,需要将所购物资和相关的应付账款暂估入账,待下月月初作方向相反的分录,将上月月末暂估入账的应付账款予以冲销。企业接受供应单位提供劳务而发生的应付未付款项,根据供应单位的发票账单,借记"生产成本""管理费用"等账户,贷记"应付账款"账户。

(二)应付账款的偿还

企业偿还应付账款或开出商业汇票抵付应付账款时,借记"应付账款"账户,贷记"银行存款""应付票据"等账户。如果应付账款附有现金折扣的,确认时,应按照扣除现金折扣前的应付账款总额入账。偿还时,如果在折扣期内,则扣除现金折扣偿还剩余部分,获得的现金折扣应相应冲减财务费用。

(三)应付账款的转销

应付账款一般在较短期限内支付,但有时由于债权单位撤销或其他原因而使应付账款无法清偿。企业应将确实无法支付的应付账款予以转销,按其账面余额计入营业外收入,借记"应付账款"账户,贷记"营业外收入"账户。

三、进行职业判断与操作

【情境8-1】重庆长胜发动机制造有限公司为增值税一般纳税人。2019年5月22日,从重庆雅光公司购入一批圆钢4 500千克,货款100 000元,计划成本90 000元,增值税13 000元,对方代垫运杂费1 000元。材料尚未入库(该企业材料按计划成本计价核算),款项尚未支付。

重庆长胜发动机制造有限公司收到材料验收入库,根据发票单据,账务处理如下:

项目二 权　　益

借：材料采购——圆钢　　　　　　　　　　　　　　　　　　　　　101 000
　　应交税费——应交增值税（进项税额）　　　　　　　　　　　　 13 000
　　贷：应付账款——重庆雅光　　　　　　　　　　　　　　　　　 114 000

根据【情境 8-1】的会计分录，填制重庆长胜发动机制造有限公司本月记账凭证，并登记相关明细账。

【情境 8-2】2019 年 5 月 22 日，M 公司从重庆雅光公司购入圆钢，材料验收入库，发票尚未收到，款项尚未支付。

M 公司收到材料验收入库，若月底仍未收到发票，应根据货物实际的价款或暂估价值入账，账务处理如下：

借：原材料——圆钢　　　　　　　　　　　　　　　　　　　　　　100 000
　　贷：应付账款——暂估应付账款　　　　　　　　　　　　　　　 100 000

4 月月初，M 公司作相反会计分录冲销暂估入账：

借：应付账款——暂估应付账款　　　　　　　　　　　　　　　　　100 000
　　贷：原材料——圆钢　　　　　　　　　　　　　　　　　　　　 100 000

【情境 8-3】承【情境 8-1】，重庆长胜发动机制造有限公司在购入材料时，与重庆雅光公司商议协定，如在 15 天内付清货款，将获得 1%的现金折扣（假定计算现金折扣时需考虑增值税）。重庆长胜发动机制造有限公司于 2019 年 5 月 24 日，按照扣除现金折扣后的金额，用银行存款付清了所欠重庆雅光公司的货款。

重庆长胜发动机制造有限公司在 5 月 24 日付清所欠重庆雅光公司的货款，按照购货协议可以获得现金折扣。重庆长胜发动机制造有限公司获得的现金折扣=114 000 × 1%=1 140（元），实际支付的货款=114 000 − 1 140=112 860（元），因此，账务处理如下：

借：应付账款——重庆雅光　　　　　　　　　　　　　　　　　　　114 000
　　贷：银行存款　　　　　　　　　　　　　　　　　　　　　　　 116 820
　　　　财务费用　　　　　　　　　　　　　　　　　　　　　　　　 1 140

根据【情境 8-3】的会计分录，填制重庆长胜发动机制造有限公司本月记账凭证，并登记相关日记账和明细账。

【学中做】如果重庆长胜发动机制造有限公司超过 15 天才付清货款，该如何进行账务处理？

【情境 8-4】2019 年 5 月 24 日，重庆长胜发动机制造有限公司收到银行转来的供电部门收费单据，支付电费 38 000 元。月末，经计算，本月应付电费 38 400 元，其中生产车间电费 25 600 元，企业行政管理部门电费 12 800 元，款项尚未支付。不考虑相关税费。

重庆长胜发动机制造有限公司在此例中，第一步需要支付外购动力费，第二步则需要将月末的动力费进行分配，因此，账务处理如下：

借：应付账款——重庆电力公司　　　　　　　　　　　　　　　　　 38 000
　　贷：银行存款　　　　　　　　　　　　　　　　　　　　　　　　38 000
借：制造费用　　　　　　　　　　　　　　　　　　　　　　　　　 25 600
　　管理费用　　　　　　　　　　　　　　　　　　　　　　　　　 12 800
　　贷：应付账款——重庆电力公司　　　　　　　　　　　　　　　 38 400

根据【情境 8-4】的会计分录，填制重庆长胜发动机制造有限公司本月记账凭证，并登记相关日记账和明细账。

【情境 8-5】2019 年 5 月 24 日，重庆长胜发动机制造有限公司确定贝尔公司一笔应付账款 5 000 元无法支付，予以转销。

重庆长胜发动机制造有限公司应将无法支付的应付账款转到营业外收入，账务处理如下：

借：应付账款——贝尔公司　　　　　　　　　　　　　　　　　　　5 000
　　贷：营业外收入　　　　　　　　　　　　　　　　　　　　　　　5 000

根据【情境 8-5】的会计分录，填制重庆长胜发动机制造有限公司本月记账凭证，并登记相关明细账。

【学中做】如果上述款项后期又收回了，重庆长胜发动机制造有限公司该如何进行账务处理？

考证回顾

【单选题】（2016 年）结转确实无法支付的应付账款，账面余额转入（　　　）。
A. 管理费用　　　　B. 财务费用　　　　C. 其他业务收入　　　D. 营业外收入

作业二　核算应付票据

一、认知应付票据

应付票据是由出票人出票，并由承兑人承兑，约定在一定日期按票面金额向收款人或持票人付款的商业汇票，商业汇票的付款期限，最长不超过六个月。定日付款的汇票期限自出票日起计算，并在汇票上记载具体到期日；出票后定期付款的汇票付款期限自出票日起按月计算，并在汇票上记载；见票后定期付款的汇票付款期限自承兑或拒绝承兑日起按月计算，并在汇票上记载。商业汇票的提示付款期限，自汇票到期日起 10 日。商业汇票包括商业承兑汇票和银行承兑汇票。

二、应付票据的签发与承兑

（一）熟悉职业规范

1. 账户设置

企业通过设置"应付票据"账户，核算应付票据的发生、偿付等情况。该账户贷方登记开出、承兑汇票的面值，借方登记支付票据的金额，余额在贷方，反映企业尚未到期的商业汇票的票面金额。由于我国商业汇票的付款期限不超过 6 个月，因此，企业应将应付票据作为流动负债管理和核算。同时，由于应付票据的偿付时间较短，在会计实务中，一般均按照开出、承兑的应付票据的面值入账。

项目二 权 益

2. 账务处理

企业因购买材料、商品金额接受劳务供应等而开出、承兑的商业汇票,应当按其票面金额作为应付票据的入账金额,借记"材料采购""原材料""库存商品""应付账款""应交税费——应交增值税(进项税额)"等账户,贷记"应付票据"账户。企业因开出银行承兑汇票而支付银行的承兑汇票手续费,应当计入当期财务费用,借记"财务费用"账户,贷记"银行存款""库存现金"账户。

3. 账簿设置

企业根据"应付票据"账户设置总账、明细账,还应当设置"应付票据备查簿",详细登记商业汇票的种类、号数和出票日期、到期日、票面余额、交易合同号和收款人姓名或单位名称以及付款日和金额等资料。应付票据到期结清时,上述内容应当在备查簿内予以注销。

(二)进行职业判断与操作

【情境 8-6】重庆长胜发动机制造有限公司为增值税一般纳税人。2019 年 5 月 24 日,购入钢板一批 400 千克,货款 60 000 元,计划成本 50 000 元,增值税 7 800 元,材料验收入库(该企业材料按计划成本核算),该公司开出并经开户银行承兑的商业汇票一张,面值为 70 200元,期限 5 个月。

重庆长胜发动机制造有限公司收到材料验收入库,开出承兑的商业汇票,账务处理如下:

借:材料采购——钢板   60 000
  应交税费——应交增值税(进项税额)   7 800
  贷:应付票据   67 800

根据【情境 8-6】的会计分录,填制重庆长胜发动机制造有限公司本月记账凭证,并登记相关明细账,同时登记应付票据备查簿。

【学中做】如果在上个情境中,重庆长胜发动机制造有限公开出的是商业承兑汇票,该如何进行账务处理?分录会发生变化吗?

【情境 8-7】承【情境 8-6】,重庆长胜发动机制造有限公司开出商业汇票,向银行交纳承兑手续费 35 元。

重庆长胜发动机制造有限公司缴纳的商业汇票手续费应计入财务费用,因此,账务处理如下:

借:财务费用   35
  贷:银行存款   35

根据【情境 8-7】的会计分录,填制重庆长胜发动机制造有限公司本月记账凭证,并登记相关明细账。

三、应付票据的转销

(一)熟悉职业规范

1. 到期支付

票据到期,支付票款时,企业按票据面值借记"应付票据"账户,贷记"银行存款"账户。

2. 到期无法支付

票据到期，无法进行偿付的，企业应根据票据的种类进行处理，如果是商业承兑汇票，应转作应付账款，待协商后再作处理，按面值借记"应付票据"账户，贷记"应付账款"账户；如果是银行承兑汇票，银行已代为付款，并从付款方账户中扣款，对尚未扣回的部分作为逾期贷款处理，应借记"应付票据"账户，贷记"短期借款"账户。

（二）进行职业判断与操作

【情境8-8】 M公司2019年5月6日开出的银行承兑汇票，票面金额67 800元，于8月6日到期，M公司通知其开户行以银行存款支付票款。

M公司到期支付票款，账务处理如下：

借：应付票据　　　　　　　　　　　　　　　　　　　　　67 800
　　贷：银行存款　　　　　　　　　　　　　　　　　　　　67 800

如果M公司到期无法支付票款，账务处理如下：

借：应付票据　　　　　　　　　　　　　　　　　　　　　67 800
　　贷：短期借款　　　　　　　　　　　　　　　　　　　　67 800

如果M公司开出的是一张商业承兑汇票到期无法支付票款的话，账务处理如下：

借：应付票据　　　　　　　　　　　　　　　　　　　　　67 800
　　贷：应付账款　　　　　　　　　　　　　　　　　　　　67 800

考证回顾

1.【多选题】（2016年）某企业为增值税一般纳税人，开出银行承兑汇票购入原材料一批，并支付银行承兑手续费。下列各项中，关于该企业采购原材料的会计处理表述正确的有（　　）。

A. 支付的原材料价款计入材料成本
B. 支付的运输费计入材料成本
C. 支付的可以抵扣的增值税进项税额计入材料成本
D. 支付的票据承兑手续费计入财务费用

2.【判断题】（2014年）企业无力支付到期的银行承兑汇票，应将应付票据的账面余额转作为应付账款。（　　）

作业三　核算应付职工薪酬

一、认知应付职工薪酬

（一）职工薪酬的概念

职工薪酬，是指企业为获得职工提供的服务或解除劳动关系而给予的各种形式的报酬或补偿。职工薪酬包括短期薪酬、离职后的福利、辞退福利和其他长期职工福利。企业提供给职工配偶、子女、受赡养人、已故员工遗属及其他受益人等的福利，也属于职工薪酬。

项目二 权　　益

这里所指的"职工",主要包括三类人员:一是与企业签立劳动合同的所有人员,含全职、兼职和临时职工;二是未与企业签立劳动合同,但由企业正式任命的企业治理层与管理层人员,如董事会成员、监事会成员等;三是在企业的计划和控制下,虽未与企业签立劳动合同或未由其正式任命,但向企业所提供服务与职工提供服务类似的人员,也属于职工的范畴,包括通过企业与劳动中介公司签订用工合同而向企业提供服务的人员。

(二) 职工薪酬的内容

1. 短期薪酬

短期薪酬是指企业在职工提供相关服务的年度报告期间结束后十二个月内需要全部予以支付的职工薪酬。因解除与职工的劳动关系给予的补偿除外。短期薪酬具体包括:

(1) 职工工资、奖金、津贴和补贴,是指按照构成工资总额的计时工资、计件工资、支付给职工的超额劳动报酬和增收节支的劳动报酬、为补偿职工特殊或额外的劳动消耗和因其他特殊原因支付给职工的津贴,以及为保证职工工资水平不受物价影响支付给职工的物价补贴等。其中,企业按照短期奖金计划向职工发放的奖金属于短期薪酬,按照长期奖金计划向职工发放的奖金属于其他长期职工福利。

(2) 职工福利费,是指企业向职工提供的生活困难补助、丧葬补助费、抚恤费、职工异地安家费、防暑降温等职工福利支出。

(3) 医疗保险费、工伤保险费和生育保险费等社会保险费用,是指企业按照国家规定的基准和比例计算,向社会保险机构缴纳的医疗保险费、工伤保险费和生育保险费。2016年,国家出台政策在全国十二个城市试点生育保险与医疗保险合并缴纳,五险转变为四险。在先行试点的基础上,2018年在全国全面推开。

(4) 住房公积金,是指企业按照国家规定的基准和比例计算,向住房公积金管理机构缴存的住房公积金。

(5) 工会经费和职工教育经费,是指企业为了改善职工文化生活、为职工学习先进技术和提高文化水平和业务素质,用于开展工会活动和职工教育以及职业技能培训等相关支出。

(6) 短期带薪缺勤,是指职工虽然缺勤但仍向其支付报酬的安排,包括年休假、病假、婚假、产假、丧假、探亲假等。长期带薪缺勤属于其他长期职工福利。

(7) 短期利润分享计划,是指因职工提供的服务而与职工达成的基于利润或其他经营成果提供薪酬的协议。长期利润分享计划属于其他长期职工福利。

(8) 其他短期薪酬,是指除上述薪酬以外的其他为获得职工提供的服务而给予的短期薪酬。

2. 离职后福利

离职后福利,是指企业为获得职工提供的服务而在职工退休或与企业解除劳动关系后,提供的各种形式的报酬和福利,短期薪酬和辞退福利除外。企业应当将离职后福利计划分类为设定提存计划和设定受益计划。离职后的福利计划,是指企业与职工就离职后福利达成的协议,或者企业为向职工提供离职后福利制定的规章或办法等。其中,设定提存计划,是指向独立的基金缴存固定费用后,企业不再承担进一步支付义务的离职后福利计划;设定受益计划,是指除设定提存计划以外的离职后福利计划。

3. 辞退福利

辞退福利,是指企业在职工劳动合同到期之前解除与职工的劳动关系,或者为鼓励职工自愿接受裁减而给予职工的补偿。

4. 其他长期职工福利

其他长期职工福利，是指短期薪酬、离职后福利、辞退福利之外的所有的职工薪酬，包括长期带薪缺勤、长期残疾福利、长期利润分享计划等。

（三）职工薪酬的账户设置

企业应当设置"应付职工薪酬"账户，核算应付职工薪酬的计提、结算、使用等情况。该账户的贷方登记已分配计入有关成本费用项目的职工薪酬的数额，借方登记实际发放职工薪酬的数额，包括扣还的款项等；该账户期末余额贷方余额，反映企业应付未付的职工薪酬。

"应付职工薪酬"账户应当按照"工资、奖金、津贴和补贴""职工福利费""非货币性福利""社会保险费""住房公积金""工会经费和职工教育经费""带薪缺勤""利润分享计划""设定提存计划""设定受益计划义务""辞退福利"等职工薪酬项目设置明细账进行明细核算。

二、核算货币性职工薪酬

（一）熟悉职业规范

1. 工资、奖金、津贴和补贴

（1）计提薪酬。企业在职工为其提供服务的会计期间，将实际发生的职工工资、奖金、津贴和补贴等，根据职工提供服务的受益对象，将应确认的职工薪酬，借记"生产成本""制造费用""劳务成本"等账户，贷记"应付职工薪酬——工资、奖金、津贴和补贴"账户。

（2）发放薪酬。企业一般在每月发放工资前，根据"工资费用分配汇总表"中的"实发金额"栏的合计数，通过开户银行支付给职工或从开户银行提取现金，然后再向职工发放。

企业按照有关规定向职工支付工资、奖金、津贴、补贴等，借记"应付职工薪酬——工资、奖金、津贴和补贴"等账户，贷记"银行存款""库存现金"等账户；企业从应付职工薪酬中扣还各种款项（代垫家属医疗费、个人所得税等），借记"应付职工薪酬"账户，贷记"银行存款""其他应收款""应交税费——应交个人所得税"等账户。

2. 职工福利

对于职工福利费，企业应当在实际发生时根据实际发生额计入当期损益或相关资产成本，借记"生产成本""制造费用""管理费用""销售费用"等账户，贷记"应付职工薪酬——职工福利费"账户。

3. 国家规定计提标准的职工薪酬

对于国家规定了计提基础和计提比例的医疗保险费、工伤保险费、生育保险费等社会保险费和住房公积金，以及按规定提取的工会经费和职工教育经费，企业应当在职工为其提供服务的会计期间，根据规定的计提基础和计提比例计算确定相应的职工薪酬金额，并确认相关负债，按照收益对象计入当期损益或相关资产成本，借记"生产成本""制造费用""管理费用"等账户，贷记"应付职工薪酬"账户。

4. 短期带薪缺勤

对于职工带薪缺勤,企业应当根据其性质及职工享有的权利,分为累积带薪缺勤和非累积带薪缺勤两类。企业应当对累积带薪缺勤和非累积带薪缺勤分别进行会计处理。

(1) 累积带薪缺勤是指带薪权利可以结转下期的带薪缺勤,本期尚未用完的带薪缺勤权利可以在未来期间使用。企业应当在职工提供了服务从而增加了其未来享有的带薪缺勤权时,确认与累积带薪缺勤相关的职工薪酬,并以累积未行使权利而增加的预期支付金额计量。确认累积带薪缺勤时,借记"管理费用"等账户,贷记"应付职工薪酬——带薪缺勤——短期带薪缺勤——累积带薪缺勤"账户。

(2) 非累积带薪缺勤是指薪酬权利不能结转下期的带薪缺勤,本期尚未用完的带薪缺勤权利将予以取消,并且职工离开企业时也无权获得现金支付。我国企业职工休婚假、产假、丧假、探亲假、病假期间的工资通常属于非累积带薪缺勤。由于职工提供服务本身不能增加其能够享受的福利金额,企业在职工未缺勤时不应当计提相关费用与负债。为此,企业应当在职工实际发生缺勤的会计期间确认与非累积带薪缺勤相关的职工薪酬。

企业确认职工享受的与非累积带薪缺勤权利相关的薪酬,视同职工出勤确认的当期损益或相关的资产成本。通常情况下,与非累积带薪缺勤相关的职工薪酬已经包括在企业每期向职工发放的工资等薪酬中,因此,不必额外作相应的账务处理。

(二) 进行职业判断与操作

【情境8-9】重庆长胜发动机制造有限公司2019年5月份的应付工资总额693 000元,"工资费用分配汇总表"中列示的产品生产人员工资为480 000元,车间管理人员工资为105 000元,企业行政管理人员工资为90 600元,专设销售机构人员工资为17 400元。

根据所在地政府规定,公司分别按照职工工资总额的10%和8%计提医疗保险费和住房公积金,缴纳当地社会保险经办机构和住房公积金管理机构。公司分别按照职工工资总额的2%和1.5%计提工会经费和职工教育经费。

假定不考虑所得税影响。重庆长胜发动机制造有限公司根据工资汇总表,将确认为:
应计入生产成本的职工薪酬金额=480 000+480 000×(10%+8%+2%+1.5%)=583 200(元)
应计入制造费用的职工薪酬金额=105 000+105 000×(10%+8%+2%+1.5%)=127 575(元)
应计入管理费用的职工薪酬金额=90 600+90 600×(10%+8%+2%+1.5%)=110 079(元)
应计入销售费用的职工薪酬金额=17 400+17 400×(10%+8%+2%+1.5%)=21 141(元)
因此,账务处理如下:

借:生产成本　　　　　　　　　　　　　　　　　　　583 200
　　制造费用　　　　　　　　　　　　　　　　　　　127 575
　　管理费用　　　　　　　　　　　　　　　　　　　110 079
　　销售费用　　　　　　　　　　　　　　　　　　　 21 141
　　贷:应付职工薪酬——职工工资、奖金、津贴和补贴　　693 000
　　　　　　　　　　——社会保险费——基本医疗保险　　 69 300
　　　　　　　　　　——住房公积金　　　　　　　　　 55 440
　　　　　　　　　　——工会经费　　　　　　　　　　 13 860
　　　　　　　　　　——职工教育经费　　　　　　　　 10 395

根据【情境 8-9】的会计分录，填制重庆长胜发动机制造有限公司本月记账凭证，并登记相关明细账（凭证时间写 5 月 25 日）。

【情境 8-10】重庆长胜发动机制造有限公司根据"工资费用分配汇总表"结算本月应付职工工资总额 693 000 元，其中企业代扣职工房租 32 000 元、代垫职工家属医药费 8 000 元，实发工资 653 000 元。

重庆长胜发动机制造有限公司根据工资费用分配表扣除代垫款项用银行存款发放工资，账务处理如下：

借：应付职工薪酬——工资、奖金、津贴和补贴　　　　　　　693 000
　　贷：其他应收款——职工房租　　　　　　　　　　　　　 32 000
　　　　　　　　　——代垫医药费　　　　　　　　　　　　　8 000
　　　　银行存款　　　　　　　　　　　　　　　　　　　　653 000

根据【情境 8-10】的会计分录，填制重庆长胜发动机制造有限公司本月记账凭证，并登记相关日记账和明细账（凭证时间写 5 月 25 日）。

【学中做】重庆长胜发动机制造有限公司代职工缴纳了所得税该如何进行账务处理？

【情境 8-11】重庆长胜发动机制造有限公司下设一职工食堂，每月根据职工数量和规定标准给予食堂补贴。2019 年 5 月，企业在岗职工共计 200 人，其中管理部门 30 人，生产车间 170 人，每人补贴食堂 150 元。

重庆长胜发动机制造有限公司根据职工部门计提福利费，因此，账务处理如下：

借：制造费用　　　　　　　　　　　　　　　　　　　　　　25 500
　　管理费用　　　　　　　　　　　　　　　　　　　　　　　4 500
　　贷：应付职工薪酬——职工福利费　　　　　　　　　　　 30 000

根据【情境 8-11】的会计分录，填制重庆长胜发动机制造有限公司本月记账凭证，并登记相关明细账（凭证时间写 5 月 25 日）。

【情境 8-12】重庆长胜发动机制造有限公司按照职工工资总额的 12%计提基本养老保险费，缴存当地社会保险经办机构。2019 年 5 月份，公司缴存的基本养老保险费，应计入生产成本的金额为 57 600 元，应计入制造费用的金额为 12 600 元，应计入管理费用的金额为 10 872 元，应计入销售费用的金额为 2 088 元。

重庆长胜发动机制造有限公司按照规定计提养老保险，账务处理如下：

借：生产成本　　　　　　　　　　　　　　　　　　　　　　57 600
　　制造费用　　　　　　　　　　　　　　　　　　　　　　12 600
　　管理费用　　　　　　　　　　　　　　　　　　　　　　10 872
　　销售费用　　　　　　　　　　　　　　　　　　　　　　 2 088
　　贷：应付职工薪酬——设定提存计划——基本养老保险费　 83 160

根据【情境 8-12】的会计分录，填制重庆长胜发动机制造有限公司本月记账凭证，并登记相关明细账（凭证时间写 5 月 25 日）。

【情境 8-13】M 公司共有 200 名职工，从 2019 年 1 月 1 日起，该企业实行累积带薪缺勤制度。该制度规定，每个职工每年可享受 5 个工作日带薪年休假，未使用年休假只能向后结转一个公历年度，超过 1 年未使用的权利作废，在职工离开企业时也无权获得现金支付；职工休年假时，首先使用当年可享受的权利，再从上年结转的带薪年休假中扣除。

项目二 权 益

2019年12月31日,重庆长胜发动机制造有限公司预计2018年有190名职工享受不超过5天的带薪年休假,剩余10名职工平均享受6天半的带薪年休假,假定这10名职工全部为总部各部门经理,该公司平均每名职工每个工作日工资为300元。不考虑其他相关因素。

重庆长胜发动机制造有限公司2019年12月31日应当预计由于职工累积未使用的带薪年休假权利而导致的预期支付的金额,即相当于15天[10×(6.5−5)天]的年休假工资金额45 000 (15×300)元,因此,账务处理如下:

借:管理费用　　　　　　　　　　　　　　　　　　　　　　　　　　45 000
　　贷:应付职工薪酬——带薪缺勤——短期带薪缺勤——累积带薪缺勤　　45 000

三、核算非货币性职工薪酬

(一)熟悉职业规范

1. 计提薪酬

企业以自产产品作为非货币性福利发放给职工的,应当根据受益对象,按照该产品的公允价值计入相关资产成本或当期损益,同时确认应付职工薪酬,借记"管理费用""生产成本""制造费用"等账户,贷记"应付职工薪酬——非货币性福利"账户。将企业拥有的房屋等资产无偿提供给职工使用的,应当根据受益对象,将该住房每期应计提的折旧计入相关的资产成本或当期损益,同时确认应付职工薪酬,借记"管理费用""生产成本""制造费用"等账户,贷记"应付职工薪酬——非货币性福利"账户,并同时借记"应付职工薪酬——非货币性福利"账户,贷记"累计折旧"账户。租赁住房等资产供职工无偿使用的,应当根据受益对象,将每期应付的租金计入相关资产成本或当期损益,并确认职工薪酬,借记"管理费用""生产成本""制造费用"等账户,贷记"应付职工薪酬——非货币性福利"账户。难以认定受益对象的非货币性福利,直接计入当期损益和应付职工薪酬。

2. 发放薪酬

企业以自产产品作为职工薪酬发放给职工时,应确认主营业务收入,借记"应付职工薪酬——非货币性福利"账户,贷记"主营业务收入"账户,同时结转相关成本,涉及增值税销项税额的,还应进行相应的处理。企业支付租赁住房等资产供职工无偿使用所发生的租金,借记"应付职工薪酬——非货币性福利"账户,贷记"银行存款"等账户。

(二)进行职业判断与操作

【情境8−14】重庆长胜发动机制造有限公司,共有职工200名,其中160名为直接参加生产的职工,车间管理人员10名,另有30名为行政管理人员。2019年5月25日,公司以其生产的产品发放给企业的每名职工作为福利,该产品的市场售价为1 000元,适用的增值税税率为13%。

重庆长胜发动机制造有限公司应确认的职工福利=200×1 000+200×1 000×13%=226 000元,其中,应计入生产成本的金额=160×1 000+160×1 000×13%=180 800元,计入制造费用的金额=10×1 000+10×1 000×13%=11 300元,计入管理费用的金额=30×1 000+30×1 000×13%=33 900元,因此,账务处理如下:

借：生产成本	180 800
制造费用	11 300
管理费用	33 900
贷：应付职工薪酬——非货币性福利	226 000

根据【情境 8-14】的会计分录，填制重庆长胜发动机制造有限公司本月记账凭证，并登记相关明细账。

【学中做】 如果重庆长胜发动机制造有限公司外购产品发放给职工作为福利，该如何进行账务处理呢？

【情境 8-15】 重庆长胜发动机制造有限公司有部门级以上经理 5 名，每人提供一辆桑塔纳汽车免费使用，假定每辆汽车每月计提折旧 1 000 元。

重庆长胜发动机制造有限公司提供汽车供职工使用的非货币性福利=5×1 000=5 000 元，因此，账务处理如下：

| 借：管理费用 | 5 000 |
| 贷：应付职工薪酬——非货币性福利 | 5 000 |

根据【情境 8-15】的会计分录，填制重庆长胜发动机制造有限公司本月记账凭证，并登记相关明细账（凭证时间写 5 月 25 日）。

【情境 8-16】 承【情境 8-14】，重庆长胜发动机制造有限公司向职工发放的产品作为福利，应确认主营业务收入，同时要根据相关税法的规定，计算增值税销项税额。

重庆长胜发动机制造有限公司应确认的主营业务收入=200×1 000=200 000 元，应确认的增值税=200×1 000×13%=26 000 元，应结转的销售成本=200×900=180 000 元，因此，账务处理如下：

借：应付职工薪酬——非货币性福利	226 000
贷：主营业务收入	200 000
应交税费——应交增值税（销项税额）	26 000
借：主营业务成本	180 000
贷：库存商品	180 000

根据【情境 8-16】的会计分录，填制重庆长胜发动机制造有限公司本月记账凭证，并登记相关明细账（凭证时间写 5 月 25 日）。

知识链接

新会计准则下职工薪酬的内容

2014 年新《会计准则第 9 号——应付职工薪酬》将职工薪酬分为：短期薪酬、离职后福利、辞退福利、其他长期职工薪酬四类。短期薪酬包括：工资奖金津贴补贴、职工福利费、医疗保险、住房公积金、工会经费和教育经费、短期带薪缺勤（如：年假、婚假、产假等期间企业仍支付的报酬）、短期利润分享计划。离职后福利包括：设定提存计划（企业向独立的基金缴纳固定费用后不再承担进一步支付义务的职工离职后的福利计划）和设定受益计划（指设定提存计划以外的职工离职后福利计划）。辞退福利包括：在劳动合同到期前解除与员工合

项目二 权 益

同而支付的补偿和鼓励员工自愿接受裁减而支付的补偿,如失业保险、内退后支付的报酬等。其他长期职工薪酬包括:除短期薪酬、离职后福利、辞退福利之外的长期带薪缺勤、长期利润分享计划等。

考证回顾

1.【多选题】(2016年)下列各项中,应通过"应付职工薪酬"账户核算的有(   )。
  A. 支付职工的工资、奖金及津贴
  B. 按规定计提的职工教育经费
  C. 向职工发放的防暑降温费
  D. 职工出差报销的差旅费

2.【判断题】(2016年)对于设定提存计划,企业应当根据在资产负债表日为换取职工在会计期间提供的服务而应向单独主体缴存的提存金,确认为应付职工薪酬。(   )

作业四　核算银行借款

一、认知银行借款

银行借款是指企业向银行或其他非银行金融机构借入的、需要还本付息的款项,主要用于企业购建固定资产和满足流动资金周转的需要。按时间长短来看,分为偿还期限超过1年的长期借款和不足1年的短期借款;按提供贷款的机构,分为政策性银行贷款、商业银行贷款和其他金融机构贷款;按机构对贷款有无担保要求,分为信用贷款和担保贷款;按企业取得贷款的用途,分为基本建设贷款、专项贷款和流动资金贷款。

二、核算短期借款

(一)熟悉职业规范

短期借款是指企业向银行或其他金融机构等借入的期限在1年以下(含1年)的各种款项。短期借款一般是企业为了满足正常生产经营所需的资金或者是为了抵偿某项债务而借入的。

1. 短期借款的账户设置

企业通过"短期借款"账户,核算短期借款的发生、偿还等情况。该账户的贷方登记取得借款本金的数额,借方登记偿还借款的本金数额,余额在贷方,反映企业尚未偿还的短期借款。本账户可按借款种类、贷款人和币种设置明细账户进行明细核算。

2. 短期借款的取得与偿还

企业从银行或其他金融机构取得短期借款时,借记"银行存款"账户,贷记"短期借款"账户。短期借款到期归还本金时,借记"短期借款"账户,贷记"银行存款"账户。

3. 核算短期借款利息费用

(1)预提利息。如果短期借款利息是按期支付的,如按季度支付利息,或者利息是在借款到期时连同本金一起归还,并且其数额较大的,企业应采用月末预提方式进行短期借款利息的核算。短期借款利息属于筹资费用,应当于发生时直接计入当期财务费用。在资产负债表日,企业应当按照计算确定的短期借款利息费用,借记"财务费用"账户,贷记"应付利息"账户;实际支付利息时,借记"应付利息"账户,贷记"银行存款"账户。

(2)直接摊销。如果企业的短期借款利息是按月支付的,或者利息是在借款到期时连同本金一起归还,但是数额不大的,可以不采用预提的方法,而在实际支付或收到银行的计息通知时,直接计入当期损益,借记"财务费用"账户,贷记"银行存款"或"库存现金"账户。

(二)进行职业判断与操作

【情境8-17】承【情境1-7】,核算借款的利息和本金的偿还。

重庆长胜发动机制造有限公司每月计提的利息金额=60 000×6%÷12=300 元,因此,账务处理如下:

(1)5月月末计提应付利息:

借:财务费用	300
贷:应付利息	300

(2)6月计提利息同3月。

(3)7月月末,归还本金和利息:

借:短期借款	60 000
财务费用	300
应付利息	600
贷:银行存款	60 900

根据【情境8-17】的会计分录,填制重庆长胜发动机制造有限公司本月记账凭证,并登记相关日记账和明细账(凭证时间写5月25日)。

三、核算长期借款

(一)熟悉职业规范

1. 长期借款的内容

长期借款是指企业向银行或其他金融机构借入的期限在1年以上(不含1年)的各项借款。就长期借款的用途来讲,企业一般用于固定资产的购建、改扩建工程、大修理工程、对外投资以及为了保持长期经营能力等方面的需要。与短期借款相比,长期借款除数额大、偿还期限较长外,其借款费用需要根据权责发生制的要求,按期预提计入所购建资产的成本或直接计入当期财务费用。由于长期借款的期限较长,至少是在1年以上,因此,在资产负债表非流动负债项目中列式。

按照利息偿还方式,长期借款可分为分期付息到期一次偿还本金和到期一次还本付息的两种方式;按借款条件,长期借款可分为信用贷款和抵押贷款;按币种,长期借款可分为人民币长期借款和外币长期借款;按借款用途,长期借款可分为基本建设借款、技术改造借款和生产经营借款。

2. 长期借款的账户设置

企业应通过"长期借款"账户，核算长期借款的借入、归还等情况。该账户的贷方登记长期借款本息的增加额；借方登记本息的减少额；贷方余额表示企业尚未偿还的长期借款。本账户可按照贷款单位和贷款种类设置明细账，分别按"本金""利息调整"等进行明细核算。

3. 长期借款的取得与使用

企业借入长期借款，应按实际收到的金额，借记"银行存款"账户，贷记"长期借款——本金"账户；如存在差额，应借记"长期借款——利息调整"账户。

4. 长期借款利息的确认

长期借款利息费用应当在资产负债表日按照实际利率法计算确定，实际利率法与合同利率差异较小的，也可以采用合同利率计算确定利息费用。长期借款按合同利率计算确定的应付未付利息，如果属于分期付息的，计入"长期借款——应计利息"账户。

长期借款计算确定的利息费用，应当按以下原则计入有关成本、费用：属于筹建期间的，计入管理费用；属于生产经营期间的，如果长期借款用于购建固定资产等符合资本化条件的资产，在资产尚未达到预定可使用状态前，所发生的利息支出数应当资本化，计入在建工程等相关资产成本；资产达到预定可使用状态后发生的利息支出，以及按规定不予资本化的利息支出，计入财务费用。借记"在建工程""制造费用""财务费用""研发支出"等账户，贷记"应付利息"或"长期借款——应计利息"账户。

5. 长期借款的偿还

企业归还长期借款的本金时，应按归还的金额，借记"长期借款——本金"账户，贷记"银行存款"账户；按归还的利息，借记"应付利息"或"长期借款——应计利息"账户，贷记"银行存款"账户。

（二）进行职业判断与操作

【情境8-18】M公司于2019年5月31日从银行借入资金3 000 000元，借款期限为3年，借款年利率为6.9%，到期一次还本付息，不计复利，所有款项存入银行。M公司用该借款于当日购买不需要安装的设备一台，价款2 400 000元，增值税税额为408 000元，另支付保险等费用32 000元，设备已于当日投入使用。

该情境有两个经济业务，M公司账务处理如下：

（1）取得借款时：

借：银行存款　　　　　　　　　　　　　　　　　　　　　　　3 000 000
　　贷：长期借款——本金　　　　　　　　　　　　　　　　　　3 000 000

（2）支付设备款及保险费用：

借：固定资产　　　　　　　　　　　　　　　　　　　　　　　2 400 000
　　应交税费——应交增值税（进项税额）　　　　　　　　　　　408 000
　　管理费用——保险费　　　　　　　　　　　　　　　　　　　　32 000
　　贷：银行存款　　　　　　　　　　　　　　　　　　　　　　2 840 000

【情境8-19】M公司于2019年6月30日计提长期借款利息。

M公司2019年6月30日计提的长期借款利息=3 000 000×6.9%÷12=17 250元，因此，账务处理如下：

借：财务费用　　　　　　　　　　　　　　　　　　　　　　　17 250
　　贷：长期借款——应计利息　　　　　　　　　　　　　　　　　17 250

【学中做】1. 如果 M 公司借入的长期借款是分期付息，一次还本，该如何计提利息？分录是否会发生变化？

2. 如果 M 公司借入的长期借款用于修建工程，工程达到预定可使用时间为 2020 年 3 月 31 日，又该如何进行计提利息和账务处理？

【情境 8-20】承【情境 8-18】和【情境 8-19】，M 公司于 2021 年 5 月 31 日，偿还该笔借款本息。

M 公司该项借款应计利息=3 000 000×6.9%÷12×35=603 750 元，因此，应作如下账务处理：

借：长期借款——本金　　　　　　　　　　　　　　　　　3 000 000
　　　　　　——应计利息　　　　　　　　　　　　　　　　　603 750
　　贷：银行存款　　　　　　　　　　　　　　　　　　　　　3 621 000

考证回顾

【多选题】(2016 年) 下列各项中，关于长期借款利息费用的会计处理正确的有（　　）。
A. 企业筹建期间发生的不符合资本化条件的利息费用计入管理费用
B. 实际利率与合同利率差异较大的，采用合同利率计算确定利息
C. 经营期间在建工程达到预定可使用状态后发生的利息费用计入财务费用
D. 研究开发无形资产的研究费用计入研发支出

作业五　核算应付债券

一、认知应付债券

应付债券是指企业为筹集长期资金而发行的债券。通过发行债券取得的资金，构成了企业一项非流动负债，企业会在未来某一特定日期按债券所记载的利率、期限等约定还本付息。

企业债券发行价格的高低一般取决于债券票面金额、债券票面利率、发行当时的市场利率以及债券期限的长短等因素。债券发行有溢价发行、折价发行和面值发行。企业债券以高于债券面值的价格发行，称为溢价发行；以低于债券面值的价格发行，称为折价发行；以面值价格进行发行，称为面值发行。

二、熟悉职业规范

(一) 应付债券的账户设置

企业设置"应付债券"账户，核算应付债券的发行、计提利息、还本付息等情况。该账户贷方登记应付债券的本金和利息；借方登记归还的债券本金和利息；期末余额表示企业尚未偿还的长期债券。本账户可按"面值""利息调整""应计利息"等设置明细账户进行明细核算。

企业应当设置"企业债券备查簿",详细登记每一企业债券的票面金额、债券票面利率、还本付息期限与方式、发行总额、发行日期和编号、委托代售单位、转换股份等资料。企业债券到期结清时,应在备查账簿内逐笔注销。

(二)发行债券

1. 面值发行

企业按面值发行债券时,借记"银行存款"账户,贷记"应付债券——面值"账户。

2. 折价发行

企业按折价发行债券时,应按实际收到的款项,借记"银行存款"账户;按实际收到的款项与债券面值之间的差额,借记"应付债券——利息调整"账户;按债券票面金额,贷记"应付债券——面值"账户。

3. 溢价发行

企业按溢价发行债券时,应按实际收到的款项,借记"银行存款"账户;按票面金额,贷记"应付债券——面值"账户;按实际收到的款项与债券面值之间的差额,贷记"应付债券——利息调整"账户。

(三)债券利息的确认

发行长期债券的企业,应当按期计提利息。对于按面值发行的债券,在每期采用票面利率计算计提利息时,应当按照与长期借款相一致的原则计入有关成本费用,借记"在建工程""制造费用""财务费用""研发支出"等账户;其中,对于分期付息、到期一次还本的债券,其按票面利率计算确定的应付未付利息通过"应付利息"账户核算,对于一次还本付息的债券,其按票面利率计算确定的应付未付利息通过"应付债券——应计利息"账户核算。应付债券按实际利率确定利息费用(实际利率与票面利率差异较小时也可按票面利率),计算确定的利息费用,应按照与长期借款相一致的原则计入有关成本、费用。

(四)债券还本付息

长期债券到期,企业支付债券本息时,借记"应付债券——面值"和"应付债券——应计利息""应付利息"等账户,贷记"银行存款"等账户。

三、进行职业判断与操作

【情境 8–21】 M 公司于 2019 年 7 月 1 日发行三年期、到期时一次还本付息、年利率为 8%(不计复利)、发行面值总额为 30 000 000 元的债券,假定年利率等于实际利率。按债券面值发行。

M 公司应作如下账务处理:

借:银行存款　　　　　　　　　　　　　　　　　　　　　　　30 000 000
　　贷:应付债券——面值　　　　　　　　　　　　　　　　　　　30 000 000

【情境 8–22】 M 公司于 2019 年 7 月 1 日发行总值为 100 万的公司债券,共收到发行债券价款 95 万元,该债券票面利率为 10%,期限为 5 年。每半年付息一次,到期偿还本金和最后一次利息。假定发行该债券筹措的资金全部用于补充企业流动资金。

M 公司应作如下账务处理:

借：银行存款	950 000
应付债券——利息调整	50 000
贷：应付债券——面值	1 000 000

【情境8-23】 M公司于2019年7月1日发行总值为100万的公司债券，共收到发行债券价款120万元，该债券票面利率为8%，期限为5年。每半年付息一次，到期偿还本金和最后一次利息。假定发行该债券筹措的资金全部用于补充企业流动资金。

M公司应作如下账务处理：

借：银行存款	1 200 000
贷：应付债券——面值	1 000 000
——利息调整	200 000

【情境8-24】 承【情境8-23】M公司发行债券所筹资金于当日用于建造固定资产，至2019年12月31日工程尚未完工，计提本年长期债券利息。企业按照规定，将该债券产生的实际利息费用全部资本化，作为在建工程成本。

M公司在外发行的债券至2019年12月31日，发行的时间为6个月，该年应计债券的利息为：30 000 000×8%÷12×6=1 200 000元，由于该债券为到期一次还本付息，因此利息1 200 000元应计入"应付债券——应计利息"账户，因此，应作如下账务处理：

借：在建工程	1 200 000
贷：应付债券——应计利息	1 200 000

【学中做】 如果M公司发行的债券所筹的资金用于建造无形资产，该如何进行账务处理？

【情境8-25】 承【情境8-21】和【情境8-22】，M公司于2024年7月1日偿还债券本金和利息。

M公司长期债券的应计利息=30 000 000×8%×3=7 200 000元，因此，应作如下账务处理：

借：应付债券——面值	30 000 000
——应计利息	7 200 000
贷：银行存款	37 200 000

考证回顾

1.【单选题】（2016年）发行债券的利息不符合资本化条件的计入（　　）。
A. 财务费用　　　　B. 管理费用　　　　C. 长期待摊费用　　　　D. 制造费用

2.【判断题】（2016年）企业发行债券筹集资金用于建造固定资产的，建造固定资产达到预定可使用状态后的债券利息应追加计入固定资产初始成本。（　　）

作业六　核算应交税费

一、认知应交税费

企业根据税法规定应交纳的各种税费包括：增值税、消费税、关税、城市维护建设税、资源税、企业所得税、土地增值税、房产税、车船税、土地使用税、教育费附加、矿产资源补偿费、印花税、耕地占用税等。

企业应通过"应交税费"账户，总括反映各种税费的应交、交纳等情况。该账户贷方登记应交纳的各种税费等，借方登记实际交纳的税费。期末余额一般在贷方，反映企业尚未交纳的税费，期末余额如在借方，反映企业多交或尚未抵扣的税费。本账户按应交的税费项目设置明细账户进行明细核算。

企业代扣代交的个人所得税等，也通过"应交税费"账户核算，而企业交纳的印花税、耕地占用税等不需要预计应交数的税金，不通过"应交税费"账户核算。

二、核算增值税

（一）熟悉职业规范

1. 增值税概述

增值税是以商品（含应税劳务、应税行为）在流转过程中实现的增值额作为计税依据而征收的一种流转税。我国增值税相关法规规定，在我国境内销售货物、提供加工修理或修配劳务（简称应税劳务）、销售应税服务、无形资产和不动产（简称应税行为）以及进口货物的企业单位和个人为增值税的纳税人。其中，"应税服务"包括交通运输服务、邮政服务、电信服务、金融服务、现代服务、生活服务。

2. 增值税计算方法

根据经营规模大小及会计核算水平的健全程度，增值税纳税人分为一般纳税人和小规模纳税人。计算增值税的方法分为一般计税方法和简易计税方法。

增值税的一般计税方法，是先按当期销售额和使用的税率计算出销项税额，然后以该销项税额对当期购进项目支付的税款（即进项税额）进行抵扣，从而间接算出当期的应纳税额。当期应纳税额的计算公式：

$$当期应纳税额=当期销项税额-当期进项税额$$

其中：

① 公式中的"当期销项税额"是指纳税人当期销售货物、提供应税劳务、发生应税行为时按照销售额和增值税税率计算并收取的增值税税额。销项税额的计算公式：

$$销项税额=销售额×增值税税率$$

② 公式中的"当期进项税额"是指纳税人当期购进货物、接受加工修理或修配劳务、应税服务、无形资产和不动产所支付或承担的增值税税额。通常包括：从销售方取得的增值税专用发票上注明的增值税税额；从海关取得的完税凭证上注明的增值税税额；购进农产品，如用于生产税率为9%的产品，按照农产品收购发票或销售发票上注明的农产品买价和9%的扣除率计算的进项税额；如用于生产税率为13%的产品，按照农产品收购发票或者销售发票上注明的农产品买价和13%的扣除率计算进项税额；接受境外单位或者个人提供的应税服务，从税务机关或者境内代理人取得的解缴税款的中华人民共和国税收缴款凭证（以下称税收缴款凭证）上注明的增值税额。

当期销项税额小于当期进项税额不足抵扣时，其不足部分可以结转下期继续抵扣。

小规模纳税人适用简易计税方法。增值税的简易计税方法是按照销售额与征收率的乘积计算应纳税额。应纳税额的计算公式：

应纳税额=销售额×征收率

需要说明的是,增值税一般纳税人计算增值税大多采用一般计税方法;小规模纳税人一般采用简易计税方法;一般纳税人销售服务、无形资产或者不动产,符合规定,可以采用简易计税方法。

3. 增值税税率和征收率

一般纳税人采用的税率分为基本税率、低税率和零税率三种。增值税税率和征收率表,如表8-1所示。

表8-1 增值税税率和征收率表

税率	13% (基本税率)	销售或者进口货物,提供加工修理或修配劳务、销售应税服务、无形资产和不动产; 提供有形动产租赁服务
	9%(2019年 5月1日后新规)	销售或者进口下列货物: 粮食、食用植物油; 自来水、暖气、冷气、热水、煤气、石油液化气、天然气、沼气、居民用煤炭制品; 图书、报纸、杂志; 饲料、化肥、农药、农机、农膜; 国务院及其有关部门规定的其他货物
	9%	一般纳税人提供交通运输、邮政、基础电信、建筑、不动产租赁服务,销售不动产,转让土地使用权
	6%	一般纳税人提供增值电信服务、金融服务、现代服务(租赁服务除外)、生活服务、转让土地使用权以外的其他无形资产
	0%	一般纳税人出口货物、境内单位或个人发生的跨境应税行为(如转让无形资产)符合条件的
征收率	3%	(1)增值税小规模纳税人; (2)简易纳税方法
	5%	简易计税方法

4. 一般纳税人的账务处理

(1)增值税核算应设置的账户。为了核算企业应交增值税的发生、抵扣、交纳、退税即转出等情况,增值税一般纳税人应当在"应交税费"账户下设置"应交增值税""未交增值税""预缴增值税""待抵扣进项税额"等明细账户。

"应交增值税"明细账内设置"进项税额""销项税额抵减""已交税金""转出未交增值税""减免税款""销项税额""出口退税""进项税额转出""转出多交增值税""简易计税"等专栏。其中:①"进项税额"专栏,记录一般纳税人购进货物、加工修理修配劳务、服务、无形资产或不动产而支付或负担的、准予从销项税额中抵扣的增值税额;②"销项税额抵减"专栏,记录一般纳税人按照现行增值税制度规定因扣减销售额而减少的销项税额;③"已交税金"专栏,记录一般纳税人已交纳的当月应交增值税;④"转出未交增值税"和"转出多交增值税"专栏,分别记录一般纳税人月度终了转出当月应交未交或多交的增值税额;⑤"减免税额"专栏,记录一般纳税人按现行增值税制度准予减免的增值税额;⑥"销项税额"专栏,记录一般纳税人销售货物、加工修理修配劳务、服务、无形资产或不动产应收取的增值税额,以及从境外单位或个人购进服务、无形资产或不动产应扣缴的增值税额;⑦"出口退税"专栏，记录一般纳税人出口产品按规定退回的增值税额；⑧"进项税额转出"专栏，记录一般纳税人购进货物、加工修理修配劳务、服务、无形资产或不动产等发生非正常损失以及其他原因而不应从销项税额中抵扣，按规定转出的进项税额；⑨"简易计税"专栏，记录一般纳税人采用简易计税方法应交纳的增值税额。

"未交增值税"明细账户，核算一般纳税人月度终了从"应交增值税"或"预缴增值税"明细账户转入当月应交未交、多交或预缴的增值税额，以及当月交纳以前期间未交的增值税额。

（2）取得资产、接受应税劳务或应税行为。

① 一般纳税人购进货物、接受加工修理修配劳务或者服务、取得无形资产或者不动产，按应计入相关成本费用的金额，借记"在途物资"或"原材料""库存商品""生产成本""无形资产""固定资产""管理费用"等账户，按可抵扣的增值税额，借记"应交税费——应交增值税（进项税额）"账户，按应付或实际支付的金额，贷记"应付账款""应付票据""银行存款"等账户。购进货物等发生的退货，应根据税务机关开具的红字增值税专用发票编制相反的会计分录。

企业购进农产品，除取得增值税专用发票或者海关进口增值税专用缴款书外，根据生产产品的不同可以按照农产品收购发票或者销售发票上注明的农产品的买价和相应的扣除率计算的进项税额，借记"应交税费——应交增值税（进项税额）"账户，按农产品的买价扣除进项税额后的差额，借记"材料采购""原材料""库存商品"等账户，按应付或实际支付的金额，贷记"应付账款""应付票据""银行存款"等账户。

② 货物等已验收入库但尚未取得增值税扣税凭证。企业购进的货物等已到达并验收入库，但尚未收到增值税扣税凭证的，应按货物清单或相关合同协议上的价格暂估入账。按应计入相关成本费用的金额，借记"原材料""库存商品""无形资产""固定资产"等账户，按未来可抵扣的增值税额，借记"应交税费——待认证进项税额"账户，按应付或实际支付的金额，贷记"应付账款""应付票据""银行存款"等账户。待取得相关增值税扣税凭证并经认证后，借记"应交税费——应交增值税（进项税额）"或"应交税费——待抵扣进项税额"账户，贷记"应交税费——待认证进项税额"账户。

③ 进项税额转出。企业已单独确认进项税额的购进货物、加工修理修配劳务或者服务、无形资产或者不动产但其事后改变用途（如用于简易计税方法计税项目、免征增值税项目、非增值税应税项目等），或发生非正常损失，企业应将已计入"应交税费——应交增值税（进项税额）"账户的金额转入"应交税费——应交增值税（进项税额转出）"账户。这里所说的非正常损失是指因管理不善造成被盗、丢失、霉烂变质的损失，以及被执法部门依法没收或者强令自行销毁的货物。其会计处理为，借记"待处理财产损溢""应付职工薪酬"等账户，贷记"应交税费——应交增值税（进项税额转出）"账户。属于转作待处理财产损失的进项税额，应与非正常损失的购进货物、在产品或库存商品、固定资产和无形资产的成本一并处理。

（3）销售货物、提供应税劳务、发生应税行为。企业销售货物、提供加工修理修配劳务、销售服务、无形资产或不动产，应当按应收或已收的金额，借记"应收账款""应收票据""银行存款"等账户，按取得的收入金额，贷记"主营业务收入""其他业务收入""固定资产清理"等账户，按计算的销项税额，贷记"应交税费——应交增值税（销项税额）"账户。企业销售货物等发生销售退回的，应根据税务机关开具的红字增值税专用发票编制相反的会计分录。

企业有些交易和事项从会计角度看不属于销售行为，不能确认销售收入，但按税法规定，应视同对外销售处理，计算应交增值税。视同销售需要交纳增值税的事项有：企业将自产或委托加工的货物用于非应税项目、集体福利或个人消费，将自产、委托加工或购买的货物作为投资、分配给股东或投资者、无偿赠送他人等。在这些情况下，企业应当根据视同销售的具体内容，按照现行增值税制度规定计算的销项税额，借记"在建工程""长期股权投资""应付职工薪酬""营业外支出"等账户，贷记"应交税费——应交增值税（销项税额）"账户等。

（4）交纳增值税。企业交纳当月应交的增值税，借记"应交税费——应交增值税（已交税金）"账户，贷记"银行存款"账户；企业交纳以前期间未交的增值税，借记"应交税费——未交增值税"账户，贷记"银行存款"账户。

（5）月末转出多交增值税和未交增值税。月度终了，企业应当将当月应交未交或多交的增值税自"应交增值税"明细账户转入"未交增值税"明细账户。对于当月应交未交的增值税，借记"应交税费——应交增值税（转出未交增值税）"账户，贷记"应交税费——未交增值税"账户；对于当月多交的增值税，借记"应交税费——未交增值税"账户，贷记"应交税费——应交增值税（转出多交增值税）"账户。

5. 小规模纳税人的账务处理

小规模纳税企业应当按照不含税销售额和规定的增值税征收率计算交纳增值税，销售货物或提供应税劳务时只能开具普通发票，不能开具增值税专用发票。小规模纳税企业不享有进项税额的抵扣权，其购进货物或接受应税劳务支付的增值税直接计入有关货物或劳务的成本。因此，小规模纳税企业只需在"应交税费"账户下设置"应交增值税"明细账户，不需要在"应交增值税"明细账户中设置专栏，"应交税费——应交增值税"账户贷方登记应交纳的增值税，借方登记已交纳的增值税；期末贷方余额为尚未交纳的增值税，借方余额为多交纳的增值税。

小规模纳税企业购进货物和接受应税劳务时支付的增值税，直接计入有关货物和劳务的成本，借记"材料采购""在途物资"等账户，贷记"银行存款"等账户。

（二）进行职业判断与操作

【情境8-26】2019年5月25日，重庆长胜发动机制造有限公司购入圆钢100千克，增值税专用发票上注明货款60 000元，增值税税额7 800元，货物尚未到达，货款和进项税款已用银行存款支付。该企业采用计划成本对原材料进行核算，计划成本为52 000元。

企业从国内采购物资或接受应税劳务等，根据增值税专用发票上记载的应计入采购成本或应计入加工、修理修配等物资成本的金额，借记"材料采购""在途物资""原材料""库存商品"或"生产成本""制造费用""委托加工物资""管理费用"等账户，根据增值税专用发票上注明的可抵扣的增值税税额，借记"应交税费——应交增值税（进项税额）"账户，按照应付或实际支付的总额，贷记"应付账款""应付票据""银行存款"等账户。购入货物发生的退货，编制相反的账务处理。因此，本任务的账务处理如下：

借：材料采购——圆钢　　　　　　　　　　　　　　　　　　60 000
　　应交税费——应交增值税（进项税额）　　　　　　　　　 7 800
　　贷：银行存款　　　　　　　　　　　　　　　　　　　　　　　67 800

根据【情境 8-26】的会计分录,填制重庆长胜发动机制造有限公司记账凭证,并登记相关日记账和明细账。

知识链接

企业销售货物等发生销售退回的,应根据税务机关开具的红字增值税专用发票编制相反的会计分录。会计上收入或利得确认时点先于增值税纳税义务发生时点的,应将相关销项税额计入"应交税费——待转销销项税额"账户,待实际发生纳税义务时再转入"应交税费——应交增值税(销项税额或简易计税)"账户。

【情境 8-27】2019 年 5 月 9 日,M 公司购入农民自产免税农产品一批,价款 100 000 元,规定的扣除率为 9%,货物尚未到达,货款已用银行存款支付。

除取得增值税专用发票或者海关进口增值税专用缴款书外,按照农产品收购发票或者销售发票上注明的农产品买价和 9% 的扣除率计算的进项税额。计算公式为:

$$进项税额=买价×扣除率$$

因此,M 公司账务处理如下:

借:在途物资　　　　　　　　　　　　　　　　　　　　　　91 000
　　应交税费——应交增值税(进项税额)　　　　　　　　　9 000
　　贷:银行存款　　　　　　　　　　　　　　　　　　　　100 000

进项税额=购买价款×扣除率=100 000×9%=9 000(元)

【学中做】在【情境 8-27】中,如果企业购入的不是自产的免税农产品,而是从供销社(一般纳税人)处购买的农产品,又应该怎么处理?

【情境 8-28】2019 年 5 月 25 日,M 公司购入一栋简易写字楼,并于当月投入使用,M 公司取得该大楼的增值税专用发票并认证相符,专用发票注明的价款为 800 000 元,增值税进项税额为 72 000 元,款项已用银行存款支付。不考虑其他相关因素。

账务处理如下:

借:固定资产　　　　　　　　　　　　　　　　　　　　　　800 000
　　应交税费——应交增值税(进项税额)　　　　　　　　　72 000
　　贷:银行存款　　　　　　　　　　　　　　　　　　　　872 000

【情境 8-29】2019 年 5 月 25 日,M 公司购进钢板 20 千克已验收入库,但尚未收到增值税扣税凭证,款项也未支付。随货同行的材料清单列明的原材料销售价格为 5 000 元,估计未来可抵扣的增值税额为 650 元。该批材料的计划成本为 4 800 元。

企业购进的货物等已到达并验收入库,但尚未收到增值税扣税凭证的,应按货物清单或相关合同协议上的价格暂估入账。企业账务处理如下:

借:原材料　　　　　　　　　　　　　　　　　　　　　　　4 800
　　贷:应付账款——应付增值款项　　　　　　　　　　　　4 800

【情境 8-30】2019 年 5 月 9 日,M 公司库存圆钢因雷击导致火灾毁损 10 千克,计划成本为 5 200 元。

企业应自然灾害造成的存货的毁损,进项税额不需转出。

该企业账务处理如下：

借：待处理财产损溢——待处理流动资产损溢　　　　　　　　　　　　　　5 200
　　贷：原材料——圆钢　　　　　　　　　　　　　　　　　　　　　　　　5 200

【学中做】如果【情境8-30】是因为管理不善所造成的原材料的毁损，该怎么处理呢？如果已知材料成本差异率为-2%，又该如何处理？

【情境8-31】2019年5月25日，重庆长胜发动机制造有限公司所属的职工医院维修领用圆钢，计划成本5 200元，其购入时支付的增值税为676元。

企业已单独确认进项税额的购进货物但改变用途用于非增值税应税项目，应将已记入"应交税费——应交增值税（进项税额）"账户的金额转入"应交税费——应交增值税（进项税额转出）"账户。

该企业账务处理如下：

借：应付职工薪酬——职工福利　　　　　　　　　　　　　　　　　　　5 876
　　贷：原材料——圆钢　　　　　　　　　　　　　　　　　　　　　　　　5 200
　　　　应交税费——应交增值税（进项税额转出）　　　　　　　　　　　　676

根据【情境8-31】的会计分录，填制重庆长胜发动机制造有限公司记账凭证，并登记相关明细账。

【情境8-32】2019年5月25日，重庆长胜发动机制造有限公司销售A产品20台，价款50 000元，按规定应收取增值税额6 500元，提货单和增值税专用发票已交给买方，款项尚未收到。

企业销售货物或者提供应税劳务，按照营业收入和应收取的增值税税额，借记"应收账款""应收票据""银行存款"等账户，按专用发票上注明的增值税税额，贷记"应交税费——应交增值税（销项税额）"账户，按照实现的营业收入，贷记"主营业务收入""其他业务收入"等账户。发生的销售退回，作相反的账务处理。本情境属于销售货物业务，账务处理如下：

借：应收账款　　　　　　　　　　　　　　　　　　　　　　　　　　　56 500
　　贷：主营业务收入　　　　　　　　　　　　　　　　　　　　　　　　50 000
　　　　应交税费——应交增值税（销项税额）　　　　　　　　　　　　　6 500

根据【情境8-32】的会计分录，填制重庆长胜发动机制造有限公司记账凭证，并登记相关明细账。

【情境8-33】2019年5月25日，重庆长胜发动机制造有限公司为外单位代加工发动机400个，每个收取加工费1 000元，适用的增值税税率为13%，加工完成，款项已收到并存入银行。

企业提供应税劳务，应按照劳务收入和适用的增值税税率计算增值税销项税额，贷记"应交税费——应交增值税（销项税额）"。该企业账务处理如下：

借：银行存款　　　　　　　　　　　　　　　　　　　　　　　　　　　452 000
　　贷：其他业务收入　　　　　　　　　　　　　　　　　　　　　　　　400 000
　　　　应交税费——应交增值税（销项税额）　　　　　　　　　　　　　52 000

根据【情境8-33】的会计分录，填制重庆长胜发动机制造有限公司记账凭证，并登记相关日记账和明细账。

【情境8-34】2019年5月10日，重庆长胜发动机制造有限公司将自己生产的B产品5台用于自行建造职工俱乐部，每台售价1 000元。该批产品的成本为1 875元（生产所耗用材料的进项税额170元），增值税税率为13%。

企业的有些交易和事项从会计角度看不属于销售行为，不能确认销售收入，但是按照税法规定，应视同对外销售处理，计算应交增值税。视同销售需要交纳增值税的事项如企业将自产或委托加工的货物用于非应税项目、集体福利或个人消费，将自产、委托加工或购买的货物作为投资、分配给股东或投资者、无偿赠送他人等。

借：在建工程　　　　　　　　　　　　　　　　　　　　　　　2 525
　　贷：库存商品——B产品　　　　　　　　　　　　　　　　　1 875
　　　　应交税费——应交增值税（销项税额）　　　　　　　　　650

根据【情境8-34】的会计分录，填制重庆长胜发动机制造有限公司记账凭证，并登记相关明细账。

【学中做】在【情境8-34】中，如果重庆长胜发动机制造有限公司自行建造职工俱乐部领用的是原材料，该怎么进行账务处理？

【情境8-35】2019年5月25日，重庆长胜发动机制造有限公司以银行存款交纳本月增值税1 000元。

交纳本月增值税时，根据实际交纳的金额，应借记"应交税费——应交增值税（已交税金）"账户，贷记"银行存款"账户。

该企业账务处理如下：

借：应交税费——应交增值税（已交税金）　　　　　　　　　　1 000
　　贷：银行存款　　　　　　　　　　　　　　　　　　　　　　1 000

根据【情境8-35】的会计分录，填制重庆长胜发动机制造有限公司记账凭证，并登记相关日记账和明细账。

【情境8-36】M公司本月发生销项税额84 770元，进项税额转出24 578元，进项税额20 440元，已交增值税60 000元。

在实际工作中，企业的增值税实行预交制，即本月预交一次，下月10日前结清。在预交后，下月10日前需要结清的增值税额为：

本期应纳增值税=销项税款+出口退税+进项税额转出数–进项税额–已交税款

该金额在贷方，表示企业尚未交纳的增值税，应于月末将该余额转出至未交增值税。

M公司本月"应交税费——应交增值税"账户的余额为：

84 770+24 578–20 440–60 000=28 908（元）

M公司账务处理如下：

借：应交税费——应交增值税（转出未交增值税）　　　　　　　28 908
　　贷：应交税费——未交增值税　　　　　　　　　　　　　　 28 908

在下月规定期限内缴纳时，账务处理如下：

借：应交税费——未交增值税　　　　　　　　　　　　　　　　28 908
　　贷：银行存款　　　　　　　　　　　　　　　　　　　　　 28 908

【情境8-37】B企业为小规模纳税人，购入材料一批，取得的专用发票中注明货款20 000元，增值税3 400元，款项以银行存款支付，材料已验收入库（该企业按实际成本计价核算）。

B企业为小规范纳税人，虽然取得了增值税专用发票，但不能抵扣，应将增值税计入采购材料的成本，账务处理如下：

借：原材料　　　　　　　　　　　　　　　　　　　　　　　　　　23 400
　　贷：银行存款　　　　　　　　　　　　　　　　　　　　　　　　　23 400

【情境8-38】 B企业为小规模纳税人，销售产品一批，所开出的普通发票中注明的货款（含税）为20 600元，增值税征收率为3%，款项已存入银行。

本情境中，发票中金额为含税金额，应转化为不含税金额再计算应纳增值税，相关计算和账务处理如下：

不含税销售额=含税销售额÷（1+征收率）=20 600÷（1+3%）=20 000（元）

应纳增值税=不含税销售额×征收率=20 000×3%=600（元）

借：银行存款　　　　　　　　　　　　　　　　　　　　　　　　　20 600
　　贷：主营业务收入　　　　　　　　　　　　　　　　　　　　　　　20 000
　　　　应交税费——应交增值税　　　　　　　　　　　　　　　　　　　600

实际工作中，小规模纳税人一般是在期末时统一计算应纳税额，而不是每销售一次计算并核算一次，这样可以简化工作量。

【情境8-39】 承【情境8-38】，该小规模纳税企业月末以银行存款上交增值税600元。

本情境中，B企业实际交纳增值税时，"应交税费"负债项目减少，应在借方登记；同时，以银行存款交纳，银行存款也减少，应在借方登记"银行存款"。因此，账务处理如下：

借：应交税费——应交增值税　　　　　　　　　　　　　　　　　　　600
　　贷：银行存款　　　　　　　　　　　　　　　　　　　　　　　　　600

此外，企业购入材料不能取得增值税专用发票的，比照小规模纳税企业进行处理，发生的增值税计入材料采购成本，借记"材料采购""在途物资"等账户，贷记"银行存款"等账户。

知识链接

属于征税范围的特殊行为：

视同销售货物或视同发生应税行为。单位或者个体工商户的下列行为，视同销售货物或发生应税行为：

① 货物交付其他单位或者个人代销。
② 销售代销货物。
③ 设有两个以上机构并实行统一核算的纳税人，将货物从一个机构移送至其他机构用于销售，但相关机构设在同一县（市）的除外。

"用于销售"是指受货机构发生以下情形之一的经营行为：一是向购货方开具发票；二是向购货方收取货款。

受货机构的货物移送行为有上述两项情形之一的，应当向所在地税务机关缴纳增值税；未发生上述两项情形的，则应由总机构统一缴纳增值税。

如果受货机构只就部分货物向购买方开具发票或收取货款，则应当区别不同情况计算并分别向总机构所在地或分支机构所在地缴纳税款。

④ 将自产或者委托加工的货物用于非应税项目。

⑤ 将自产、委托加工的货物用于集体福利或者个人消费。

⑥ 将自产、委托加工或者购进的货物作为投资，提供给其他单位或者个体工商户。

⑦ 将自产、委托加工或者购进的货物分配给股东或者投资者。

⑧ 将自产、委托加工或者购进的货物无偿赠送其他单位或者个人。

⑨ 单位或者个体工商户向其他单位或者个人无偿销售应税服务、无偿转让无形资产或者不动产，但用于公益事业或者以社会公众为对象的除外。

⑩ 财政部和国家税务总局规定的其他情形。

上述10种情况应该确定为视同销售货物或发生应税行为，均要征收增值税。其确定的目的主要有三个：一是保证增值税税款抵扣制度的实施，不致因发生上述行为而造成各相关环节税款抵扣链条的中断；二是避免因发生上述行为而造成销售货物、提供应税劳务和发生应税行为税收负担不平衡的矛盾；三是体现增值税计算的配比原则，即购进货物、接受应税劳务和应税行为已经在购进环节实施了进项税额抵扣，这些购进货物、接受应税劳务和应税行为应该产生相应的销售额，同时就应该产生相应的销项税额，否则就会产生不配比情况。如上述④—⑨涉及的几种情况就属于此种原因。

三、核算消费税

（一）熟悉职业规范

1. 消费税的概述

消费税是指在我国境内生产、委托加工和进口应税消费品的单位和个人，按其流转额交纳的一种税。消费税有从价定率和从量定额两种征收方法。采取从价定率方法征收的消费税，以不含增值税的销售额为税基，按照税法规定的税率计算。企业的销售收入包含增值税的，应将其换算为不含增值税的销售额。采取从量定额计征的消费税，根据按税法确定的企业应税消费品的数量和单位应税消费品应缴纳的消费税计算确定。企业应在"应交税费"账户下设置"应交消费税"明细账户，核算应交消费税的发生、缴纳情况。该账户的贷方登记应交纳的消费税，借方登记已交纳的消费税。期末贷方余额为尚未交纳的消费税，借方余额为多交纳的消费税。

2. 消费税的账务处理

（1）销售应税消费品。企业销售应税消费品应交的消费说，应借记"税金及附加"账户，贷记"应交税费——应交消费税"账户。

（2）自产自销应税消费品。企业将生产的应税消费品用于在建工程等非生产业务时，按规定应交纳的消费税，借记"在建工程"等账户，贷记"应交税费——应交消费税"账户。

（3）自产应税消费品用于职工福利。企业将自产产品提供给职工使用业务，按税法规定应视同销售，由于是消费品，既要确认增值税，还要确认消费税。应借记"应付职工薪酬"等账户，贷记"主营业务收入""应交税费——应交增值税（进项税额）""应交税费——应交消费税"等账户。

（4）委托加工应税消费品。企业如有应交消费税的委托加工物资，一般应由受托方代收代交税款，受托方按照应交税款金额，借记"应收账款""银行存款"等账户，贷记"应交税费——应交消费税"账户。受托加工或翻新改制金银首饰按照规定由受托方交纳消费税。

委托加工物资收回后，直接用于销售的，应将受托方代收代交的消费税计入委托加工物资的成本，借记"委托加工物资"等账户，贷记"应付账款""银行存款"等账户；委托加工物资收回后用于连续生产应税消费品的，按规定准予抵扣的，应按已由受托方代收代交的消费税，借记"应交税费——应交消费税"账户，贷记"应付账款""银行存款"等账户。

（5）进口应税消费品。企业进口应税物资在进口环节应交的消费税，计入该项物资的成本，借记"材料采购""固定资产"等账户，贷记"银行存款"账户。

（二）进行职业判断与操作

【情境8-40】 2019年5月10日，重庆金马公司销售所生产的应税消费品，价款2 000 000元（不含增值税），适用的消费税税率为30%。账务处理如下：

借：税金及附加 600 000
　　贷：应交税费——应交消费税 600 000
　　　应交消费税额=2 000 000×30%=600 000（元）

【情境8-41】 2019年5月10日，重庆金马公司在建工程领用自产柴油50 000元（生产所耗用材料的进项税额6 800元），应交纳消费税6 000元。

在建工程领用自产应税消费品，应将消费税计入在建工程的成本，借记"在建工程"账户，贷记"应交税费——应交消费税"账户。该企业应账务处理如下：

借：在建工程 50 000
　　贷：库存商品 50 000
借：应交税费——待抵扣进项税额 2 270
　　贷：应交税费——应交增值税（进项税额转出） 2 720
借：在建工程 6 000
　　贷：应交税费——应交消费税 6 000

【情境8-42】 2019年5月10日，重庆金马公司下设的职工食堂享受企业提供的补贴，本月领用自产产品一批，该产品的账面价值40 000元，市场价格60 000元（不含增值税），适用的消费税税率为10%，增值税税率为13%。

领用自产产品用于集体福利应该视同销售，确认"主营业务收入"，按照产品的市场价格乘以增值税税率确认"应交税费——应交增值税（销项税额）"，同时结转"主营业务成本"。账务处理如下：

借：应付职工薪酬——职工福利 73 800
　　贷：主营业务收入 60 000
　　　应交税费——应交增值税（销项税额） 7 800
　　　应交税费——应交消费税 6 000
借：主营业务成本 40 000
　　贷：库存商品 40 000

项目二 权 益

【情境8-43】2019年5月10日,重庆长胜发动机制造有限公司委托乙企业代为加工一批应交消费税的材料(非金银首饰)。重庆长胜发动机制造有限公司的材料成本为1 000 000元,加工费为200 000元,由乙企业代收代交的消费税为80 000元,材料已经加工完成,并由重庆长胜发动机制造有限公司收回验收入库,加工费尚未支付。重庆长胜发动机制造有限公司采用实际成本法进行原材料的核算。要求为重庆长胜发动机制造有限公司、乙企业进行账务处理。增值税税率为13%。

(1) 如果重庆长胜发动机制造有限公司收回的委托加工物资用于继续生产应税消费品,则账务处理如下:

借:委托加工物资　　　　　　　　　　　　　　　　　　　1 000 000
　　贷:原材料　　　　　　　　　　　　　　　　　　　　　　1 000 000
借:委托加工物资　　　　　　　　　　　　　　　　　　　　200 000
　　应交税费——应交增值税(进项税额)　　　　　　　　　　26 000
　　　　　　——应交消费税　　　　　　　　　　　　　　　　80 000
　　贷:应付账款　　　　　　　　　　　　　　　　　　　　　306 000
借:原材料　　　　　　　　　　　　　　　　　　　　　　　1 200 000
　　贷:委托加工物资　　　　　　　　　　　　　　　　　　　1 200 000

(2) 如果重庆长胜发动机制造有限公司收回的委托加工物资直接用于对外销售,账务处理如下:

借:委托加工物资　　　　　　　　　　　　　　　　　　　1 000 000
　　贷:原材料　　　　　　　　　　　　　　　　　　　　　　1 000 000
借:委托加工物资　　　　　　　　　　　　　　　　　　　　280 000
　　应交税费——应交增值税(进项税额)　　　　　　　　　　26 000
　　贷:应付账款　　　　　　　　　　　　　　　　　　　　　306 000
借:原材料　　　　　　　　　　　　　　　　　　　　　　　1 280 000
　　贷:委托加工物资　　　　　　　　　　　　　　　　　　　1 280 000

(3) 乙企业对应收取的受托加工代收代交消费税,账务处理如下:

借:应收账款　　　　　　　　　　　　　　　　　　　　　　80 000
　　贷:应交税费——应交消费税　　　　　　　　　　　　　　80 000

【情境8-44】2019年5月25日,重庆长胜发动机制造有限公司从国外进口一台需要交纳消费税的小轿车,商品价值2 000 000元,进口环节需要交纳的消费税为400 000元,(不考虑增值税)采购的商品已经验收入库,货款尚未支付,税款已经用银行存款支付。

进口应税消费品的消费税应计入进口物资的采购成本。账务处理如下:

借:固定资产　　　　　　　　　　　　　　　　　　　　　2 400 000
　　贷:应付账款　　　　　　　　　　　　　　　　　　　　　2 000 000
　　　　银行存款　　　　　　　　　　　　　　　　　　　　　400 000

根据【情境8-44】的会计分录,填制重庆长胜发动机制造有限公司记账凭证,并登记相关日记账和明细账。

四、核算关税

熟悉职业规范

1. 关税概述

关税是海关依法对进出境货物、物品征收的一种税。所谓"境"是指关境,又称"海关境域"或者"关税领域",是国家《海关法》全面实施的领域。通常情况下,已过关境与国境是一致的,包括国家全部的领土、领海、领空。但当某一国家在国境内设立了自由港、自由贸易区等时,这些领域就进出口关税而言处在关境之外,这时,该国的关境小于国境。

关税的征税对象是准许进出境的货物和物品。货物是指贸易性商品;物品指入境旅客随身携带的行李物品、个人邮递物品、各种运输工具上的服务人员携带进口的自用物品、馈赠物品以及以其他方式进境的个人物品。

进口货物的收货人、出库货物的发货人、进出境物品的所有人,是关税的纳税义务人。

2. 关税税率

按征收关税的标准,可以分为从价税、从量税、复合税、选择税和滑准税。

(1)从价税。从价税是一种最常用的关税计税标准。它是以货物的价格或者价值为征税对象,以应征税额占货物价格或者价值的百分比为税率,价格越高,税额越高。目前,我国海关计征关税的标准主要是从价税。

(2)从量税。从量税是以货物的数量、重量、体积、容积等计量单位为计税标准,以每计量单位货物的应征税额为税率。目前,我国对原油、啤酒和胶卷等进口商品征收从量税。

(3)复合税。复合税又称混合税,即订立从价、从量两种税率,随着完税价格和进口数量而变化,征收时两种税率合并计征。我国目前仅对录像机、放像机、摄像机、数字照相机和摄录一体机等进口商品征收复合税。

(4)选择税。选择税是对一种进口商品同时定有从价税和从量税两种税率,但征税时选择其税额较高的一种征税。

(5)滑准税。滑准税是根据货物的不同价格使用不同税率的一类特殊从价关税。它是一种关税税率随进口货物价格由高到低而由低至高设置计征关税的方法。进口货物的价格越高,其进口关税税率越低;进口商品的价格越低,其进口关税税率越高。

3. 关税的账务处理

进口关税应计入采购货物成本。借记"库存商品""材料采购"等账户,贷记"应交税费——应交进口关税"账户。实际缴纳时,借记"应交税费——应交进口关税"账户,贷记"银行存款"账户。

五、核算其他税费

(一)熟悉职业规范

其他应交税费是指除上述应交税费以外的应交税费,包括应交资源税、应交城市维护建设税、应交土地增值税、应交所得税、应交房产税、应交土地使用税、应交车船使用税、应交教育费附加、应交矿产资源补偿费、应交个人所得税等。企业应当在"应交税费"总账下

项目二 权 益

设置相应的明细账户进行核算,贷方登记应交纳的有关税费,借方登记已交纳的有关税费,期末贷方余额表示尚未交纳的有关税费。

(1) 应交资源税。资源税是对在我国境内开采矿产品或者生产盐的单位和个人征收的税。资源税按照应税产品的课税数量和规定的单位税额计算。纳税人开采或者生产应税产品销售的,以销售数量(或销售额)为课税数量(或课税金额)。开采或生产原油、天然气以外应税产品对外销售的,以销售数量为课税数量,实行定额征收;开采或生产应税产品自用的,以自用数量为课税数量实行定额征收;开采或生产原油、天然气则按销售额的5%~10%实行从价征收。

对外销售应税产品应交纳的资源税应记入"税金及附加"账户,借记"税金及附加"账户,贷记"应交税费——应交资源税"账户;自产自用应税产品应交纳的资源税应记入"生产成本""制造费用"等账户,借记"生产成本""制造费用"等账户,贷记"应交税费——应交资源税"账户。

(2) 应交城市维护建设税。城市维护建设税是以增值税、消费税为计税依据征收的一种税。其纳税人为交纳增值税、消费税的单位和个人,税率因纳税人所在地不同从1%到7%不等。计算公式为:应纳税额=(应交增值税+应交消费税)×适用税率。

(3) 应交教育费附加。教育费附加是为了发展教育事业而向企业征收的附加费用,企业按应交流转税的一定比例计算交纳。企业应交的教育费附加,借记"税金及附加"等账户,贷记"应交税费——应交教育费附加"账户。

(4) 应交土地增值税。土地增值税是指在我国境内有偿转让土地使用权及地上建筑物和其他附着物产权的单位和个人,就其土地增值额征收的一种税。土地增值额是指转让收入减去规定扣除项目金额后的余额。转让收入包括货币收入、实物收入和其他收入。扣除项目主要包括取得土地使用权所支付的金额、开发土地的费用、新建及配套设施的成本、旧房及建筑物的评估价格等。

企业应交的土地增值税视情况记入不同账户:企业转让的土地使用权连同地上建筑物及其附着物一并在"固定资产"等账户核算的,转让时应交的土地增值税,借记"固定资产清理"账户,贷记"应交税费——应交土地增值税"账户;土地使用权在"无形资产"账户核算的,按实际收到的金额,借记"银行存款"账户,按应交的土地增值税,贷记"应交税费——应交土地增值税"账户,同时冲销土地使用权的账面价值,贷记"无形资产"账户,按其差额,借记"营业外支出"账户或贷记"营业外收入"账户。

(5) 应交房产税、土地使用税、车船使用税和矿产资源补偿费。

房产税是国家对在城市、县城、建制县和工矿区征收的由产权所有人交纳的一种税。房产税依照房产原值一次减除10%~30%后的余额计算交纳。没有房产原值作为依据的,由房产所在地税务机关参考同类房产核定;房产出租的,以房产租金收入为房产税的计税依据。

土地使用税是国家为了合理利用城镇土地,调节土地级差收入,提高土地使用效益,加强土地管理而开征的一种税,以纳税人实际占用的土地面积为计税依据,依照规定税额计算征收。

车船使用税由拥有并且使用车船的单位和个人交纳。车船使用税按照适用税额计算交纳。

矿产资源补偿费是对在我国领域和管辖海域开采矿产资源而征收的费用。矿产资源补偿费按照矿产品销售收入的一定比例计征，由采矿人交纳。

企业应交的房产税、土地使用税、车船使用税、矿产资源补偿费，记入"税金及附加"账户，借记"税金及附加"账户，贷记"应交税费——应交房产税（或应交土地使用税、应交车船使用税、应交矿产资源补偿费）"账户。

印花税是先购买后使用，因此，在发生时直接借记"税金及附加"账户，贷记"银行存款"账户或"库存现金"账户。

（6）应交个人所得税。企业按规定计算的代扣代交的职工个人所得税，借记"应付职工薪酬"账户，贷记"应交税费——应交个人所得税"账户；企业交纳个人所得税时，借记"应交税费——应交个人所得税"账户，贷记"银行存款"等账户。

（二）进行职业判断与操作

【情境8-45】 2019年5月25日，重庆长胜发动机制造有限公司对外销售某种资源税应税矿产品2 000吨，每吨应交资源税5元。

按税法规定销售矿产品应交纳资源税，所交资源税应计入当期损益。账务处理如下：

借：税金及附加　　　　　　　　　　　　　　　　　　　　　　10 000
　　贷：应交税费——应交资源税　　　　　　　　　　　　　　　　10 000

根据【情境8-45】的会计分录，填制重庆长胜发动机制造有限公司记账凭证，并登记相关明细账。

【情境8-46】 2019年5月25日，重庆长胜发动机制造有限公司将自产的资源税应税矿产品500吨用于企业的产品生产，每吨应交资源税5元。

企业将应税矿产品用于生产产品，按税法规定，应将所交纳的资源税计入产品成本。账务处理如下：

借：生产成本　　　　　　　　　　　　　　　　　　　　　　　2 500
　　贷：应交税费——应交资源税　　　　　　　　　　　　　　　　2 500

根据【情境8-47】的会计分录，填制重庆长胜发动机制造有限公司记账凭证，并登记相关明细账。

【情境8-47】 某企业本期实际应上交增值税400 000元，消费税241 000元。该企业适用的城市维护建设税税率为7%。要求为该企业计算城市维护建设税并进行账务处理。

已知企业上交的增值税、消费税，按税法规定，应按这两税之和为计税依据计算交纳城市维护建设税，并计入当期损益。账务处理如下：

（1）计算应交的城市维护建设税：

借：税金及附加　　　　　　　　　　　　　　　　　　　　　　44 870
　　贷：应交税费——应交城市维护建设税　　　　　　　　　　　　44 870

（2）用银行存款上交城市维护建设税时：

借：应交税费——应交城市维护建设税　　　　　　　　　　　　44 870
　　贷：银行存款　　　　　　　　　　　　　　　　　　　　　　44 870

【情境8-48】 某企业按税法规定计算，2019年度第1季度应交纳教育费附加300 000元。款项已经用银行存款支付。

根据税法规定，企业应按实际交纳增值税、消费费之和的3%计算交纳教育费附加，并计入当期损益。账务处理如下：

　　借：税金及附加　　　　　　　　　　　　　　　　　　　　　　　　　300 000
　　　　贷：应交税费——应交教育费附加　　　　　　　　　　　　　　　　　　300 000
　　借：应交税费——应交教育费附加　　　　　　　　　　　　　　　　　　300 000
　　　　贷：银行存款　　　　　　　　　　　　　　　　　　　　　　　　　300 000

【情境 8–49】2019 年 5 月 25 日，重庆长胜发动机制造有限公司对外转让一栋厂房，根据税法规定计算的应交土地增值税为 27 000 元。

根据税法规定，企业有偿转让土地使用权及地上建筑物和其他附着物产权应交纳土地增值税，并计入固定资产清理，在最后转让完毕时，转入当期损益。账务处理如下：

（1）计算应交纳的土地增值税：

　　借：固定资产清理　　　　　　　　　　　　　　　　　　　　　　　　　27 000
　　　　贷：应交税费——应交土地增值税　　　　　　　　　　　　　　　　　　27 000

（2）用银行存款交纳应交土地增值税税款：

　　借：应交税费——应交土地增值税　　　　　　　　　　　　　　　　　　　27 000
　　　　贷：银行存款　　　　　　　　　　　　　　　　　　　　　　　　　　27 000

根据【情境 8–49】的会计分录，填制重庆长胜发动机制造有限公司记账凭证，并登记相关日记账和明细账。

【情境 8–50】某企业结算本月应付职工工资总额 200 000 元，代扣职工个人所得税共计 2 000 元，实发工资 198 000 元。

实际工作中，个人所得税是由企业代扣代交，即在发放工资时扣除职工个人所得税，再由单位统一上交税务部门，扣除个人所得税后，企业应付给职工的工资减少。账务处理如下：

　　借：应付职工薪酬——工资　　　　　　　　　　　　　　　　　　　　　2 000
　　　　贷：应交税费——应交个人所得税　　　　　　　　　　　　　　　　　　2 000

考证回顾

1.【判断题】（2012 年）增值税小规模纳税人购进货物支付的增值税直接计入有关货物的成本。（　　）

2.【单选题】（2016 年）某企业 2015 年发生的相关税费如下：增值税 1 100 000 元，城镇土地使用税 200 000 元，消费税 500 000 元，土地增值税 350 000 元，城市维护建设税税率为 7%，下列关于城市维护建设税的处理，正确的是（　　）。

　　A. 借：管理费用　　　　　　　　　　　　　　　　　　　　　　　　　112 000
　　　　贷：应交税费——应交城市维护建设税　　　　　　　　　　　　　　　112 000
　　B. 借：管理费用　　　　　　　　　　　　　　　　　　　　　　　　　150 500
　　　　贷：应交税费——应交城市维护建设税　　　　　　　　　　　　　　　150 500
　　C. 借：税金及附加　　　　　　　　　　　　　　　　　　　　　　　　112 000
　　　　贷：应交税费——应交城市维护建设税　　　　　　　　　　　　　　　112 000
　　D. 借：税金及附加　　　　　　　　　　　　　　　　　　　　　　　　150 500
　　　　贷：应交税费——应交城市维护建设税　　　　　　　　　　　　　　　150 500

作业七　核算长期应付款

一、认知长期应付款

长期应付款,是指企业除长期借款和应付债券以外的其他各种长期应付款项,包括应付融资租入固定资产的租赁费、以分期付款方式购入固定资产发生的应付款项等。

企业应设置"长期应付款"账户,用以核算企业融资租入固定资产和以分期付款方式购入固定资产时应付的款项及偿还情况。该账户可按长期应付款的种类和债权人进行明细核算。

二、熟悉职业规范

(一)应付融资租赁款

应付融资租赁款,是指企业融资租入固定资产而发生的应付款,是在租赁开始日承租人应向出租人支付的最低租赁付款额。

融资租入固定资产时,在租赁期开始日,按应计入固定资产成本的金额(租赁开始日租赁资产公允价值与最低租赁付款额现值两者中较低者,加上初始直接费用),借记"在建工程"或"固定资产"账户,按最低租赁付款额,贷记"长期应付款"账户,按发生的初始直接费用,贷记"银行存款"等账户,按其差额,借记"未确认融资费用"账户。按期支付融资租赁费时,借记"长期应付款——应付融资租赁款"账户,贷记"银行存款"账户。企业在计算最低租赁付款额的现值时,能够取得出租人租赁内含利率的,应当采用租赁内含利率作为折现率;否则,应当采用租赁合同规定的利率作为折现率。企业无法取得出租人的租赁内含利率且租赁合同没有规定利率的,应当采用同期银行贷款利率作为折现率。租赁内含利率,是指在租赁开始日,使最低租赁收款额的现值与未担保余值的现值之和等于租赁资产公允价值与出租人的初始直接费用之和的折现率。

未确认融资费用应当在租赁期内各个期间进行分摊,企业应当采用实际利率法计算确认当期的融资费用。分摊为确认融资费用时,借记"财务费用"账户,贷记"未确认融资费用"账户。

(二)具有融资性质的延期付款购买资产

企业购买资产有可能延期支付有关价款。如果延期支付的购买价款超过正常信用条件,实质上具有融资性质的,所购资产的成本应当以延期支付购买价款的现值为基础确定。实际支付的价款与购买价款的现值之间的差额,应当在信用期间内采用实际利率法进行摊销,计入相关资产成本或当期损益。具体来说,企业购入资产超过正常信用条件延期付款实质上具有融资性质时,应按购买价款的现值,借记"固定资产""在建工程"等账户,按应支付的价款总额,贷记"长期应付款"账户,按其差额,借记"未确认融资费用"账户。

三、进行职业判断与操作

【情境8-51】M公司2019年1月1日以分期付款的方式购入一台设备,总价款为1 500 000

元，增值税 255 000 元，购货合同约定购买之日首付 600 000 元，以后每年年末支付 300 000 元，分三年于 2021 年 12 月 31 日付清，建设银行同期银行贷款利率为 10%。

M 公司采用分期付款的方式购入设备，属于长期应付款。企业应按照现金流量的现值作为固定资产的初始入账成本，借记"固定资产"账户，按增值税的 60%借记"应交税费——应交增值税（进项税额）"账户，按增值税的 40%借记"应交税费——待抵扣进项税额"账户。根据支付的银行存款贷记"银行存款"账户，未来需要支付的价款贷记"长期应付款"账户。将借贷双方的差额计入"未确认融资费用"账户。

分期付款的时候借记"长期应付款"账户，贷记"银行存款"账户。并分期确认融资费用，借记"财务费用"账户，贷记"未确认融资费用"账户。

根据上述经济业务，公司应作账务处理如下：

（1）2019 年 1 月 1 日购入时：

固定资产入账价值=现金流量现值
=600 000+300 000×（P/A，3，10%）
=600 000+746 070
=1 346 070（元）

未确认融资费用=1 500 000−1 346 070=153 930（元）

借：固定资产	1 346 070
应交税费——应交增值税（进项税额）	153 000
——待抵扣进项税额	102 000
未确认融资费用	153 930
贷：长期应付款	900 000
银行存款	855 000

（2）按期支付价款、分摊未确认融资费用如表 8-2 所示。

表 8-2　合同付款期内采用实际利率法分摊融资费用　　　　　　　　　　单位：元

日期 （1）	每期付款金额 （2）	确认的融资费用 （3）=期初（5）×10%	应付本金减少额 （4）=（2）−（3）	应付本金余额 期末（5）=（5）−（4）
				746 070
2019 年 12 月 31 日	300 000	74 607	225 393	520 677
2020 年 12 月 31 日	300 000	52 067.7	247 932.3	272 744.7
2021 年 12 月 31 日	300 000	27 255.3	272 744.7	0
合计	900 000	153 930	746 070	

2019 年 12 月 31 日，支付第一期应付款：

借：长期应付款	300 000
贷：银行存款	300 000
借：财务费用	74 607
贷：未确认融资费用	74 607

考证回顾

【多选题】（2015年）下列应通过长期应付款核算的有（　　）。
 A．超过正常信用条件实际上具有融资性质的超期支付的应付款
 B．应付融资租入固定资产的租赁费
 C．计提到期一次还本付息的长期借款利息
 D．应付职工长期带薪缺勤

作业八　核算预收账款和其他应付款

一、核算预收账款

（一）熟悉职业规范

预收账款是指企业按照合同规定向购货单位预收的款项。与应付账款所形成的负债不同之处在于：不是以货币偿付，而是以货物偿付。

"预收账款"账户是负债类账户，用来核算买卖双方按照购销合同的规定，由销售方预先收取购买方部分货款而产生的负债。该账户的借方核算销售企业发出商品或提供劳务的价款和税款以及退还的多余款；贷方核算销售企业收到购买方预付的货款及补付的货款；期末余额一般在贷方，反映预收货款的金额。

"预收账款"账户按照购货单位设置明细账进行明细分类核算。

预收账款情况不多的企业，也可以不设置"预收账款"账户，将预收的款项直接记入"应收账款"账户。

企业向购货单位预收的款项，借记"银行存款"等账户，贷记"预收账款"账户；销售实现时，按实现的收入，借"预收账款"本账户，贷记"主营业务收入"账户。涉及增值税销项税额的，还应进行相应的处理。

（二）进行职业判断与操作

【情境8-52】 M公司于2019年5月10日与乙公司签订购销合同，向乙公司销售A产品，价款15 000元，增值税2 550元，合同规定签订合同当日乙公司预付价款的10%，剩余款项在交货时付清。M公司5月10日收到预收款项并于6月10日发出商品并开出增值税专用发票，价款15 000元，增值税2 550元。6月10日通过银行存款结清差额。

M公司5月10日收到乙公司预付的货款，应增加银行存款和预收账款。在6月10日发出商品时，应用预收的款项冲抵货款和税金，在借方登记"预付账款"账户。账务处理如下：

5月10日预收款项时：
　　借：银行存款　　　　　　　　　　　　　　　　　　　　　　　　1 500
　　　　贷：预收账款　　　　　　　　　　　　　　　　　　　　　　　　　1 500

6月10日发出商品时：
借：预收账款　　　　　　　　　　　　　　　　　　　　　　16 950
　　贷：主营业务收入　　　　　　　　　　　　　　　　　　　　15 000
　　　　应交税费——应交增值税（销项税额）　　　　　　　　　1 950
收到差额款项时：
借：银行存款　　　　　　　　　　　　　　　　　　　　　　15 450
　　贷：预收账款　　　　　　　　　　　　　　　　　　　　　15 450

二、核算其他应付款

（一）熟悉职业规范

其他应付款是指企业除应付票据、应付账款、预收账款、应付职工薪酬、应交税费、应付股利等经营活动以外的其他各项应付、暂收的款项，如应付租入包装物租金、存入保证金等。企业应通过"其他应付款"账户，核算其他应付款的增减变动及其结存情况。该账户贷方登记发生的各种应付、暂收款项，借方登记偿还或转销的各种应付、暂收款项；该账户期末贷方余额，反映企业应付未付的其他应付款项。该账户应按照其他应付款的项目和对方单位（或个人）设置明细账户进行明细核算。

企业发生其他各种应付、暂收款项时，借记"管理费用"等账户，贷记"其他应付款"账户；支付或退回其他各种应付、暂收款项时，借记"其他应付款"账户，贷记"银行存款"等账户。

（二）进行职业判断与操作

【情境8–53】M公司从2019年1月1日起，以经营租赁方式租入管理用办公设备一批，每月租金4 000元，按季支付。3月31日，M公司以银行存款支付应付租金。

经营租赁设备应付的租金属于其他应付款，根据权责发生核算基础的要求，企业应每月预提租金，计入其他应付款；由于租入的是管理用办公设置，租金应计入管理费用。同时，根据题目提示，租金按季支付，因此，M公司对于该租金将按月预提，按季支付；对于租赁的办公设备，由于是经营租赁，不能作为自有固定资产进行核算，但需要在备查簿中予以注明。账务处理如下：

（1）1月31日计提应付经营租入办公设备的租金：
借：管理费用　　　　　　　　　　　　　　　　　　　　　　4 000
　　贷：其他应付款　　　　　　　　　　　　　　　　　　　　4 000
2月月底计提应付经营租入固定资产租金的会计处理同上。
（2）3月31日支付租金：
借：其他应付款　　　　　　　　　　　　　　　　　　　　　8 000
　　管理费用　　　　　　　　　　　　　　　　　　　　　　4 000
　　贷：银行存款　　　　　　　　　　　　　　　　　　　　12 000

作业九 核算预计负债

一、认知预计负债

(一) 预计负债的概念

预计负债是因或有事项可能产生的负债。根据或有事项准则的规定,与或有事项相关的义务同时符合以下三个条件的,企业应将其确认为负债:

一是该义务是企业承担的现时义务;

二是该义务的履行很可能导致经济利益流出企业,这里的"很可能"指发生的可能性为"大于50%,但小于或等于95%";

三是该义务的金额能够可靠地计量。

(二) 预计负债的基本特征

负债是指过去的交易或事项形成的现时义务,履行该义务预期会导致经济利益流出企业。

根据负债的定义,负债按履行义务的时间和金额确定与否可分为三类:第一类是企业对履行义务的时间和金额能够控制的负债,即确定性负债;第二类是企业对履行义务的时间和金额的控制存在风险的负债,即预计负债;第三类是企业对履行义务的时间和金额不能完全控制的负债,即或有负债。

由此可见。预计负债是介于确定性负债与或有负债之间的一种负债,具有以下基本特征:

(1) 预计负债是企业过去的交易或事项形成的现时义务,包括法定义务和推定义务。

(2) 预计负债的结果具有风险性,但可合理估计。一方面,预计负债的结果具有风险性质,这与或有负债有相似之处,有别于确定性负债;另一方面,预计负债的结果能合理估计,这与确定性负债相似,有别于或有负债。

二、熟悉职业规范

(一) 预计负债的计量

预计负债的计量包括初始计量和后续计量。

1. 预计负债的初始计量

预计负债应当按照履行相关现时义务所需支出的最佳估计数进行初始计量。

最佳估计数的确定分两种情况考虑:

第一,如果所需支出存在一个连续范围,且该范围内各种结果发生的可能性相同的,最佳估计数应当按照该范围内的中间值确定,即最佳估计数应按该范围的上限、下限金额的平均数确定。

第二,最佳估计数应按涉及的项目多少分别确定:

① 或有事项涉及单个项目的，按照最可能发生金额确定；
② 或有事项涉及多个项目的，按照各种可能结果及相关概率计算确定。

2. 预计负债的后续计量

企业应当在资产负债表日对预计负债的账面价值进行复核。有确凿证据表明该账面价值不能真实反映当前最佳估计数的，应当按照当前最佳估计数对该账面价值进行调整。但属于会计差错的，应当根据会计政策、会计估计变更和会计差错更正准则进行处理。

（二）预计负债的账务处理

1. 确认预计负债

企业根据或有事项准则确认的由对外提供担保、未决诉讼、重组义务产生的预计负债，应按确定的金额，借记"营业外支出"账户，贷记"预计负债"账户（预计担保损失、预计未决诉讼损失、预计重组损失）。

根据或有事项准则确认的由产品质量保证产生的预计负债，应按确定的金额，借记"销售费用"账户，贷记"预计负债"账户（预计产品质量保证损失）。

根据固定资产准则或石油天然气开采准则确认的由弃置义务产生的预计负债，应按确定的金额，借记"固定资产"或"油气资产"账户，贷记"预计负债"账户（预计弃置费用）。在固定资产或油气资产的使用寿命内，按弃置费用计算确定各期应负担的利息费用，借记"财务费用"账户，贷记"预计负债"账户（预计弃置费用）。

根据企业合并准则确认的预计负债，应按确定的金额，借记有关账户，贷记"预计负债"账户。

投资合同或协议中约定在被投资单位出现超额亏损，投资企业需要承担额外损失的，企业应在"长期股权投资"账户以及其他实质上构成投资的长期权益账面价值均减记至零的情况下，对于按照投资合同或协议规定仍然需要承担的损失金额，借记"投资收益"账户，贷记"预计负债"账户。

2. 清偿预计负债

企业实际清偿预计负债时，借记"预计负债"账户，贷记"银行存款"等账户。

3. 调整预计负债

企业根据确凿证据需要对已确认的预计负债进行调整的，调整增加的预计负债，借记有关账户，贷记"预计负债"账户；调整减少的预计负债，编制相反的会计分录。

属于会计差错的，应当根据会计政策、会计估计变更和会计差错准则进行处理。

三、进行职业判断与操作

【情境8-54】2019年5月20日，M公司涉及一起诉讼案。2019年12月31日，法院尚未做出判决。根据M公司法律顾问的职业判断，公司败诉的可能性为60%。如果败诉，企业需要赔偿30万元。假定公司2019年收入总计200万元，费用总计100万元（不包括预计负债涉及的费用，无其他调整事项），所得税税率为25%。

2019 年 12 月 31 日，M 公司根据现行会计制度规定，账务处理如下：

借：营业外支出　　　　　　　　　　　　　　　　　　　　　300 000
　　贷：预计负债　　　　　　　　　　　　　　　　　　　　　　　300 000

2020 年 4 月 3 日，如果法院判决 M 公司败诉，需支付 30 万元赔款。M 公司根据现行会计制度规定，账务处理如下：

借：预计负债　　　　　　　　　　　　　　　　　　　　　　　300 000
　　贷：银行存款　　　　　　　　　　　　　　　　　　　　　　　300 000

2020 年 4 月 3 日，如果法院判决重庆长胜发动机制造有限公司胜诉，企业不需支付赔款。重庆长胜发动机制造有限公司根据现行会计制度规定，账务处理如下：

借：预计负债　　　　　　　　　　　　　　　　　　　　　　　300 000
　　贷：营业外支出　　　　　　　　　　　　　　　　　　　　　　300 000

关键词

应付账款（Accounts Payable）　　　　　应付票据（Notes Payable）
应付职工薪酬（Accrued Employee Compensation）　　短期借款（Short-term Loan）
长期借款（Long-term Loan）　　　　　　应付债券（Long-term Bonds）
应交税费（Tax Payable）　　　　　　　　长期应付款（Long-term Payable）
预收账款（Deposit Received）　　　　　其他应付款（Other Payables）
预计负债（Anticipation Liabilities）

能力实训

一、单项选择题

1. 重庆光明公司 2019 年 11 月 1 日开具了带息商业承兑汇票给 M 公司，此汇票的面值为 200 万元，年利率为 6%，期限为 6 个月。2019 年 12 月 31 日 M 公司"应付票据"的账面价值为（　　）万元。

　　A. 212　　　　　　B. 198　　　　　　C. 200　　　　　　D. 202

2. 重庆奇点企业"应付账款"账户月末贷方余额 40 万元，其中："应付 M 公司账款"明细账户贷方余额 35 万元，"应付乙公司账款"明细账户贷方余额 5 万元；"预付账款"账户月末贷方余额 15 万元，其中："预付 A 工厂账款"明细账户贷方余额 25 万元，"预付 B 工厂账款"明细账户借方余额 10 万元。该企业月末资产负债表中"应付账款"项目的金额为（　　）万元。

　　A. 40　　　　　　B. 65　　　　　　C. 50　　　　　　D. 55

3. 应付账款明细账一般采用的格式是（　　）。

　　A. 两栏式　　　　B. 三栏式　　　　C. 多栏式　　　　D. 数量金额式

4. 某公司 2019 年 7 月 1 日向银行借入资金 60 万元，期限 6 个月，年利率为 6%，到期还本，按月计提利息，按季付息。该公司 7 月 31 日应计提的利息为（　　）万元。

A. 0.3　　　　　　B. 0.6　　　　　　C. 0.9　　　　　　D. 3.6

5. M 公司属于增值税一般纳税人，2019 年 11 月购入工程物资一批，用于厂房的建设，支付货款为 100 万元，增值税进项税额 17 万元，对方代垫运杂费 5 万元，则 M 公司应付账款的入账价值是（　　）万元。

A. 122　　　　　　B. 117　　　　　　C. 105　　　　　　D. 100

6. 企业计提短期借款利息时贷方应计入的会计账户是（　　）。

A. 财务费用　　　　B. 短期借款　　　　C. 应收利息　　　　D. 应付利息

7. 下列各项中，不属于职工福利费用的是（　　）。

A. 职工异地安家费　　　　　　　　　　B. 防暑降温费

C. 丧葬补助费　　　　　　　　　　　　D. 医疗保险费

8. 2019 年 7 月 1 日，甲企业按面值发行 5 年期到期一次还本付息的债券，债券年利率 6%（不计复利），面值总额为 5 000 万元。2020 年 12 月 31 日"应付债券"账户的账面余额为（　　）万元。

A. 5 150　　　　　B. 5 600　　　　　C. 5 000　　　　　D. 5 450

9. 有关长期借款的说法，正确的是（　　）。

A. 长期借款利息费用在资产负债表日按照合同利率进行核算

B. 对于一次到期还本付息的长期借款，计算的计息计入"长期借款——应计利息"账户

C. 筹建期间的借款利息计入"长期待摊费用"账户

D. 生产经营期间的借款利息计入"财务费用"账户

10. 银行承兑汇票到期，企业无力支付票款的，按应付票据的账面价值，借记"应付票据"账户，贷记（　　）账户。

A. 应付账款　　　　B. 短期借款　　　　C. 其他应付款　　　D. 预付账款

11. 委托加工的应税消费品收回后用于连续生产应税消费品的，由受托方代收代缴的消费税，委托方应借记的会计账户是（　　）。

A. 在途物资　　　　　　　　　　　　　B. 委托加工物资

C. 应交税费——应交消费税　　　　　　D. 税金及附加

12. 小规模纳税企业购入原材料取得的增值税专用发票上注明：货款 200 万元，增值税 34 万元，在购入材料的过程中另支付运杂费 5 万元。则该企业原材料的入账价值为（　　）万元。

A. 195　　　　　　B. 205　　　　　　C. 233　　　　　　D. 239

13. 某企业为增值税一般纳税人，2019 年应交各种税金为：增值税 350 万元、消费税 150 万元、城市维护建设税 35 万元、房产税 10 万元、车船税 5 万元、所得税 250 万元。上述各项税金应计入管理费用的金额为（　　）万元。

A. 5　　　　　　　B. 15　　　　　　　C. 50　　　　　　　D. 185

14. 下列各项中，应计入"长期应付款"账户的是（　　）。

A. 应付融资租入固定资产的租赁款

B. 购买低值易耗品应支付的款项

C. 购买原材料应支付的款项

D. 应付租入包装物租金

15. 某增值税一般纳税人因地震毁损库存材料一批,该批原材料实际成本为20 000元,收回残料价值800元,保险公司赔偿11 600元。该批毁损原材料造成的非常损失净额是(   )元。

A. 7 600　　　　　　B. 18 800　　　　　　C. 8 400　　　　　　D. 11 000

二、多项选择题

1. 下列交易或事项中,通过"应付账款"账户核算的是(   )。

A. 应付租入包装物租金

B. 采购货物应支付的增值税款

C. 应付采购货物的价款

D. 采购货物应支付的运杂费

2. 下列关于应付职工薪酬的相关表述,正确的是(   )。

A. 职工薪酬包括企业在职工在职期间和离职后给予的所有货币性薪酬和非货币性福利

B. 企业应当在职工为其提供服务的会计期间,将应付的职工薪酬确认为负债

C. 企业在研发阶段发生的职工薪酬,均应当计入自行开发无形资产的成本

D. 以外购商品作为非货币性福利提供给职工的,应当按照该商品的公允价值和相关税费,计量应计入成本费用的职工薪酬金额

3. 计入应付职工薪酬的有(   )。

A. 向职工发放非货币性福利　　　　　　B. 职工因工出差差旅费

C. 按规定支付的工会经费　　　　　　　D. 按规定支付的住房公积金

4. 企业发行债券正确的处理是(   )。

A. 按债券面值记入"应付债券——面值"账户

B. 面值与实际收到的款项的差额记入"应付债券——利息调整"账户

C. 面值与实际收到的款项的差额记入"应付债券——溢折价摊销"账户

D. 按实际利率计算的利息记入应付"债券——应计利息"账户

5. 下列对长期借款利息费用的会计处理,正确的有(   )。

A. 筹建期间不符合资本化条件的借款利息计入"管理费用"账户

B. 筹建期间不符合资本化条件的借款利息计入"长期待摊费用"账户

C. 日常生产经营活动不符合资本化条件的借款利息计入"财务费用"账户

D. 符合资本化条件的借款利息计入"相关资产成本"账户

6. 企业在筹建期间按面值发行债券,按期计提利息时,可能涉及的会计账户有(   )。

A. 财务费用　　　　B. 在建工程　　　　C. 应付债券　　　　D. 管理费用

7. 下列各项中,应通过"税金及附加"账户核算的有(   )。

A. 教育费附加　　　　　　　　　　　　B. 个人所得税

C. 城市维护建设税　　　　　　　　　　D. 企业所得税

8. 下列税金中,应计入"管理费用"账户的是(   )。

A. 自产自用生产应交的资源税　　　　　B. 自用办公楼应交的房产税

C. 厂里的轿车每年应交的车船税　　　D. 自用土地应交的土地使用税

9. 下列各项中，应计入其他应付款的有（　　）。

A. 存入保证金　　　　　　　　　　　B. 应付销货方代垫的运杂费

C. 应付租入包装物租金　　　　　　　D. 到期无力支付的商业承兑汇票

10. 下列各项中，应计入相关资产成本的有（　　）。

A. 企业进口原材料缴纳的进口关税　　B. 企业签订加工承揽合同缴纳的印花税

C. 企业商务用车缴纳的车船税　　　　D. 小规模纳税人购买商品支付的增值税

三、判断题（正确的划"√"，错误的划"×"）

1. 提供给职工配偶、子女福利费、住宿补助属于应付职工薪酬内容。（　　）
2. 短期借款是指时间不超过1年的借款。（　　）
3. 应付债券的发行方式只有两种，溢价发行和折价发行。（　　）
4. 企业以其自产产品或外购商品作为非货币性福利发放给职工的，应当根据受益对象，按照该产品或商品的成本和相关税费，计入相关资产成本或当期费用，同时确认应付职工薪酬。（　　）
5. 长期借款的利息费用计入"长期借款"账户本身。（　　）
6. 租赁住房等资产供职工无偿使用的，应根据受益对象，将每期住房的计提折旧计入相关资产成本费用，并确认应付职工薪酬。（　　）
7. 应付账款转销应计入营业外支出。（　　）
8. 到期无法支付的商业承兑汇票仍然转销应付票据，计入应付账款。（　　）
9. 企业购入设备发生的具有融资性质的超期支付的价款，应确认为长期应付款。（　　）
10. 企业只有在对外销售消费税应税产品时才应交纳消费税。（　　）

四、计算分析题

1. 2019年M公司在本单位管理部门安装数台自产的产品——S牌空调，作为职工的一种福利提供给职工使用，该产品的成本为每台1 500元，一共安装了5台，计税价格为2 000元每台，增值税专用发票上注明增值税为1 700元，请编制相关的会计分录。

2. 根据资料，编制相关的会计分录。

（1）2019年5月，乙企业根据"工资费用分配汇总表"计算本月应付工资总额462 000元，表中列示的产品生产人员工资为320 000元、车间管理人员工资为70 000元、企业行政管理人员工资为60 400元、销售人员工资为11 600元。

（2）乙企业根据"工资结算汇总表"结算本月应付职工工资总额462 000元，代扣职工房租40 000元，企业代垫职工家属医药费2 000元，实发工资420 000元。

3. A公司于2019年8月1日发行总值为1 000万的公司债券，共收到发行债券价款950万元。该债券票面利率为10%，期限为5年。每半年付息一次，到期偿还本金和最后一次利息。根据资料，编制相关的会计分录。

4. 2019年6月10日，该公司购进一幢简易办公楼，并于当月投入使用。6月25日，纳税人取得该大楼的增值税专用发票并认证相符，专用发票注明的价款为800 000元，增值税进项税额为88 000元，款项已用银行存款支付。不考虑其他相关因素。根据资料，编制相关的会计分录。

5. 企业委托外单位以 A 材料加工成丁材料，A 材料成本为 200 000 元，支付加工费 70 000 元，增值税 11 900 元，消费税 22 100 元，材料加工完毕验收入库。

（1）假设委托加工后的材料直接用于销售，以售价 500 000 元售出。

（2）假设委托加工后的材料用于继续生产应税消费品。

要求：分别就这两种情况编制会计分录。

6. M 公司为增值税一般纳税人，适用的增值税税率为 13%，原材料采用实际成本法进行日常核算。2019 年 6 月份，该企业发生如下涉及增值税的经济业务或事项：

（1）购入无须安装的生产经营用设备一台，增值税专用发票上注明的价款为 40 万元，增值税额为 6.8 万元（增值税允许抵扣）。货款尚未支付。

（2）建造办公楼领用生产用库存原材料 5 万元，应由该批原材料负担的增值税额为 0.85 万元。

（3）销售商品一批，增值税专用发票上注明的价款为 100 万元，增值税额为 17 万元，提货单和增值税专用发票已交购货方，并收到购货方开出的商业承兑汇票。该批商品的实际成本是 80 万元。

（4）由于管理不善，一批原材料被盗，价值 2 万元，应由该批原材料负担的增值税额为 0.34 万元，尚未经批准处理。

（5）用银行存款 15 万元缴纳当期应交增值税。

要求：编制上述业务的会计分录。（"应交税费"账户要求写出明细账户及专栏名称，答案中的金额单位用万元表示）

任务九 核算所有者权益

 职业目标

1. 熟悉企业所有者权益的来源和构成内容，理解国家对企业实收资本、资本公积和留存收益等项目的管理制度；

2. 了解实收资本、资本公积和留存收益等业务的账务处理流程；

3. 掌握实收资本、资本公积、留存收益的核算方法；

 教学时数

建议教学时数 4 学时，其中讲授 2 学时、实践 2 学时。

 教学指引

1. 了解学生基本信息；

2. 准备记账凭证、实收资本、资本公积、利润分配、盈余公积等明细账及总账等多种教学材料;

3. 设计一个较好的教学引入情景,如年终股东分配现金股利的视频;

4. 设计会计信息的主要记录内容;

5. 准备《企业会计准则》等阅读材料。

1. 核算投入成本业务;
2. 核算留存收益业务。

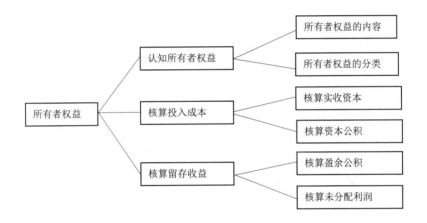

作业一 认知所有者权益

一、了解所有者权益的内容

(一)所有者权益的概念

我国《企业会计准则——基本准则》完整阐述了所有者权益。所有者权益是指企业资产扣除负债后由所有者享有的剩余权益。公司的所有者权益又称为股东权益。所有者权益的来源包括所有者投入的资本、直接计入所有者权益的利得和损失、留存收益等。直接计入所有者权益的利得和损失,是指不计入当期损益、但会导致所有者权益发生增减变动的、与所有者投入资本或者向所有者分配利润无关的利得和损失。所有者权益是会计核算的重要内容,其核算内容主要包括所有者对企业的初始投资成本和其后投入成本的增减、直接计入所有者权益的利得和损失及经营成果等。

(二)所有者权益的特点

所有者权益资本具有以下特点：① 所有权归属于所有者。所有者可以此参与企业经营管理决策、取得收益，并对企业的经营承担有限责任。② 属于企业长期占用的"永久性资本"。形成法人财产权，在企业经营期内，投资者除依法转让外，不得以任何方式抽回资本，企业依法拥有财产支配权。③ 没有还本付息的压力，筹资风险低。④ 主要通过国家财政资金、其他企业资金、居民个人资金、外商资金等渠道，采用吸收直接投资、发行股票、留存收益等方式筹集形成。

二、熟悉所有者权益的分类

企业的所有者权益可以按照来源和法定要求来进行分类，这些分类构成所有者权益会计核算的基础。所有者权益通常分为投入资本和留存收益两大类。投入资本是指所有者形成的权益，包括实收资本（股本）和资本公积；留存收益是企业通过经营活动增加的所有者权益，包括盈余公积和未分配利润。

具体到不同类型的企业，所有者权益便以不同的形式出现。在有限责任公司中，所有者权益表现为实收资本、资本公积和留存收益；在股份有限公司中，所有者权益表现为股本、资本公积和留存收益。

在我国现行的财务会计报告中，要求所有者权益按实收资本（或股本）、资本公积、盈余公积和未分配利润四个项目报告。

知识链接

企 业 类 型

1. 有限责任公司（含国有独资公司）

有限责任公司是一种合资公司，但是也有人合公司的因素，它有如下特征：① 有限责任公司的股东，仅以其出资额为限对公司承担责任。② 有限责任公司的股东人数，有最高人数的限制，我国《公司法》规定，有限责任公司由1个以上50个以下股东共同出资设立。③ 有限责任公司不能公开募集股份，不能发行股票。④ 有限责任公司是将人合公司与资合公司的优点综合起来的公司形式。有限责任公司是享有法人权利的经营公司，由参加者投入的所有权（即资本份额）组成固定资本份额给予参加者参与公司管理的权利，并按份额得到公司的部分利润，即分得红利，在公司破产时，得到破产份额，及依法享有其他权利。

2. 股份有限公司

股份有限公司有以下特征：① 股份有限公司是独立的经济法人；② 股份有限公司的股东人数不得少于法律规定的数目，如法国规定，股东人数最少为7人；③ 股份有限公司的股东对公司债务负有限责任，其限度是股东应交付的股金额；④ 股份有限公司的全部资本划分为等额的股份，通过向社会公开发行的办法筹集资金，任何人在缴纳了股款之后，都可以成为公司股东，没有资格限制；⑤ 公司股份可以自由转让，但不能退股；⑥ 公司账目须向社会公开，以便于投资人了解公司情况，进行选择；⑦ 公司设立和解散有严格的法律程序，手续复杂。由此可以看出，股份有限公司是典型的"资合公司"。一个人能否成为公司股东决定于他是否缴纳了股款，购买了股票，而不取决于他与其他股东的人身关系，因此，股份有限公司能够迅速、广泛、大量地集中资金。同时，我们还可以看到，虽然无限责任公司、有限责任公司、两合公司的资本也都划分为股份，但是这些公司并不公开发行股票，股份也不能自由转让，证券市场上发行和流通的股票都是由股份有限公司发行的。因此，狭义地讲，股份有限公司指的就是公司的资本总额平分为金额相等的股份；公司可以向社会公开发行股票筹资，股票可以依法转让；法律对公司股东人数只有最低限度，无最高人数规定；股东以其所认购股份对公司承担有限责任，公司以其全部资产对公司债务承担责任；每一股有一份表决权，股东以其所认购持有的股份，享受权利，承担义务；公司应当将经注册会计师审查验证过的会计报告公开。

 考证回顾

【单选题】（2016年）下列各项中，导致企业所有者权益总额发生增减变动的业务事项是（　　）。

A. 当年实现净利润　　　　　　　　B. 盈余公积转实收资本
C. 资本公积转实收资本　　　　　　D. 盈余公积补亏

作业二　核算投入成本

一、核算实收资本

（一）认知实收资本

实收资本是企业按照章程规定或合同、协议约定，接受投资者投入企业的资本。实收资本的构成比例或股东的股权比例，是确定所有者在企业所有者权益中份额的基础，也是企业进行利润或股利分配的主要依据。

《中华人民共和国公司法》中对实收资本（或股本）的主要规定如下。

2013年国务院常务会议部署推进公司注册资本登记制度改革，会议明确放宽注册资本登记条件。除法律、法规另有规定外，取消有限责任公司最低注册资本3万元、一人有限责任公司最低注册资本10万元、股份有限公司最低注册资本500万元的限制；不再限制公司设立时股东（发起人）的首次出资比例和缴足出资的期限。公司实收资本不再作为工商登记事项。

对股东出资形式规定：股东可以用货币出资，也可以用实物、知识产权、土地使用权等可以用货币估价并可以依法转让的非货币财产作价出资；但是，法律、行政法规规定不得作为出资的财产除外。企业应当将作为出资的非货币财产评估作价，核实财产，不得高估或者低估作价。法律、行政法规对评估作价有规定的，从其规定。全体股东的货币出资金额不得低于有限责任公司注册资本的30%。不论以何种方式出资，投资者如在投资过程中违反投资合约或协议约定，不按规定如期缴足出资额，企业可以依法追究投资者的违约责任。

（二）熟悉职业规范

1. 核算实收资本的取得

企业应该按照国家统一会计制度的规定进行实收资本的核算，真实地反映所有者投入企业资本的增减变动情况，维护所有者各方在企业的权益。除股份有限公司以外，其他各类企业应设置"实收资本"账户。"实收资本"账户属于所有者权益类账户，用以核算企业实际收到投资者投入的资本增减变动的情况及其结果。该账户的贷方登记实收资本的增加数额，借方登记实收资本的减少数额，期末余额在贷方，反映企业期末实收资本的实有数额。该账户应按投资者设置明细账，进行明细分类核算。

在股份有限公司中，因为其筹集资本是以发行股票的方式进行的，所以应设置"股本"账户，核算股份有限公司核定的股本总额及在核定的股份总额范围内实际发行股票的面值。该账户属于所有者权益类账户，贷方登记公司在核定的范围实际发行股票的面值；借方登记公司按法定程序经批准，减少的股本数额；余额在贷方，反映公司的股本总额。

投资者作为注册资本投入企业的资金是指投资者投入的资金中按其占被投资企业注册资本总额的比例计算的部分，这部分投入资本记入"实收资本"或"股本"账户，超过部分则作为资本溢价，记入"资本公积"账户。在我国，企业的实收资本与其注册资本相一致。

2. 核算实收资本的增减变动

我国企业法人登记管理条例规定，除国家另有规定外，企业的注册资金应当与实收资本相一致，一般情况下，企业的实收资本应相对固定不变。但是当实收资本比原注册资金增加或减少的幅度超过 20%时，应持资金使用证明或验资证明，向原登记注册登记机关申请变更登记。如擅自改变注册资金或抽逃资金，要受到工商行政管理部门的处罚。

企业的实收资本在以下三种特定情况下，也可能发生增减变化：接受投资者追加投资、资本公积转增资本、盈余公积转增资本、依法定程序减少注册资本。在增减资本的形式上，除了常规的资产投入或者退出企业外，还可以采用发放股票股利、可转换公司债券持有人行使转换权利、债务重组等形式，使资本发生增减变动。

企业实收资本减少的原因大体有两种：一是资本过剩，又暂时找到好的投资项目，需要减少注册资本；二是企业发生重大亏损，企业净资产与注册资本严重不符，也需要减少实收资本。企业因资本过剩而减资，一般要返还股款。有限责任公司和一般企业返还投资的会计处理比较简单，按法定程序报经批准减少注册资本的，借记"实收资本"账户，贷记"库存现金""银行存款"等账户。

股份有限公司以通过股票回购的方式，来减少公司股本而注销股份，达到调节资本结构的目的。此时，企业应设置"库存股"账户，核算股票回购和注销的情况。回购股票时，应按实际支付的回购价款借记"库存股"账户，贷记"银行存款"账户，注销所回购的股票时，应按股票面值和注销股数计算的股票面值总额，借记"股本"账户，按所注销库存股的账面余额，贷记"库存股"账户，按其差额，借记"资本公积——股本溢价"账户，股本溢价不足的，再冲减盈余公积，盈余公积仍不够冲减时，再冲减未分配利润；如果回购股票支付的价款低于股票面值总额，则应贷记"资本公积——股本溢价"账户。

项目二 权 益

（三）进行职业判断与操作

【情境 9-1】 2019 年，金马公司和正和公司共同投资设立重庆长胜发动机制造有限公司，注册资本为 10 000 000 元，金马公司占 60%、正和公司占 40%。重庆长胜发动机制造有限公司如期收到各投资者一次缴足的款项。

本情境中，企业收到投资者投入的货币资金时，按其实际收到的资金，借记"银行存款"账户，按其在实收资本中所拥有的份额，贷记"实收资本"账户。实收资本的构成比例也是股东的股份比例，是确定所有者在企业所有者权益中所占有的份额和参与企业生产经营决策的基础，也是利润分配或者股利分配的依据。因此，重庆长胜发动机制造有限公司的账务处理如下：

借：银行存款　　　　　　　　　　　　　　　　　　　10 000 000
　　贷：实收资本——金马公司　　　　　　　　　　　　　6 000 000
　　　　　　　　——正和公司　　　　　　　　　　　　　4 000 000

【情境 9-2】 重庆长胜发动机制造有限公司于 2019 年 5 月 26 日发行普通股 30 000 000 股，每股面值 1 元，每股发行价格 4 元，股款 120 000 000 元全部收到，发行费用共计 1 200 000 元。

本情境中，公司发行股票时，既可以按面值发行，也可以溢价发行（我国目前不准许折价发行）。股份有限公司在核定的股本总额及核定的股份总额的范围内发行股票时，按实际收到的金额，借记"银行存款"等账户，按每股面值和股份总额的乘积，贷记"股本"账户，按其差额（即股本溢价），贷记"资本公积"账户。股本溢价 90 000 000 元，大于发行费用 1 200 000 元，因此，发行费用应从溢价中扣除。账务处理如下：

借：银行存款　　　　　　　　　　　　　　　　　　　118 800 000
　　贷：股本　　　　　　　　　　　　　　　　　　　　30 000 000
　　　　资本公积——股本溢价　　　　　　　　　　　　88 800 000

根据【情境 9-2】的会计分录，填制重庆长胜发动机制造有限公司本月记账凭证，并登记相关日记账和明细账。

上市公司为发行权益性证券发生的承销费、保荐费、上网发行费、招股说明书印刷费、申报会计师费、律师费、评估费等与发行权益性证券直接相关的新增外部费用，应自所发行权益性证券的发行收入中扣减，在权益性证券发行有溢价的情况下，自溢价收入中扣除，在权益性证券发行无溢价或溢价金额不足以扣减的情况下，应当冲减盈余公积和未分配利润；发行权益性证券过程中发行的广告费、路演及财经公关费、上市酒会费等其他费用应在发生时计入当期损益。

【学中做】 若【情境 9-2】中收取股款和支付发行费用没有同时进行，应该如何进行账务处理？

【情境 9-3】 假设重庆长胜发动机制造有限公司于 2019 年 5 月 15 日接受 B 企业以一批原材料作为投资，投资各方确认的价值为 2 000 000 元（即公允价值，不含增值税），增值税税率为 13%，该材料计划成本为 2 100 000 元。该项投资在注册资本中占有的份额为 1 400 000 元。

本情境中，公司收到投资者投入的原材料，按计划价核算原材料的企业，按计划成本，借记"原材料"账户，按专用发票上注明的增值税，借记"应交税费——应交增值税（进项税额）"账户，按投资各方确认的价值（含增值税）在注册资本中拥有的份额，贷记"股本"（或实收资本）账户，按资本溢价，贷记"资本公积"账户，按原材料计划成本与其投资各方确认的价值（不含增值税）之间的差额，借记或贷记"材料成本差异"账户。

确认的增值税进项税额260 000元（2 000 000元×13%），应确认资本公积的金额860 000元（2 000 000元+260 000元-1 400 000元）。重庆长胜发动机制造有限公司接受材料投资的账务处理如下：

借：原材料	2 100 000
应交税费——应交增值税（进项税额）	260 000
贷：股本	1 400 000
资本公积	860 000
材料成本差异	100 000

【情境9-4】重庆长胜发动机制造有限公司2019年5月26日，收到C公司作为资本投入的不需要安装的机器一台，合同约定该机器的价值为4 000 000元，增值税进项税额为520 000元，经约定重庆长胜发动机制造有限公司接受C公司的投入资本为4 680 000元。

本情境中，企业收到投资者投入的房屋、建筑物、机器等固定资产，按投资各方确认的价值，借记"固定资产"账户，按其在注册资本中所拥有的份额，贷记"实收资本"账户，按其差额，贷记"资本公积"账户。合同约定的固定资产价值与公允价值相符，不考虑其他因素，重庆长胜发动机制造有限公司进行会计核算时，账务处理如下：

借：固定资产	4 000 000
应交税费——应交增值税（进项税额）	520 000
贷：实收资本——C公司	4 520 000

根据【情境9-4】的会计分录，填制重庆长胜发动机制造有限公司本月记账凭证，并登记相关明细账。

【情境9-5】重庆长胜发动机制造有限公司在2019年5月26日收到A公司作为资本投入的非专利技术一项，该非专利技术投资合同约定价值120 000元；同时收到D公司作为资本投入的土地使用权一项，投资合同约定价值160 000元（暂不考虑增值税）。

本情境中，企业收到投资者投入无形资产时，按投资各方确认的价值（为首次发行股票而接受投资者投入的无形资产，应按该项无形资产在投资方的账面价值），借记"无形资产"账户，按其在注册资本中所拥有的份额，贷记"实收资本"账户，按其差额，贷记"资本公积"账户。假设公司接受该项非专利技术和土地使用权投资符合国家注册资本管理的有关规定，可按合同约定价值作为实收资本入账，合同约定的价值与公允价值相符，不考虑其他因素，重庆长胜发动机制造有限公司进行会计核算时，账务处理如下：

借：无形资产——非专利技术	120 000
无形资产——土地使用权	160 000
贷：实收资本——A公司	120 000
实收资本——D公司	160 000

根据【情境9-5】的会计分录，填制重庆长胜发动机制造有限公司本月记账凭证，并登记相关明细账。

项目二 权 益

【情境 9-6】假设重庆长胜发动机制造有限公司因扩大经营规模需要，2020 年 5 月 27 日，经批准将注册资本扩大到 30 000 000 元，按原出资比例不变（见【情境 9-1】），金马公司和正和公司按照原投资比例分别追加投资 12 000 000 元和 8 000 000 元，现收到追加的现金投资。

本情境中，重庆长胜发动机制造有限公司扩大资本 20 000 000 元，由于金马公司、正和公司各自投资比例为 60%、40%，应分别投资 12 000 000 元、8 000 000 元。重庆长胜发动机制造有限公司收到追加的投资时，应同时增加金马公司和正和公司在该公司的权益。账务处理如下：

借：银行存款　　　　　　　　　　　　　　　　　　　　　20 000 000
　　贷：实收资本——金马公司　　　　　　　　　　　　　　　12 000 000
　　　　　　　——正和公司　　　　　　　　　　　　　　　　 8 000 000

【情境 9-7】假设重庆长胜发动机制造有限公司因扩大经营规模需要，2019 年 5 月 26 日经批准将资本公积 6 000 000 元转增资本，增加的注册资本按原出资比例（见【情境 9-1】）分配到各股东账户。

本情境中，公司将资本公积转增资本，资本公积减少，应在借方登记；实收资本增加，应在贷方登记。账务处理如下：

借：资本公积　　　　　　　　　　　　　　　　　　　　　　 600 000
　　贷：实收资本——金马公司　　　　　　　　　　　　　　　 360 000
　　　　　　　——正和公司　　　　　　　　　　　　　　　　 240 000

根据【情境 9-7】的会计分录，填制重庆长胜发动机制造有限公司本月记账凭证，并登记相关明细账。

【学中做】假设重庆长胜发动机制造有限公司因扩大经营规模需要，经批准将盈余公积 200 000 元转增资本，增加的注册资本按原出资比例（见【情境 9-1】）分配到各股东，应该如何进行账务处理？

【情境 9-8】假设 M 公司截至 2018 年 12 月 31 日共发行股票 30 000 000 股，股票面值为 1 元，资本公积（股本溢价）88 800 000 元，盈余公积 40 000 000 元。经股东大会批准，M 公司以现金回购本公司股票 5 000 000 股并注销。假定 M 公司按照每股 6 元回购股票，不考虑其他因素。

本情境中，按购回股票的面值，借记"股本"账户，按支付的价款超过面值的部分依次借记"资本公积——股本溢价""盈余公积""利润分配——未分配利润"账户，按实际支付的价款，贷记"现金""银行存款"账户。购回股票支付的价款低于面值总额时，按股票面值，借记"股本"账户，按实际支付的价款，贷记"现金""银行存款"账户，按其差额，贷记"资本公积"账户。库存股的成本=5 000 000×6=30 000 000（元）。账务处理如下：

借：库存股　　　　　　　　　　　　　　　　　　　　　　30 000 000
　　贷：银行存款　　　　　　　　　　　　　　　　　　　　30 000 000
借：股本　　　　　　　　　　　　　　　　　　　　　　　　 5 000 000
　　资本公积——股本溢价　　　　　　　　　　　　　　　　25 000 000
　　贷：库存股　　　　　　　　　　　　　　　　　　　　　30 000 000

【情境 9-9】承【情境 9-8】，假定 M 公司以每股 0.9 元回购股票，其他条件不变。

本情境中，按有关规定如果购回的股票支付的价款低于面值总额的，所注销库存股的账面余额与冲减股本的差额，作为增加资本或者股本溢价处理。M 公司做股本溢价处理，账务处理如下：

  借：库存股   4 500 000
    贷：银行存款   4 500 000
  借：股本   5 000 000
    贷：库存股   4 500 000
      资本公积——股本溢价   500 000

二、核算资本公积和其他综合收益

（一）认知资本公积和其他综合收益

1. 资本公积

资本公积是指企业收到投资者的超出企业注册资本（或股本）中所占份额的那部分投资额，以及直接计入所有者权益的利得和损失等。

资本公积从本质上讲应属于投入资本，但与实收资本不同。实收资本一般是投资者投入的为谋求价值增值的原始投资，而且属于法定资本，与企业的注册资本一致。因此，实收资本在其来源和金额上都控制得比较严格。但是，资本公积在金额上没有严格的控制，在来源上也比较多样，可以来自投资者的投入，也可以是股票发行的溢价等。

2. 其他综合收益

其他综合收益是指企业根据会计准则规定未在当期损益中确认的各项利得和损失。其他综合收益为下列两类：

（1）以后会计期间不能重分类进损益的其他综合收益项目：包括重新计量设定受益计划净负债或净资产导致的变动；按照权益法核算的在被投资单位以后会计期间不能重分类进损益的其他综合收益中所享有的份额等。

（2）以后会计期间在满足规定条件时将重分类进损益的其他综合收益项目：包括按照权益法核算的被投资单位的其他综合收益中所享有的份额；可供出售金融资产公允价值变动形成的利得或损失；持有至到期投资重分类为可供出售金融资产形成的利得或损失；现金流量套期工具产生的利得或损失属于有效套期的部分；外币财务报表折算差额等。

（二）熟悉职业规范

企业会计准则规定，企业形成的资本公积在"资本公积"账户核算。该账户按"资本溢价或股本溢价"和"其他资本公积"两个明细账户进行会计核算。其贷方登记企业资本公积的增加数，借方登记资本公积的减少数，期末余额在贷方，反映企业资本公积实有数。资本公积的核算在实收资本已经讲解，此处不再赘述。

资产负债表日，可供出售金融资产的公允价值高于其账面余额的差额，借记"可供出售金融资产"账户，贷记"其他综合收益"账户；公允价值低于其账面余额的差额，编制相反方向的会计分录。

企业的长期股权投资采用权益法核算时，在持股比例不变的情况下，被投资单位除净

项目二 权　　益

损益以外所有者权益的其他变动，企业按照持股比例计算应享有的份额，借记"长期股权投资——所有者权益其他变动"账户，贷记"其他综合收益"账户。

（三）进行职业判断与操作

【情境 9-10】 假设 2017 年 3 月月末，重庆长胜发动机制造有限公司的某可供出售金融资产的公允价值为 320 000 元，该金融资产的购买价为 300 000 元。

本情境中，可供出售金融资产的公允价值发生变化，期末做出调整，账务处理如下：

借：可供出售金融资产　　　　　　　　　　　　　　　　　　　　　20 000
　　贷：其他综合收益　　　　　　　　　　　　　　　　　　　　　　　　20 000

根据【情境 9-10】的会计分录，填制重庆长胜发动机制造有限公司本月记账凭证，并登记相关明细账（实际工作中，可供出售金融资产公允价值的确认是在资产负债表日。本业务中记账凭证时间写 5 月 26 日）。

【情境 9-11】 假设 M 公司持有 A 公司 40% 的股份，具有重大影响，采用权益法核算。A 公司本期可供出售金融资产公允价值上升了 100 000 元。

本情境中，A 公司可供出售金融资产的公允价值发生变化，根据长期股权投资权益法的要求，M 公司的账面价值也会发生同比例的变化，公允价值增加了 40 000 元（100 000 元×40%），账务处理如下：

借：长期股权投资——其他权益变动　　　　　　　　　　　　　　　40 000
　　贷：其他综合收益　　　　　　　　　　　　　　　　　　　　　　　　40 000

【学中做】 若【情境 9-11】中 A 公司本期可供出售金融资产公允价值下跌了 100 000 元，该如何进行账务处理？

知识链接

注册资本与实收资本的区别

实收资本：指企业实际收到的投资者投入作为资本金的资金，以及按照有关规定由资本公积金、盈余公积金转为资本金的资金。开办企业，必须依法筹集最低限度的资本金即注册资本。但是投资者的资本金，往往允许分次缴付，因此在核算上就有必要设置"实收资本"账户，来反映实际收入的资本金。投资者在缴清资本金后，企业的实收资本应与注册资本相一致。但是由于企业经营风险与有限责任的关系，投资者投入企业的资金，不一定都能作为资本金，如有限责任公司投资者交付的出资额大于按合同、协议所规定的出资比例计算的部分，股份有限公司股东在股票溢价发行时超过股票面值的溢价，都只能列作资本公积金，不能作为资本金记入"实收资本"账户。

注册资本：公司的注册资本是公司的登记机关登记注册的资本额，也叫法定资本。注册资金是国家授予企业法人经营管理的财产或者企业法人自有财产的数额体现。注册资本与注册资金的概念有很大差异。注册资金所反映的是企业经营管理权；注册资本则反映的是公司法人财产权，所有的股东投入的资本一律不得抽回，由公司行使财产权。注册资金是企业实有资产的总和，注册资本是出资人实缴的出资额的总和。注册资金随实有资金的增减而增减，即当企业实有资金比注册资金增加或减少 20%以上时，要进行变更登记。而注册资本非经法定程序，不得随意增减。

两者区别：实收资本账面上等于注册资本，可以是钱、物，也可以是债权、技术等无形资产在经评估后按估价计入实收资本，产生的费用支出，计入资本公积，它是对各股东所占份额的确认，在各股东所占比例确定时，股东多投入的部分不能计入实收资本，应计"资本公积"。《企业法人登记管理条例》规定，除国家另有规定外，企业的注册资本数额增加或减少 20%时，应持有资金证明或者验资证明，向原登记机关申请变更登记。

 考证回顾

【多选题】（2015 年）下列各项中，会导致企业实收资本增加的有（　　）。
  A. 盈余公积转增资本　　　　　　B. 接受非流动资产捐赠
  C. 资本公积转增资本　　　　　　D. 接受投资者追加投资

【例题·单选题】（2015 年）某股份制公司委托证券公司代理发行普通股 2000 股，每股股价 1 元，发行价格每股 4 元。证券公司按发行收入的 2%收取手续费，该公司这项业务应记在资本公积的金额为（　　）元。
  A. 5 840　　　　　　B. 5 880　　　　　　C. 5 960　　　　　　D. 6 000

作业三　核算留存收益

留存收益是指企业从历年实现的利润中提取或留存于企业的内部积累，它来源于企业的生产经营活动所实现的净利润，包括企业的盈余公积和未分配利润两个部分。

一、核算盈余公积

（一）认知盈余公积

盈余公积是指企业按照有关规定从净利润中提取的积累资金。公司制企业的盈余公积包括法定盈余公积和任意盈余公积。法定盈余公积是指企业按照国家公司法的规定比例，每年从实现的净利润中提取的盈余公积；任意盈余公积是指企业按照股东会或股东大会章程或者决议提取的盈余公积。

公司制企业的法定盈余公积按照税后利润的 10%提取，非公司制企业法定盈余公积的提取比例可超过净利润的 10%，需注意的是，在计算提取法定盈余公积的基数时，不应包括企业年初未分配利润。法定盈余公积累计额已达注册资本的 50%时可以不再提取。

公司制企业的任意盈余公积根据股东大会章程或者决议提取。非公司制企业由其权力机构批准，也可提取任意盈余公积。法定盈余公积和任意盈余公积的区别就在于其各自计提的依据不同。前者以国家的法律或行政规章为依据提取；后者则由公司权力机构自行决定提取。

企业提取的盈余公积可用于弥补亏损、转增资本、发放现金股利或利润等。

项目二 权 益

（二）熟悉职业规范

企业应当设置"盈余公积"账户，用来核算盈余公积的提取、使用、结存情况，并分别设置"法定盈余公积"和"任意盈余公积"明细账户，进行明细核算。贷方登记盈余公积提取额，借方登记弥补亏损、转增资本、发放现金股利或利润等使用额，期末贷方余额，反映企业提取的盈余公积余额。

当用盈余公积弥补亏损时，应借记"盈余公积"账户，贷记"利润分配——盈余公积补亏"账户；用盈余公积转增资本时，应借记"盈余公积"账户，贷记"股本（或实收资本）"账户；用盈余公积发放现金股利或利润时，应借记"盈余公积"账户，贷记"应付股利（或应付利润）"账户。

（三）进行职业判断与操作

【情境9-12】假设2019年年末，重庆长胜发动机制造有限公司研究决定用以前年度提取的任意盈余公积弥补当年亏损20 000元。

本情境中，企业经股东大会或类似机构决议，用盈余公积弥补亏损或转增资本，借记"盈余公积"账户，贷记"利润分配——盈余公积补亏"账户。因此，重庆长胜发动机制造有限公司的账务处理如下：

借：盈余公积　　　　　　　　　　　　　　　　　　　　　　20 000
　　贷：利润分配——盈余公积补亏　　　　　　　　　　　　　　　20 000

【学中做】【情境9-12】中，若将该笔盈余公积转增重庆长胜发动机制造有限公司资本金，该如何进行账务处理？

二、核算未分配利润

（一）认知未分配利润

未分配利润是企业当年实现的净利润，经过弥补亏损、提取盈余公积、向投资者分配利润等利润分配环节之后还剩余的利润，是企业留待以后年度进行分配的历年结存的利润。

（二）熟悉职业规范

利润分配是指企业根据国家有关规定和企业章程、投资协议等，对企业当年可供分配的利润所进行的分配。盈余公积是指企业按规定从净利润中提取的企业积累资金。二者构成企业的留存收益。

企业当年实现的税后净利润，应按国家规定的顺序进行分配。如果企业发生亏损，应按规定程序进行弥补，如属年度亏损，可以用下一年度的利润进行弥补。下一年度利润不足弥补的，可以在5年内延续税前弥补；5年内不足弥补的，应当用税后利润弥补。企业发生的年度亏损以及超过用利润抵补5年期限的，还可以用企业的公积金弥补。如果企业以前年度亏损未弥补完，不得提取法定盈余公积金；在提取盈余公积金以前，不得向投资者分配利润。

利润分配的顺序依次是：弥补以前年度的亏损，提取法定盈余公积，提取任意盈余公积，向投资者分配利润。

可供分配的利润=当年实现的净利润+年初未分配利润（或：–年初未弥补亏损）+其他转入

未分配利润是经过弥补亏损、提取法定盈余公积、提取任意盈余公积、向投资者分配利润等利润分配之后剩余的利润，是企业留待以后年度进行分配的历年结存的利润。

《公司法》规定，公司制企业应当按照净利润（减弥补以前年度亏损，下同）的10%提取法定盈余公积。非公司制企业可超过净利润的10%提取法定盈余公积。法定盈余公积累计额达到注册资本的50%时，可以不再提取。需要注意的是，在计算提取法定盈余公积的基数时，不应包括年初未分配利润。

（三）进行职业判断与操作

【情境9-13】 假设重庆长胜发动机制造有限公司2019年全年实现净利润1 000 000元，年初未分配利润余额为600 000元。12月31日按规定提取法定盈余公积，并宣告分派现金股利800 000元。

本情境中，重庆长胜发动机制造有限公司2018年年初未分配利润不参与计提法定盈余公积金，因该利润在以前年度已提取。故按本年实现净利润1 000 000元的10%提取法定盈余公积，进行利润分配。利润分配完毕，还需要将已分配利润转入利润分配的未分配利润中，通过未分配利润的余额来反映2019年分配后还有多少没分配完可留待以后年度分配的利润。账务处理如下：

提取法定盈余公积、宣告分派现金股利时：
借：利润分配——提取法定盈余公积　　　　　　　　　　　　100 000
　　　　　——应付现金股利　　　　　　　　　　　　　　　800 000
　　贷：盈余公积——法定盈余公积　　　　　　　　　　　　100 000
　　　　应付股利——应付现金股利　　　　　　　　　　　　800 000
结转利润分配时：
借：利润分配——未分配利润　　　　　　　　　　　　　　900 000
　　贷：利润分配——提取法定盈余公积　　　　　　　　　　100 000
　　　　　　——应付现金股利　　　　　　　　　　　　　800 000

【学中做】【情境9-13】 中，重庆长胜发动机制造有限公司还有多少可供分配的利润？

【单选题】（2016年）下列各项中，引起企业留存收益总额发生变化的是（　　）。
A. 提取法定盈余公积　　　　　　　B. 宣告分配现金股利
C. 提取任意盈余公积　　　　　　　D. 用盈余公积弥补亏损

 关键词

所有者权益（Owner's Equity）　　　　　　实收资本（Paid in Capital）

项目二　权　益

资本公积（Capital Reserve）　　　　　留存收益（Retained Earnings）
其他综合收益（Other Comprehensive Income）

能力实训

一、单项选择题

1. 将"本年利润"账户和"利润分配"账户下的其他有关明细账户的余额转入"未分配利润"明细账户后，"未分配利润"明细账户的贷方余额，就是（　　）。
   A. 当年实现的净利润　　　　　　　　B. 累计留存收益
   C. 累计实现的净利润　　　　　　　　D. 累计未分配的利润数额

2. 某企业委托券商代理发行股票 5 000 万股，每股面值 1 元，每股发行价格 9 元，按发行价格的 1%向券商支付发行费用，发行股票期间冻结的利息收入为 75 万元，该企业在收到股款时，应记入"资本公积"账户的金额为（　　）万元。
   A. 36 975　　　　B. 37 050　　　　C. 39 625　　　　D. 25 000

3. 下列各项中，属于利得的是（　　）。
   A. 出租无形资产取得的收入
   B. 投资者的出资额大于其在被投资单位的注册资本中所占份额的金额
   C. 出租固定资产产生的收入
   D. 出售无形资产取得的收益

4. 企业本年增加实收资本 40 万元，其中包括盈余公积转增资本 25 万元；1 月 1 日接受固定资产投资 60 000 元（使用年限 5 年，采用直线法提取折旧，不考虑残值，自接受之日起投入使用）；接受货币投资 90 000 元，该企业在年末影响所有者权益增加（　　）元。
   A. 150 000　　　　B. 400 000　　　　C. 90 000　　　　D. 60 000

5. 某企业 2009 年年初未分配利润的贷方余额为 300 万元，2019 年度实现的净利润为 150 万元，分别按 10%和 5%提取法定盈余公积和法定公益金，分配现金股利 100 万元。假定不考虑其他因素，该企业 2019 年年末未分配利润的贷方余额应为（　　）万元。
   A. 207.5　　　　B. 282.5　　　　C. 305　　　　D. 327.5

6. 下列各项能够引起企业所有者权益减少的是（　　）。
   A. 股东大会宣告派发现金股利　　　　B. 以盈余公积转增资本
   C. 提取法定盈余公积　　　　　　　　D. 提取任意盈余公积

7. 采用溢价发行股票方式筹集资本，其"股本"账户所登记的金额是（　　）。
   A. 实际收到的款项
   B. 实际收到的款项减去付给证券商的费用
   C. 实际收到的款项加上冻结资金期间利息收入
   D. 股票面值乘以股份总数

8. 企业接受非现金资产投资时，应按（　　）（其不公允的除外）确定非现金资产价值和在注册资本中应享有的份额。

A. 投资合同约定的价值　　　　　　B. 被投资方确定的价值
C. 投资方非现金资产的账面价值　　D. 投资方确定的价值

9. 下列各项中会引起留存收益总额发生增减变动的是（　　）。
A. 用盈余公积分派现金股利　　　　B. 盈余公积补亏
C. 资本公积转增资本　　　　　　　D. 用税后利润补亏

10. 有限责任公司在增资扩股时，如有新投资者加入，新加入的投资者缴纳的出资额大于其在注册资本中所占的份额部分，不记入"实收资本"账户，而作为（　　）。
A. 盈余公积　　B. 资本公积　　C. 未分配利润　　D. 营业外收入

11. 企业的法定盈余公积累计额已达到注册资本的（　　）时，可以不再提取。
A. 20%　　B. 50%　　C. 80%　　D. 100%

12. 下列各项中能引起所有者权益总额发生增减变动的是（　　）。
A. 资本公积转增资本
B. 接受投资者投入货币资金
C. 宣告发放股票股利
D. 盈余公积补亏

13. 法定盈余公积和任意盈余公积的主要区别在于（　　）。
A. 计提的依据不同　　　　B. 计提的比例不同
C. 用途不同　　　　　　　D. 计提的基数不同

14. 某企业年初所有者权益总额160万元，当年以其中的资本公积转增资本50万元。当年实现净利润300万元，提取盈余公积30万元，向投资者分配利润20万元。该企业年末所有者权益总额为（　　）万元。
A. 400　　B. 490　　C. 440　　D. 390

15. 股份有限公司采用收购本公司股票方式减资，下列说法正确的是（　　）。
A. 应按股票面值和注销股数计算的股票面值总额减少股本
B. 应按股票面值和注销股数计算的股票面值总额减少库存股
C. 应按股票面值和注销股数计算的股票面值总额增加股本
D. 应按股票面值和注销股数计算的股票面值总额增加库存股

二、多项选择题

1. 下列各项中，使留存收益减少的有（　　）。
A. 提取盈余公积　　　　　　B. 盈余公积转增资本
C. 盈余公积弥补亏损　　　　D. 分派股票股利

2. 在下列事项中，（　　）可以计入"资本公积"账户。
A. 股票溢价收入
B. 接受现金和非现金资产捐赠属于形成资本公积的部分
C. 用国家拨入专款实施的技术改造项目完成后，属于形成资产价值的部分
D. 外币资本折算差额

3. 下列各项中，可能引起资本公积变动的有（　　）。
A. 经批准将资本公积转增资本
B. 宣告发放现金股利

C. 投资者投入的资金大于按约定比例在注册资本中拥有的份额

D. 直接计入所有者权益的利得

4. 企业减少实收资本应按法定程序报经批准，一般发生在企业（　　）而需要减资的情况下。

A. 资本过剩　　　　B. 发生重大亏损　　　C. 投资者要求　　　D. 盈利

5. 下列各项中，能够引起企业留存收益总额发生变动的有（　　）。

A. 本年度实现净利润　　　　　　　　B. 提取法定盈余公积

C. 向投资者宣告分配现金股利　　　　D. 盈余公积补亏

6. 股份有限公司采用收购本公司股票方式减少注册资本的，下列说法正确的是（　　）。

A. 按股票面值和注销股数计算的股票面值总额减少股本

B. 按股票面值和注销股数计算的股票面值总额减少库存股

C. 按所注销库存股的账面余额减少库存股

D. 购回股票支付的价款低于面值总额的，应按股票面值总额，借记"股本"账户，按所注销库存股的账面余额，贷记"库存股"账户，按其差额贷记"资本公积——股本溢价"账户

7. "利润分配——未分配利润"账户的借方发生额可能表示（　　）。

A. 转入"本年利润"账户年末余额

B. 转入"盈余公积"账户年末余额

C. 转入"利润分配"账户下的其他明细账户期末余额

D. 转入"资本公积"账户年末余额

8. 下列各项中，能同时引起资产和所有者权益发生增减变化的是（　　）。

A. 计提短期借款的利息　　　　　　B. 计提行政管理部门固定资产折旧

C. 支付超标的业务招待费　　　　　D. 无形资产摊销

9. 下列各项中，仅引起所有者权益结构发生变动的有（　　）。

A. 用盈余公积弥补亏损　　　　　　B. 用盈余公积转增资本

C. 宣告发放现金股利　　　　　　　D. 分配股票股利

10. 下列项目中，属于资本公积核算的内容有（　　）。

A. 企业收到投资者出资额超过其在注册资本或股本中所占份额的部分

B. 直接计入所有者权益的利得

C. 直接计入所有者权益的损失

D. 企业收到投资者的出资额

三、判断题（正确的划"√"，错误的划"×"）

1. 由于所有者权益和负债都是对企业资产的要求权，因此它们的性质是一致的。
（　　）

2. 某企业年初未分配利润600万元，本年实现净利润3 000万元，提取法定盈余公积450万元，提取任意盈余公积150万元，该企业年末可供投资者分配利润为3 000万元。
（　　）

3. 盈余公积累计额已达注册资本的50%时可以不再提取。（　　）

4. 企业宣告发放现金股利和股票股利时，应作为负债和利润分配处理。（ ）

5. 公司溢价发行股票所支付的发行费用，在减去发行股票冻结期间所产生的利息收入和溢价发行收入之后还有剩余的，应冲减盈余公积和未分配利润。（ ）

6. "利润分配——未分配利润"账户的年末贷方余额，反映企业累积未弥补亏损的数额。

（ ）

7. 收入能够导致企业所有者权益增加，因此导致所有者权益增加的一定都是收入。

（ ）

8. 在计算提取法定盈余公积的基数时，不应包括企业年初未分配利润。（ ）

9. 未分配利润的数额等于企业当年实现的净利润加上上年年初未分配利润，减去已提取的盈余公积。（ ）

10. 企业以盈余公积向投资者分配利润，不会引起留存收益总额的变动。（ ）

四、实务题

1. 丙公司 2019 年年初未分配利润为 250 000 元，2019 年实现净利润为 1 500 000 元。2019 年提取法定盈余公积金 150 000 元，宣告发放现金股利 400 000 元。因扩大经营规模的需要，经批准，丙公司决定将资本公积 100 000 元和盈余公积 200 000 元转增资本。

要求：（1）编制丙公司上述业务的会计分录。

（2）计算丙公司 2019 年年末"利润分配——未分配利润"账户的期末余额。

2. 丁公司 2019 年 12 月 31 日的股份数为 8 000 000 股，面值为 1 元，资本公积（股本溢价）2 000 000 元，盈余公积 3 000 000 元，未分配利润 6 000 000 元。经股东大会批准，丁公司以现金回购本公司股票 1 000 000 股并注销。假定不考虑其他因素。

要求：（1）如果丁公司按每股 3 元回购股票，编制相关的会计分录；

（2）如果丁公司按每股 5 元回购股票，编制相关的会计分录；

（3）如果丁公司按每股 0.5 元回购股票，编制相关的会计分录。

3. 东方公司 2018 年年初未分配利润 300 000 元，任意盈余公积 200 000 元，当年实现税后利润为 1 800 000 元，公司董事会决定按 10%提取法定盈余公积，25%提取任意盈余公积，分派现金股利 500 000 元。东方公司现有股东情况如下：A 公司占 25%，B 公司占 30%，C 公司占 10%，D 公司占 5%，其他占 30%。2019 年 5 月，经公司股东大会决议，以任意盈余公积 500 000 元转增资本，并已办妥转增手续。2017 年东方公司亏损 350 000 元。

要求：（1）根据以上资料，编制 2018 年有关利润分配的会计分录。

（2）编制东方公司盈余公积转增资本的会计分录。

（3）编制 2019 年年末结转亏损的会计分录，并编制未分配利润的会计处理。

项目三

收 入

项目要求

通过本项目的实施,掌握销售商品收入、提供劳务收入、让渡资产使用权收入的确认和计量,明确现金折扣、商业折扣、销售折让和销售退回的处理方法,具有相应的会计职业判断意识。

项目任务

任务十 核算收入

职业目标

1. 了解收入的概念及特点，熟悉收入的分类；
2. 掌握销售商品收入、提供劳务收入、让渡资产使用权收入的账务处理流程和核算方法；
3. 能正确填制和审核与收入相关的原始凭证和记账凭证；
4. 能正确登记主营业务收入、其他业务收入的明细账和总账；
5. 能运用会计基本理论知识解释收入信息生成过程，具有相应的会计职业判断意识；
6. 能严格按照《企业会计准则》等政策法规要求规范操作。

教学时数

建议教学时数 10 学时，其中讲授 6 学时、实践 4 学时。

教学指引

1. 准备记账凭证，主营业务收入、其他业务收入明细账及总账，会计准则等多种教学材料；
2. 准备相关视频教学资料和网络教学资源；
3. 准备收入核算与管理的制度。

典型工作任务

1. 核算销售商品收入；
2. 核算提供劳务收入；
3. 核算让渡资产使用权收入。

项目三 收 入

主要学习内容

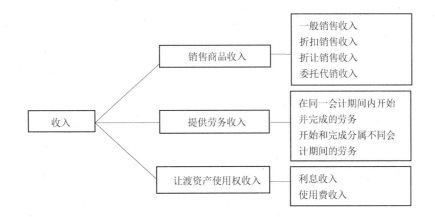

作业一 认知收入

一、了解收入概念与特点

（一）收入的概念

收入是指企业在日常活动中形成的、会导致所有者权益增加的、与所有者投入资本无关的经济利益的总流入。

（二）收入的特点

根据会计准则对收入的定义，可以概括出收入的以下三大特征：

1. 收入是企业在日常活动中形成的经济利益的总流入

日常活动是指企业为完成其经营目标所从事的经常性活动以及与之相关的活动。比如，工业企业销售商品、商品流通企业销售商品、安装公司提供安装服务等，均属于企业为完成其经营目标所从事的经常性活动，由此产生的经济利益的总流入构成收入。

工业企业转让无形资产使用权、出售不需用原材料等，属于与经常性活动相关的活动，由此产生的经济利益的总流入也构成收入。

有些活动也能为企业带来经济利益，但不是企业为完成其经营目标所从事的经常性活动，也不属于与经常性活动相关的活动，如企业处置固定资产、无形资产等，这些活动形成的经济利益的总流入属于企业的利得而不是收入。利得，通常不经过经营过程就能取得，多数属于企业不曾期望获得的收益。

2. 收入会导致企业所有者权益的增加

收入能增加资产或减少负债或二者兼而有之，因此，根据"资产-负债=所有者权益"，企业取得收入增加所有者权益。但收入扣除相关成本费用后的净额，既可能增加所有者权益，也可能减少所有者权益。这里仅指收入本身导致的所有者权益增加,而不是指收入扣除相关成本费用后的净额对所有者权益的影响。

3. 收入与所有者投入资本无关

所有者投入资本主要是为谋求享有企业资产的剩余权益,由此形成的经济利益的总流入不构成收入,而应确认为企业所有者权益的组成部分。

二、熟悉收入分类

(一)按企业从事日常活动的性质分类

收入按企业从事日常活动的性质不同,分为销售商品收入、提供劳务收入和让渡资产使用权收入。

1. 销售商品收入

销售商品收入是指企业通过销售商品实现的收入。这里的商品包括制造业企业自己生产的产品、商品流通企业为转售而采购的商品。企业销售的其他存货,如原材料和包装物等,也视同商品。

2. 提供劳务收入

提供劳务收入是指企业通过提供劳务实现的收入,包括提供运输服务、旅游服务、代理服务、培训服务、咨询服务、产品安装服务等实现的收入。

3. 让渡资产使用权收入

让渡资产使用权收入是指企业让渡资产使用权实现的收入。让渡资产使用权收入包括利息收入和使用费收入。利息收入主要是指金融企业对外贷款形成的利息收入,以及同业之间发生往来形成的利息收入等。使用费收入主要是指企业转让无形资产(如商标权、专利权、专营权、版权)等资产的使用权形成的使用费收入。企业对外出租固定资产收取的租金、进行债权投资收取的利息、进行股权投资取得的现金股利等,在性质上也属于让渡资产使用权收入。

(二)按企业经营业务的主次分类

收入按企业经营业务的主次不同,分为主营业务收入和其他业务收入。

1. 主营业务收入

主营业务收入是指企业为完成其经营目标所从事的经常性活动所实现的收入。主营业务收入一般占企业总收入的较大比重,对企业的经济效益产生较大影响。不同行业的企业主营业务收入包括的内容不同:工业企业的主营业务收入主要包括销售商品、销售自制半成品、提供工业性劳务等收入,商品流通企业的主营业务收入主要包括销售商品取得的收入,咨询公司的主营业务收入主要包括提供咨询服务实现的收入,安装公司的主营业务收入主要包括提供安装服务实现的收入。

2. 其他业务收入

其他业务收入是指企业为完成其经营目标所从事的与经常性活动相关的活动实现的收入。其他业务收入属于企业日常活动中次要交易实现的收入,一般占企业总收入的比重较小。不同行业企业的其他业务收入所包括的内容不同,比如,工业企业的其他业务收入主要包括

项目三　收　入

对外销售材料、对外出租包装物或固定资产、对外转让无形资产使用权、对外进行权益性投资（取得现金股利）或债权性投资（取得利息）、提供非工业性劳务等实现的收入。

作业二　核算销售商品收入

一、确认销售商品收入

销售商品收入同时满足下列条件的，才能予以确认：

（一）企业已将商品所有权上的主要风险和报酬转移给购货方

企业已将商品所有权上的主要风险和报酬转移给购货方，是指与商品所有权有关的主要风险和报酬同时转移。与商品所有权有关的风险，是指商品可能发生减值或毁损等形式的损失；与商品所有权有关的报酬，是指商品价值或通过使用商品等形成的经济利益。企业已将商品所有权上的主要风险和报酬转移给购货方，构成确认销售商品收入的重要条件。

判断企业是否已将商品所有权上的主要风险和报酬转移给购货方，应当关注交易的实质，并结合所有权凭证的转移进行判断。如果与商品所有权有关的任何损失均不需要销货方承担，与商品所有权有关的任何经济利益也不归销货方所有，就意味着商品所有权上的主要风险和报酬转移给了购货方。

（二）企业既没有保留通常与所有权相联系的继续管理权，也没有对已售出的商品实施有效控制

企业将商品所有权上的主要风险和报酬转移给购买方后，如仍然保留通常与所有权相联系的继续管理权，或仍然对售出的商品实施控制，则此项销售不能成立，不能确认相应的销售收入，如售后租回。

（三）相关的经济利益很可能流入企业

在销售商品的交易中，与交易相关的经济利益主要表现为销售商品的价款。相关的经济利益很可能流入企业，是指销售商品价款收回的可能性大于不能收回的可能性，即销售商品价款收回的可能性超过 50%。企业在销售商品时，如估计销售价款不是很可能收回，即使收入确认的其他条件均已满足，也不应当确认收入。

企业在确定销售商品价款收回的可能性时，应当结合以前和买方交往的直接经验、政府有关政策、其他方面取得信息等因素进行分析。企业销售的商品符合合同或协议要求，已将发票账单交付买方，买方承诺付款，通常表明相关的经济利益很可能流入企业。如果企业判断销售商品收入满足确认条件而予以确认，同时确认了一笔应收债权，以后由于购货方资金周转困难无法收回该债权时，不应调整原会计处理，而应对该债权计提坏账准备、确认坏账损失。如果企业根据以前与买方交往的直接经验判断买方信誉较差，或销售时得知买方在另一项交易中发生了巨额亏损、资金周转十分困难，或在出口商品时不能肯定进口企业所在国政府是否允许将款项汇出等，就可能会出现与销售商品相关的经济利益不能流入企业的情况，不应确认收入。

（四）收入的金额能够可靠地计量

收入能否可靠地计量，是确认收入的基本前提。通常情况下，企业在销售商品时商品销售价格已经确定。但销售商品过程中由于某些不确定因素的影响，也有可能存在商品销售价格发生变动的情况，则新的商品销售价格未确定前通常不应确认销售商品收入。

（五）相关的已发生或将发生的成本能够可靠地计量

通常情况下，销售商品相关的已发生的或将发生的成本能够合理地估计，如库存商品的成本、商品的运输费用等。如库存商品是本企业生产的，其生产成本能够可靠地计量；如果库存商品是外购的，购买成本能够可靠地计量。有时，销售商品相关的或将发生的成本不能够合理地估计，此时企业不应确认收入，已收到的价款应确认为负债。

考证回顾

【判断题】（2016年）销售商品相关的已发生或将发生的成本不能合理估计的，企业在收到货款时确认为收入。（　　）

二、计量销售商品收入

销售商品收入的计量，即入账金额的确定。企业销售商品满足收入确认条件时，应当按照从购货方已收或应收的合同或协议价款的公允价值确定商品销售收入金额，但已收或应收的合同或协议价款不公允的除外。此外，企业在确定商品销售收入时，不考虑各种预计可能发生的现金折扣、销售折让。现金折扣在实际发生时计入当期的财务费用，销售折让在实际发生时冲减当期销售收入。

为了核算销售商品收入及与之相关的商品成本的增减变动情况，企业应设置以下账户：

（一）"主营业务收入"账户

该账户属损益类账户，核算企业确认的销售商品、提供劳务等主营业务的收入。借方登记销货退回、销售折让对销售收入的冲减额，贷方登记企业已实现的商品销售收入或提供劳务实现的收入；期末应将该账户余额转至"本年利润"账户贷方，结转后该账户应无余额。该账户可按主营业务的种类进行明细核算。

（二）"主营业务成本"账户

该账户属损益类账户，核算企业在销售商品、提供劳务及让渡资产使用权等日常活动中发生的实际成本。借方登记售出商品或劳务的成本，贷方登记销售退回商品或劳务的成本；期末将该账户余额转至"本年利润"账户的借方，结转后该账户应无余额。该账户可按主营业务的种类进行明细核算。

项目三 收　　入

三、核算一般销售收入

（一）熟悉职业规范

1. 判断销售商品收入是否满足确认条件

在进行销售商品的会计处理时，首先要考虑销售商品收入是否符合收入确认条件。如果符合收入准则所规定的五项确认条件的，企业应确认收入并结转相关销售成本。

2. 提供确凿的证据

企业判断销售商品收入满足确认条件的，应当提供确凿的证据。通常情况下，销售商品采用托收承付方式的，在办妥托收手续时确认收入；交款提货销售商品的，在开出发票账单收到货款时确认收入。交款提货销售商品是指购买方已根据企业开出的发票账单支付货款并取得提货单的销售方式。在这种方式下，购货方支付货款取得提货单，企业尚未交付商品，销售方保留的是商品所有权上的次要风险和报酬，商品所有权上的主要风险和报酬已经转移给购货方，通常应在开出发票账单收到货款时确认收入。

3. 确定销售商品收入的金额

企业销售商品满足收入确认条件时，应当按照已收或应收合同或协议价款的公允价值确定销售商品收入金额。通常情况下，购货方已收或应收的合同或协议价款即为其公允价值，应当以此确定销售商品收入的金额。企业销售商品所实现的收入以及结转的相关销售成本，通过"主营业务收入""主营业务成本"等账户核算。

（二）进行职业判断与操作

【情境 10-1】 重庆长胜发动机制造有限公司 2019 年 5 月 26 日向晨光百货销售 A 产品 100 件，开出的增值税专用发票上注明售价为 50 000 元，增值税税额为 6 500 元。商品已经发出，并办妥托收手续；该批商品的成本为 25 000 元。

商品已发出并已办妥托收手续，符合收入确认条件。但款项还未收到，在确认收入的同时，应确认应收账款。因此，账务处理如下：

借：应收账款——晨光百货　　　　　　　　　　　　　　　　　56 500
　　贷：主营业务收入　　　　　　　　　　　　　　　　　　　50 000
　　　　应交税费——应交增值税（销项税额）　　　　　　　　 6 500

同时，结转成本：

借：主营业务成本　　　　　　　　　　　　　　　　　　　　　25 000
　　贷：库存商品——A 产品　　　　　　　　　　　　　　　　25 000

根据【情境 10-1】的会计分录，填制重庆长胜发动机制造有限公司本月记账凭证，并登记相关日记账和明细账。

【情境 10-2】 重庆长胜发动机制造有限公司 2019 年 5 月 26 日销售 B 产品 200 件给丙公司，开出的增值税专用发票上注明售价为 120 000 元，增值税税额为 15 600 元。商品发出的当天，得知对方因自然灾害发生重大损失，导致资金暂时困难，近期无法收回款项。商品的成本为 75 000 元。

如果企业售出商品不符合销售商品收入确认的五个条件，则不能确认收入。由于商品已经发出，库存商品已不再存在于本企业，故应将商品成本转出。此时，需设置"发出商品"账户，用来核算已经发出但尚未确认收入的商品成本。本情境中，购货方资金困难无法收回款项，销售商品收入确认条件中的"相关的经济利益很可能流入企业"不能满足，则不确认商品销售收入，只需作移库处理。因此，账务处理如下：

  借：发出商品   75 000
    贷：库存商品   75 000

同时，由于开出了增值税专用发票，纳税义务已经发生，则应确认应交的增值税销项税额，账务处理如下：

  借：应收账款——丙公司   15 600
    贷：应交税费——应交增值税（销项税额）   15 600

（注：如未开增值税专用发票，即未发生纳税义务，则不作这笔账务处理。）

根据【情境10-2】的会计分录，填制重庆长胜发动机制造有限公司本月记账凭证，并登记相关日记账和明细账。

对于此种销售业务，应在对方资金好转并承诺付款时，再确认收入，并结转销售成本。确认收入时，账务处理如下：

  借：应收账款   120 000
    贷：主营业务收入   120 000
  借：主营业务成本   75 000
    贷：发出商品   75 000

四、核算折扣销售收入

（一）熟悉职业规范

在确定销售商品收入的金额时，应注意区分商业折扣、现金折扣及其不同的账务处理方法。

1. 商业折扣

商业折扣是指企业为促进商品销售而在商品标价上给予的价格扣除。例如，企业为鼓励购买者购买更多的商品，规定对购买10件以上的购买者给予10%的折扣，或对购买10件的购买者再送1件；再如，企业为尽快出售一些残次、陈旧、冷背的商品而进行降价销售，降低的价格也属于商业折扣。

商业折扣在销售时即已发生，并不构成最终成交价格的一部分。企业销售商品涉及商业折扣的，应当按照扣除商业折扣后的金额确定销售商品收入金额。

2. 现金折扣

现金折扣是指债权人为鼓励债务人在规定的期限内付款，而向债务人提供的债务折扣。

现金折扣一般用符号"折扣率/付款期限"表示。例如，"2/10、1/20、N/30"表示：销货方允许客户最长的付款期限为30天，如果客户在10天内付款，销货方可按商品售价给予客户2%的折扣；如果客户在10天至20天内付款，销货方可按商品售价给予客户1%的折扣；如果客户在21天至30天内付款，将不能享受现金折扣。

现金折扣是企业为了尽快回笼资金而发生的理财费用，在实际发生时计入当期财务费用。

项目三　收　　入

在计算现金折扣时，还应注意销售方式是按不包含增值税的价款提供现金折扣，还是按包含增值税的价款提供现金折扣，两种情况下购买方享有的折扣金额不同。例如，销售价格为 1 000 元的商品，增值税税额为 130 元，如不包含增值税，按 1%折扣率计算，购买方享有的现金折扣金额为 10 元；如果购销双方约定计算现金折扣时一并考虑增值税，则购买方享有的现金折扣金额为 11.3 元。

（二）进行职业判断与操作

【情境 10-3】 2019 年 5 月 26 日，重庆长胜发动机制造有限公司向宗申公司销售 A 产品 300 件，每件 500 元（不含增值税），每件实际成本为 250 元。由于是成批销售，重庆长胜发动机制造有限公司给予宗申公司 10%的商业折扣，并在合同中规定现金折扣条件为"2/10、1/20、N/30"。商品已于当日发出，并符合商品销售实现条件。5 月 28 日，宗申公司付清全部款项。假定计算现金折扣时考虑增值税。

本情境涉及商业折扣和现金折扣问题，首先需要计算确定销售商品收入的金额。根据销售商品收入金额确定的有关规定，销售商品收入的金额应是未扣除现金折扣但扣除商业折扣后的金额，现金折扣应在实际发生时计入当期财务费用。因此，账务处理如下：

（1）5 月 26 日销售实现时：

销售商品收入为：300×500×（1–10%）=135 000（元）

借：应收账款——宗申公司　　　　　　　　　　　　　　　152 550
　　贷：主营业务收入　　　　　　　　　　　　　　　　　　　　135 000
　　　　应交税费——应交增值税（销项税额）　　　　　　　　　 17 550
借：主营业务成本　　　　　　　　　　　　　　　　　　　 75 000
　　贷：库存商品　　　　　　　　　　　　　　　　　　　　　　 75 000

（2）5 月 28 日收到货款时：

宗申公司按照合同规定应享受 2%的现金折扣，折扣金额为：152 550×2%=3 051（元）。

借：银行存款　　　　　　　　　　　　　　　　　　　　　149 499
　　财务费用　　　　　　　　　　　　　　　　　　　　　　 3 051
　　贷：应收账款——宗申公司　　　　　　　　　　　　　　　　152 550

根据【情境 10-3】的会计分录，填制重庆长胜发动机制造有限公司本月记账凭证，并登记相关日记账和明细账。

五、核算折让销售收入

（一）熟悉职业规范

销售折让是指企业因售出商品质量不符合要求等原因而在售价上给予的减让。企业将商品销售给买方后，如买方发现商品在质量、规格等方面不符合要求，可能要求卖方在价格上给予一定的减让。

销售折让如发生在确认销售收入之前，则应在确认销售收入时直接按扣除销售折让后的金额确认；已确认销售收入的售出商品发生销售折让，且不属于资产负债表日后事项的，应在发生时冲减当期销售商品收入，如按规定允许扣减增值税税额的，还应冲减已确认的应交增值税销项税额。

（二）进行职业判断与操作

【情境 10-4】 重庆长胜发动机制造有限公司 2019 年 5 月 28 日接到晨光百货通知，5 月 26 日销售的 100 件 A 产品因质量问题，要求在价格上给予 5%的折让，否则退货。经查验，重庆长胜发动机制造有限公司同意折让，并开具了红字增值税专用发票。

5 月 26 日销售的 100 件 A 产品已经确认收入，现在发生折让，应按折让退回金额冲减销售收入和销项税额，冲减的收入额为 50 000×5%=2 500（元），冲减的销项税额为 6 500×5%=325（元）。因此，财务处理如下：

借：主营业务收入　　　　　　　　　　　　　　　　　　　　　2 500
　　应交税费——应交增值税（销项税额）　　　　　　　　　　 325
　　贷：应收账款——晨光百货　　　　　　　　　　　　　　　　2 825

根据【情境 10-4】的会计分录，填制重庆长胜发动机制造有限公司本月记账凭证，并登记相关明细账。

知识链接

销售退回是指企业售出的商品由于质量、品种不符合要求等原因而发生的退货。企业应分别不同情况对销售退回进行账务处理：

（1）尚未确认销售收入的售出商品发生销售退回的，应当冲减"发出商品"账户，同时增加"库存商品"账户；

（2）已确认销售商品收入的售出商品发生销售退回的，除属于资产负债表日后事项外，一般应在发生时冲减销售商品收入，同时冲减当期销售商品成本；

（3）如按规定允许扣减增值税税额的，应同时扣减已确认的应交增值税销项税额；

（4）如该项销售退回已发生现金折扣，应同时调整相关财务费用的金额。

六、核算委托代销收入

（一）熟悉职业规范

采用支付手续费委托代销方式下，委托方在发出商品时，商品所有权上的主要风险和报酬并未转移给受托方，受托方在发出商品时通常不应确认销售商品收入，而应在收到受托方开出的代销清单时确认为销售商品收入，同时将应支付的代销手续费计入销售费用；受托方应在代销商品销售后，按合同或协议约定的方式计算确定代销手续费，确认劳务收入。

受托方可通过"受托代销商品""受托代销商品款"或"应付账款"等账户，对受托代销商品进行核算。确认代销手续费收入时，借记"受托代销商品款"账户，贷记"其他业务收入"等账户。

项目三 收 入

（二）进行职业判断与操作

【情境 10-5】 重庆长胜发动机制造有限公司委托晨光百货销售 A 产品 150 件，商品于 2019 年 5 月 11 日发出，每件成本为 250 元。合同约定晨光百货应按每件 500 元对外销售，长胜公司按售价的 10%向晨光百货支付手续费。5 月 20 日，晨光百货对外实际销售 100 件，销售价款 50 000 元，增值税税额为 6 500 元，款项已经收取。长胜公司当日收到晨光百货开具的代销清单时，开出同样金额的增值税发票给晨光百货。另外，晨光百货按代销手续费金额的 6%计算缴纳增值税。

本情境是支付手续费委托代销方式的销售，对于委托方和受托方，应分别进行如下操作：

长胜公司作为委托方，账务处理如下：

（1）5 月 11 日发出商品时：

借：委托代销商品——A 产品　　　　　　　　　　　　　　　　　　　37 500
　　贷：库存商品——A 产品　　　　　　　　　　　　　　　　　　　　37 500

（2）5 月 20 日收到代销清单确认销售商品收入时：

借：应收账款——晨光百货　　　　　　　　　　　　　　　　　　　　56 500
　　贷：主营业务收入　　　　　　　　　　　　　　　　　　　　　　　50 000
　　　　应交税费——应交增值税（销项税额）　　　　　　　　　　　　 6 500

同时，结转成本：

借：主营业务成本——A 产品　　　　　　　　　　　　　　　　　　　25 000
　　贷：委托代销商品——A 产品　　　　　　　　　　　　　　　　　　25 000

（3）结算应支付的手续费时：

借：销售费用　　　　　　　　　　　　　　　　　　　　　　　　　　　5 000
　　应交税费——应交增值税（进项税额）　　　　　　　　　　　　　　 300
　　贷：应收账款——晨光百货　　　　　　　　　　　　　　　　　　　 5 300

　　　　代销手续费金额=50 000×10%=5 000（元）

（4）收到晨光百货支付的货款时：

借：银行存款　　　　　　　　　　　　　　　　　　　　　　　　　　51 200
　　贷：应收账款——晨光百货　　　　　　　　　　　　　　　　　　　51 200

晨光百货作为受托方，账务处理如下：

（1）5 月 11 日收到该批商品时：

借：受托代销商品——A 产品　　　　　　　　　　　　　　　　　　　75 000
　　贷：受托代销商品款　　　　　　　　　　　　　　　　　　　　　　75 000

（2）5 月 20 日对外销售时：

借：银行存款　　　　　　　　　　　　　　　　　　　　　　　　　　56 500
　　贷：受托代销商品——A 产品　　　　　　　　　　　　　　　　　　50 000
　　　　应交税费——应交增值税（销项税额）　　　　　　　　　　　　 6 500

（3）收到长胜公司开具的增值税专用发票时：

借：应交税费——应交增值税（进项税额）　　　　　　　　　　　　　　6 500
　　贷：应付账款——长胜公司　　　　　　　　　　　　　　　　　　　 6 500

```
借：受托代销商品款                    50 000
    贷：应付账款——长胜公司              50 000
（4）支付货款并计算代销手续费时：
借：应付账款——长胜公司              56 500
    贷：银行存款                        51 200
        其他业务收入                     5 000
        应交税费——应交增值税（销项税额）   300
```

关于预收账款的核算在任务八中已学，在此不再重复。

考证回顾

1.【单选题】（2014年）M公司为增值税一般纳税人，适用的增值税税率为17%，9月3日，M公司向乙公司销售商品600件，每件标价3 000元（不含增值税），实际成本为2 500元。约定M公司给予乙公司10%的商业折扣，当日商品发出，符合收入确认条件，9月18日，M公司收到货款，不考虑其他因素。M公司应确认的商品销售收入为（　　）元。

A. 1 895 400　　　　B. 1 500 000　　　　C. 1 800 000　　　　D. 1 620 000

2.【单选题】（2015年）2014年9月1日，M公司赊销给乙公司一批商品，售价为10 000元，增值税为1 700元，约定的现金折扣条件为："3/10、2/20、N/30"，假定计算现金折扣不考虑增值税因素。2014年9月16日，M公司收到乙公司支付的款项，则M公司实际收到的金额是（　　）元。

A. 11 466　　　　　B. 11 400　　　　　C. 11 500　　　　　D. 11 700

3.【判断题】（2016年）企业采用支付手续费方式委托代销，应将支付的手续费计入其他业务成本。（　　）

作业三　核算提供劳务收入

一、认知劳务收入

企业提供劳务的种类很多，如旅游、运输、饮食、广告、咨询、代理、培训、产品安装等，劳务收入是企业收入的重要组成部分。有的劳务一次就能完成，且一般为现金交易，如饮食、理发、照相等；有的劳务需要花费一段较长的时间才能完成，如安装、旅游、培训、远洋运输等。

二、熟悉职业规范

企业提供劳务收入的确认原则因劳务完成时间的不同而不同。

（一）在同一会计期间内开始并完成的劳务

对于一次就能完成的劳务，或在同一会计期间内开始并完成的劳务，应在提供劳务交易完成时确认收入，确认的金额通常为从接受劳务方已收或应收的合同或协议价款，确认原则可参照销售商品收入的确认原则。

1. 一次就能完成的劳务

对于一次就能完成的劳务,企业应在提供劳务完成时确认收入及相关成本。企业应按所确定的收入金额,借记"应收账款""银行存款"等账户,贷记"主营业务收入"(属于企业的主营业务)"其他业务收入"(属于主营业务以外的其他经营活动)等账户;同时,按提供劳务所发生的相关支出,借记"主营业务成本""其他业务成本"等账户,贷记"银行存款""应付职工薪酬"等账户。

2. 持续一段时间但在同一会计期间内开始并完成的劳务

对于持续一段时间但在同一会计期间内开始并完成的劳务,企业应在为提供劳务发生相关支出时确认劳务成本,劳务完成时再确认劳务收入,并结转相关劳务成本。企业对外提供劳务发生的支出一般先通过"劳务成本"账户予以归集,借记"劳务成本"账户,贷记"银行存款""应付职工薪酬""原材料"等账户。劳务完成确认劳务收入时,按确定的收入金额,借记"应收账款""银行存款"等账户,贷记"主营业务收入""其他业务收入"等账户;同时,结转相关劳务成本,借记"主营业务成本""其他业务成本"等账户,贷记"劳务成本"账户。

(二)劳务的开始和完成分属不同的会计期间

跨期的劳务,按提供劳务交易的结果能否可靠估计分为能可靠估计和不能可靠估计两种情况。

1. 提供劳务交易结果能够可靠估计

同时满足下列条件,为提供劳务交易的结果能够可靠估计:

(1)收入的金额能够可靠地计量,是指企业提供劳务收入的总额能够合理地估计。通常情况下,企业应当按照从接受劳务方已收或应收的合同或协议价款确定提供劳务收入总额。随着劳务的不断提供,可能会根据实际情况增加或减少已收或应收的合同或协议价款,此时企业应及时调整提供劳务收入总额。

(2)相关的经济利益很可能流入企业,是指企业提供劳务收入总额收回的可能性大于不能收回的可能性。企业可以从接受劳务方的信誉、以前双方就结算方式和期限达成的协议等方面进行判断。

(3)交易的完工进度能够可靠地确定,是指交易的完工进度能够合理地估计。通常可以选用下列方法确定交易的完工进度:按已完成合同工作或工程的技术测量确定、按已经提供的劳务占应提供劳务总量的比例确定、按已经发生的成本占估计总成本的比例确定等。

(4)交易中已发生和将发生的成本能够可靠地计量,是指交易中已经发生或将要发生成本能够合理地估计。企业应当建立完善的内部成本核算制度和有效的内部财务预算及报告制度,准确地提供每期发生的成本,并对完成剩余劳务将要发生的成本做出科学、合理的估计。同时应随着劳务的不断提供或外部情况的不断变化,随时对将要发生的成本进行修订。

如果企业提供的劳务开始和完工分属于不同的期间,而且企业在资产负债表日提供劳务交易的结果能够可靠估计的,应当采用完工百分比法确认提供劳务收入。完工百分比法,是指按照提供劳务交易的完工进度确认收入与费用的方法。企业应当在资产负债表日按照提供劳务收入总额乘以完工进度扣除以前会计期间累计已确认提供劳务收入后的金额,确认当期提供劳务收入；同时，按照提供劳务估计总成本乘以完工进度扣除以前会计期间累计已确认劳务成本后的金额，结转当期劳务成本。用计算公式表示如下：

本期确认的劳务收入＝劳务收入总额×完工进度−以前期间累计已确认的劳务收入

本期确认的劳务成本＝劳务成本总额×完工进度−以前期间累计已确认的劳务成本

在采用完工百分比法确认提供劳务收入的情况下，企业应按计算确定的提供劳务收入金额，借记"应收账款""银行存款"等账户，贷记"主营业务收入""其他业务收入""应交税费——应交增值税（销项税额）"等账户；发生劳务支出时，先通过"劳务成本"账户予以归集，借记"劳务成本"账户，贷记"银行存款""应付职工薪酬"等账户；待确认为费用时，再结转劳务成本，借记"主营业务成本"或"其他业务成本"账户，贷记"劳务成本"账户。

2. 提供劳务交易结果不能可靠估计

企业在资产负债表日提供劳务交易结果不能可靠估计的，即不能满足提供劳务交易结果能够可靠估计的任何一个条件时，企业不能采用完工百分比法确认提供劳务收入，应当分别以下情况处理：

（1）已经发生的劳务成本预计能够得到补偿的，应按已经发生的劳务成本金额确认提供劳务收入；同时，按相同的金额结转成本。在这种情况下，企业应按已发生的劳务成本金额，借记"应收账款""预收账款"等账户，贷记"主营业务收入"等账户；同时，借记"主营业务成本"账户，贷记"劳务成本"账户。

（2）已经发生的劳务成本预计只能部分得到补偿的，应按能够得到补偿的劳务成本金额确认收入，并按已经发生的劳务成本结转成本。在这种情况下，企业应按能够得到补偿的劳务成本金额，借记"应收账款""预收账款"等账户，贷记"主营业务收入"等账户；同时，按已经发生的劳务成本借记"主营业务成本"账户，贷记"劳务成本"账户。

（3）已经发生的劳务成本预计全部不能得到补偿的，不应确认收入，但应将发生的劳务成本确认为当期损失。在这种情况下，企业应按已经发生的劳务成本金额，借记"主营业务成本"账户，贷记"劳务成本"账户。

三、进行职业判断与操作

【情境10-6】重庆长胜发动机制造有限公司于2019年5月28日接受一项设备安装任务，该安装任务属于该公司的非主营业务，可一次完成。合同总价款7 000元，增值税征收率9%，实际发生安装成本4 000元，设备安装任务于当日完成并收到款项。

对于一次就能完成的劳务，长胜公司应在提供劳务完成时确认收入及相关成本。因此，账务处理如下：

借：银行存款　　　　　　　　　　　　　　　　　　　　　　　　7 630
　　贷：其他业务收入　　　　　　　　　　　　　　　　　　　　7 000
　　　　应交税费——应交增值税（销项税额）　　　　　　　　　　630
借：其他业务成本　　　　　　　　　　　　　　　　　　　　　　4 000
　　贷：银行存款　　　　　　　　　　　　　　　　　　　　　　4 000

根据【情境10-6】的会计分录，填制重庆长胜发动机制造有限公司本月记账凭证，并登记相关日记账和明细账。

项目三 收　　入

【学中做】在【情境 10-6】中，假设上述设备安装任务需花费一段时间（不超过本会计期间）才能完成，则重庆长胜发动机制造有限公司应如何进行账务处理？

（1）在为提供劳务发生有关支出时，账务处理如下：

借：劳务成本
　　贷：银行存款（或应付职工薪酬等）

（注：以上分录未写明金额，主要是由于实际发生成本 4 000 元是个总计数，而每笔归集劳务成本的分录金额不同，下同）

（2）待安装完成确认所提供劳务的收入并结转该项劳务总成本时，账务处理如下：

借：应收账款（或银行存款）　　　　　　　　　　　　　　　　　7 630
　　贷：其他业务收入　　　　　　　　　　　　　　　　　　　　7 000
　　　　应交税费——应交增值税（销项税额）　　　　　　　　　　630
借：其他业务成本　　　　　　　　　　　　　　　　　　　　　　4 000
　　贷：劳务成本　　　　　　　　　　　　　　　　　　　　　　4 000

【情境 10-7】重庆明华有限公司为一般纳税人，适用的增值税征收率为 9%。该公司于 2019 年 9 月 23 日与新力公司签订一项为期 3 个月的装饰服务合同，合同总价款为 90 000 元；当日，收到新力公司预付合同款 45 000 元和增值税 4 050 元。2019 年 10 月 31 日，经专业测量师测量后，确定该项劳务的完工程度为 25%。截至 2019 年 10 月 31 日，重庆明华有限公司为完成该合同累计发生装饰料工费成本 20 000 元，相关的增值税税额为 1 800 元，估计还将发生劳务成本 50 000 元。该业务属于重庆明华有限公司的主营业务。纳税人提供建筑服务采取预收款方式的，其纳税义务发生时间为收到预收款的时间。

本情境中，重庆明华有限公司提供的劳务开始和完工分属于不同的期间，而且在资产负债表日提供劳务交易的结果能够可靠估计，应当采用完工百分比法确认提供劳务收入。因此，账务处理如下：

（1）2019 年 9 月 23 日，预收劳务费时：

借：银行存款　　　　　　　　　　　　　　　　　　　　　　　49 050
　　贷：预收账款　　　　　　　　　　　　　　　　　　　　　45 000
　　　　应交税费——应交增值税（销项税额）　　　　　　　　 4 050

（2）2019 年 10 月 31 日，实际发生成本时：

借：劳务成本　　　　　　　　　　　　　　　　　　　　　　　20 000
　　应交税费——应交增值税（进项税额）　　　　　　　　　　 1 800
　　贷：银行存款　　　　　　　　　　　　　　　　　　　　　21 800

（3）2019 年 10 月 31 日，确认收入和费用：

借：预收账款　　　　　　　　　　　　　　　　　　　　　　　22 500
　　贷：主营业务收入　　　　　　　　　　　　　　　　　　　22 500
借：主营业务成本　　　　　　　　　　　　　　　　　　　　　17 500
　　贷：劳务成本　　　　　　　　　　　　　　　　　　　　　17 500

【情境 10-8】丰源公司为小规模纳税人，于 2019 年 5 月 1 日受托为大成公司培训一批学员，培训期为 6 个月，当日开学。协议约定，大成公司应向丰源公司支付的培训费总额为 120 000

元,分三次等额支付,第一次在开学时预付,第二次在 2019 年 7 月 1 日支付,第三次在培训结束时支付。

当日,大成公司预付第一次培训费。至 2019 年 6 月 30 日,丰源公司发生培训成本 50 000 元(假定均为培训人员薪酬)。6 月 30 日,丰源公司得知大成公司经营发生困难,后两次培训费能否收回难以确定。该业务属于丰源公司的主营业务。

本情境中,丰源公司已经发生的劳务成本 50 000 元预计只能部分得到补偿,即只能按预收款项得到补偿,应按预收账款 40 000 元确认劳务收入,并将已经发生的劳务成本 50 000 元结转入当期损益。因此,账务处理如下:

(1) 2019 年 5 月 1 日,收到大成公司预付的培训费:

借:银行存款 43 600
 贷:预收账款 40 000
  应交税费——应交增值税(销项税额) 3 600

(2) 实际发生培训成本 50 000 元:

借:劳务成本 50 000
 贷:应付职工薪酬 50 000

(3) 2019 年 6 月 30 日,确认提供劳务收入并结转劳务成本:

借:预收账款 40 000
 贷:主营业务收入 40 000
借:主营业务成本 50 000
 贷:劳务成本 50 000

考证回顾

1.【单选题】(2014 年)某企业于 2013 年接受一项开发软件任务,采用完工百分比法确认劳务收入,合同总收入 80 万元,已预收款项 40 万元,余款在安装完成时收回,至 2013 年 12 月 31 日实际发生成本 20 万元,预计还将发生成本 30 万元。则该企业当期利润总额增加为(　　)万元。

A. 12   B. 10   C. 8   D. 30

2.【判断题】(2016 年)企业提供劳务结果不能可靠估计,已发生劳务成本预计全部不能补偿,则不确认劳务收入。(　　)

作业四　核算让渡资产使用权收入

一、认知让渡资产使用权收入

如前所述,让渡资产使用权收入主要指让渡无形资产等资产使用权的使用费收入,出租固定资产取得的租金、进行债权投资收取的利息、进行股权投资取得的现金股利等,也属于让渡资产使用权收入。

项目三 收 入

二、熟悉职业规范

（一）让渡资产使用权收入的确认和计量

让渡资产使用权的使用费收入同时满足下列条件的，才能予以确认：

1. 相关的经济利益很可能流入企业

企业在确定让渡资产使用权的使用费收入金额是否很可能收回时，应当根据对方企业的信誉和生产经营情况、双方就结算方式和期限等达成的合同或协议条款等因素，综合进行判断。如果企业估计使用费收入金额收回的可能性不大，就不应确认收入。

2. 收入的金额能够可靠地计量

让渡资产使用权的使用费收入金额，应按照有关合同或协议约定的收费时间和方法计算确定。如果合同或协议规定一次性收取使用费，且不提供后续服务的，应当视同销售该项资产一次性确认收入；提供后续服务的，应在合同或协议规定的有效期内分期确认收入。如果合同或协议规定分期收取使用费的，应按合同或协议规定的收款时间和金额或规定的收费方法计算确定的金额分期确认收入。

（二）让渡资产使用权收入的账务处理

企业让渡资产使用权的使用费收入，一般通过"其他业务收入"账户核算；所让渡资产计提的摊销额等，一般通过"其他业务成本"账户核算。但投资收取的利息或股利通过"投资收益"账户核算。

企业确认让渡资产使用权的使用费收入时，按确定的收入金额，借记"银行存款""应收账款"等账户，贷记"其他业务收入"账户。企业对所让渡资产计提摊销以及所发生的与让渡资产有关的支出等，借记"其他业务成本"账户，贷记"累计摊销"等账户。

三、进行职业判断与操作

【情境10-9】重庆长胜发动机制造有限公司于2019年5月28日向华成机械公司出租一项生产设备，取得租金收入20 000元，收取增值税2 600元，款项存入银行，该项生产设备出租期间折旧为15 000元。

本情境中，重庆长胜发动机制造有限公司出租设备取得的租金收入，应通过"其他业务收入"账户核算。因此，应账务处理如下：

（1）收到租金：

借：银行存款　　　　　　　　　　　　　　　　　　　　　　　　22 600
　　贷：其他业务收入　　　　　　　　　　　　　　　　　　　　　20 000
　　　　应交税费——应交增值税（销项税额）　　　　　　　　　　 2 600

（2）计提设备折旧：

借：其他业务成本　　　　　　　　　　　　　　　　　　　　　　15 000
　　贷：累计折旧　　　　　　　　　　　　　　　　　　　　　　　15 000

根据【情境10-9】的会计分录，填制重庆长胜发动机制造有限公司记账凭证，并登记相关日记账和明细账。

【判断题】（2015年）让渡资产使用权一次性收取手续费且提供后续服务的，分期确认收入。（　　）

作业五　核算其他业务收入

关于其他业务收入的核算，在会计基础中的销售材料及本教材的包装物、让渡资产使用权、投资性房地产等业务中已学习，在此不再重复。

收入（Revenues）　　　　　　　　销售商品收入（Sales Revenue）
提供劳务收入（Service Revenue）　　营业外收入（Non-operating Income）
让渡资产使用权收入（The Revenue From Abalienating of Right to Use Assets）

一、单项选择题

1. 下列关于收入确认的表述中，不正确的是（　　）。

　　A. 按照企业从事日常活动的性质，收入可以分为主营业务收入和其他业务收入

　　B. 收入与所有者投入资本无关

　　C. 收入形成于企业的日常经营活动

　　D. 收入和利得的区别在于其是否形成于日常经营活动

2. 重庆长胜发动机制造有限公司于2019年5月向华立公司提供某专利权的使用权，合同规定的使用期为20年，一次性收取使用费500 000元，且不提供后续服务，款项已经收到。则重庆长胜发动机制造有限公司当年应确认的使用费收入为（　　）元。

　　A. 0　　　　　　B. 6 250　　　　　C. 500 000　　　　D. 250 000

3. 下列各项中，在确认销售收入时不影响应收账款入账的金额的是（　　）。

　　A. 销售价款　　　　　　　　　　B. 增值税销项税额
　　C. 现金折扣　　　　　　　　　　D. 销售产品代垫的运杂费

4. 重庆长胜发动机制造有限公司本年度委托乙商店代销一批零配件，代销价款300 000元（不含增值税）。本年度收到乙商店交来的代销清单，代销清单列明已销售代销零配件的70%，重庆长胜发动机制造有限公司收到代销清单时向乙商店开具增值税发票。乙商店按代销价款的5%收取手续费。该批零配件的实际成本为180 000元。则重庆长胜发动机制造有限公司本年度因此项业务应确认的销售收入为（　　）元。

　　A. 300 000　　　B. 210 000　　　　C. 180 000　　　　D. 120 000

项目三 收　入

5. 2019年9月1日，重庆长胜发动机制造有限公司与客户签订一项安装劳务合同，预计2020年12月31日完工；合同总金额为800 000元，预计总成本为500 000元。截至2019年12月31日，该公司实际发生成本150 000元，预计还将发生成本350 000元。假定该合同的结果能够可靠地估计，按已经发生的成本占估计总成本的比例确认完工进度。重庆长胜发动机制造有限公司2019年度对该项合同确认的收入为（　　）元。

A. 150 000　　　　B. 240 000　　　　C. 350 000　　　　D. 500 000

6. 重庆长胜发动机制造有限公司销售A产品每件500元，若客户购买100件（含100件）以上可得到10%的商业折扣。乙公司于2019年5月5日购买该企业产品200件，款项尚未支付。按规定现金折扣条件为"2/10、1/20、N/30"，适用的增值税税率为13%。重庆长胜发动机制造有限公司于5月23日收到该笔款项时，实际收到的金额为（　　）元（假定计算现金折扣时不考虑增值税）。

A. 113 000　　　　B. 117 900　　　　C. 100 800　　　　D. 900

7. 按照会计准则的规定，下列项目中不应确认为收入的是（　　）。

A. 出售原材料取得的收入　　　　B. 设备出租收入
C. 销售商品收取的不含税价款　　D. 违约金收入

8. 企业采用预收账款方式销售商品，确认销售收入的时点通常是（　　）。

A. 收到第一笔货款时　　　　B. 按合同约定的收款日期
C. 发出商品时　　　　　　　D. 收到支付凭证时

9. 在支付手续费委托代销商品的方式下，委托方确认收入的时间点是（　　）。

A. 委托方收到货款时　　　　B. 委托方收到受托方开出的代销清单时
C. 委托方销售商品时　　　　D. 委托方交付商品时

二、多项选择题

1. 收入的特征表现为（　　）。

A. 收入会导致所有者权益的增加
B. 收入包括代收的增值税
C. 收入从日常活动中产生，而不是从偶发的交易或事项中产生
D. 收入与所有者投入资本无关

2. 现金折扣方式销售产品，购货方在折扣期内付款，则下列处理中正确的有（　　）。

A. 按照扣除折扣后的净价确认销售收入
B. 按照商品总价确认销售收入
C. 给予购货方的折扣确认为财务费用
D. 给予购货方的折扣确认为销售费用

3. 下列有关收入确认的表述中，正确的有（　　）。

A. 在同一会计期间内开始并完成的劳务，应在提供劳务交易完成时确认收入
B. 在资产负债表日，已发生的劳务成本预计全部不能得到补偿时，应将已发生的成本确认为当期损益，并按相同的金额确认收入
C. 在提供劳务交易的结果不能可靠估计的情况下，已经发生的劳务成本预计部分能够得到补偿时，应按能够得到补偿的劳务成本金额确认收入
D. 劳务的开始和完成分属不同的会计期间。在劳务的结果能够可靠地计量的情况下，应

在资产负债表日按完工百分比法确认收入

4. 重庆长胜发动机制造有限公司 2019 年 5 月售出商品一批，并确认了收入。该批商品 2019 年 6 月由于质量问题被退回时，在退回当期不应计入（　　）账户的借方。

　　A. 库存商品　　　　B. 营业外支出　　　C. 利润分配　　　D. 主营业务收入

5. 下列各项中，属于让渡资产使用权收入的有（　　）。

　　A. 转让无形资产使用权取得的收入

　　B. 以经营租赁方式出租固定资产取得的租金

　　C. 进行债权投资收取的利息

　　D. 进行股权投资取得的现金股利

6. 下列各项收入确认表述正确的有（　　）。

　　A. 销售折让发生在收入确认之前的，销售收入应按扣除销售折让后的金额确认

　　B. 已确认收入的商品发生销售退回，除属于资产负债表日后事项外，一般均在发生时冲减当期销售收入

　　C. 采用预收款方式销售商品，应在预收款项时确认收入

　　D. 采用托收承付方式销售商品，应在发出商品时确认收入

三、判断题（正确的划"√"，错误的划"×"）

1. 企业在确定商品销售收入金额时，应该考虑各种可能发生的现金折扣和销售折让。（　　）

2. 收入不一定表现为企业资产的增加。（　　）

3. 作为六大会计要素之一的收入，通常不包括处置固定资产净收益、转让无形资产使用权取得的款项等。（　　）

4. 企业的收入包括主营业务收入、其他业务收入和营业外收入。（　　）

5. 企业销售商品一批，并已收到款项，即使商品的成本不能够可靠地计量，也要确认相关的收入。（　　）

6. 受托方代销货物收到的手续费，应确认为劳务收入。（　　）

7. 债券投资取得的利息和股权投资取得的股利属于让渡资产使用权取得的收入。（　　）

四、实务题

1. 重庆长胜发动机制造有限公司为增值税一般纳税人，适用的增值税税率为 13%，假定销售商品、原材料均符合收入确认条件，其成本在确认收入时逐笔结转，商品、原材料售价中不含增值税。2019 年该公司发生如下交易或事项：

（1）5 月 1 日，向丰源公司销售商品一批，按商品标价计算的金额为 200 000 元。该批商品实际成本为 150 000 元。由于是成批销售，重庆长胜发动机制造有限公司给予丰源公司 10% 的商业折扣并开具了增值税专用发票，并在销售合同中规定现金折扣条件为"2/10、1/20、N/30"，重庆长胜发动机制造有限公司已于当日发出商品，丰源公司于 5 月 16 日付款，假定计算现金折扣时不考虑增值税。

（2）5 月 18 日，重庆长胜发动机制造有限公司由于产品质量原因对上年出售给林海公司的一批商品按售价给予 10% 的销售折让，该批商品售价为 30 000 元。增值税税额为 3 900 元。货款已结清。经认定，同意给予折让并以银行存款退还折让款，同时开具红字增值税专用

项目三 收 入

发票。

（3）5月20日，销售一批材料，增值税专用发票上注明的售价为15 000元，增值税税额为1 950元。款项已由银行收妥。该批材料的实际成本为10 000元。

要求：逐笔编制重庆长胜发动机制造有限公司上述业务的会计分录。

2. 昆山公司为一般纳税人，于2019年5月1日与光大公司签订为期6个月的劳务合同，合同总价款为400 000元，待完工时收取。至2019年5月31日，实际发生劳务成本50 000元（均为职工薪酬），估计为完成该合同还将发生劳务成本150 000元。假定该项劳务交易的结果能够可靠估计，昆山公司按实际发生的成本占估计总成本的比例确定劳务的完工进度；该业务属于昆山公司的主营业务，增值税征收率为9%。

要求：编制昆山公司2019年5月31日有关的会计分录。

3. 重庆长胜发动机制造有限公司为增值税一般纳税人，增值税税率为13%。商品销售价格不含增值税，在确认销售收入时逐笔结转销售成本。假定不考虑其他相关税费。2019年5月份重庆长胜发动机制造有限公司发生如下业务：

（1）5月2日，向春和公司销售A产品160件，标价总额为80 000元（不含增值税），商品实际成本为48 000元。为了促销，重庆长胜发动机制造有限公司给予春和公司15%的商业折扣并开具了增值税专用发票。重庆长胜发动机制造有限公司已发出商品，并向银行办理了托收手续。

（2）5月10日，因部分A产品的规格与合同不符，春和公司退回A产品80件。当日，重庆长胜发动机制造有限公司按规定向春和公司开具增值税专用发票（红字），销售退回允许扣减当期增值税销项税额，退回商品已验收入库。

（3）5月25日，重庆长胜发动机制造有限公司收到春和公司来函。来函提出，2019年1月10日从重庆长胜发动机制造有限公司所购B产品不符合合同规定的质量标准，要求重庆长胜发动机制造有限公司在价格上给予10%的销售折让。该商品售价为60 000元，增值税额为7 800元，货款已结清。经重庆长胜发动机制造有限公司认定，同意给予折让并以银行存款退还折让款，同时开具了增值税专用发票（红字）。

除上述资料外，不考虑其他因素。

要求：逐笔编制重庆长胜发动机制造有限公司上述业务的会计分录。

项目四
费 用

 **项目要求**

通过本项目的实施,了解企业生产成本和费用的内容,掌握生产费用、期间费用、所得税费用等管理与核算的规范要求,并能根据具体业务进行职业判断与核算。

项目任务

任务十一 核算费用

职业目标

1. 熟悉费用的概念、分类、特点；
2. 熟悉生产成本的内容，成本与费用的关系；
3. 了解生产成本计算方法；
4. 掌握相关的会计核算；
5. 掌握期间费用内容和核算方法；
6. 能识别成本、费用相关的原始凭证；
7. 能正确填制成本、费用的记账凭证；
8. 能正确登记费用明细账记账和总账；
9. 能正确计算所得税费用。

教学时数

建议教学时数 6 学时，其中讲授 4 学时、实践 2 学时。

教学指引

1. 准备一个企业某月生产费用期初余额表；
2. 准备记账凭证、成本费用明细账及成本费用的总账、会计准则等多种教学材料；
3. 设计一个较好的教学引入情景，如费用岗位会计的苦恼等；
4. 设计期间费用、所得税费用的情境案例；
5. 准备企业费用报销流程、企业财务制度、所得税税收相关条例等阅读材料。

典型工作任务

1. 核算产品生产成本；
2. 核算期间费用；
3. 核算所得税费用。

项目四 费 用

主要学习内容

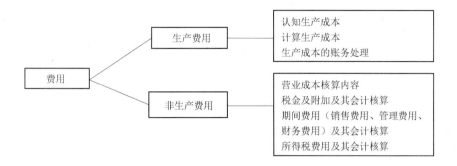

作业一 认 知 费 用

一、费用概念及分类

（一）费用的概念

费用是指企业在日常活动中发生的、会导致所有者权益减少的、与向所有者分配利润无关的经济利益的总流出。

（二）费用的分类

企业的费用按不同标准可以分为不同的种类，但其主要内容包括营业成本（主营业务成本、其他业务成本）、税金及附加、期间费用（销售费用、管理费用、财务费用）、所得税费用。

1. 主营业务成本

主营业务成本是指企业销售商品、提供劳务等经常性活动发生的成本。企业一般在确认销售商品、提供劳务等主营业务收入时，或在月末将已销售商品、已提供劳务的成本结转入主营业务成本。

2. 其他业务成本

其他业务成本是指企业确认的除主营业务活动以外的其他经营活动所发生的支出，其他业务成本包括销售材料的成本、出租固定资产的折旧额、出租无形资产的摊销额、出租包装物的成本或摊销额等。采用成本模式计量投资性房地产的，其投资性房地产计提的折旧额或摊销额，也构成其他业务成本。

3. 税金及附加

税金及附加是指企业经营活动应负担的相关税费，包括消费税、城市维护建设税、资源税、教育费附加、房产税、土地使用税、车船使用税、印花税等。

4. 销售费用

销售费用是指企业销售商品和材料、提供劳务的过程中发生的各种费用，包括保险费、包装费、展览费和广告费、商品维修费、预计产品质量保证损失、运输费、装卸费等以及为销售本企业商品而专设的销售机构（含销售网点、售后服务网点等）的职工薪酬、业务费、折旧费等经营费用。企业发生的与专设销售机构相关的固定资产日常修理费用等后续支出也属于销售费用。

5. 管理费用

管理费用是指企业为组织和管理生产经营发生的各种费用，包括企业在筹建期间内发生的开办费、董事会和行政管理部门在企业的经营管理中发生的以及应当由企业统一负担的公司经费、行政管理部门负担的工会经费、董事会会费、聘请中介机构费、咨询费（含顾问费）、诉讼费、业务招待费、技术转让费、矿产资源补偿费、研究费用、排污费以及企业生产车间和行政管理部门发生的固定资产日常修理费用等。

6. 财务费用

财务费用是指企业为筹集生产经营所需资金等而发生的筹资费用，包括利息支出（减利息收入）、汇兑损益以及相关的手续费、企业发生的现金折扣等。

7. 所得税费用

所得税费用是指企业确认的应从当期利润总额中扣除的所得税费用，是企业在计算确认当期所得税费用以及递延所得税费用（或收益）的基础上，确认的并在利润表中反映的所得税费用（或收益）。

二、费用的特点

1. 费用是企业在日常活动中形成的

因日常活动所产生的费用通常包括销售成本（营业成本）、管理费用等。将费用界定为日常活动所形成的，目的是将其与损失相区分，企业非日常活动所形成的经济利益的流出不能确认为费用，而应当计入损失。

2. 费用会导致企业所有者权益的减少

与费用相关的经济利益的流出应当导致所有者权益的减少，不会导致所有者权益减少的经济利益的流出不符合费用的定义，不应确认为费用。

3. 费用导致的经济利益总流出与向所有者分配利润无关

费用的发生应当会导致经济利益的流出，从而导致资产的减少或者负债的增加（最终也会导致资产的减少）。

作业二　核算生产成本

一、认知生产成本

生产成本是指企业为生产产品而发生的各种经济资源的耗费，例如，为生产产品需要耗费材料、向产品生产工人支付工资等职工薪酬、生产设备等固定资产的价值损耗等。产品的生产过程，也就是这些资产的耗费过程，为了正确核算产品的生产成本，必须正确划分各种成本费用的界限，认真做好成本核算的各项基础工作。

项目四 费 用

（一）成本核算的要求

1. 做好各项基础工作

为进行成本核算，企业应当建立健全各项原始记录，并做好各项材料物资的计量、收发、领退和盘点工作，包括材料物资收发领用、劳动用工和工资发放、机器设备交付使用以及水、电、暖等消耗的原始记录，并做好相应的管理工作以及定额的制定和修订工作。同时，产品成本计算，往往需要以产品原材料和工时的定额消耗量和定额费用作为分配标准，因此，也需要制定或修订材料、工时、费用的各项定额，使成本核算具有可靠的基础。

另外，还需要根据企业会计准则正确确定固定资产的折旧方法、使用年限、残值、无形资产的摊销方法、摊销期限等。各种方法一经确定，应保持相对稳定，不能随意改变，以保证成本信息的可比性。

2. 正确划分各种费用支出的界限

为正确计算产品成本，必须正确划分以下五个方面的费用界限：

（1）正确划分收益性支出和资本性支出界限；

（2）正确划分成本费用、期间费用和营业外支出的界限；

（3）正确划分本期费用与以后期间费用的界限；

（4）正确划分各种产品成本费用的界限；

（5）正确划分本期完工产品与期末在产品成本的界限。

上述五个方面的费用划分应当遵循受益原则，即谁受益谁负担、何时受益何时负担、负担的费用与受益程度成正比。上述费用划分的过程也是产品成本的计算过程。

3. 根据生产特点和管理要求选择适当的成本计算方法

产品成本的计算，关键是选择适当的产品成本计算方法。产品成本计算的方法必须根据产品的生产特点、管理要求及工艺过程等予以确定。否则，产品成本就会失去真实性，无法进行成本分析和考核。目前，企业常用的产品成本计算方法有品种法、分批法、分步法、分类法、定额法等。

（二）成本与费用的关系

费用是企业在日常活动中发生的、会导致所有者权益减少的、与向所有者分配利润无关的经济利益的总流出，构成产品成本的基础。产品成本是为生产某种产品而发生的各种耗费的总和，是对象化的费用。两者的区别在于：费用涵盖范围较宽，包括企业生产各种产品发生的各种耗费，既有当期的，也有以前期间发生的费用，既有甲产品的，也有乙、丙等其他产品的费用，既有完工产品的，也有未完工产品的费用；费用着重于按照会计期间进行归集，一般以生产过程中取得的各种原始凭证为计算依据，而产品成本只包括为生产一定种类或数量的完工产品进行归集，一般以成本计算单或成本汇总表及产品入库单等为计算依据，产品成本是费用总额的一部分，不包括期间费用和期末完工产品的费用等。

二、计算生产成本

由于企业的生产特点以及对成本管理的要求不同，费用归集和分配的方法也不同，进而形成不同的产品成本计算方法。产品成本计算的基本方法有品种法、分批法、分步法，在三种产品成本计算的方法中,品种法是最基本的方法。在实际工作中,由于产品生产复杂多样,企业管理条件各不相同,为了简化成本计算工作或较好地利用管理条件,除上述三种产品成本的基本方法外,还会采用其他成本计算方法,如分类法、定额法等,这些方法也称为成本计算的辅助方法。企业必须从具体情况出发,充分考虑企业生产工艺特点和成本管理要求,选择适合的成本计算方法。

(一)品种法

1. 品种法的含义及适用范围

品种法,是指以产品品种为成本计算对象,归集和分配生产成本,计算产品成本的一种方法。品种法是产品成本计算最基本的方法,在实际工作中应用较为广泛。

这种方法适用于单步骤、大量生产的企业,如发电、供水、采掘等企业。在这种类型的生产中,产品的生产技术过程不能从技术上划分为步骤,比如,企业或车间规模较小,或者车间是封闭的,也就是从材料投入到产品产出的全部生产过程都是在一个车间内进行的,或者生产按流水线组织,管理上不要求按照生产步骤计算产品成本,都可以按照品种计算产品成本。

2. 品种法计算成本的主要特点

(1)成本核算对象是产品品种。如果企业只生产一种产品,全部生产成本都是直接成本,可直接记入该产品生产成本明细账的有关成本项目中,不存在在各种成本核算对象之间分配成本的问题。如果生产多种产品,间接生产成本则要采用适当的方法,在各成本核算对象之间进行分配。

(2)品种法下一般定期(每月月末)计算产品成本。

(3)月末一般不存在在产品,如果有在产品,要将生产成本在完工产品和在产品之间进行分配。

品种法的基本账务处理如下:

借:库存商品——×产品
　　贷:基本生产成本——×产品

3. 品种法成本核算的一般程序

(1)按产品品种设立成本明细账,根据各项费用的原始凭证及相关资料编制有关记账凭证并登记有关明细账,并编制各种费用分配表分配各种要素费用。

(2)根据上述各种费用分配表和其他有关资料,登记辅助生产明细账、基本生产明细账、制造费用明细账等。

(3)根据辅助生产明细账编制辅助生产成本分配表,分配辅助生产成本。

(4)根据制造费用明细账编制制造费用分配表,在各种产品之间分配制造费用,并据以登记基本生产成本明细账。

(5)根据各产品基本生产明细账编制产品成本计算单,分配完工产品成本和在产品成本。

(6)编制产成品的成本汇总表,结转产成品成本。

(二)分批法

1. 分批法的含义及适用范围

分批法,是指以产品的批别作为产品成本核算对象,归集和分配生产成本,计算产品成本的一种方法。这种方法主要适用于单件、小批生产的企业，如造船、重型机器制造、精密仪器制造等，也可用于一般企业中的新产品试制或实验的生产、在建工程以及设备修理作业等。

2. 分批法计算成本的主要特点

（1）成本核算对象是产品的批别。由于产品的批别大多是根据销货订单确定的，因此，这种方法又称订单法。

（2）产品成本的计算是与生产任务通知单的签发和结束紧密配合的，因此产品成本计算是不定期的。成本计算期与产品生产周期基本一致，但与财务报告期不一致。

（3）由于成本计算期与产品的生产周期基本一致，因此在计算月末在产品成本时，一般不存在在完工产品和在产品之间分配成本的问题。

3. 分批法成本核算的一般程序

（1）按产品批别设置产品基本生产成本明细账、辅助生产成本明细账。账内按成本项目设置专栏，按车间设置制造费用明细账。同时，设置待摊费用、预提费用等明细账。

（2）根据各生产费用的原始凭证或原始凭证汇总表和其他相关资料，编制各种要素费用分配表，分配各要素费用并登账。

（3）月末根据完工批别产品的完工通知单，将计入已完工的该批产品的成本明细账所归集的生产费用，按成本项目加以汇总，计算出该批完工产品的总成本和单位成本，并转账。分批法条件下，月末完工产品与在产品之间的费用分配有以下三种情况：

第一，如果是单件生产，产品完工以前，产品成本明细账所记的生产费用都是在产品成本；产品完工时，产品成本明细账所记的生产费用，就是完工产品成本，因而月末计算成本时，不存在在完工产品与在产品之间分配费用的问题。

第二，如果是小批生产，批内产品一般都能同时完工，在月末计算成本时，或是全部已经完工，或是全部没有完工，因而一般也不存在在完工产品与在产品之间分配费用的问题。

第三，如果批内产品跨月陆续完工，这时就要在完工产品与在产品之间分配费用。

4. 简化分批法

产品完工前，账内只按月登记直接计入的费用和生产工时，只有在有完工产品的月份，才按照其累计工时的比例分配间接计入的费用，计算、登记各该批完工产品成本。

简化分批法的特点：各批产品之间分配间接费用以及完工与在产之间分配费用，均利用累计间接费用分配率。

简化分批法的适用范围：在各月间接费用水平相差悬殊的情况下不宜采用；月末未完工产品的批数不多的情况下也不宜采用（各月间接费用水平稳定；月末未完工产品的批数较多，已完工批数较少）。

（三）分步法

1. 分步法的含义及适用范围

分步法，是指按照生产过程中各个加工步骤（分品种）为成本核算对象，归集和分配生产成本，计算各步骤半成品和最后产成品成本的一种方法。

这种方法适用于大量大批的多步骤生产，如冶金、纺织、机械制造等。在这类企业中，产品生产可以分为若干个生产步骤的成本管理，通常不仅要求按照产品品种计算成本，而且还要求按照生产步骤计算成本，以便为考核和分析各种产品及各生产步骤的成本计划的执行情况提供资料。

2. 分步法计算成本的主要特点

（1）成本核算对象是各种产品的生产步骤。

（2）月末为计算完工产品成本，还需要将归集在生产成本明细账中的生产成本在完工产品和在产品之间进行分配。

（3）除了按品种计算和结转产品成本外，还需要计算和结转产品的各步骤成本。其成本核算对象，是各种产品及其所经过的各个加工步骤。如果企业只生产一种产品，则成本核算对象就是该种产品及其所经过的各个生产步骤。其成本计算期是固定的，与产品的生产周期不一致。

3. 分步法成本核算的一般程序

各生产步骤成本的计算和结转，一般采用逐步结转和平行结转两种方法，称为逐步结转分步法和平行结转分步法。

（1）逐步结转分步法。逐步结转分步法是为了分步计算半成品成本而采用的一种分步法，也称计算半成品成本分步法。它是按照产品加工的顺序，逐步计算并结转半成品成本，直到最后加工步骤完成才能计算产成品成本的一种方法。

逐步结转分步法按照成本在下一步骤成本计算单中的反映方式，还可以分为综合结转分步法和分项结转分步法两种方法。

① 综合结转分步法，是指上一步骤转入下一步骤的半成品成本，以"直接材料"或专设的"半成品"项目综合列入下一步骤的成本计算单中。如果半成品通过半成品库收发，由于各月所生产的半成品的单位成本不同，因而所耗半成品的单位成本可以如同材料核算一样，采用先进先出法或加权平均法计算。

② 分项结转分步法下，上一步骤转入下一步骤的半成品成本，按照成本构成分别计入下一步骤的成本计算单中，即半成品耗用的直接材料计入下一步骤"直接材料"，半成品耗用的直接人工费用计入下一步骤的"直接人工"，半成品耗用的制造费用计入下一步骤的"制造费用"，因此最后步骤的产品成本直接反映产品成本真实构成，无需进行成本还原。

（2）平行结转分步法。平行结转分步法也称不计算半成品成本分步法。它是指在计算各步骤成本时，不计算各步骤所产半成品的成本，也不计算各步骤所耗上一步骤的半成品成本，而只计算本步骤发生的各项其他成本，以及这些成本中应计入产成品的份额，将相同产品的各步骤成本明细账中的这些份额平行结转、汇总，即可计算出该种产品的产成品成本。

（四）分类法

实际工作中一些产品品种规格繁多的企业，如灯泡厂、钉厂等，为了简化成本计算工作，可采用分类法。分类法的基本特点是以产品类别为成本计算对象，将生产费用先按产品类别进行归集，计算各类产品成本，再按照一定的分配标准在类内各种产品之间分配，最后计算各种产品的实际总成本和单位成本。

（五）定额法

定额法是在定额管理较好的企业，为了加强生产费用和产品成本的定额管理，加强成本控制而采用的成本计算方法。它的基本特点是以产品的定额成本为基础，加上或减去脱离定额差异以及定额变动差异来计算产品的实际成本。定额法一般是在定额管理基础工作比较好，产品生产定型和消耗定额合理且稳定的企业采用。它可以将成本核算和成本控制结合起来，解决了成本的日常控制问题。

三、熟悉职业规范

为了按照用途归集各项成本，划清有关成本的界限，正确计算产品成本，企业应当设置"生产成本""制造费用"账户。

1. "生产成本"账户

"生产成本"账户属于成本类账户，核算企业发生的各项产品生产成本，包括直接材料、直接人工和制造费用。其借方登记产品生产过程中实际发生的生产成本；贷方登记生产完工并已验收入库的产成品成本；期末余额在借方，反映月末尚未完工的各项在产品成本。该账户应当设置"基本生产成本""辅助生产成本"两个二级账户，并分别按照基本生产成本和成本核算对象设置三级明细账和规定的成本项目专栏。

2. "制造费用"账户

"制造费用"账户属于成本类账户，核算企业生产车间（或部门）为生产产品而发生的各项间接费用，包括车间管理人员薪酬、折旧费、办公费、水电费、机物料消耗、劳动保护费、季节性和修理期间发生的停工损失等。其借方登记产品生产过程中实际发生的各项间接费用；贷方登记期末转入生产成本的费用；分配结转后一般无余额。该账户应当按不同车间、部门设置二级账户，并分别按照费用项目设置三级明细账。

四、进行职业判断与操作

【情境 11-1】假设 2019 年 5 月 31 日，重庆长胜发动机制造有限公司会计人员根据企业本月所有的领料单编制材料分配表（见表 11-1），并据以编制记账凭证和登记账簿。

表 11-1 材料费用分配表

2019 年 5 月　　　　　　　　　　　　　　　　　　　金额单位：元

车间、部门	产品	直接耗用材料金额	共同耗用材料			耗用原材料金额
			定额耗用量（千克）	分配率（元/千克）	金额	
基本生产车间	A 产品	38 000	2 000	10	20 000	58 000
	B 产品	26 000	800	10	8 000	34 000
	小计	64 000	2 800		28 000	92 000
供电车间（辅助生产车间）		6 800				6 800
基本车间一般耗用		3 600				3 600
合计		74 400			28 000	102 400

发出材料，应按材料的用途分别计入"生产成本""制造费用"等相关账户。直接用于产品生产的计入"生产成本——基本生产成本"账户的直接材料项目，用于辅助生产车间的记入"生产成本——辅助生产成本"账户，而属于基本生产车间一般耗用的则记入"制造费用"账户。

根据材料费用分配表编制会计分录如下：

借：生产成本——基本生产成本——A 产品　　　　　　　　　　58 000
　　　　　　　　　　　　　　　——B 产品　　　　　　　　　　34 000
　　生产成本——辅助生产成本——供电车间　　　　　　　　　　6 800
　　制造费用　　　　　　　　　　　　　　　　　　　　　　　　3 600
　　贷：原材料　　　　　　　　　　　　　　　　　　　　　　102 400

【情境 11-2】假设 2019 年 5 月 31 日，重庆长胜发动机制造有限公司会计人员根据企业本月职工工资发放的原始记录编制职工薪酬分配表（见表 11-2），并据以编制记账凭证和登记账簿。

表 11-2　职工薪酬分配表

2019 年 5 月　　　　　　　　　　　　　　　　　　　　　　　　金额单位：元

车间部门	工资			社会保险费	合计
	分配标准（工时）	分配率（元/工时）	金额		
基本生产车间——A 产品	4 000	7	28 000	3 920	31 920
基本生产车间——B 产品	6 000		42 000	5 880	47 880
小计	10 000	—	70 000	9 800	79 800
供电车间（辅助生产车间）			2 000	280	2 280
基本生产车间——共同			4 000	560	4 560
管理部门			18 000	2 520	20 520
合计			94 000	13 160	107 160

公司发生的职工薪酬费用，应按薪酬用途和发生地点归集并分配，分别计入"生产成本""制造费用"等相关账户。产品生产工人的薪酬计入"生产成本——基本生产成本"账户的直接人工项目，辅助生产车间的工人薪酬的记入"生产成本——辅助生产成本"账户，基本生产车间管理人员薪酬的则记入"制造费用"账户，而企业行政管理部门人员的薪酬则记入"管理费用"。

根据职工薪酬分配表，编制会计分录如下：

借：生产成本——基本生产成本——A 产品　　　　　　　　　　31 920
　　　　　　　　　　　　　　　——B 产品　　　　　　　　　　47 880
　　生产成本——辅助生产成本——供电车间　　　　　　　　　　2 280
　　制造费用　　　　　　　　　　　　　　　　　　　　　　　　4 560
　　管理费用　　　　　　　　　　　　　　　　　　　　　　　20 520
　　贷：应付职工薪酬——工资　　　　　　　　　　　　　　　94 000
　　　　　　　　　　——社会保险费　　　　　　　　　　　　13 160

【情境 11-3】假设 2019 年 5 月 31 日，重庆长胜发动机制造有限公司会计人员根据企业本月相关费用的报销单和折旧费用分配表，编制其他费用分配表（见表 11-3），并据以编制记账凭证和登记账簿。基本生产车间折旧费 5 800 元，办公费 462 元。供电车间固定资产折旧费 2 200 元，办公费 240 元。管理部门办公费 200 元。办公费通过银行存款支付。

项目四 费　用

表 11-3　其他费用分配表

2019 年 5 月　　　　　　　　　　　　　　　　　　　　单位：元

账户名称		金额
辅助生产	折旧费	2 200
	办公费	240
	小计	2 440
制造费用	折旧费	5 800
	办公费	462
	小计	6 262
管理费用	办公费	200
合计		8 902

公司发生的各项费用，应按谁受益谁负担的原则分配，分别计入"生产成本""制造费用"等相关账户。辅助生产车间的发生的办公费、折旧费等费用记入"生产成本——辅助生产成本"账户，基本生产车间发生的办公费、折旧费等则记入"制造费用"账户，而企业行政管理部门发生的费用则记入"管理费用"。

根据其他费用分配表分别编制计提折旧的会计分录和支付办公费的会计分录如下：

借：生产成本——辅助生产成本——供电车间（折旧费）　　　2 200
　　制造费用——折旧费　　　　　　　　　　　　　　　　　5 800
　　贷：累计折旧　　　　　　　　　　　　　　　　　　　　　　8 000
借：生产成本——辅助生产成本——供电车间（办公费）　　　240
　　制造费用——办公费　　　　　　　　　　　　　　　　　462
　　管理费用——办公费　　　　　　　　　　　　　　　　　200
　　贷：银行存款　　　　　　　　　　　　　　　　　　　　　　902

【情境 11-4】 2019 年 5 月 31 日，重庆长胜发动机制造有限公司会计人员根据企业本月辅助生产成本明细账归集的费用（见表 11-4），采用一定的分配方法（这里采用直接分配法）将辅助生产成本分配给各受益对象，作为各受益对象的成本费用（见表 11-5），并据以编制记账凭证和登记账簿。

表 11-4　辅助生产成本明细账

车间名称：供电车间　　　　2019 年 5 月　　　　　　　　　单位：元

摘要	材料消耗	职工薪酬	折旧费	办公费	合计
耗用材料	6 800				6 800
职工薪酬		2 280			2 280
其他费用			2 200	240	2 440
合计	6 800	2 280	2 200	240	11 520
分配转出	6 800	2 280	2 200	240	11 520

表 11-5　辅助生产费用分配表

2019 年 5 月　　　　　　　　　　　　　　　　　　　　金额单位：元

账户名称	数量（千瓦·时）	分配率 [元/（千瓦·时）]	分配额
制造费用（基本生产车间电费）	8 800	1.152	10 137.60
管理费用（管理部门电费）	1 200		1 382.40
合计	10 000	—	11 520

公司发生的辅助生产成本，平时在"辅助生产成本"账户进行归集，月末按一定标准将辅助生产成本分配给各受益对象，作为各受益对象的成本费用。基本生产车间使用的计入"制造费用"账户，管理部门使用的计入"管理费用"账户。

辅助生产费用分配率=11 520/（8 800+1 200）=1.152［元/（千瓦·时）］

A 产品应分配的制造费用=8 800×1.152=10 137.6（元）

B 产品应分配的制造费用=1 200×1.152=1 382.4（元）

根据辅助生产费用分配表，编制会计分录如下：

借：制造费用　　　　　　　　　　　　　　　　　　　　　　　　　10 137.60
　　管理费用　　　　　　　　　　　　　　　　　　　　　　　　　　1 382.40
　　贷：辅助生产成本——供电车间　　　　　　　　　　　　　　　　11 520

【情境 11-5】2019 年 5 月 31 日，重庆长胜发动机制造有限公司会计人员根据企业本月制造费用明细账（见表 11-6），编制制造费用分配表（见表 11-7，根据制造费用明细账，将归集的费用按生产工人工时比例进行分配），并据以编制记账凭证和登记账簿。

表 11-6　制造费用明细账

车间名称：基本生产车间　　　　　　　　　　　　　　　　　　　　　　　单位：元

摘要	材料消耗	职工薪酬	折旧费	办公费	电费	合计
耗用材料	3 600					
职工薪酬		4 560				
其他费用			5 800	462		
辅助费用					10 137.60	
合计	3 600	4 560	5 800	462	10 137.60	24 559.60
分配转出	3 600	4 560	5 800	462	10 137.60	24 559.60

表 11-7　制造费用分配表

2019 年 5 月　　　　　　　　　　　　　　　　　　　　金额单位：元

项目	生产工时（工时）	分配率（元/工时）	分配额
A 产品	4 000	2.455 96	9 823.84
B 产品	6 000		14 735.76
合计	10 000	—	24 559.60

公司发生的制造费用，平时在"制造费用"账户进行归集，月末按一定标准分配到各产品成本中去，分别计入各产品的"生产成本"账户。

制造费用分配率=24 559.6/（4 000+6 000）=2.455 96（元/工时）
A 产品应分配的制造费用=4 000×2.455 96=9 823.84（元）
B 产品应分配的制造费用=6 000×2.455 96=14 735.76（元）

根据制造费用分配表，编制会计分录如下：

借：生产成本——基本生产成本——A 产品　　　　　　　　　　　　9 823.84
　　　　　　　　　　　　　——B 产品　　　　　　　　　　　　14 735.76
　　贷：制造费用　　　　　　　　　　　　　　　　　　　　　　24 559.60

【情境 11-6】2019 年 5 月 31 日，重庆长胜发动机制造有限公司月初在产品 A 产品 600 件，当月完工 7 600 件已全部验收入库，月末无在产品。月初在产品 B 产品 340 件，当月完工 3 140 件已全部验收入库，月末尚有在产品 400 件。会计人员根据有关资料编制 A、B 产品的成本计算表（见表 11-8、表 11-9），根据 A、B 产品成本计算表，编制完工产品成本汇总表（见表 11-10），并据以编制记账凭证和登记账簿。

表 11-8　基本生产成本计算单

产品名称：A 产品　　　　　　　2019 年 5 月　　　　　　　金额单位：元

项目	直接材料	直接人工	制造费用	合计
月初在产品成本	6 860	5 460	4 300	16 620
材料费用分配表	58 000			58 000
职工薪酬分配表		31 920		31 920
制造费用分配表			9 823.84	9 823.84
合计	64 860	37 380	14 123.84	116 363.84
完工产品成本（7 600 件）	64 860	37 380	14 123.84	116 363.84
分配率（元/件）	8.53	4.92	1.86	15.31
月末在产品成本	0	0	0	0

表 11-9　基本生产成本计算单

产品名称：B 产品　　　　　　　2019 年 5 月　　　　　　　金额单位：元

项目	直接材料	直接人工	制造费用	合计
月初在产品成本	4 200	2 080	1 800	8 080
材料费用分配表	34 000			34 000
职工薪酬分配表		47 880		47 880
制造费用分配表			14 735.76	14 735.76
合计	38 200	49 960	16 535.76	104 695.76
在产品约当产量	400	200	200	
完工产品成本（3 140 件）	33 880.6	46 974.4	15 543	96 398
分配率（元/件）	10.79	14.96	4.95	30.70
月末在产品成本	4 319.4	2 985.6	992.76	8 297.76

表 11-10　完工产品成本汇总表

2019 年 5 月　　　　　　　　　　　　　　　　　　　　　金额单位：元

项目		直接材料	直接人工	制造费用	合计
A 产品（完工 7 600 件）	总成本	64 860	37 380	14 123.84	116 363.84
	单位成本（元/件）	8.53	4.92	1.86	15.31
B 产品（完工 3 140 件）	总成本	33 880.6	46 974.4	15 543	96 398
	单位成本（元/件）	10.79	14.96	4.95	30.70

公司制造完工验收入库的产成品，应当将其生产成本从"生产成本"账户转入"库存商品"账户。而对于仍在生产的在产品，不需要转入"库存商品"账户，其已经发生的成本，仍保留在"生产成本"账户中，成为"生产成本"账户的期末余额。完工产品和在产品之间费用的分配方法有：不计算在产品成本法、在产品按固定成本计价法、在产品按所耗直接材料成本计价法、约当产量比例法、在产品按定额成本计价法、定额比例法等。本任务中的完工产品和在产品是按照约当产量比例法进行费用分配的。

根据完工产品成本汇总表，账务处理如下：

借：库存商品——A 产品　　　　　　　　　　　　　　　　　116 363.84
　　　　　　——B 产品　　　　　　　　　　　　　　　　　96 398
　贷：生产成本——基本生产成本——A 产品　　　　　　　　116 363.84
　　　　　　　　　　　　　　　——B 产品　　　　　　　　96 398

作业三　核算营业成本、税金及附加、期间费用

一、营业成本

营业成本是指企业为生产产品、提供劳务等发生的可归属于产品成本、劳务成本等费用，应当在确认销售商品收入、提供劳务收入等时，将已售商品、已提供劳务的成本等计入当期损益。营业成本包括主营业务成本和其他业务成本。

1. 主营业务成本

主营业务成本是指企业销售商品、提供劳务等经常性活动发生的成本。企业一般在确认销售商品、提供劳务等主营业务收入时，或在月末将已销售商品、已提供劳务的成本结转入主营业务成本。

主营业务成本的基本账务处理如下：

借：主营业务成本
　　存货跌价准备
　贷：库存商品、劳务成本等

期末，应将"主营业务成本"账户余额结转入"本年利润"账户，借记"本年利润"账户，贷记"主营业务成本"账户，结转后本账户无余额。

2. 其他业务成本

其他业务成本是指企业确认的除主营业务活动以外的其他经营活动所发生的支出，其他

项目四 费 用

业务成本包括销售材料的成本、出租固定资产的折旧额、出租无形资产的摊销额、出租包装物的成本或摊销额等。采用成本模式计量投资性房地产的，其投资性房地产计提的折旧额或摊销额，也构成其他业务成本。

其他业务成本的基本账务处理如下：

借：其他业务成本
  贷：原材料
    周转材料
    累计折旧
    累计摊销
    应付职工薪酬
    银行存款等

期末，本账户的余额转入"本年利润"账户，结转后本账户无余额。

主营业务成本、其他业务成本相关核算我们在前面收入核算模块已经学习。

二、税金及附加

（一）熟悉职业规范

税金及附加是指企业经营活动应负担的相关税费，包括消费税、城市维护建设税、资源税、教育费附加、房产税、土地使用税、车船使用税、印花税等。

（二）进行职业判断与操作

【情境11-7】2019年5月10日，M公司取得应纳消费税的销售商品收入3 000 000元，该产品适用的消费税税率为25%。

消费税应通过"税金及附加"账户核算。消费税属于价内税，消费税从价计税公式为：应纳税额=应税消费品销售额×适用税率，此业务计算应交消费税额为750 000（3 000 000×25%）元。账务处理如下：

借：税金及附加　　　　　　　　　　　　　　　　　　　　　　750 000
  贷：应交税费——应交消费税　　　　　　　　　　　　　　　　750 000

【学中做】在【情境11-7】中，实际缴纳消费税时，应如何进行操作？

【情境11-8】2019年5月31日，M公司当月实际应交增值税350 000元，应交消费税250 000元，应交房产税100 000元，城市维护建设税税率7%，教育费附加计提率3%。

城市维护建设税、教育费附加在"税金及附加"账户中核算。城市维护建设税的计算公式：城市维护建设税=（增值税+消费税）×征收率；教育费附加的计算公式：教育费附加=（增值税+消费税）×征收率，此业务的应交城市维护建设税和教育费附加分别为：城市维护建设税（350 000+250 000）×7%=42 000（元）、教育费附加（350 000+250 000）×3%=18 000（元）。

账务处理如下：

借：税金及附加　　　　　　　　　　　　　　　　　　　　　　60 000
  贷：应交税费——应交城市维护建设税　　　　　　　　　　　　42 000
      ——应交教育费附加　　　　　　　　　　　　　　　18 000

【学中做】(1) 在【情境11-8】中,实际缴纳城市维护建设税和教育费附加时,应如何进行操作?

(2) 计算出重庆长胜发动机制造有限公司5月应交城市维护建设税、应交教育费附加,并编制本月记账凭证、登记相关明细账。

三、期间费用

(一) 认知期间费用

期间费用是指企业日常活动发生的不能计入特定核算对象的成本,而应计入发生当期损益的费用。

期间费用包含以下两种情况:一是企业发生的支出不产生经济利益,或者即使产生经济利益但不符合或者不再符合资产确认条件的,应当在发生时确认为费用,计入当期损益。二是企业发生的交易或者事项导致其承担了一项负债,而又不确认为一项资产的,应当在发生时确认为费用计入当期损益。

期间费用是企业日常活动中所发生的经济利益的流出。之所以不计入一定的成本核算对象,主要是因为期间费用是为组织和管理企业整个经营活动所发生的费用,与可以确定一定成本核算对象的材料采购、产成品生产等支出没有直接关系,因而期间费用不计入有关核算对象的成本,而是直接计入当期损益。期间费用包括销售费用、管理费用和财务费用。

(二) 熟悉职业规范

为了核算期间费用的增减变动情况,企业需要设置以下账户:

(1) "销售费用"账户。"销售费用"账户属于损益类账户,核算企业销售商品和材料、提供劳务的过程中发生的各种费用,包括保险费、包装费、展览费和广告费、商品维修费、预计产品质量保证损失、运输费、装卸费等以及为销售本企业商品而专设的销售机构(含销售网点、售后服务网点等)的职工薪酬、业务费、折旧费等经营费用。企业发生的与专设销售机构相关的固定资产日常修理费用等后续支出也属于销售费用。其借方登记企业所发生的各项销售费用,贷方登记期末结转入"本年利润"账户的销售费用,结转后该账户应无余额。实际工作中应按费用项目进行明细核算。

(2) "管理费用"账户。"管理费用"账户属于损益类账户,核算企业为组织和管理生产经营发生的各种费用,包括企业在筹建期间内发生的开办费、董事会和行政管理部门在企业的经营管理中发生的以及应当由企业统一负担的公司经费、行政管理部门负担的工会经费、董事会会费、聘请中介机构费、咨询费(含顾问费)、诉讼费、业务招待费、技术转让费、矿产资源补偿费、研究费用、排污费以及企业生产车间和行政管理部门发生的固定资产日常修理费用等。其借方登记企业发生的各项管理费用,贷方登记期末转入"本年利润"账户的管理费用,结转后该账户应无余额。实际工作中应按管理费用的费用项目进行明细核算。

(3) "财务费用"账户。"财务费用"账户属于损益类账户,核算企业为筹集生产经营所需资金等而发生的筹资费用,包括利息支出(减利息收入)、汇兑损益以及相关的手续费、企业发生的现金折扣等。其借方登记企业发生的各项财务费用,贷方登记收到利息或折扣等冲减的财务费用及期末结转到"本年利润"账户的财务费用。期末结转后该账户应无余额。实际工作中应按财务费用的项目进行明细核算。

由于财务费用在短期借款和长期借款中都已涉及,因此,在这里不再赘述。

(三)进行职业判断与操作

【情境11-9】2019年5月28日,重庆长胜发动机制造有限公司为宣传新产品发生广告费,对方公司开具的增值税专用发票中广告费12 000元,增值税720元;所有款项已用银行存款支付。

宣传新产品发生的广告费的目的是扩大销售,因此,该笔费用应通过"销售费用"账户核算。为宣传新产品发生的广告费、销售人员工资、销售部门固定资产折旧均属于销售费用。账务处理如下:

借:销售费用　　　　　　　　　　　　　　　　　　　　12 000
　　应交税费——应交增值税(进项税额)　　　　　　　　 720
　　贷:银行存款　　　　　　　　　　　　　　　　　　　　12 720

根据【情境11-9】的会计分录,填制重庆长胜发动机制造有限公司本月记账凭证,并登记相关日记账和明细账。

【情境11-10】2019年5月29日,重庆长胜发动机制造有限公司行政部刘洋报销外出学习培训差旅费3 500元,财务处以现金支付。

行政人员工资、办公设备的折旧、差旅费、培训费等都是因企业管理而发生的,属于管理费用,应通过"管理费用"账户进行核算。账务处理如下:

借:管理费用　　　　　　　　　　　　　　　　　　　　3 500
　　贷:库存现金　　　　　　　　　　　　　　　　　　　　3 500

根据【情境11-10】的会计分录,填制重庆长胜发动机制造有限公司本月记账凭证,并登记相关日记账和明细账。

作业四　核算所得税费用

一、认知所得税费用

企业的所得税费用包括当期所得税和递延所得税两个部分,其中,当期所得税是指当期应交所得税。递延所得税包括递延所得税资产和递延所得税负债。递延所得税资产是指以未来期间很可能取得用来抵扣的可抵扣暂时性差异的应纳税所得额为限确认的一项资产。递延所得税负债是指根据应纳税暂时性差异计算的未来期间应付所得税的金额。

(一)资产负债表债务法

我国所得税会计采用了资产负债表债务法,要求企业从资产负债表出发,通过比较资产负债表上列示的资产、负债按照会计准则规定确定的账面价值与按照税法规定确定的计税基础,对于两者之间的差异分别确定为应纳税暂时性差异与可抵扣暂时性差异,确认相关的递延所得税负债与递延所得税资产。假定一项资产的账面价值为100万,其计税基础为120万元,根据资产、负债的账面价值与计税基础的经济含义分析,表明该项资产于未来期间产生的经济利益流入 100 万元低于按照税法规定允许税前扣除的金额 120 万元，产生可抵减未来期间应纳税所得额的因素，减少未来期间以所得税税款的方式流出企业的经济利益，应确认为递延所得税资产。反之，一项资产的账面价值大于其计税基础的，如一项资产的账面价值为 100 万元，计税基础为 75 万元，两者之间的差额将会于未来期间产生应税金额 25 万元，增加未来期间的应纳税所得额及应缴所得税，对企业形成经济利益流出的义务，应确认为递延所得税负债。

（二）所得税会计的一般程序

在采用资产负债表债务法核算所得税的情况下，企业一般应于每一资产负债表日进行所得税的核算。企业进行所得税核算一般应遵循以下程序：

（1）按照相关会计准则规定确定资产负债表中除递延所得税资产和递延所得税负债以外的其他资产和负债项目的账面价值。

（2）按照会计准则中对于资产和负债计税基础的确定方法，以适用的税收法规为基础，确定资产负债表中有关资产、负债项目的计税基础。

（3）比较资产、负债的账面价值与其计税基础，计算暂时性差异；确定递延所得税资产和递延所得税负债的应有金额，并与递延所得税资产和递延所得税负债余额相比；确定当期应予以进一步确认的递延所得税资产和递延所得税负债金额或予以转销的金额，作为递延所得税。

（4）就企业当期发生的交易或事项，按照适用的税法规定计算确定当期应纳税所得额，将应纳税所得额与适用的所得税税率计算的结果确认为当期应交所得税，作为当期所得税。

（5）确定利润表中的所得税费用。

二、熟悉职业规范

所得税费用是指企业确认的应从当期利润总额中扣除的所得税费用，是企业在计算确认当期所得税以及递延所得税费用（或收益）的基础上，确认的并在利润表中反映的所得税费用（或收益）。

所得税费用=当期所得税+递延所得税费用（−递延所得税收益）

递延所得税=递延所得税负债的增加额−递延所得税负债的减少额+递延所得税资产的减少额−递延所得税资产的增加额

（1）当期所得税的计算。应纳税所得额是在企业税前会计利润（即利润总额）的基础上根据税法规定进行调整确定的。计算公式为：

应纳税所得额=税前会计利润+纳税调整增加额−纳税调整减少额

纳税调整增加额主要包括税法规定允许扣除项目中，企业已计入当期费用但超过税法规定扣除标准的金额，如超过税法规定标准的工资支出、业务招待费支出等，以及企业已计入当期损失但税法规定不允许扣除项目的金额，如税收滞纳金、罚款、罚金等。

纳税调整减少额主要包括按税法规定允许弥补的亏损和准予免税的项目，如前五年内的未弥补亏损和国债利息收入等。

企业当期所得税的计算公式为：

项目四 费　用

应交所得税=应纳税所得额×所得税税率

（2）所得税费用的核算。为核算企业所得税费用的发生与结转情况，企业应设置以下四个账户：

①"所得税费用"账户，核算企业根据所得税准则确认的应从当期利润总额中扣除的所得税费用，并按照"当期所得税费用""递延所得税费用"进行明细核算。期末，应将该账户的余额转入"本年利润"账户，结转后本账户应无余额。

②"递延所得税资产"账户，核算企业根据所得税准则确认的可抵扣暂时性差异产生的所得税资产，并按照可抵扣暂时性差异的具体项目进行明细核算。该账户期末借方余额反映企业已确认的递延所得税资产的余额。根据税法规定可用以后年度税前利润弥补的亏损及税款抵减产生的所得税资产，也在该账户核算。

③"递延所得税负债"账户，核算企业根据所得税准则确认的应纳税暂时性差异产生的所得税负债，并按照应纳税暂时性差异的具体项目进行明细核算。该账户期末贷方余额反映企业已确认的递延所得税负债的余额。

④"应交税费——应交所得税"账户，核算企业当期应交的所得税。贷方登记应交纳的所得税，借方登记已交纳的所得税，贷方余额表示尚未交纳的所得税。

三、进行职业判断与操作

【情境11-11】M公司2019年度按企业会计准则计算的税前会计利润为19 800 000元，所得税税率为25%。该公司全年实发工资、薪金为2 000 000元，职工福利费300 000元，工会经费50 000元，职工教育经费100 000元；经查，M公司当年营业外支出中有120 000元为税收滞纳罚金。假定M公司全年无其他纳税调整因素。

M公司2019年度的应交所得税计算如下：税法规定，企业发生的合理的工资、薪金支出准予据实扣除；企业发生的职工福利费支出，不超过工资、薪金总额的14%的部分准予扣除；企业拨缴的工会经费，不超过工资、薪金总额的2%的部分准予扣除；除国务院财政、税务主管部门另有规定外，企业发生的职工教育经费支出，不超过工资、薪金总额的2.5%的部分准予扣除，超过部分准予结转以后纳税年度扣除。本例中，按税法规定，可以扣除工资、薪金支出2 000 000元，扣除职工福利费支出280 000元（2 000 000元×14%），工会经费支出40 000元（2 000 000元×2%），职工教育经费支出50 000元（2 000 000元×2.5%）。该公司有两种纳税调整因素：一是已计入当期费用但超过税法规定标准的费用支出；二是已计入当期营业外支出但税法规定不允许扣除的税收滞纳金，这两种因素均应调整增加应纳税所得额。

M公司当期所得税的计算如下：

纳税调整数=（300 000–280 000）+（50 000–40 000）+（100 000–50 000）+120 000=200 000（元）

应纳税所得额=19 800 000+200 000=20 000 000（元）

当期应交所得税=20 000 000×25%=5 000 000（元）

【情境11-12】M公司2019年全年利润总额为10 200 000元，其中包括本年收到的国库券利息收入200 000元，所得税税率为25%，无其他纳税调整事项。递延所得税负债年初数为400 000元，年末数为500 000元，递延所得税资产年初数为250 000元，年末数为200 000元。

本任务中，因有国库券利息收入，故存在调整项目。同时，根据税法规定，国库券利息收入不需要纳税，因此，应在利润总额的基础上扣除国库券利息收入得到应纳税所得额。相关计

算和账务处理如下:

$$应纳税所得额=10\ 200\ 000-200\ 000=10\ 000\ 000(元)$$
$$当期所得税=10\ 000\ 000×25\%=2\ 500\ 000(元)$$
$$递延所得税费用=(500\ 000-400\ 000)-(200\ 000-250\ 000)=150\ 000(元)$$
$$所得税费用=2\ 500\ 000+150\ 000=2\ 650\ 000(元)$$

借:所得税费用	2 650 000
贷:应交税费——应交所得税	2 500 000
递延所得税负债	100 000
递延所得税资产	50 000

【情境 11-13】M 公司 2019 年 5 月 31 日计算该公司本月利润总额,假设利润总额为 200 000 万元,当月应纳所得税适用税率为 25%。假定不存在纳税调整事项。

由于无纳税调整事项,因此利润总额就是应纳税所得额。

$$当期应交所得税额=200\ 000×25\%=50\ 000(元)$$

5 月 31 日计算出应交所得税时的账务处理如下:

借:所得税费用	50 000
贷:应交税费——应交所得税	50 000

【学中做】计算出 M 公司 5 月利润总额,并编制会计分录,填制 M 公司本月记账凭证,并登记相关明细账。

知识链接 1

《关于印发〈增值税会计处理规定〉的通知》(财会〔2016〕22 号):全面试行营业税改征增值税后,"营业税金及附加"账户名称调整为"税金及附加"账户,该账户核算企业经营活动发生的消费税、城市维护建设税、资源税、教育费附加及房产税、土地使用税、车船使用税、印花税等相关税费;利润表中的"营业税金及附加"项目调整为"税金及附加"项目。

知识链接 2

企业所得税扣除项目及其标准:

在计算应纳税所得额时,通常企业实际发生的与取得收入有关的、合理的支出都可按照实际发生额或规定的标准扣除:

1. 工资、薪金支出

企业发生的合理的工资、薪金支出准予据实扣除。

2. 职工福利费、工会经费、职工教育经费

企业发生的职工福利费、工会经费、职工教育经费按标准扣除,未超过标准的按实际数扣除,超过标准的只能按标准扣除。

(1) 企业发生的职工福利费支出,不超过工资薪金总额 14% 的部分准予扣除。

（2）企业拨缴的工会经费，根据《工会经费拨缴款专用收据》在不超过工资薪金总额2%的部分准予扣除。自2010年7月1日起，企业拨缴的职工工会经费，不超过工资薪金总额2%的部分，凭工会组织开具的《工会经费收入专用收据》在企业所得税税前扣除。

自2010年1月1日起，在委托税务机关代收工会经费的地区，企业拨缴的工会经费，也可凭合法、有效的工会经费代收凭据依法在税前扣除。

（3）除国务院财政、税务主管部门另有规定外，企业发生的职工教育经费支出，不超过工资薪金总额2.5%的部分准予扣除，超过部分准予结转以后纳税年度扣除。

3. 社会保险费

（1）企业依照国务院有关主管部门或者省级人民政府规定的范围和标准为职工缴纳的"五险一金"，即基本养老保险费、基本医疗保险费、失业保险费、工伤保险费、生育保险费等基本社会保险费和住房公积金，准予扣除。

（2）企业为投资者或者职工支付的补充养老保险费、补充医疗保险费，符合国务院财政、税务主管部门规定的，准予扣除。

（3）企业参加财产保险，按照规定缴纳的保险费，准予扣除。

4. 利息费用

企业在生产、经营活动中发生的利息费用，按下列规定扣除：

（1）非金融企业向金融企业借款的利息支出、金融企业的各项利息支出可据实扣除。

（2）非金融企业向非金融企业借款的利息支出，不超过按照金融企业同期同类贷款利率计算的数额的部分可据实扣除，超过部分不许扣除。

5. 借款费用

企业在生产经营活动中发生的合理的不需要资本化的借款费用，准予扣除。

6. 汇兑损失

企业在货币交易中，以及纳税年度终了时将人民币以外的货币性资产、负债按照期末即期人民币汇率中间价折算为人民币时产生的汇兑损失，除已经计入有关资产成本以及与向所有者进行利润分配相关的部分外，准予扣除。

7. 业务招待费

企业发生的与生产经营活动有关的业务招待费支出，按照发生额的60%扣除，但最高不得超过当年销售（营业）收入的5‰。

业务招待费扣除限额=MIN［销售（营业）收入×5‰；实际发生额×60%］

销售（营业）收入=主营业务收入+其他业务收入+税法的视同销售收入

8. 广告费和业务宣传费

企业发生的符合条件的广告费和业务宣传费支出，除国务院财政、税务主管部门另有规定外，不超过当年销售（营业）收入15%的部分，准予扣除；超过部分，准予结转以后纳税年度扣除。

9. 环境保护专项资金

企业依照法律、行政法规有关规定提取的用于环境保护、生态恢复等方面的专项资金，准予扣除。上述专项资金提取后改变用途的，不得扣除。

10. 保险费

企业参加财产保险，按照规定缴纳的保险费，准予扣除。

11. 租赁费

企业以经营租赁方式租入固定资产发生的租赁费支出，按照租赁期限均匀扣除。

12. 劳动保护费

企业发生的合理的劳动保护支出，准予扣除。

13. 公益性捐赠支出

公益性捐赠，是指企业通过公益性社会团体、公益性群众团体或者县级（含县级）以上人民政府及其部门，用于《中华人民共和国公益事业捐赠法》规定的公益事业的捐赠。

企业发生的公益性捐赠支出，不超过年度利润总额12%的部分，准予扣除。

14. 有关资产的费用

企业转让各类固定资产发生的费用，允许扣除。企业按规定计算的固定资产折旧费、无形资产和递延资产的摊销费，准予扣除。

15. 总机构分摊的费用

非居民企业在中国境内设立的机构、场所，就其中国境外总机构发生的与该机构、场所生产经营有关的费用，能够提供总机构出具的费用汇集范围、定额、分配依据和方法等证明文件，并合理分摊的，准予扣除。

16. 资产损失

企业发生的资产损失，应按规定的程序和要求向主管税务机关申报后方能在税前扣除。未经申报的损失，不得在税前扣除。

17. 依照有关法律、行政法规和国家有关税法规定准予扣除的其他项目

如会员费、合理的会议费、差旅费、违约金、诉讼费用、手续费及佣金支出等。

知识链接 3

1. 计税基础

企业在取得资产、负债时，应当确定其计税基础。资产、负债的账面价值与其计税基础存在差异的，应当按照所得税准则规定确认所产生的递延所得税资产或递延所得税负债。

（1）资产的计税基础，是指企业收回资产账面价值过程中，计算应纳税所得额时按照税法规定可以自应税经济利益中抵扣的金额。

通常情况下，资产在取得时其入账价值与计税基础是相同的，后续计量过程中因企业会计准则规定与税法规定不同，可能产生资产的账面价值与其计税基础的差异。

比如，交易性金融资产的公允价值变动。按照企业会计准则规定，交易性金融资产期末应以公允价值计量，公允价值的变动计入当期损益。如果按照税法规定，交易性金融资产在持有期间公允价值变动不计入应纳税所得额，即其计税基础保持不变，则产生了交易性金融资产的账面价值与计税基础之间的差异。

【例】假定某企业持有一项交易性金融资产，成本为1 000万元，期末公允价值为1 500万元，如计税基础仍维持1 000万元不变，该计税基础与其账面价值之间的差额500万元即

为应纳税暂时性差异。

（2）负债的计税基础，是指负债的账面价值减去未来期间计算应纳税所得额时按照税法规定可予抵扣的金额。

短期借款、应付票据、应付账款等负债的确认和偿还，通常不会对当期损益和应纳税所得额产生影响，其计税基础即为账面价值。但在某些情况下，负债的确认可能会影响损益，并影响不同期间的应纳税所得额，使其计税基础与账面价值之间产生差额。比如，上述企业因某事项在当期确认了100万元负债，计入当期损益。假定按照税法规定，与确认该负债相关的费用，在实际发生时准予税前扣除，该负债的计税基础为零，其账面价值与计税基础之间形成可抵扣暂时性差异。

企业应于资产负债表日，分析比较资产、负债的账面价值与其计税基础，两者之间存在差异的，确认递延所得税资产、递延所得税负债及相应的递延所得税费用（或收益）。企业合并等特殊交易或事项中取得的资产和负债，应于购买日比较其入账价值与计税基础，按照所得税准则规定计算确认相关的递延所得税资产或递延所得税负债。

2. 暂时性差异

暂时性差异，是指资产或负债的账面价值与其计税基础之间的差额；未作为资产和负债确认的项目，按照税法规定可以确定其计税基础的，该计税基础与其账面价值之间的差额也属于暂时性差异。

按照暂时性差异对未来期间应税金额的影响，分为应纳税暂时性差异和可抵扣暂时性差异。

应纳税暂时性差异，是指在确定未来收回资产或清偿负债期间的应纳税所得额时，将导致产生应税金额的暂时性差异。

可抵扣暂时性差异，是指在确定未来收回资产或清偿负债期间的应纳税所得额时，将导致产生可抵扣金额的暂时性差异。

3. 递延所得税资产和递延所得税负债

资产负债表日，企业应当按照暂时性差异与适用所得税税率计算的结果，确认递延所得税负债、递延所得税资产以及相应的递延所得税费用（或收益），所得税准则第十一条至第十三条规定不确认递延所得税负债或递延所得税资产的情况除外。

沿用上述举例，假定该企业适用的所得税税率为25%，递延所得税资产和递延所得税负债不存在期初余额，对于交易性金融资产产生的500万元应纳税暂时性差异，应确认125万元递延所得税负债；对于负债产生的100万元可抵扣暂时性差异，应确认25万元递延所得税资产。

确认由可抵扣暂时性差异产生的递延所得税资产，应当以未来期间很可能取得用以抵扣可抵扣暂时性差异的应纳税所得额为限。企业在确定未来期间很可能取得的应纳税所得额时，应当包括未来期间正常生产经营活动实现的应纳税所得额，以及在可抵扣暂时性差异转回期间因应纳税暂时性差异的转回而增加的应纳税所得额，并应提供相关的证据。

4. 所得税费用的确认和计量

企业在计算确定当期所得税（即当期应交所得税）以及递延所得税费用（或收益）的基础上，应将两者之和确认为利润表中的所得税费用（或收益），但不包括直接计入所有者权益的交易或事项的所得税影响。即：

所得税费用（或收益）=当期所得税+递延所得税费用（-递延所得税收益）

5. 确认

企业应当将当期和以前期间应交未交的所得税确认为负债，将已支付的所得税超过应支付的部分确认为资产。

存在应纳税暂时性差异或可抵扣暂时性差异的，应当按照所得税准则规定确认递延所得税负债或递延所得税资产。

除下列交易中产生的递延所得税负债以外，企业应当确认所有应纳税暂时性差异产生的递延所得税负债：

（1）商誉的初始确认。

（2）同时具有下列特征的交易中产生的资产或负债的初始确认：

① 该项交易不是企业合并。

② 交易发生时既不影响会计利润也不影响应纳税所得额（或可抵扣亏损）。

与子公司、联营企业及合营企业的投资相关的应纳税暂时性差异产生的递延所得税负债，应当按照所得税准则第十二条的规定确认。

企业对与子公司、联营企业及合营企业投资相关的应纳税暂时性差异，应当确认相应的递延所得税负债。但是，同时满足下列条件的除外：

（1）投资企业能够控制暂时性差异转回的时间。

（2）该暂时性差异在可预见的未来很可能不会转回。

企业应当以很可能取得用来抵扣可抵扣暂时性差异的应纳税所得额为限，确认由可抵扣暂时性差异产生的递延所得税资产。但是，同时具有下列特征的交易中因资产或负债的初始确认所产生的递延所得税资产不予确认：

（1）该项交易不是企业合并。

（2）交易发生时既不影响会计利润也不影响应纳税所得额（或可抵扣亏损）。

资产负债表日，有确凿证据表明未来期间很可能获得足够的应纳税所得额用来抵扣可抵扣暂时性差异的，应当确认以前期间未确认的递延所得税资产。

企业对与子公司、联营企业及合营企业投资相关的可抵扣暂时性差异，同时满足下列条件的，应当确认相应的递延所得税资产：

（1）暂时性差异在可预见的未来很可能转回。

（2）未来很可能获得用来抵扣可抵扣暂时性差异的应纳税所得额。

企业对于能够结转以后年度的可抵扣亏损和税款抵减，应当以很可能获得用来抵扣可抵扣亏损和税款抵减的未来应纳税所得额为限，确认相应的递延所得税资产。

6. 计量

资产负债表日，对于当期和以前期间形成的当期所得税负债（或资产），应当按照税法规定计算的预期应交纳（或返还）的所得税金额计量。

资产负债表日，对于递延所得税资产和递延所得税负债，应当根据税法规定，按照预期收回该资产或清偿该负债期间的适用税率计量。

适用税率发生变化的，应对已确认的递延所得税资产和递延所得税负债进行重新计量，除直接在所有者权益中确认的交易或者事项产生的递延所得税资产和递延所得税负债以外，应当将其影响数计入变化当期的所得税费用。

项目四 费 用

递延所得税资产和递延所得税负债的计量，应当反映资产负债表日企业预期收回资产或清偿负债方式的所得税影响，即在计量递延所得税资产和递延所得税负债时，应当采用与收回资产或清偿债务的预期方式相一致的税率和计税基础。

企业不应当对递延所得税资产和递延所得税负债进行折现。

资产负债表日，企业应当对递延所得税资产的账面价值进行复核。如果未来期间很可能无法获得足够的应纳税所得额用以抵扣递延所得税资产的利益，应当减记递延所得税资产的账面价值。

在很可能获得足够的应纳税所得额时，减记的金额应当转回。

企业当期所得税和递延所得税应当作为所得税费用或收益计入当期损益，但不包括下列情况产生的所得税：

（1）企业合并。
（2）直接在所有者权益中确认的交易或者事项。

与直接计入所有者权益的交易或者事项相关的当期所得税和递延所得税，应当计入所有者权益。

7. 列报

递延所得税资产和递延所得税负债应当分别作为非流动资产和非流动负债在资产负债表中列示。所得税费用应当在利润表中单独列示。

企业应当在附注中披露与所得税有关的下列信息：

（1）所得税费用（收益）的主要组成部分。
（2）所得税费用（收益）与会计利润关系的说明。
（3）未确认递延所得税资产的可抵扣暂时性差异、可抵扣亏损的金额（如果存在到期日，还应披露到期日）。
（4）对每一类暂时性差异和可抵扣亏损，在列报期间确认的递延所得税资产或递延所得税负债的金额，确认递延所得税资产的依据。
（5）未确认递延所得税负债的，与对子公司、联营企业及合营企业投资相关的暂时性差异金额。

8. 递延所得税资产的账务处理

企业确认的可抵扣暂时性差异产生的递延所得税资产，通过"递延所得税资产"账户核算。本账户应按可抵扣暂时性差异等项目进行明细核算。根据税法规定可用以后年度税前利润弥补的亏损及税款抵减产生的所得税资产，也在本账户核算。本账户期末借方余额，反映企业确认的递延所得税资产。

递延所得税资产的主要账务处理：

（1）资产负债表日，企业确认的递延所得税资产，借记"递延所得税资产"账户，贷记"所得税费用——递延所得税费用"账户。资产负债表日递延所得税资产的应有余额大于其账面余额的，应按其差额确认，借记"递延所得税资产"账户，贷记"所得税费用——递延所得税费用"等账户；资产负债表日递延所得税资产的应有余额小于其账面余额的差额，编制相反的会计分录。

企业合并中取得资产、负债的入账价值与其计税基础不同形成可抵扣暂时性差异的，应于购买日确认递延所得税资产，借记"递延所得税资产"账户，贷记"商誉"等账户。

与直接计入所有者权益的交易或事项相关的递延所得税资产，借记"递延所得税资产"账户，贷记"其他综合收益"账户。

（2）资产负债表日，预计未来期间很可能无法获得足够的应纳税所得额用以抵扣可抵扣暂时性差异的，按原已确认的递延所得税资产中应减记的金额，借记"所得税费用——递延所得税费用""其他综合收益"等账户，贷记"递延所得税资产"账户。

应交所得税＝应纳税所得额×所得税税率

应纳税所得额＝税前会计利润＋纳税调整增加额－纳税调整减少额

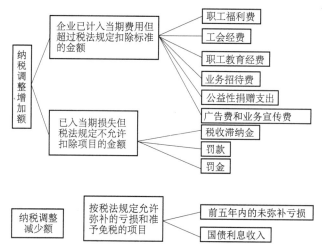

（职工福利费的标准是工资总额的14%；工费经费的标准是工资总额的2%；职工教育经费的标准是工资总额的2.5%）

1.【多选题】（2016年）下列各项中，计算应纳税所得额需要进行纳税调整的项目有（　　）。
A. 税收滞纳金
B. 超过税法规定标准的业务招待费
C. 国债利息收入
D. 超过税法规定标准的职工福利费

2.【单选题】（2016年）2015年度某企业实现利润总额为960万元，当年应纳税所得额为800万元，适用的所得税税率为25%，当年影响所得税费用的递延所得税负债增加50万元。该企业2015年度利润表"所得税费用"项目本期金额为（　　）万元。
A. 250　　　　　　B. 240　　　　　　C. 150　　　　　　D. 200

项目四 费 用

关键词

费用（Expense）　　　　　　管理费用（Administrative Expenses）
销售费用（Sales Expense）　　所得税费用（Income Tax Expenses）

能力实训

一、单项选择题

1. 下列各项中，应计入期间费用的是（　　）。
   A. 预计产品质量保证损失　　　　B. 计提车间管理用固定资产的折旧费
   C. 销售商品发生的商业折扣　　　D. 车间管理人员的工资费用

2. 下列各项中，企业对在折扣期限内付款获得的现金折扣应贷记的会计账户是（　　）。
   A. 营业外收入　　B. 财务费用　　C. 管理费用　　D. 销售费用

3. 下列各项中，不应计入企业管理费用的是（　　）。
   A. 计提的生产车间职工养老保险费　　B. 发生的内部控制建设咨询费用
   C. 应向董事会成员支付的津贴　　　　D. 发生的会计师事务所审计费

4. 下列各项中，不应列入利润表中"财务费用"项目的是（　　）。
   A. 计提的短期借款利息　　　　　　　B. 筹建期间发生的长期借款利息
   C. 销售商品发生的现金折扣　　　　　D. 经营活动中支付银行借款的手续费

5. 下列各项中，不应列入利润表"营业成本"项目的是（　　）。
   A. 已销售商品的实际成本　　　　　　B. 在建工程领用产品的成本
   C. 对外提供劳务结转的成本　　　　　D. 投资性房地产计提的折旧额

6. 某企业2019年度税前会计利润为2 000万元，其中本年国债利息收入120万元，税收滞纳金20万元，企业所得税税率为25%，假定不考虑其他因素，该企业2019年度所得税费用为（　　）万元。
   A. 465　　　　B. 470　　　　C. 475　　　　D. 500

7. 下列各项中，影响企业当期营业利润的是（　　）。
   A. 处置房屋的净损失　　　　　　　　B. 经营出租设备的折旧费
   C. 向灾区捐赠商品的成本　　　　　　D. 自然灾害导致原材料毁损的净损失

8. 某企业适用的所得税税率为25%。2015年度该企业实现利润总额500万元，应纳税所得额为480万元，影响所得税费用的递延所得税资产增加8万元。不考虑其他因素，该企业2015年度利润表"所得税费用"项目本期金额为（　　）万元。
   A. 128　　　　B. 112　　　　C. 125　　　　D. 120

9. 某企业2019年度税前会计利润为2 000万元，其中本年国债利息收入120万元，税收滞纳金20万元，企业所得税税率为25%，假定不考虑其他因素，该企业2019年度所得税费用为（　　）万元。
   A. 465　　　　B. 470　　　　C. 475　　　　D. 500

10. 某企业 2019 年度利润总额为 315 万元；经查，国债利息收入为 15 万元；行政罚款 10 万元。假定该企业无其他纳税调整项目，适用的所得税税率为 25%。该企业 2019 年应交所得税为（　　）万元。

A. 75　　　　　B. 77.5　　　　　C. 78.5　　　　　D. 81.5

二、多项选择题

1. 下列各项中，影响利润表"所得税费用"项目金额的有（　　）。
   A. 当期应交所得税　　　　　　　　B. 递延所得税收益
   C. 递延所得税费用　　　　　　　　D. 代扣代缴的个人所得税

2. 下列各项中，应计入管理费用的有（　　）。
   A. 计提管理人员工资 50 万元　　　　B. 发生业务招待费 20 万元
   C. 发生展览费 10 万元　　　　　　　D. 发生违约金 5 万元

3. 下列各项中，应计入财务费用的有（　　）。
   A. 银行承兑汇票手续费　　　　　　B. 购买交易性金融资产手续费
   C. 外币应收账款汇兑损失　　　　　D. 商业汇票贴现发生的贴现息

4. 下列各项中，应计入期间费用的有（　　）。
   A. 销售商品发生的销售折让　　　　B. 销售商品发生的售后服务费
   C. 销售商品发生的商业折扣　　　　D. 委托代销商品支付的手续费

5. 下列各项中，不应确认为财务费用的有（　　）。
   A. 企业筹建期间的借款费用　　　　B. 资本化的借款利息支出
   C. 销售商品发生的商业折扣　　　　D. 支付的银行承兑汇票手续费

三、判断题（正确的划"√"，错误的划"×"）

1. 购买商品支付货款取得的现金折扣列入利润表"财务费用"项目。（　　）
2. 企业支付专设销售机构固定资产的日常修理费应计入管理费用。（　　）
3. 专设销售机构人员的工资应计入"管理费用"账户。（　　）
4. 营业成本包括主营业务成本、其他业务成本、税金及附加。（　　）
5. 出租固定资产的折旧额，计入利润表中营业成本项目中。（　　）
6. 企业出售固定资产发生的处置净损失属于企业的期间费用。（　　）
7. 计提长期借款的利息费用均计入财务费用账户中。（　　）
8. 制造费用与管理费用不同，本期发生的管理费用直接影响本期损益，而本期发生的制造费用不一定影响本期损益。（　　）
9. 产品成本是为生产某种产品而发生的各种耗费的总和，是对象化的费用。（　　）
10. 所得税费用是指企业确认的应从当期利润总额中扣除的所得税费用，是企业在计算确认当期所得税以及递延所得税费用（或收益）的基础上，确认的并在利润表中反映的所得税费用（或收益）。（　　）

四、实务题

1. 资料：天科公司的主要经营业务范围包括销售、运输、咨询业务，该企业为增值税一般纳税人，增值税税率为 13%，随时结转销售成本，2019 年 12 月份，发生经济业务如下：

（1）以银行存款支付产品广告费 3 180 元（含增值税），为办产品展览，发生产品展览场所布置费用 5 000 元，其中领用生产用材料 2 000 元，其余以现金支付。根据本月工资分配计算,专设销售机构的职工工资为80 000元,提取职工福利费13 600元。

(2) 以现金支付业务招待费1 000元(不考虑增值税),本月计提厂部的固定资产折旧费为5 000元。根据本月工资分配计算,厂部行政管理人员的工资为20 000元,提取职工福利费2 800元。

(3) 以银行存款支付金融机构手续费800元(不考虑增值税)。接银行通知,已转来银行存款利息3 000元。

要求:根据上述业务,编制相关会计分录。

2. 资料:M公司2019年度税前会计利润为9 900万元,所得税税率为25%。M公司全年实发工资、薪金总额为1 000万元,职工福利费为150万元。经查,M公司当年营业外支出中有60万元为税收滞纳罚金。假定M公司全年无其他纳税调整因素。税法规定,企业发生的合理的工资、薪金支出准予据实扣除;企业发生的职工福利费支出,不超过工资、薪金总额14%的部分准予扣除;企业发生的税收滞纳金不允许扣除。

要求:计算该企业当期所得税费用。

3. 资料:A公司为增值税一般纳税人,销售商品为其主营业务,提供安装劳务为其辅助业务。A公司销售的商品增值税税率为13%,产品销售价款中均不含增值税额,适用的企业所得税税率为25%。产品销售成本按经济业务逐项结转。2019年1月至11月实现会计利润总额为750万元,递延所得税负债年初数为10万元,递延所得税资产年初数为7万元。12月份发生业务资料如下:

(1) 12月1日,向B公司销售C商品一批,开出的增值税专用发票上注明售价为60万元,增值税税额为7.8万元;商品已发出,货款尚未收到;该批商品成本为30万元。

(2) 12月7日,开出支票支付企业本月负担的广告宣传费1.5万元。

(3) 12月31日,确认安装设备的劳务收入。该设备安装劳务合同总收入为100万元,预计合同总成本为70万元,合同价款在2018年签订合同时已收取。采用完工百分比法确认劳务收入。截至本年年末,该劳务的累计完工进度为80%,前期已累计确认劳务收入50万元、劳务成本35万元。

(4) 12月31日进行财产清查,发现因管理不善造成原材料毁损一批,该批材料的成本为10万元,应负担的增值税进项税为1.3万元。收到保险公司赔偿6.7万元,经批准做账务处理。

(5) 12月31日,企业当期应交城市维护建设税3.5万元,应交教育费附加1.5万元,于月末计提。

(6) 12月31日,本年递延所得税负债的年末数为15万元,递延所得税资产的年末数为10万元。

假定本期的递延所得税均影响利润表中的递延所得税费用,不考虑其他因素。

要求:

(1) 计算A公司2019年利润总额。

(2) 计算2019年度递延所得税负债以及递延所得税资产的发生额(贷方发生额用正数表示,借方发生额用负数表示)。

(3) 计算A公司2019年应交所得税金额。

(4) 计算A公司2019年所得税费用和净利润金额。

项目五
利　润

 **项目要求**

通过本项目的学习，了解反映企业经营成果的三个会计要素中"利润"要素的相关内容，主要掌握利润的构成、计入当期损益的利得和损失、所得税费用以及其他利润项目的计算和会计处理，并能根据具体业务进行职业判断与操作。

项目任务

任务十二 核算利润

 职业目标

1. 掌握营业外收入核算的内容及账务处理；
2. 掌握营业外支出核算的内容及账务处理；
3. 认知利润的内涵；
4. 掌握本年利润的结转方法及账务处理。

 教学时数

建议教学时数 10 学时，其中讲授 6 学时、实践 4 学时。

 教学指引

1. 设计营业外收入、营业外支出的业务案例；
2. 收集一个企业利润形成的记账凭证；
3. 收集前述企业利润分配的案例。

 典型工作任务

1. 核算营业外收入业务；
2. 核算营业外支出业务；
3. 核算本年利润业务。

 主要学习内容

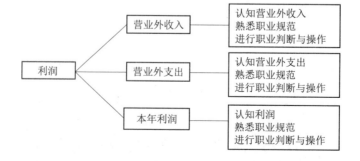

项目五 利润

作业一 核算营业外收入

一、认知营业外收入

营业外收入是指企业确认的与其日常活动无直接关系的各项利得。营业外收入不是企业经营资金耗费所产生的，不需要企业付出代价，实际上是经济利益的净流入，不需要与有关的费用配比。因此，在会计核算上，应当严格区分营业外收入与营业收入的界限。通俗一点讲就是，除企业营业执照中规定的主营业务以及附属的其他业务之外的所有收入视为营业外收入。

二、熟悉职业规范

为了核算营业外收入的取得和结转情况，企业应设置"营业外收入"账户。该账户属于损益类账户，贷方登记企业确认的各项营业外收入，借方登记期末结转到本年利润的营业外收入，结转后本账户无余额。该账户应按营业外收入的项目设置明细账进行核算。营业外收入主要包括非流动资产处置利得、政府补助、盘盈利得、捐赠利得、非货币性交换利得、债务重组利得等。

（一）非流动资产处置利得

非流动资产处置利得包括固定资产处置利得和无形资产出售利润。固定资产处置利得，指企业出售固定资产所取得价款，或报废固定资产的材料价值和变价收入等，扣除被处置固定资产的账面价值、清理费用、与处置相关的税费后的净收益；无形资产出售利得，指企业出售无形资产所取得价款，扣除被出售无形资产的账面价值、与出售相关的税费后的净收益。

（二）政府补助

政府补助是指企业从政府无偿取得货币性资产或非货币性资产，但不包括政府作为企业所有者投入的资本。其中，"政府"包括各级人民政府以及政府组成部门（如财政、卫生部门）、政府直属机构（如税务、环保部门）等。联合国、世界银行等类似国际组织，也视同为政府。

根据政府补助的定义，政府补助具有以下特征：

1. 政府补助是无偿的、有条件的

无偿性是政府补助的基本特征，政府并不因此而享有企业的所有权，企业未来也不需要以提供服务、转让资产等方式偿还。同时政府补助附有一定条件，企业经过法定程序申请取得政府补助后，应当按照政府规定的用途使用该项补助。

2. 政府补助是直接取得资产

政府补助是企业从政府直接取得的资产，包括货币性资产和非货币性资产。比如，企业取得的财政拨款，先征后返（退）、即征即退等方式返还的税款，行政划拨的土地使用权等。

3. 政府资本性投入不属于政府补助

政府以投资者身份向企业投入资本，享有企业相应的所有权，企业有义务向投资者分配利润，政府与企业之间是投资者与被投资者的关系。政府拨付的投资补助等专项拨款中，国家相关文件规定作为"资本公积"处理的,也属于资本性投入的性质。政府的资本性投入无论采用何种形式,均不属于政府补助。

政府补助主要有以下形式:

1. 财政拨款

财政拨款是政府无偿拨付给企业的资金,通常在拨款时明确规定了资金用途。为了体现财政拨款的政策引导作用,这类拨款通常具有严格的政策条件,只有符合申报条件的企业才能申请拨款;同时附有明确的使用条件,政府在批准拨款时就规定了资金的具体用途,企业必须按规定用途使用资金。

2. 财政贴息

财政贴息是政府为了支持特定领域或区域发展,根据国家宏观经济形势和政策目标,对承贷企业的银行贷款利息给予的补贴。财政贴息的补贴对象通常是符合申报条件的某个综合性项目,包括设备购置、人员培训、研发费用、人员开支、购买服务等,也可以是单项的,比如仅限于固定资产贷款项目。

财政贴息主要有两种方式:一是财政将贴息资金直接拨付给受益企业;二是财政将贴息资金拨付给贷款银行,由贷款银行以政策性优惠利率向企业提供贷款,受益企业按照实际发生的利率计算和确认利息费用。

3. 税收返还

税收返还是指政府按照国家有关规定采取先征后返(退)、即征即退等办法向企业返还的税款,属于以税收优惠形式给予的一种政府补助。

除了税收返还之外,税收优惠还包括直接减征、免征、增加计税抵扣额、抵免部分税额等形式。这类税收优惠体现了政策导向,但政府并未直接向企业无偿提供资产,因此不作为政府补助准则规范的政府补助处理。

政府补助的核算方法有两种:收益法与资本法。收益法,是将政府补助计入当期收益或递延收益,收益法又可以分为总额法和净额法;资本法,则是将政府补助计入所有者权益。《企业会计准则第16号——政府补助》要求采用的是收益法中的总额法,以便更真实、完整地反映政府补助的相关信息。

政府补助核算中应设置"递延收益"账户,该账户属于负债类账户,核算企业确认的应在以后期间计入当期损益的政府补助。贷方登记企业收到或应收的政府补助,借方登记已收到的与资产有关的政府补助在相关资产使用寿命内分配的金额,和与收益有关的政府补助在发生相关费用或损失的未来期间应补偿的金额;期末贷方余额,反映企业应在以后期间计入当期损益的政府补助。该账户应按政府补助的项目进行明细核算。

政府补助分为与资产相关的政府补助、与收益相关的政府补助、与资产和收益均相关的政府补助,应分别采用收益法中的总额法进行核算。

1. 与资产相关的政府补助

与资产相关的政府补助,是指企业取得的、用于构建或以其他方式形成长期资产的政府补助。这类补助一般以银行转账的方式拨付,如政府拨付的用于企业购买无形资产的财政拨款、政府对企业用于建造固定资产的相关贷款给予的财政贴息等,应当在实际收到款项时按照到账的实际金额确认和计量。

与资产相关的政府补助,应当确认为递延收益,并在相关资产使用寿命内平均分配,计入当期损益。企业收到或应收的与资产相关的政府补助，借记"银行存款""其他应收款"等账户，贷记"递延收益"账户。在相关资产使用寿命内分配递延收益，借记"递延收益"账户，贷记"营业外收入"账户。固定资产出售或报废时，没有分配完的递延收益，全额转入营业外收入。

2. 与收益相关的政府补助

与收益相关的政府补助，是指除与资产相关的政府补助之外的政府补助。这类补助通常以银行转账的方式拨付，应当在实际收到款项时按照到账的实际金额确认和计量。

与收益相关的政府补助，用于补偿以后期间的相关费用或损失的，在取得时先确认为递延收益，即按收到或应收的金额，借记"银行存款""其他应收款"等账户，贷记"递延收益"账户。然后在确认相关费用的期间计入当期营业外收入，即按应补偿的金额，借记"递延收益"账户，贷记"营业外收入"账户。

与收益相关的政府补助，用于补偿企业已发生费用或损失的，取得时直接计入当期营业外收入。即按收到或应收的金额，借记"银行存款""其他应收款"等账户，贷记"营业外收入"账户。

3. 与资产和收益均相关的政府补助

政府补助的对象常常是综合性项目，可能既包括设备等长期资产的购置，也包括人工费、购买服务费、管理费等费用化支出的补偿，这种政府补助与资产和收益均相关。

企业取得这类政府补助时，需要将其分解为与资产相关的部分和与收益相关的部分，分别进行会计处理。在实务中，政府通常只补贴整个项目开支的一部分，企业可能确实难以区分某项政府补助中哪些与资产相关、哪些与收益相关，或者对其进行划分不符合重要性原则或成本效益原则。企业可以将整项政府补助归类为与收益相关的政府补助，视情况不同计入当期损益，或者在项目期内分期确认为当期损益。

（三）盘盈利得

盘盈利得指企业对现金等资产清查盘点时发生盘盈，报经批准后计入营业外收入的金额。

（四）捐赠利得

捐赠利得指企业接受捐赠产生的利得。企业应当在实际收到捐赠时确认接受捐赠的资产，并将其计入当期损益。

三、进行职业判断与操作

【情境 12-1】重庆长胜发动机制造有限公司 2019 年 5 月 29 日将固定资产报废净收益 6 000 元转入营业外收入。

固定资产净收益是指企业处置固定资产所取得的收入扣除处置费用及固定资产账面价值后的余额，根据会计准则规定应转入营业外收入。因此，营业外收入增加，应在贷方登记；相应的固定资产净收益被转出而减少，应在借方登记。账务处理如下：

借：固定资产清理　　　　　　　　　　　　　　　　　　　　6 000
　　贷：营业外收入——非流动资产处置利得　　　　　　　　　　　　6 000

根据【情境 12-1】会计分录，填制重庆长胜发动机制造有限公司本月记账凭证，并登记相关明细账。

【情境12-2】重庆长胜发动机制造有限公司2019年5月30日完成政府下达的技能培训任务，收到财政补助资金100 000元。

与收益相关的政府补助，是指除与资产相关的政府补助之外的政府补助。企业确认与收益相关的政府补助，借记"银行存款"等账户，贷记"营业外收入"账户，或通过"递延收益"账户分期计入当期损益。该情境中收到的100 000元是用于补助已发生的培训费用，与以后各期损益无关。因此，应直接计入营业外收入。账务处理如下：

借：银行存款　　　　　　　　　　　　　　　　　　　　　　　　　　100 000
　　贷：营业外收入　　　　　　　　　　　　　　　　　　　　　　　　100 000

根据【情境12-2】会计分录，填制重庆长胜发动机制造有限公司本月记账凭证，并登记相关日记账和明细账。

【情境12-3】2019年5月1日，政府拨付M公司500 000元财政拨款（同日到账），要求用于购买大型科研设备1台，并规定若有结余，留归企业自行支配。2019年6月1日，M公司购入大型设备（假设不需安装），实际成本为480 000元，增值税税额62 400元，使用寿命为10年。2019年6月1日，M公司出售了这台设备。

与资产相关的政府补助，应当确认为递延收益，并在相关资产使用寿命内平均分配，计入当期损益。因此，账务处理如下：

（1）2019年5月1日实际收到财政拨款，确认政府补助时：

借：银行存款　　　　　　　　　　　　　　　　　　　　　　　　　　500 000
　　贷：递延收益　　　　　　　　　　　　　　　　　　　　　　　　　500 000

（2）2019年6月1日购入设备时：

借：固定资产　　　　　　　　　　　　　　　　　　　　　　　　　　480 000
　　应交税费——应交增值税（进项税额）　　　　　　　　　　　　　　 62 400
　　贷：银行存款　　　　　　　　　　　　　　　　　　　　　　　　　542 400

（3）在该项固定资产的使用期间，每个月计提折旧和分配递延收益时：

借：研发支出　　　　　　　　　　　　　　　　　　　　　　　　　　　4 000
　　贷：累计折旧　　　　　　　　　　　　　　　　　　　　　　　　　　4 000
借：递延收益　　　　　　　　　　　　　　　　　　　　　　　　　　　4 167
　　贷：营业外收入　　　　　　　　　　　　　　　　　　　　　　　　　4 167

　　　　　　累计折旧金额=480 000÷10÷12=4 000（元）
　　　　　　递延收益金额=500 000÷10÷12=4 167（元）

（4）2021年4月1日出售该设备时：

借：固定资产清理　　　　　　　　　　　　　　　　　　　　　　　　384 000
　　累计折旧　　　　　　　　　　　　　　　　　　　　　　　　　　　96 000
　　贷：固定资产　　　　　　　　　　　　　　　　　　　　　　　　　480 000
借：递延收益　　　　　　　　　　　　　　　　　　　　　　　　　　400 000
　　贷：营业外收入　　　　　　　　　　　　　　　　　　　　　　　　400 000

【情境12-4】M公司生产一种先进的模具产品，按照国家相关规定，该产品适用增值税先征后返政策，按实际缴纳增值税返还70%。2019年4月，该公司实际缴纳增值税税额240 000

项目五 利　润

元。5月31日，M公司实际收到返还的增值税税额168 000元。

与收益相关的政府补助，用于补偿企业已发生费用或损失的，取得时直接计入当期营业外收入。因此，账务处理如下：

借：银行存款　　　　　　　　　　　　　　　　　　　　　　　168 000
　　贷：营业外收入　　　　　　　　　　　　　　　　　　　　　　　168 000

【情境12-5】2019年1月，M公司按照有关规定为其自主创新的某高新技术项目申报研发补贴，申报书材料中表明该项目于2018年5月启动，预计总投资3 600 000元，项目期3年，已投入资金1 200 000元。项目还需新增投资2 400 000元，其中，购置固定资产800 000元、场地租赁费400 000元、人员费1 000 000元、市场营销200 000元。计划自筹资金1 200 000元、申请财政拨款1 200 000元。2019年5月1日，主管部门批准了M公司的申报，签订的补贴协议规定：批准M公司补贴申请，共补贴款项1 200 000元，分两次拨付；合同签订日拨付600 000元，结项验收时支付600 000元；如果未通过验收，则不支付第二笔款项。

本情境的政府补助对象是综合性项目，既包括固定资产的购置，也包括场地租赁费、人员费、市场营销等费用化支出的补偿，这种政府补助与资产和收益均相关。因该政府补助只补贴整个项目开支的一部分，难以区分某项政府补助中哪些与资产相关、哪些与收益相关。M公司可以将整项政府补助归类为与收益相关的政府补助，视情况不同计入当期损益，或者在项目期内分期确认为当期损益。因此，账务处理如下：

（1）2019年5月1日，实际收到拨款600 000元：

借：银行存款　　　　　　　　　　　　　　　　　　　　　　　600 000
　　贷：递延收益　　　　　　　　　　　　　　　　　　　　　　　600 000

（2）2019年5月起，在项目期内分配递延收益（假设按月分配）时：

借：递延收益　　　　　　　　　　　　　　　　　　　　　　　　25 000
　　贷：营业外收入　　　　　　　　　　　　　　　　　　　　　　　25 000

递延收益金额=600 000÷2÷12=25 000（元）

（3）2021年5月项目完工并通过验收，于5月31日实际收到拨款600 000元时：

借：银行存款　　　　　　　　　　　　　　　　　　　　　　　600 000
　　贷：营业外收入　　　　　　　　　　　　　　　　　　　　　　600 000

【情境12-6】重庆长胜发动机制造有限公司2019年5月31日在现金清查中盘盈500元，按管理权限报经批准后转入营业外收入。

任务分析：企业确认的盘盈利得、捐赠利得计入营业外收入时，借方计入"库存现金""待处理财产损溢"等账户，贷方计入"营业外收入"账户。账务处理如下：

（1）发现盘盈时：

借：库存现金　　　　　　　　　　　　　　　　　　　　　　　　　500
　　贷：待处理财产损溢——待处理流动资产损溢　　　　　　　　　　500

（2）报经批准转入营业外收入时：

借：待处理财产损溢——待处理流动资产损溢　　　　　　　　　　　500
　　贷：营业外收入　　　　　　　　　　　　　　　　　　　　　　　500

根据【情境12-6】会计分录，填制重庆长胜发动机制造有限公司本月记账凭证，并登记相关日记账和明细账。

考证回顾

1.【单选题】(2015年)下列各项中,应计入营业外收入的是( )。
   A. 企业接受原材料捐赠的利得
   B. 按期分配政府补助的递延收益
   C. 盘盈的固定资产
   D. 因债权单位撤销而无法支付的应付款项

2.【单选题】(2015年)企业收到与资产相关的政府补助时,下列各项中,会计处理正确的是( )。
   A. 借记"递延收益"账户,贷记"主营业务收入"账户
   B. 借记"银行存款"账户,贷记"预收款项"账户
   C. 借记相关资产类账户,贷记"递延收益"账户
   D. 借记"递延收益"账户,贷记"其他业务收入"账户

3.【单选题】(2015年)某企业2019年1月10日因完成政府下达的技能培训任务收到财政补助资金20万元,5月1日收到财政部门拨付的用于购买环保设备的补助款400万元,7月1日收到财政部门拨付的经营借款贴息补助15万元,假定不考虑其他因素,2019年该企业获得的与收益相关的政府补助金额为( )万元。
   A. 435   B. 20   C. 415   D. 35

作业二　核算营业外支出

一、认知营业外支出

营业外支出是指企业发生的与其日常活动无直接关系的各项损失,主要包括非流动资产处置损失、盘亏损失、罚款支出、公益性捐款支出、非常损失(自然灾害)等。非流动资产处置损失包括固定资产处置损失和无形资产出售损失,盘亏损失主要指对于固定资产清查中盘亏的固定资产,在查明原因处理时确定的损失,在固定资产和无形资产的核算中已经涉及。罚款支出是指企业由于违反税收法规、经济合同等而支付的各种滞纳金和罚款。

二、熟悉职业规范

企业应设置"营业外支出"账户核算营业外支出的取得和结转情况。该账户借方登记企业发生的各项营业外支出,贷方登记期末结转入本年利润的营业外支出。结转后该账户应无余额。实际工作中应按照营业外支出的项目进行明细核算。

其中:非流动资产处置损失包括固定资产处置损失和无形资产处置损失。固定资产处置损失,指企业出售固定资产所取得价款,或报废固定资产的材料价值和变价收入等,抵补处置固定资产的账面价值、清理费用、处置相关税费后的净损失;无形资产出售损失,指企业出售无形资产所取得价款,抵补出售无形资产的账面价值、出售相关税费后的净损失。

公益性捐赠支出:指企业对外进行公益性捐赠发生的支出。

盘亏损失:主要指对于财产清查盘点中盘亏的资产,查明原因并报经批准计入营业外支出的损失。

项目五 利　润

非常损失：指企业对于因客观因素（如自然灾害）造成的损失，扣除保险公司赔偿后应计入营业外支出的净损失。

罚款支出：指企业支付的行政罚款、税务罚款以及其他违反法律法规、合同协议等而支付的罚款、违约金、赔偿金等指出。

三、进行职业判断与操作

【情境12-7】重庆长胜发动机制造有限公司2019年5月30日出售一项价值1 000 000元的非专利技术，2019年5月30日出售时已累计摊销100 000元，未计提减值准备，出售时取得价款855 000元。不考虑相关税费。

在不考虑相关税费情况下，出售无形资产，按实际取得的收入，借记"银行存款"等账户，按其已计提的减值准备，借记"无形资产减值准备"账户，按无形资产已累计摊销的金额，借记"累计摊销"账户，按无形资产的账面价值，贷记"无形资产"账户，按其差额，借记"营业外支出"账户（如出售收入大余无形资产净值，则应贷记"营业外收入"账户）。账务处理如下：

借：银行存款　　　　　　　　　　　　　　　　　　　　　　　855 000
　　累计摊销　　　　　　　　　　　　　　　　　　　　　　　100 000
　　营业外支出　　　　　　　　　　　　　　　　　　　　　　 45 000
　　贷：无形资产　　　　　　　　　　　　　　　　　　　　 1 000 000

根据【情境12-7】会计分录，填制重庆长胜发动机制造有限公司本月记账凭证，并登记相关日记账和明细账。

【情境12-8】M公司2019年5月30日发生原材料意外灾害损失170 000元，经批准全部转作营业外支出。不考虑相关税费。

确认盘亏、罚款支出计入营业外支出时，按管理权限报经批准后，借记"营业外支出"账户，贷记"待处理财产损溢""库存现金"等账户。本任务中，公司原材料发生意外损失，贷方记入"原材料"账户表示减少，未经批准前，借记"待处理财产损溢"账户，报经批准处理后，借记"营业外支出"账户。账务处理如下：

（1）发生原材料意外灾害损失时：
借：待处理财产损溢——待处理流动资产损溢　　　　　　　　170 000
　　贷：原材料　　　　　　　　　　　　　　　　　　　　　170 000

（2）批准处理时：
借：营业外支出　　　　　　　　　　　　　　　　　　　　　170 000
　　贷：待处理财产损溢——待处理流动资产损溢　　　　　　170 000

【情境12-9】重庆长胜发动机制造有限公司2019年5月30日用银行存款支付税款滞纳金28 000元。

企业发生的各项罚款、滞纳金、捐赠支出都在"营业外支出"账户中反映，借方记入"营业外支出"账户，贷方记入"银行存款""库存现金"等账户。账务处理如下：

借：营业外支出　　　　　　　　　　　　　　　　　　　　　 28 000
　　贷：银行存款　　　　　　　　　　　　　　　　　　　　　28 000

根据【情境12-9】会计分录，填制重庆长胜发动机制造有限公司本月记账凭证，并登记相关日记账和明细账。

知识链接

营业外收入与营业外支出对比，如表12-1所示。

表12-1 营业外收入与营业外支出对比

营业外收入	营业外支出
与其日常活动无直接关系的各项利得	与其日常活动无直接关系的各项损失
非流动资产（固定资产、无形资产）处置利得	非流动资产（固定资产、无形资产）处置损失
政府补助	罚款支出
盘盈（现金）利得	盘亏（固定资产）损失
捐赠利得	公益性捐赠支出
非货币性资产交换利得	非货币性资产交换损失
债务重组利得	债务重组损失
确实无法支付的应付账款	非常损失

考证回顾

1.【单选题】（2015年）某公司因雷电造成损失共计250万元，其中流动资产100万元，非流动资产150万元，获得保险公司赔偿80万元，不考虑其他因素，则计入营业外支出的金额为（　　）。

A. 250　　　　　B. 170　　　　　C. 150　　　　　D. 100

2.【单选题】（2015年）下列各项中，报经批准后计入营业外支出的是（　　）。

A. 结转售出材料的成本　　　　　B. 采购原材料运输途中合理损耗
C. 管理原因导致的原材料盘亏　　D. 自然灾害导致的原材料损失

作业三　核算利润的形成

一、认知利润

利润，是指企业在一定会计期间的经营成果，包括收入减去费用后的净额、直接计入当期利润的利得和损失等。未计入当期利润的利得和损失扣除所得税影响后的净额计入其他综合收益项目。净利润与其他综合收益的合计金额为综合收益总额。利得是指企业非日常活动所形成的、会导致所有者权益增加的、与所有者投入资本无关的经济利益的流入。损失是指由企业非日常活动所发生的、会导致所有者权益减少的、与向所有者权益分配利润无关的经济利益的流出。

项目五 利　　润

根据我国《企业会计准则》规定，企业的利润一般分为营业利润、利润总额和净利润。与利润相关的计算公式主要如下：

（一）营业利润

营业利润=营业收入−营业成本−税金及附加−销售费用−管理费用−财务费用−信用准值损失−
　　　　资产减值损失+公允价值变动收益（−公允价值变动损失）+投资收益（−投资损失）+
　　　　资产处置收益（−投资处置损益）

其中：

营业收入是指企业经营业务所确认的收入总额，包括主营业务收入和其他业务收入。

营业成本是指企业经营业务所发生的实际成本总额，包括主营业务成本和其他业务成本。

资产减值损失是指企业计提各项资产减值准备所形成的损失。

公允价值变动收益（或损失）是指企业交易性金融资产等公允价值变动形成的应计入当期损益的利得（或损失）。

投资收益（或损失）是指企业以各种方式对外投资所取得的收益（或发生的损失）。

（二）利润总额

利润总额=营业利润+营业外收入−营业外支出

（三）净利润

净利润=利润总额−所得税费用

其中：

所得税费用是指企业确认的应从当期利润总额中扣除的所得税费用。要注意，所得税费用不一定是当期应纳所得税。

二、熟悉职业规范

（一）了解本年利润结转方法

会计期末结转本年利润的方法有表结法和账结法两种。

1. 表结法

表结法下，各损益类账户每月月末只需结计出本月发生额和月末累计余额，不结转到"本年利润"账户，只有在年末时才将全年累计余额结转入"本年利润"账户。但每月要将损益类账户的本月发生额合计数填入利润表的本月数栏，同时将本月月末累计余额填入利润表的本年累计数栏，通过利润表计算反映各期的利润（或亏损）。表结法下，年终损益类账户无须结转入"本年利润"账户，从而减少了转账环节和工作量，同时并不影响利润表的编制及有关损益指标的利用。

2. 账结法

账结法下，每月月末均需编制转账凭证，将在账上结计出的各损益类账户的余额结转入"本年利润"账户。结转后"本年利润"账户的本月余额反映当月实现的利润或发生的亏损，

"本年利润"账户的本年余额反映本年累计实现的利润或发生的亏损。账结法在各月均可通过"本年利润"账户提供当月及本年累计的利润（或亏损）额，但增加了结账环节和工作量。

（二）结转本年利润

企业应设置"本年利润"账户，核算企业本年度实现的净利润（或发生的净亏损）。

会计期末，企业应将"主营业务收入""其他业务收入""营业外收入"等账户的余额分别转入"本年利润"账户的贷方、将"主营业务成本""其他业务成本""税金及附加""销售费用""管理费用""财务费用""资产减值损失""营业外支出""所得税费用"等账户的余额分别转入"本年利润"账户的借方。企业还应将"公允价值变动损益""投资收益"账户的净收益转入"本年利润"账户的贷方，将"公允价值变动损益""投资收益"账户的净损失转入"本年利润"账户的借方。结转后"本年利润"账户如贷方余额，表示当年实现净利润；如为借方余额，表示当年发生的净亏损。

年度终了，企业还应将"本年利润"账户的本年累计余额转入"利润分配——未分配利润"账户。如"本年利润"为贷方余额，借记"本年利润"账户，贷记"利润分配——未分配利润"账户；如借方余额，编制相反的会计分录。结转后"本年利润"账户应无余额。

三、进行职业判断与操作

【情境12-10】M公司2017年有关损益账户的年末余额如表12-2所示（该企业采用表结法年末一次结转损益类账户，所得税税率为25%）。

表12-2 损益类账户余额表

账户名称	借或贷	结转前余额
主营业务收入	贷	5 000 000
其他业务收入	贷	800 000
公允价值变动损益	贷	100 000
投资收益	贷	450 000
营业外收入	贷	50 000
主营业务成本	借	3 000 000
其他业务成本	借	450 000
税金及附加	借	100 000
销售费用	借	450 000
管理费用	借	520 000
财务费用	借	200 000
资产减值损失	借	100 000
营业外支出	借	250 000

M公司2019年年末结转本年利润应编制会计分录如下：

（1）将各损益类账户年末余额结转入"本年利润"账户：

项目五 利　润

① 结转各项收入、利得类账户。

借：主营业务收入	5 000 000
其他业务收入	800 000
公允价值变动损益	100 000
投资收益	450 000
营业外收入	50 000
贷：本年利润	6 400 000

② 结转各项费用、损失类账户。

借：本年利润	5 070 000
贷：主营业务成本	3 000 000
其他业务成本	450 000
税金及附加	100 000
销售费用	450 000
管理费用	520 000
财务费用	200 000
资产减值损失	100 000
营业外支出	250 000

（2）经过上述结转后，"本年利润"账户的贷方发生额合计 6 400 000 元，借方发生额合计 5 070 000 元，借贷相抵后，税前会计利润为 1 330 000 元。

（3）假设 M 公司 2019 年度不存在所得税纳税调整因素。

$$应交所得税 = 1\ 330\ 000 \times 25\% = 332\ 500（元）$$

① 确认所得税费用。

借：所得税费用	332 500
贷：应交税费——应交所得税	332 500

② 将所得税费用结转入"本年利润"账户：

借：本年利润	332 500
贷：所得税费用	332 500

（4）将"本年利润"账户年末余额 997 500（6 400 000–5 070 000–332 500）元转入"利润分配——未分配利润"账户：

借：本年利润	997 500
贷：利润分配——未分配利润	997 500

到此为止，"利润分配——未分配利润"账户的余额即为 M 公司可供分配的利润。

【学中做】将重庆长胜发动机制造有限公司本月的收入、费用结转到本年利润，计算应纳所得税，并结转所得税费用和本年利润，编制相关记账凭证、登记明细账。

考证回顾

1.【判断题】（2014 年）表结法下，每月月末均需编制转账凭证，将在账上结计的各损益类账户的余额结转入"本年利润"账户（　　）。

2.【单选题】(2015年)下列各项中,不影响净利润的是( )。
A. 长期股权投资权益法下确认的其他综合收益
B. 转回已计提的存货跌价准备
C. 出租包装物的摊销额
D. 计算确认应缴的房产税

作业四　核算利润的分配

关于利润分配的核算,在所有者权益中已学习,在此不再重复。

关键词

营业外收入(Non-business Income)　　营业外支出(Non-business Expenditure)
本年利润(Current Year Profit)　　　　利润分配(Distribution of Profits)

能力实训

一、单项选择题

1. 企业获得用于购买环保设备的政府补助,在收到补助款借记"银行存款"账户的同时,应贷记的会计账户是( )。
   A. 营业外收入　　　　　　　　　　B. 递延收益
   C. 未实现融资收益　　　　　　　　D. 其他业务收入

2. 企业收到政府无偿拨付的用于购买节能设备的补助款时,应贷记的会计账户为( )。
   A. 资本公积　　　B. 递延收益　　　C. 固定资产　　　D. 营业外收入

3. 以下营业利润计算正确的是( )。
   A. 营业利润=营业收入−营业成本−税金及附加
   B. 营业利润=营业收入−营业成本−税金及附加−销售费用−管理费用−财务费用
   C. 营业利润=营业收入−营业成本−税金及附加−销售费用−管理费用−财务费用−资产减值损失+公允价值变动收益+投资收益
   D. 营业利润=营业收入−营业成本−税金及附加−销售费用−管理费用−财务费用−资产减值损失+公允价值变动收益+投资收益+营业外收入−营业外支出

4. 下列各项中应计入营业外收入的有( )。
   A. 出售持有至到期投资的净收益　　　B. 无法查明原因的现金溢余
   C. 出售无形资产的净收益　　　　　　D. 出售投资性房地产的净收益

5. 下列各项中,应计入营业外支出的是( )。
   A. 计量差错引起的原材料盘亏　　　　B. 原材料一般经营损失
   C. 自然灾害造成的原材料损失　　　　D. 原材料运输途中发生的合理损耗

项目五 利　　润

6. 下列各项中，不应计入营业外收入的是（　　）。
   A. 债务重组利得　　　　　　　　　　B. 处置固定资产净收益
   C. 收发差错造成存货盘盈　　　　　　D. 确实无法支付的应付账款

7. 2019年5月某企业开始自行研发一项非专利技术，至2019年12月31日研发成功并达到预定可使用状态，累计研究支出为160万元，累计开发支出为500万元（其中符合资本化条件的支出为400万元）。该非专利技术使用寿命不能合理确定，假定不考虑其他因素，该业务导致企业2019年度利润总额减少（　　）万元。
   A. 100　　　　　B. 160　　　　　C. 260　　　　　D. 660

8. M公司本期营业利润200万元，资产减值损失20万元，营业外收入15万元，营业外支出5万元，所得税费用52.5万元，则M公司本期的净利润为（　　）万元。
   A. 147.5　　　　B. 142.5　　　　C. 150.5　　　　D. 157.5

二、多项选择题

1. 下列各项中，应计入营业外收入的有（　　）。
   A. 债务重组利得　　　　　　　　　　B. 接受捐赠利得
   C. 固定资产盘盈利得　　　　　　　　D. 非货币性资产交换利得

2. 下列各项中，影响企业营业利润的有（　　）。
   A. 管理费用　　　B. 财务费用　　　C. 所得税费用　　　D. 商品销售成本

3. 下列各项业务中，应通过营业外收入账户核算的有（　　）。
   A. 存货盘盈　　　　　　　　　　　　B. 转销无法偿付的应付账款
   C. 接受现金捐赠　　　　　　　　　　D. 接受政府补助

4. 2019年5月5日，M公司在财产清查过程中发现2018年12月份购入的一台设备尚未入账。该设备的重置成本为30 000元（假定与其计税基础不存在差异）。假定M公司按净利润的10%提取法定盈余公积，不考虑相关税费及其他因素的影响。报经批准后，下列会计处理正确的有（　　）。
   A. 借记"固定资产"账户30 000元
   B. 贷记"盈余公积——法定盈余公积"账户3 000元
   C. 贷记"利润分配——未分配利润"账户27 000元
   D. 该笔业务对当期损益的影响金额为30 000元

5. 下列交易或事项，应确认为营业外支出的是（　　）。
   A. 公益性捐赠支出　　　　　　　　　B. 无形资产出售损失
   C. 固定资产盘亏损失　　　　　　　　D. 固定资产减值损失

三、判断题（正确的划"√"，错误的划"×"）

1. 非流动资产处置损失、公益性捐赠支出、出租包装物的成本、行政性罚款支出等都计入营业外支出。（　　）
2. 收入要素包括主营业务收入、其他业务收入、营业外收入。（　　）
3. 盘亏的固定资产记入当期营业外支出。（　　）
4. 非流动资产处置损失、公益性捐赠支出、盘亏损失、出租包装物的成本、罚款支出等都计入营业外支出。（　　）
5. 利润是指企业在一定会计期间的经营成果，利润包括收入减去费用后的净额利得和损

失等。 （ ）

6. 企业采用"表结法"结转本年利润的，年度内每月月末损益类账户发生额合计数和月末累计余额无需转入"本年利润"账户但要将其填入利润表，在年末时将损益类账户全年累计余额转入"本年利润"账户。 （ ）

7. 企业发生的固定资产毁损净损失，应记入"营业外支出"账户。 （ ）

8. 企业销售不动产应该缴纳的增值税应直接计入营业外支出。 （ ）

四、实务题

M公司为增值税一般纳税人，适用的增值税税率为13%，商品、原材料售价中不含增值税。假定销售商品、原材料和提供劳务均符合收入确认条件，其成本在确认收入时逐笔结转，不考虑其他因素。2019年5月，M公司发生如下交易或事项：

（1）销售商品一批，按商品标价计算的金额为200万元，由于是成批销售，M公司给予客户10%的商业折扣并开具了增值税专用发票，款项尚未收回。该批商品实际成本为150万元。

（2）向本公司行政管理人员发放自产产品作为福利，该批产品的实际成本为8万元，市场售价为10万元。

（3）向乙公司转让一项软件的使用权，一次性收取使用费20万元并存入银行，且不再提供后续服务。

（4）销售一批原材料，增值税专用发票注明售价80万元，款项收到并存入银行。该批材料的实际成本为59万元。

（5）将以前会计期间确认的与资产相关的政府补助在本月分配计入当月收益300万元。

（6）确认本月设备安装劳务收入。该设备安装劳务合同总收入为100万元，预计合同总成本为70万元，合同价款在前期签订合同时已收取。采用完工百分比法确认劳务收入。截至本月月末，该劳务的累计完工进度为60%，前期已累计确认劳务收入50万元、劳务成本35万元。

（7）以银行存款支付管理费用20万元、财务费用10万元、营业外支出5万元。

要求：

（1）逐笔编制M公司上述交易或事项的会计分录（"应交税费"账户要写出明细账户及专栏名称）。

（2）计算M公司2019年5月的营业收入、营业成本、营业利润、利润总额。

项目六
财务报告

 项目要求

通过本项目的实施,了解中小企业财务报告,掌握资产负债表、利润表、现金流量表的编制方法,并能根据具体业务进行职业判断与核算。

项目任务

1. 学会编制资产负债表；
2. 学会编制利润表；
3. 学会编制现金流量表。

任务十三 编制财务报告

 职业目标

1. 认知企业财务报告；
2. 掌握资产负债表的内容、格式和编制方法；
3. 掌握利润表的内容、格式和编制方法；
4. 掌握现金流量表的内容、格式和编制方法。

 教学时数

建议教学时数 10 学时，其中讲授 5 学时、实践 5 学时。

 教学指引

1. 了解学生基本信息；
2. 准备一个企业真实报表，看填列情况；
3. 到手工模拟实训室查看做好的模拟账，并进行剖析；
4. 准备资产负债表、利润表、现金流量表的空表等教学材料；
5. 设计一个较好的教学引入情景，如财务报表分析视频等；
6. 从真实企业取一套完整的实习业务题；
7. 对某一上市公司报表进行解读。

 典型工作任务

1. 编制资产负债表；
2. 编制利润表；
3. 编制现金流量表。

项目六 财务报告

主要学习内容

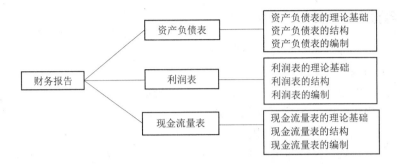

作业一 认知财务报告

一、财务报告及其目标

财务报告是企业对外提供的反映企业某一特定日期的财务状况和某一会计期间的经营成果、现金流量等会计信息的文件。财务报告包括财务报表和其他应当在财务报告中披露的相关信息和资料。

财务报告的目标是向财务会计报告使用者提供与企业财务状况、经营成果和现金流量等有关的会计信息,反映企业管理层受托责任履行情况,有助于财务报告使用者作出经济决策。财务报告使用者主要包括投资者、债权人、政府及其有关部门和社会公众等。满足投资者的信息需要是企业财务报告编制的首要出发点。如果企业在财务报告中提供的会计信息与投资者的决策无关,那么财务报告就失去了其编制的意义。

二、财务报表

(一)财务报表的组成

财务报表是财务报告的核心内容,财务报表包括资产负债表、利润表、现金流量表、所有者权益(或股东权益)变动表以及附注。

资产负债表是反映企业在某一特定日期的财务状况的会计报表。企业编制资产负债表的目的是通过如实反映企业拥有的资产、需要偿还的债务和股东(所有者)拥有的净资产情况,帮助使用者评价企业资产的质量以及短期偿债能力、长期偿债能力和利润分配能力等。

利润表是反映企业在一定会计期间的经营成果的会计报表。企业编制利润表的目的是通过如实反映企业实现收入、发生的费用以及应当计入当期利润的利得和损失等情况,帮助使用者分析评价企业的盈利能力。

现金流量表是反映企业在一定会计期间的现金和现金等价物流入和流出的会计报表。企业编制现金流量表的目的是通过如实反映企业各项活动的现金流入、流出情况,帮助使用者评价企业的现金流和资金周转情况。

附注是财务报表不可或缺的组成部分,是对在资产负债表、利润表、现金流量表和所有者权益变动表等报表中列示项目的文字描述或明细资料，以及对未能在这些报表中列示项目的说明等。

（二）财务报表的分类

财务报表可按不同的标准分为以下四类：

1. 按照财务报表反映的内容分类

按照财务报表反映的内容，可分为资产负债表、利润表、现金流量表和所有者权益变动表。

2. 按照会计报表反映的资金运动状态分类

按照会计报表反映的资金运动状态，可将其分为静态报表和动态报表。静态报表是指反映企业资金运动处于某一相对静止状态情况的会计报表，如反映企业某一特定日期资产、负债和所有者权益的资产负债表。动态报表是指反映企业资金运动状况的会计报表，如反映企业一定期间内经营成果情况的利润表、反映企业某一时期内资金来源和运用及其增减变化情况的现金流量表等。

3. 按财务报表编报期间分类

按财务报表编报期间的不同，可以分为中期财务报表和年度财务报表。中期财务报表是以短于一个完整会计年度的报告期间为基础编制的财务报表，包括月报、季报和半年报等。中期财务报告至少应当包括资产负债表、利润表、现金流量表和附注。与年度财务报表相比，中期财务报表中的附注披露可适当简略。

4. 按财务报表编报主体分类

按财务报表编报主体的不同，可以分为个别财务报表和合并财务报表。个别财务报表是反映企业自身的财务状况、经营成果和现金流量情况的财务报表。合并财务报表是以母公司和子公司组成的企业集团为会计主体，由母公司编制的综合反映企业集团财务状况、经营成果及现金流量的财务报表。

考证回顾

【判断题】（2016年）一张完整的财务报表体系由资产负债表、利润表、现金流量表、股东权益变动表及附注组成。（　　）

作业二　编制资产负债表

一、认知资产负债表

（一）资产负债表概述

资产负债表是反映企业在某一特定日期财务状况的报表。资产负债表主要反映资产、负债和所有者权益三方面的内容，并满足"资产=负债+所有者权益"平衡式。

1. 资产

资产应当按照流动资产和非流动资产两大类别分别在资产负债表中列示。

资产负债表中列示的流动资产项目通常包括：货币资金、以公允价值计量且其变动计入当期损益的金融资产、应收票据、应收账款、预付款项、应收利息、应收股利、其他应收款、存货和一年内到期的非流动资产等。

非流动资产是指流动资产以外的资产。资产负债表中列示的非流动资产项目通常包括：长期股权投资、固定资产、在建工程、工程物资、固定资产清理、无形资产、开发支出、长期待摊费用以及其他非流动资产等。

2. 负债

负债应当按照流动负债和非流动负债在资产负债表中列示。

资产负债表中列示的流动负债项目通常包括：短期借款、应付票据、应付账款、预收款项、应付职工薪酬、应交税费、应付利息、应付股利、其他应付款、一年内到期的非流动负债等。

非流动负债是指流动负债以外的负债。非流动负债项目通常包括：长期借款、应付债券和其他非流动负债等。

3. 所有者权益

所有者权益一般按照实收资本、资本公积、其他综合收益、盈余公积和未分配利润分项列示。

（二）资产负债表的结构

我国企业的资产负债表采用账户式结构，分左右两方。左方为资产项目，大体按资产的流动性大小排列，流动性大的资产如"货币资金""以公允价值计量且其变动计入当期损益的金融资产"等排在前面，流动性小的资产如"长期股权投资""固定资产"等排在后面。右方为负债及所有者权益项目，一般按要求清偿时间的先后顺序排列："短期借款""应付票据""应付账款"等需要在一年以内或者长于一年的一个正常营业周期内偿还的流动负债排在前面，"长期借款"等在一年以上才需偿还的非流动负债排在中间，在企业清算之前不需要偿还的所有者权益项目排在后面。

资产负债表的基本格式见表13-3。通过账户式资产负债表，可以反映资产、负债、所有者权益之间的内在关系，即"资产=负债+所有者权益"。

二、熟悉职业规范

（一）资产负债表的填列方法

资产负债表各项目均需填列"年初余额"和"期末余额"两栏。其中"年初余额"栏内各项数字，应根据上年末资产负债表的"期末余额"栏内所列数字填列。"期末余额"栏主要有以下四种填列方法。

1. 根据总账余额填列

根据总账的期末余额直接填列。如"应收股利""应收利息""固定资产清理""工程物资""短期借款""应付票据""应付职工薪酬""应付股利""应交税费""其他应付款""实收资本""资本公积""盈余公积"等项目，根据相应总账的期末余额直接填列。

根据几个总账的余额计算填列。有些项目则需根据几个总账的期末余额计算填列，如"货币资金"项目，需根据"库存现金""银行存款""其他货币资金"三个总账的期末余额的合计数填列。

2. 根据明细账余额计算填列

如"应收账款"项目，根据"应收账款"和"预收账款"两个账户所属的相关明细账的期末借方余额计算填列，应收账款已计提坏账准备的，还应以扣减相应坏账准备后的金额填列；"预收款项"项目，根据"预收账款"和"应收账款"两个账户所属的相关明细账户的期末贷方余额计算填列；"预付款项"项目，根据"预付账款"和"应付账款"两个账户所属的相关明细账户的期末借方余额计算填列；"应付账款"项目，根据"应付账款"和"预付账款"两个账户所属的相关明细账的期末贷方余额计算填列。

3. 根据总账和明细账余额分析计算填列

如"持有至到期投资"项目，根据"持有至到期投资"账户期末余额扣除一年内到期的余额后的数字填列；"长期应收款""应付债券""长期借款""长期应付款"等项目，应根据"长期应收款""应付债券""长期借款""长期应付款"账户余额减去各该账户所属明细账中一年内将到期收回或应偿还金额后的余额填列。

4. 根据有关账户余额减去其备抵账户余额后的净额填列

如资产负债表中的"应收账款""长期股权投资""固定资产""无形资产"等项目，应当根据"应收账款""长期股权投资""固定资产""无形资产"等账户的期末余额减去"坏账准备""长期股权投资减值准备""累计折旧""固定资产减值准备""累计摊销""无形资产减值准备"等账户余额后的净额填列。

（二）资产负债表的填列说明

1. 资产项目的填列说明

（1）"货币资金"项目，根据"库存现金""银行存款""其他货币资金"账户的期末余额合计填列。

（2）"以公允价值计量且其变动计入当期损益的金融资产"，根据"交易性金融资产"账户和在初始确认时指定为以公允价值计量且其变动计入当期损益的金融资产账户的期末余额填列。

（3）"应收票据"项目，根据"应收票据"账户的期末余额，减去"坏账准备"账户中有关应收票据计提的坏账准备期末余额后的净额填列。

（4）"应收账款"项目，根据"应收账款"和"预收账款"账户所属各明细账户的期末借方余额合计数，减去"坏账准备"账户中有关应收账款计提的坏账准备期末余额后的净额填列。如"应收账款"账户所属明细账户期末有贷方余额，应在资产负债表"预收账款"项目填列。

（5）"预付款项"项目，根据"预付账款"和"应付账款"账户所属各明细账户的期末借方余额合计数，减去"坏账准备"账户中有关预付账款计提的坏账准备期末余额后的净额填列。如"预付账款"账户所属明细账户期末有贷方余额，应在资产负债表"应付账款"项目填列。

（6）"应收利息"项目，根据"应收利息"账户的期末余额，减去"坏账准备"账户中有关应收利息计提的坏账准备期末余额后的净额填列。

（7）"应收股利"项目，根据"应收股利"账户的期末余额，减去"坏账准备"账户中有关应收股利计提的坏账准备期末余额后的净额填列。

（8）"其他应收款"项目，根据"其他应收款"账户的期末余额，减去"坏账准备"账户中有关其他应收款计提的坏账准备期末余额后的净额填列。

（9）"存货"项目，根据"在途物资（材料采购）""原材料""周转材料""库存商品""委托加工物资""委托代销商品""生产成本"等账户的期末余额合计数，减去"受托代销商品款""存货跌价准备"账户期末余额后的净额填列。材料采用计划成本核算，以及库存商品采用计划成本或售价核算的企业，应按加或减材料成本差异、商品进销差价后的金额填列。

（10）"一年内到期的非流动资产"项目，反映企业非流动资产项目中在一年内到期的金额，包括一年内到期的"持有至到期投资"、一年内摊销的"长期待摊费用"和一年内可收回的"长期应收款"。本项目应根据上述账户余额之和分析计算后填列。

（11）"长期股权投资"项目，根据"长期股权投资"账户的期末借方余额，减去"长期股权投资减值准备"账户期末贷方余额后的净额填列。

（12）"固定资产"项目，根据"固定资产"账户期末借方余额，减去"累计折旧"和"固定资产减值准备"账户期末贷方余额后的净额填列。

（13）"在建工程"项目，根据"在建工程"账户期末余额，减去"在建工程减值准备"账户期末余额后的净额填列。

（14）"工程物资"项目，根据"工程物资"账户期末余额填列。

（15）"固定资产清理"项目，根据"固定资产清理"账户的期末借方余额填列。如"固定资产清理"账户期末为贷方余额，以"-"号填列。

（16）"无形资产"项目，根据"无形资产"账户期末借方余额，减去"累计摊销"和"无形资产减值准备"账户的期末贷方余额后的净值填列。

（17）"开发支出"项目，根据"研发支出"账户中所属的"资本化支出"明细账户期末余额填列。

（18）"长期待摊费用"项目，本项目应根据"长期待摊费用"账户的期末余额减去将于1年内（含1年）摊销的数额后的金额填列。

（19）"其他非流动资产"项目，反映企业除以上资产以外的其他非流动资产。本项目应根据有关账户的期末余额填列。

2. 负债项目的填列说明

（1）"短期借款"项目，根据"短期借款"账户的期末贷方余额填列。

（2）"应付票据"项目，根据"应付票据"账户的期末贷方余额填列。

（3）"应付账款"项目，根据"应付账款"和"预付账款"账户所属各明细账户的期末贷方余额合计填列。如"应付账款"账户所属明细账户期末有借方余额的，应在资产负债表"预付账款"项目填列。

（4）"预收账款"项目，根据"预收账款"和"应收账款"账户所属各明细账户的期末贷方余额合计填列。如"预收账款"账户所属明细账户期末有借方余额的,应在资产负债表"应收账款"项目填列。

(5)"应付职工薪酬"项目,本项目应根据"应付职工薪酬"账户的期末贷方余额填列,如"应付职工薪酬"账户期末为借方余额,以"-"号填列。

(6)"应交税费"项目,根据"应交税费"账户的期末贷方余额填列。如"应交税费"账户期末为借方余额,以"-"号填列。

(7)"应付利息"项目,根据"应付利息"账户期末余额填列。

(8)"应付股利"项目,反映企业尚未支付的现金股利或利润。本项目应根据"应付股利"账户的期末余额填列,不包括企业分派的股票股利。

(9)"其他应付款"项目,根据"其他应付款"账户的期末余额填列。

(10)"一年内到期的非流动负债"项目,反映企业各种非流动负债在一年之内到期的金额,包括一年内到期的长期借款、长期应付款和应付债券、预计负债。本项目应根据上述账户分析计算后填列。

(11)"长期借款"项目,根据"长期借款"账户的期末余额减去一年内到期部分的金额填列。

(12)"应付债券"项目,根据"应付债券"账户期末贷方余额减去一年内到期部分的金额填列。

(13)"其他非流动负债"项目,反映企业除长期借款、应付债券等负债以外的其他非流动负债。本项目应根据有关账户的期末余额填列。

3. 所有者权益项目的填列说明

(1)"实收资本(股本)"项目,反映企业各投资者实际投入的资本总额。本项目应根据"股本(实收资本)"账户的期末贷方余额填列。

(2)"资本公积"项目,根据"资本公积"账户的期末贷方余额填列。

(3)"其他综合收益"项目,根据"其他综合收益"账户的期末余额填列。

(4)"盈余公积"项目,根据"盈余公积"账户的期末余额填列。

(5)"未分配利润"项目,反映企业尚未分配的利润。本项目应根据"本年利润"账户和"利润分配"账户的期末余额计算填列,如为未弥补的亏损,在本项目内以"-"号填列。

三、进行职业判断与操作

【情境13-1】M公司2019年12月31日结账后,"库存现金"账户余额为5 000元,"银行存款"账户余额为600 000元,"其他货币资金"账户余额为100 000元。要求计算该公司资产负债表中货币资金项目的金额。

分析: 资产负债表中的货币资金项目是企业的库存现金、银行存款、其他货币资金余额总和,因此,M公司年末资产负债表中的"货币资金"项目金额应为:5 000+600 000+100 000=705 000(元)

【情境13-2】M公司2019年12月31日结账后,有关明细账户余额如表13-1所示,要求计算该公司资产负债表中应收账款、应付账款、预收账款、预付账款项目的金额。

项目六 财务报告

表 13-1　有关明细账余额表　　　　　　　　　　　　　　　　　单位：元

账户名称	借方余额	贷方余额
应收账款——A 企业	1 000 000	
——B 企业		200 000
预付账款——C 企业	700 000	
——D 企业		400 000
应付账款——E 企业	300 000	
——F 企业		1 600 000
预收账款——G 企业	500 000	
——H 企业		1 100 000

分析：该企业 2019 年 12 月 31 日资产负债表中相关项目的金额如下：

（1）"应收账款"项目金额为：1 000 000+500 000=1 500 000（元）

（2）"预付款项"项目金额为：700 000+300 000=1 000 000（元）

（3）"应付账款"项目金额为：400 000+1 600 000=2 000 000（元）

（4）"预收款项"项目金额为：1 100 000+200 000=1 300 000（元）

【学中做】在【情境 13-2】中，如果"应收账款——A 企业"有计提的坏账准备期末贷方余额为 50 000 元，那么资产负债表中的"应收账款"项目金额为多少元？

【情境 13-3】M 公司 2017 年 12 月 31 日长期借款明细表如表 13-2 所示，要求计算该公司资产负债表中长期借款项目的金额。

表 13-2　长期借款明细表

借款起始日期	借款期限（年）	金额（元）
2019 年 1 月 1 日	3	1 500 000
2018 年 1 月 1 日	5	2 500 000
2017 年 7 月 1 日	3	1 000 000

分析：企业应当根据"长期借款"总账余额 5 000 000 元，但其中 2017 年 7 月 1 日借入的 1 000 000 元即将在一年内到期，应当在流动负债下"一年内到期的非流动负债"项目中反映，因此，资产负债表中长期借款项目的金额应为：

$$1\ 500\ 000+2\ 500\ 000=4\ 000\ 000（元）$$

【情境 13-4】M 公司为一般纳税人，适用增值税税率为 17%，所得税税率为 25%；原材料采用计划成本进行核算。该公司 2018 年年末资产负债表如表 13-3 所示。其中，"应收账款"账户的期末余额为 800 000 元，"坏账准备"账户的期末余额为 1 800 元。其他资产都没有计提资产减值准备。

表13-3　资产负债表

会企01表

编制单位：M公司　　　2018年12月31日　　　单位：元

资产	期末余额	年初余额	负债和所有者权益（或股东权益）	期末余额	年初余额
流动资产：		略	流动负债：		略
货币资金	2 812 600		短期借款	600 000	
以公允价值计量且其变动计入当期损益的金融资产	30 000		以公允价值计量且其变动计入当期损益的金融负债	0	
应收票据	492 000		应付票据	400 000	
应收账款	798 200		应付账款	1 909 600	
预付款项	200 000		预收款项	0	
应收利息	0		应付职工薪酬	220 000	
应收股利	0		应交税费	73 200	
其他应收款	610 000		应付利息	0	
存货	5 160 000		应付股利	0	
一年内到期的非流动资产	0		其他应付款	100 000	
其他流动资产	0		一年内到期的非流动负债	2 000 000	
流动资产合计	10 102 800		其他流动负债	0	
非流动资产：			流动负债合计	5 302 800	
可供出售金融资产	0		非流动负债：		
持有至到期投资	0		长期借款	1 200 000	
长期应收款	0		应付债券	0	
长期股权投资	500 000		长期应付款	0	
投资性房地产	0		专项应付款	0	
固定资产	1 600 000		预计负债	0	
在建工程	3 000 000		递延收益	0	
工程物资	0		递延所得税负债	0	
固定资产清理	0		其他非流动负债	0	
生产性生物资产	0		非流动负债合计	1 200 000	
油气资产	0		负债合计	6 502 800	
无形资产	1 200 000		所有者（股东）权益：		
开发支出	0		实收资本（股本）	10 000 000	
商誉	0		资本公积	0	
长期待摊费用	0		减：库存股	0	
递延所得税资产	0		其他综合收益		
其他非流动资产	400 000		盈余公积	200 000	
非流动资产合计	6 700 000		未分配利润	100 000	
			所有者（股东）权益合计	10 300 000	
资产总计	16 802 800		负债和股东权益总计	16 802 800	

2019年，M公司共发生如下经济业务：

（1）销售产品一批，开出的增值税专用发票上注明的销售价款为1 400 000元，增值税销项税额为238 000元，款项已存入银行。销售产品的实际成本为840 000元。

（2）销售产品一批，开出增值税专用发票上注明的销售价款为600 000元，增值税销项税额为102 000元，货款尚未收到。该批产品实际成本360 000元，产品已发出。

（3）收到应收账款102 000元，存入银行。

（4）销售产品一批，开出的增值税专用发票上注明的销售价款为500 000元，增值税销项税额为85 000元，收到585 000元的商业承兑汇票一张，产品实际成本为300 000元。

（5）公司将上述承兑汇票到银行办理贴现，贴现利息为40 000元。

（6）公司将到期的一张面值为400 000元的无息银行承兑汇票交银行办理转账，款项已收存银行。

（7）用银行存款支付到期的商业承兑汇票200 000元。

（8）购入原材料一批，收到增值税专用发票上注明的原材料价款为300 000元，增值税进项税额为51 000元，款项已通过银行转账支付，材料尚未验收入库。

（9）收到原材料一批，实际成本200 000元，计划成本190 000元，材料已验收入库，货款已于上月支付。

（10）用银行汇票支付采购材料价款，公司收到开户银行转来银行汇票多余款收账通知，通知上填写的多余款为468元，购入材料及运费199 600元，支付的增值税进项税额33 932元，原材料已验收入库，该批原材料计划价格200 000元。

（11）购入不需安装的设备一台，收到的增值税专用发票上注明的设备价款为170 940元，增值税进项税额为29 060元，支付包装费、运费等2 000元。上述款项均以银行存款支付。设备已交付使用。

（12）购入工程物资一批，收到的增值税专用发票上注明的物资价款和增值税进项税额合计为300 000元，款项已通过银行转账支付。

（13）在建工程应付薪酬456 000元。

（14）一项工程完工，交付生产使用，已办理竣工手续，固定资产价值2 800 000元。

（15）基本生产车间一台机床报废，原价400 000元，已提折旧360 000元，清理费用1 000元，残值收入1 600元，均通过银行存款收支。

（16）公司出售一台不需用设备，收到价款600 000元，该设备原价800 000元，已提折旧300 000元。

（17）基本生产领用原材料，计划成本为1 400 000元。

（18）领用低值易耗品，计划成本100 000元，采用一次摊销法摊销。

（19）结转领用原材料和低值易耗品应分摊的材料成本差异。材料成本差异率为5%。

（20）支付工资1 000 000元，其中包括支付在建工程人员的工资400 000元。

（21）分配应支付的职工工资600 000元，其中生产人员工资550 000元、车间管理人员工资20 000元、行政管理部门人员工资30 000元。

（22）提取职工福利费84 000元，其中生产工人福利费77 000元、车间管理人员福利费2 800元、行政管理部门福利费4 200元。

（23）计提固定资产折旧200 000元，其中基本生产车间160 000元、行政管理部门40 000元。

（24）计提无形资产摊销 120 000 元。

（25）以银行存款支付基本生产车间水电费 180 000 元。

（26）用银行存款支付广告展览费 40 000 元。

（27）计算并结转本期发生的制造费用。

（28）计算并结转本期完工产品成本 2 564 800 元。没有期初在产品，本期生产的产品全部完工入库。

（29）从银行借入 3 年期借款 3 000 000 元，借款已存入银行账户。

（30）提取分期付息的长期借款利息费用 420 000 元，其中，在建工程应负担的 400 000 元，计入本期损益 20 000 元。

（31）支付长期借款利息 420 000 元。

（32）归还短期借款本金 500 000 元，偿还长期借款 2 000 000 元。

（33）上年度销售产品一批，开出的增值税专用发票上注明的销售价款为 20 000 元，增值税销项税额为 3 400 元，购货方开出商业承兑汇票。本期由于购货方发生财务困难，无法按合同规定偿还债务，经双方协议，M 公司同意购货方用产品抵偿该应收票据。用于抵债的产品市价为 16 000 元，增值税税率为 17%。

（34）公司将交易性金融资产（股票投资）兑现 33 000 元，该投资的成本为 26 000 元，公允价值变动为增值 4 000 元，投资收益为 3 000 元，均存入银行。

（35）以存款购入交易性金融资产（股票投资），价款 206 000 元，交易费用 4 000 元。

（36）年末持有的交易性金融资产的公允价值为 210 000 元。

（37）结转本期产品销售成本 1 500 000 元。

（38）公司本期产品销售应交纳的教育费附加为 4 000 元。

（39）计提应收账款坏账准备 1 800 元，计提固定资产减值准备 60 000 元。

（40）将各收入账户结转本年净利润。

（41）将各支出账户结转本年净利润。

（42）假设本例中，除计提固定资产减值准备 60 000 元造成固定资产账面价值与其计税基础存在差异外，不考虑其他项目的所得税费用影响。计算应交的企业所得税并结转所得税费用。

（43）按照净利润的 10% 提取法定盈余公积金。

（44）将利润分配各明细账户的余额转入"未分配利润"和明细账户，结转本年利润。

（45）用银行存款交纳增值税 200 000 元，教育费附加 4 000 元以及当年应交的所得税。

要求：为 M 公司进行业务处理，并编制资产负债表。

分析：

1. 编制会计分录

编制 M 公司 2019 年度经济业务的会计分录如下（代替记账凭证）。

（1）借：银行存款　　　　　　　　　　　　　　　　　　　　　1 638 000
　　　　贷：主营业务收入　　　　　　　　　　　　　　　　　　1 400 000
　　　　　　应交税费——应交增值税（销项税额）　　　　　　　　238 000

（2）借：应收账款　　　　　　　　　　　　　　　　　　　　　　702 000
　　　　贷：主营业务收入　　　　　　　　　　　　　　　　　　　600 000

	应交税费——应交增值税（销项税额）	102 000
（3）借：银行存款		102 000
贷：应收账款		102 000
（4）借：应收票据		585 000
贷：主营业务收入		500 000
应交税费——应交增值税（销项税额）		85 000
（5）借：财务费用		40 000
银行存款		545 000
贷：应收票据		585 000
（6）借：银行存款		400 000
贷：应收票据		400 000
（7）借：应付票据		200 000
贷：银行存款		200 000
（8）借：材料采购		300 000
应交税费——应交增值税（进项税额）		51 000
贷：银行存款		351 000
（9）借：原材料		190 000
材料成本差异		10 000
贷：材料采购		200 000
（10）借：材料采购		199 600
银行存款		468
应交税费——应交增值税（进项税额）		33 932
贷：其他货币资金		234 000
借：原材料		200 000
贷：材料采购		199 600
材料成本差异		400
（11）借：固定资产		172 940
应交税费——应交增值税（进项税额）		29 060
贷：银行存款		202 000
（12）借：工程物资		300 000
贷：银行存款		300 000
（13）借：在建工程		456 000
贷：应付职工薪酬		456 000
（14）借：固定资产		2 800 000
贷：在建工程		2 800 000
（15）借：固定资产清理		40 000
累计折旧		360 000
贷：固定资产		400 000

借：固定资产清理	1 000	
贷：银行存款		1 000
借：银行存款	1 600	
贷：固定资产清理		1 600
借：营业外支出——处置固定资产净损失	39 400	
贷：固定资产清理		39 400

（16）借：固定资产清理　　　　　　　　　　　　500 000
　　　　累计折旧　　　　　　　　　　　　　　300 000
　　　　　贷：固定资产　　　　　　　　　　　　　　　800 000
　　　借：银行存款　　　　　　　　　　　　　　600 000
　　　　　贷：固定资产清理　　　　　　　　　　　　　600 000
　　　借：固定资产清理　　　　　　　　　　　　100 000
　　　　　贷：营业外收入——处置固定资产净收益　　　100 000

（17）借：生产成本　　　　　　　　　　　　　1 400 000
　　　　　贷：原材料　　　　　　　　　　　　　　　1 400 000

（18）借：制造费用　　　　　　　　　　　　　　100 000
　　　　　贷：周转材料　　　　　　　　　　　　　　　100 000

（19）借：生产成本　　　　　　　　　　　　　　70 000
　　　　制造费用　　　　　　　　　　　　　　5 000
　　　　　贷：材料成本差异　　　　　　　　　　　　　75 000

（20）借：应付职工薪酬　　　　　　　　　　　1 000 000
　　　　　贷：银行存款　　　　　　　　　　　　　　1 000 000

（21）借：生产成本　　　　　　　　　　　　　　550 000
　　　　制造费用　　　　　　　　　　　　　　20 000
　　　　管理费用　　　　　　　　　　　　　　30 000
　　　　　贷：应付职工薪酬　　　　　　　　　　　　　600 000

（22）借：生产成本　　　　　　　　　　　　　　77 000
　　　　制造费用　　　　　　　　　　　　　　2 800
　　　　管理费用　　　　　　　　　　　　　　4 200
　　　　　贷：应付职工薪酬　　　　　　　　　　　　　84 000

（23）借：制造费用　　　　　　　　　　　　　　160 000
　　　　管理费用　　　　　　　　　　　　　　40 000
　　　　　贷：累计折旧　　　　　　　　　　　　　　　200 000

（24）借：管理费用　　　　　　　　　　　　　　120 000
　　　　　贷：累计摊销　　　　　　　　　　　　　　　120 000

（25）借：制造费用　　　　　　　　　　　　　　180 000
　　　　　贷：银行存款　　　　　　　　　　　　　　　180 000

（26）借：销售费用　　　　　　　　　　　　　　40 000
　　　　　贷：银行存款　　　　　　　　　　　　　　　40 000

(27) 借：生产成本　　　　　　　　　　　　　　　　　　　　　　　467 800
　　　贷：制造费用　　　　　　　　　　　　　　　　　　　　　　　　　467 800
(28) 借：库存商品　　　　　　　　　　　　　　　　　　　　　　 2 564 800
　　　贷：生产成本　　　　　　　　　　　　　　　　　　　　　　　 2 564 800
(29) 借：银行存款　　　　　　　　　　　　　　　　　　　　　　 3 000 000
　　　贷：长期借款　　　　　　　　　　　　　　　　　　　　　　　 3 000 000
(30) 借：在建工程　　　　　　　　　　　　　　　　　　　　　　　 400 000
　　　　财务费用　　　　　　　　　　　　　　　　　　　　　　　　　 20 000
　　　贷：应付利息　　　　　　　　　　　　　　　　　　　　　　　　420 000
(31) 借：应付利息　　　　　　　　　　　　　　　　　　　　　　　 420 000
　　　贷：银行存款　　　　　　　　　　　　　　　　　　　　　　　　420 000
(32) 借：长期借款　　　　　　　　　　　　　　　　　　　　　　 2 000 000
　　　　短期借款　　　　　　　　　　　　　　　　　　　　　　　　500 000
　　　贷：银行存款　　　　　　　　　　　　　　　　　　　　　　 2 500 000
(33) 借：库存商品　　　　　　　　　　　　　　　　　　　　　　　　16 000
　　　　应交税费——应交增值税（进项税额）　　　　　　　　　　　　 2 720
　　　　营业外支出——债务重组损失　　　　　　　　　　　　　　　　 4 680
　　　贷：应收票据　　　　　　　　　　　　　　　　　　　　　　　　 23 400
(34) 借：银行存款　　　　　　　　　　　　　　　　　　　　　　　　33 000
　　　贷：交易性金融资产——成本　　　　　　　　　　　　　　　　　26 000
　　　　　　　　　　　　——公允价值变动　　　　　　　　　　　　　 4 000
　　　　　　投资收益　　　　　　　　　　　　　　　　　　　　　　　 3 000
　　　借：公允价值变动损益　　　　　　　　　　　　　　　　　　　　 4 000
　　　贷：投资收益　　　　　　　　　　　　　　　　　　　　　　　　 4 000
(35) 借：交易性金融资产——成本　　　　　　　　　　　　　　　　 206 000
　　　　投资收益　　　　　　　　　　　　　　　　　　　　　　　　　 4 000
　　　贷：银行存款　　　　　　　　　　　　　　　　　　　　　　　 210 000
(36) 借：交易性金融资产——公允价值变动　　　　　　　　　　　　　 4 000
　　　贷：公允价值变动损益　　　　　　　　　　　　　　　　　　　　 4 000
(37) 借：主营业务成本　　　　　　　　　　　　　　　　　　　　 1 500 000
　　　贷：库存商品　　　　　　　　　　　　　　　　　　　　　　 1 500 000
(38) 借：税金及附加　　　　　　　　　　　　　　　　　　　　　　　 4 000
　　　贷：应交税费——应交教育费附加　　　　　　　　　　　　　　　 4 000
(39) 借：资产减值损失　　　　　　　　　　　　　　　　　　　　　　61 800
　　　贷：坏账准备　　　　　　　　　　　　　　　　　　　　　　　　 1 800
　　　　　固定资产减值准备　　　　　　　　　　　　　　　　　　　　60 000
(40) 借：主营业务收入　　　　　　　　　　　　　　　　　　　　 2 500 000
　　　　营业外收入　　　　　　　　　　　　　　　　　　　　　　　100 000

	投资收益	3 000
	贷：本年利润	2 603 000
（41）	借：本年利润	1 904 080
	贷：主营业务成本	1 500 000
	税金及附加	4 000
	销售费用	40 000
	管理费用	194 200
	财务费用	60 000
	资产减值损失	61 800
	营业外支出	44 080

（42）利润总额=2 603 000−1 904 080=698 920（元）

应纳税所得额=698 920+60 000=758 920（元）

应交所得税为=758 920×25%=189 730（元）

递延所得税资产为 60 000×25%=15 000（元）

所得税费用=189 730−15 000=174 730（元）

	借：所得税费用	174 730
	递延所得税资产	15 000
	贷：应交税费——应交所得税	189 730
	借：本年利润	174 730
	贷：所得税费用	174 730

（43）净利润=698 920−174 730=524 190（元）

提取法定盈余公积=524 190×10%=52 419（元）

	借：利润分配——提取法定盈余公积	52 419
	贷：盈余公积——法定盈余公积	52 419
（44）	借：利润分配——未分配利润	52 419
	贷：利润分配——提取法定盈余公积	52 419
	借：本年利润	524 190
	贷：利润分配——未分配利润	524 190
（45）	借：应交税费——应交增值税（已交税金）	200 000
	——应交教育费附加	4 000
	——应交所得税	189 730
	贷：银行存款	393 730

登记账簿、结账略。

2. 编制资产负债表

根据年初资产负债表和上述会计分录编制2019年年末资产负债表如13-4所示。

项目六 财务报告

表 13-4 资产负债表 会企 01 表

编制单位：M 公司　　　　2019 年 12 月 31 日　　　　单位：元

资产	年末金额	年初金额	负债和所有者权益（或股东权益）	年末金额	年初金额
流动资产：			流动负债：		
货币资金	3 100 938	2 812 600	短期借款	100 000	600 000
以公允价值计量且其变动计入当期损益的金融资产	210 000	30 000	以公允价值计量且其变动计入当期损益的金融负债	0	0
应收票据	68 600	492 000	应付票据	200 000	400 000
应收账款	1 396 400	798 200	应付账款	1 909 600	1 909 600
预付款项	200 000	200 000	预收款项	0	0
应收利息	0	0	应付职工薪酬	360 000	220 000
应收股利	0	0	应交税费	210 548	73 200
其他应收款	610 000	610 000	应付利息	0	0
存货	5 165 400	5 160 000	应付股利	0	0
一年内到期的非流动资产	0	0	其他应付款	100 000	100 000
其他流动资产	0	0	一年内到期的非流动负债	2 000 000	0
流动资产合计	10 751 338	10 102 800	其他流动负债	0	0
非流动资产：			流动负债合计	4 880 148	3 302 800
可供出售金融资产	0	0	非流动负债：		
持有至到期投资	0	0	长期借款	1 200 000	1 500 000
长期应收款	0	0	应付债券	0	0
长期股权投资	500 000	500 000	长期应付款	0	0
投资性房地产	0	0	专项应付款	0	0
固定资产	3 802 000	1 600 000	预计负债	0	0
在建工程	1 056 000	3 000 000	递延收益	0	0
工程物资	300 000	0	递延所得税负债	0	0
固定资产清理	0	0	其他非流动负债	0	0
生产性生物资产	0	0	非流动负债合计	1 200 000	1 200 000
油气资产	0	0	负债合计	6 080 148	9 502 800
无形资产	1 080 000	1 200 000	所有者（股东）权益：		
开发支出	0	0	实收资本（或股本）	10 000 000	10 000 000
商誉	0	0	资本公积	0	0
长期待摊费用	0	0	减：库存股		
递延所得税资产	15 000	0	其他综合收益	0	0
其他非流动资产	400 000	400 000	盈余公积	252 419	200 000
非流动资产合计	7 153 000	6 700 000	未分配利润	571 771	100 000
			所有者（股东）权益合计	10 824 190	10 300 000
资产总计	17 904 338	16 802 800	负债和所有者权益（或股东权益）总计	17 904 338	16 802 800

注：应收账款年末余额 1 400 000 元，坏账准备年末余额 3 600 元。

【学中做】根据重庆长胜发动机制造有限公司的总账和明细账,编制5月的资产负债表。

【单选题】(2015年)以下属于资产负债表非流动负债的是(　　)。
A. 预收账款　　　　B. 其他应付款　　　C. 应付股利　　　D. 递延收益

作业三　编制利润表

一、认知利润表

(一)利润表概述

利润表是反映企业在一定会计期间的经营成果的报表。通过利润表,可以反映企业在一定会计期间收入、费用、利润的数额和构成情况。

(二)利润表的结构

我国企业的利润表采用多步式格式,利润表的基本格式见表13-6。

二、熟悉职业规范

(一)利润表的填列方法

我国利润表的主要编制步骤和内容如下:

第一步,以营业收入为基础,减去营业成本、税金及附加、销售费用、管理费用、财务费用、资产减值损失,加上公允价值变动收益(减去公允价值变动损失)和投资收益(减去投资损失),计算出营业利润;

第二步,以营业利润为基础,加上营业外收入,减去营业外支出,计算出得润总额;

第三步,以利润总额为基础,减去所得税费用,计算出净利润(或亏损)。

第四步,以净利润(或净亏损)为基础,计算每股收益。

第五步,以净利润(或净亏损)和其他综合收益为基础,计算综合收益总额。

利润表各项目均需填列"本期金额"和"上期金额"两栏。其中"上期金额"栏内各项数字、根据上年该期利润表的"本期金额"栏内所列数字填列。"本期金额"栏内各期数字,除"基本每股收益"和"稀释每股收益"项目外,应当按照相关账户的发生额分析填列。

(二)利润表的填列说明

(1)"营业收入"项目,根据"主营业务收入""其他业务收入"账户的发生额分析计算填列。

(2)"营业成本"项目,根据"主营业务成本""其他业务成本"账户的发生额分析计算填列。

(3)"税金及附加""销售费用""管理费用""财务费用""资产减值损失"项目,应根据相应账户的发生额分析填列。

(4)"公允价值变动收益""投资收益"项目,应根据"公允价值变动收益""投资收益"账户的发生额分析填列。如为损失,以"-"号填列。

(5)"营业利润"项目,反映企业实现的营业利润。如为亏损,以"-"号填列。

(6)"营业外收入""营业外支出"项目,应分别根据"营业外收入""营业外支出"账户的发生额分析填列。

(7)"利润总额"项目,反映企业实现的利润总额。如为亏损,以"-"号填列。

(8)"所得税费用"项目,应根据"所得税费用"账户的发生额分析填列。

(9)"净利润"项目,反映企业实现的净利润。如为亏损,以"-"号填列。

(10)"基本每股收益"项目,应当根据每股收益准则规定计算的金额填列。企业应当按照归属于普通股股东的当期净利润,除以发行在外普通股的加权平均数计算基本每股收益。

(11)"稀释每股收益"项目,应当根据每股收益准则规定计算的金额填列。企业存在稀释性潜在普通股的,应当根据其影响分别调整归属于普通股股东的当期净利润以及发行在外普通股的加权平均数,并据以计算稀释每股收益。

(12)"其他综合收益的税后净额"项目,反映企业根据企业会计准则规定未在损益中确认的各项利得和损失扣除所得税影响后的净额。

(13)"综合收益总额"项目,反映企业净利润与其他综合收益的合计金额。

三、进行职业判断与操作

【情境13-5】承【情境13-4】资料,要求编制M公司2019年度利润表。

分析:M公司2019年度损益类账户本年累计发生额如表13-5所示。

表13-5 2019年度损益类账户本年累计发生额   单位:元

账户名称	借方发生额	贷方发生额
主营业务收入		2 500 000
主营业务成本	1 500 000	
税金及附加	4 000	
销售费用	40 000	
管理费用	194 200	
财务费用	60 000	
资产减值损失	61 800	
投资收益		3 000
营业外收入		100 000
营业外支出	44 080	
所得税费用	174 730	

根据本年度相关账户发生额编制利润表如表13-6所示。

表13-6　利润表　　　　　　　　　　　会企02表

编制单位：M公司　　　　2019年度　　　　　　　　单位：元

项　　目	本期金额	上期金额
一、营业收入	2 500 000	略
减：营业成本	1 500 000	
税金及附加	4 000	
销售费用	40 000	
管理费用	194 200	
财务费用	60 000	
资产减值损失	61 800	
加：公允价值变动收益（损失以"-"填列）	0	
投资收益（损失以"-"填列）	3 000	
其中：对联营企业和合营企业的投资收益	0	
二、营业利润（亏损以"-"号填列）	643 000	
加：营业外收入	100 000	
其中：非流动资产处置利得	100 000	
减：营业外支出	44 080	
其中：非流动资产处置损失	0	
三、利润总额（亏损总额以"-"号填列）	698 920	
减：所得税费用	174 730	
四、净利润（净亏损以"-"号填列）	524 190	
五、其他综合收益的税后净额：		
（一）以后不能重新分类进损益的其他综合收益		
（二）以后将重分类进损益的其他综合收益		
六、综合收益总额		
七、每股收益		
（一）基本每股收益		
（二）稀释每股收益		

【学中做】根据M公司的总账和明细账，编制5月的利润表。

考证回顾

【多选题】(2015年)下列各项中,影响企业营业利润的有( )。
A. 销售商品发生的展览费
B. 出售包装物取得的净收入
C. 出售固定资产的净损失
D. 确认的资产减值损失

作业四 编制现金流量表

一、认知现金流量表

(一)现金流量表概述

现金流量表是反映企业在一定会计期间现金和现金等价物流入和流出的报表。现金流量表中的现金是广义的,它包括现金及现金等价物。

1. 现金及现金等价物的含义

现金是指库存现金以及可以随时用于支付的存款,包括库存现金、银行存款和其他货币资金(如外埠存款、银行汇票存款、银行本票存款等)。如果企业的银行存款中包括不能随时用于支付的存款,如定期存款应扣除。现金等价物是指企业持有的期限短、流动性强、易于转换为已知金额的现金、价值变动风险很小的短期投资。期限短,一般指从购买日起三个月内到期。权益性投资变现的金额通常不确定,因而不属于现金等价物。在会计实务中,企业应当根据经营特点等具体情况,确定现金等价物的范围,并在会计报表附注中披露确定现金等价物的会计政策。

2. 现金流量的分类

现金流量指企业在一定会计期间内现金和现金等价物流入和流出的数量。现金流量可分为三类:

(1)经营活动产生的现金流量。经营活动,是指企业投资活动和筹资活动以外的所有交易和事项,主要包括销售商品或提供劳务、购买商品或接受劳务、支付工资和交纳税费等。

(2)投资活动产生的现金流量。投资活动,是指企业长期资产的购建和不包括在现金等价物范围内的投资及其处置活动。现金流量表中所指的"投资"既包括对外投资,又包括长期资产的购建与处置。投资活动主要包括取得和收回投资、购建和处置固定资产等。

(3)筹资活动产生的现金流量。筹资活动,是指导致企业资本及债务规模和构成发生变化的活动。筹资活动主要包括发行股票或接受投入资本、取得和偿还借款、发行和偿还债券等。企业在生产经营过程中形成的应付账款、应付票据等负债,属于经营活动,不属于投资活动。

(二)现金流量表的结构

我国企业现金流量表采用报告式结构,分类反映经营活动产生的现金流量、投资活动产生的现金流量和筹资活动产生的现金流量,最后汇总反映企业某一期间现金及现金等价物的净增加额。

我国企业现金流量表的格式如表13-8所示。

二、熟悉职业规范

(一)现金流量表的填列方法

企业一定期间的现金流量可分为三部分,即经营活动产生的现金流量、投资活动产生的现金流量和筹资活动产生的现金流量。编制现金流量表时,填列经营活动产生的现金流量的方法有两种,一是直接法,二是间接法。这两种方法通常称编制现金流量表的直接法和间接法。

在直接法下,以利润表中的营业收入为起算点,调节与经营活动有关项目的增减变动,然后计算出经营活动产生的现金流量。在间接法下,以净利润为起算点,调整不涉及现金的收入、费用、营业外收支等有关项目,剔除投资活动、筹资活动对现金流量的影响,据此计算出经营活动产生的现金流量。

我国企业会计准则规定,企业经营活动产生的现金流量采用直接法填列。

(二)现金流量表的填列说明

1. 经营活动产生的现金流量

我国企业会计准则规定,企业应当用直接法列示经营活动产生的现金流量。直接法,是以利润表中的营业收入为起算点,调节与经营活动有关项目的增减变动,然后计算出经营活动产生的现金流量。

(1)"销售商品、提供劳务收到的现金"项目。该项目反映企业销售商品、提供劳务实际收到的现金(包括应向购买者收取的增值税销项税额),包括本期销售商品、提供劳务收到的现金,以及前期销售商品、提供劳务本期收到的现金和本期预收的款项,减去本期退回本期销售的商品和前期销售本期退回的商品支付的现金。企业销售材料和代购代销业务收到的现金,也在本项目反映。

(2)"收到的税费返还"项目。该项目反映企业收到返还的各种税费,包括收到返还的增值税、消费税、关税、所得税、教育费附加等。

(3)"收到其他与经营活动有关的现金"项目。该项目反映企业除了上述各项目以外所收到的其他与经营活动有关的现金,如罚款、流动资产损失中由个人赔偿的现金、经营租赁租金等。若某项其他与经营活动有关的现金流入金额较大,应单列项目反映。

(4)"购买商品、接受劳务支付的现金"项目。该项目反映企业购买商品、接受劳务实际支付的现金,包括本期购买材料、商品、接受劳务支付的现金(包括增值税进项税额),以及本期支付前期购买商品、接受劳务的未付款项以及本期预付款项,减去本期发生的购货退回收到的现金。企业代购代销业务支付的现金,也在本项目反映。

(5)"支付给职工以及为职工支付的现金"项目。该项目反映企业实际支付给职工,以及为职工支付的现金,包括本期实际支付给职工的工资、奖金、各种津贴和补贴等,以及为职工支付的其他费用。企业代扣代缴的职工个人所得税,也在本项目反映。本项目不包括支付给离退休人员的各项费用及支付给在建工程人员的工资及其他费用。企业支付给离退休人员的各项费用（包括支付的统筹退休金以及未参加统筹的退休人员的费用），在"支付其他与经营活动有关的现金"项目反映；支付给在建工程人员的工资及其他费用，在"购建固定资产、无形资产和其他长期资产支付的现金"项目反映。企业为职工支付的养老、失业等社会保险基金、补充养老保险、住房公积金、支付给职工的住房困难补助以及企业支付给职工或为职工支付的其他福利费用等，应按职工的工作性质和服务对象，分别在本项目和"购建固定资产、无形资产和其他长期资产支付的现金"项目反映。

（6）"支付的各项税费"项目。该项目反映企业按规定支付的各种税费，包括企业本期发生并支付的税费，以及本期支付以前各期发生的税费和本期预交的税费，包括所得税、增值税、消费税、印花税、房产税、土地增值税、车船使用税、教育费附加、矿产资源补偿费等，但不包括计入固定资产价值、实际支付的耕地占用税，也不包括本期退回的增值税、所得税。本期退回的增值税、所得税在"收到的税费返还"项目反映。

（7）"支付其他与经营活动有关的现金"项目。该项目反映企业除上述各项目外所支付的其他与经营活动有关的现金，如经营租赁支付的租金、支付的罚款、差旅费、业务招待费、保险费等。若其他与经营活动的现金流出金额较大，应单列项目反映。

2. 投资活动产生的现金流量

（1）"收回投资收到的现金"项目。该项目反映企业出售、转让或到期收回除现金等价物以外的其他企业长期股权投资等收到的现金，但处置子公司以其他营业单位收到的现金净额不包括在本项目内。

（2）"取得投资收益收到的现金"项目。该项目反映企业除现金等价物以外的对其他企业的长期股权投资等分回的现金股利和利息等，不包括股票股利。

（3）"处置固定资产、无形资产和其他资产收回的现金净额"项目。该项目反映企业出售、报废固定资产、无形资产和其他长期资产收到的现金（包括因资产毁损收到的保险赔偿款），减去未处置这些资产而支付的有关费用后的净额。如所收回的现金净额为负数，则应在"支付其他与投资活动有关的现金"项目反映。

（4）"处置子公司及其他营业单位收到的现金净额"项目。该项目反映企业处置子公司及其他营业单位所取得的现金，减去相关处置费用以及子公司及其他营业单位持有的现金和现金等价物后的净额。

（5）"购建固定资产、无形资产和其他长期资产支付的现金"项目。该项目反映企业报告期内与固定资产、在建工程、工程物资、无形资产、其他长期资产的增加有关的现金支出。但是，本项目不包括为购建固定资产而发生的借款利息资本化的部分以及融资租入固定资产支付的租赁费。

（6）"投资支付的现金"项目。该项目反映企业取得的除现金等价物以外的可供出售金融资产、长期股权投资、持有至到期投资支付的现金（包括支付的价款及佣金、手续费等附加费用）。但应注意，企业购买股票或债券时，实际支付的价款中包含的已宣告但尚未领取的现金股利或已到付息期但尚未领取的债券利息，应在"支付的其他与投资活动有关的现金"项目中反映；而企业收回购买股票和债券时支付的已宣告但尚未领取的现金股利或已到付息期但尚未领取的债券利息,在"收到的其他与投资活动有关的现金"项目中反映,也不包括在本项目中。

(7)"取得子公司及其他营业单位支付的现金净额"项目。该项目反映企业购买子公司及其他营业单位购买出价中以现金支付部分,减去子公司及其他营业单位持有的现金和现金等价物后的净额。

(8)"收到其他与投资活动有关的现金"项目。该项目反映企业除了上述各项目以外,所收到的其他与投资活动有关的现金流入。比如,企业收回购买股票和债券时支付的已宣告但尚未领取的现金股利或已到付息期但尚未领取的债务利息。若其他与投资活动有关的现金流入,如果金额较大的,应单列项目反映。

(9)"支付的其他与投资活动有关的现金"项目。该项目反映企业除上述各项目外,支付的其他与投资活动有关的现金流出。在"处置固定资产、无形资产和其他长期资产而收到的现金净额"中如果为负数,则在本项目中反映。其他与投资活动有关的现金流出,如果金额较大的,应单列项目反映。

3. 筹资活动产生的现金流量

(1)"吸收投资收到的现金"项目。该项目反映企业报告期内吸收投资人投入的现金,包括以发行股票、债券等方式筹集资金实际收到的款项净额(发行收入减去支付的佣金等发行费用后的净额)。但是,以发行股票、债券等方式筹集资金时由企业直接支付的审计、咨询等费用,在"支付的其他与筹资活动有关的现金"项目中反映,不在本项目中扣除。

(2)"取得借款收到的现金"项目。该项目反映企业报告期内因举借各种短期借款、长期借款所收到的现金。

(3)"偿还债务支付的现金"项目。该项目反映企业报告期内偿还借款和到期债券的本金所支付的现金。

(4)"分配股利、利润或偿付利息支付的现金"项目。该项目反映企业报告期内实际支付的现金股利、支付给其他投资单位的利润或用现金支付的债券利息、借款利息。

(5)"收到的其他与筹资活动有关的现金"项目。该项目反映企业除上述各项目外,收到的其他与筹资活动有关的现金。其他与筹资活动有关的现金流入,如果金额较大的,应单列项目反映。

(6)"支付的其他与筹资活动有关的现金"项目。该项目反映企业除上述各项目外,支付的其他与筹资活动有关的现金,如融资租入固定资产支付的租赁费等。其他与筹资活动有关的现金流出,如果金额较大的,应单列项目反映。

4. 汇率变动对现金及现金等价物的影响

"汇率变动对现金及现金等价物的影响"项目,反映企业外币现金流量折算成人民币时,所采用的是现金流量发生日的汇率,而现金流量表最后一行"现金及现金等价物净增加额"中外币现金净增加额是按期末汇率折算的,这两者的差额即为汇率变动对现金的影响。

三、进行职业判断与操作

【情境13-6】承【情境13-4】资料,编制M公司的2019年度现金流量表。

项目六 财务报告

分析： 按现金流量表项目设置多栏式现金流量日记账如表13-7所示。

表13-7 经营活动部分

凭证号	销售收现	税费返还	其他收现	购商付现	支付工资	支付税费	其他付现
1	1 638 000						
3	545 000						
5	545 000						
6	400 000						
7				200 000			
8				351 000			
10				233 532			
20					600 000		
25				180 000			
26							40 000
45						393 730	
合计	2 685 000	0	0	964 532	600 000	393 730	40 000

投资活动和筹资活动部分格式同上，略。有发生额的各专栏计算如下（括号内数字为凭证号）：

投资活动部分：

收回投资收到的现金=（34）33 000（元）

处置固定资产、无形资产和其他资产收回的现金净额=（15）600+（16）600 000
=600 600（元）

购建固定资产、无形资产和其他长期资产支付的现金=（11）202 000+（12）300 000+
（20）400 000=902 000（元）

投资付现=（35）206 000+4 000=210 000（元）

筹资活动部分：

取得借款收到的现金=（29）3 000 000（元）

偿还债务支付的现金=（32）2 500 000（元）

分配股利、利润或偿付股息支付的现金=（31）2 500 000（元）

将计算结果填入现金流量表，如表13-8所示。

表13-8 现金流量表 会企03表

编制单位：M公司　　　　　　2019年1—12月　　　　　　　　　　　单位：元

项　　目	本期金额	上期金额
一、经营活动产生的现金流量：		略
销售商品、提供劳务收到的现金	2 685 000	
收到的税费返还		
收到的其他与经营活动有关的现金		

续表

项　　目	本期金额	上期金额
经营活动现金流入小计	2 685 000	
购买商品、接受劳务支付的现金	964 532	
支付给职工以及为职工支付的现金	600 000	
支付的各项税费	393 730	
支付其他与经营活动有关的现金	40 000	
经营活动现金流出小计	1 998 262	
经营活动产生的现金流量净额	686 738	
二、投资活动产生的现金流量：		
收回投资收到的现金	33 000	
取得投资收益收到的现金		
处置固定资产、无形资产和其他长期资产收回的现金净额	600 000	
处置子公司及其他营业单位收到的现金净额		
收到的其他与投资活动有关的现金		
投资活动现金流入小计	633 600	
购建固定资产、无形资产和其他长期资产支付的现金	902 000	
投资支付的现金	210 000	
取得子公司及其他营业单位支付的现金净额		
支付其他与投资活动有关的现金		
投资活动现金流出小计	1 112 000	
投资活动产生的现金流量净额	−478 400	
三、筹资活动产生的现金流量：		
吸收投资收到的现金		
取得借款收到的现金	3 000 000	
收到其他与筹资活动有关的现金		
筹资活动现金流入小计	3 000 000	
偿还债务支付的现金	2 500 000	
分配股利、利润或偿付利息支付的现金	420 000	
支付其他与筹资活动有关的现金		
筹资活动现金流出小计	2 920 000	
筹资活动产生的现金流量净额	80 000	
四、汇率变动对现金及现金等价物的影响		
五、现金及现金等价物净增加额	288 338	
加：期初现金及现金等价物余额	2 812 600	
六、期末现金及现金等价物余额	3 100 938	

项目六 财务报告

知识链接

编制现金流量表采用的技术方法

在直接法下,编制现金流量表主要采用的技术方法有:

1. 工作底稿法

采用工作底稿法编制现金流量表,是以工作底稿为手段,以利润表和资产负债表数据为基础,结合有关账户的记录,对现金流量表的每一项目进行分析并编制调整分录,从而编制出现金流量表。

2. T形账户法

T形账户法是以T形账户为手段,以利润表和资产负债表数据为基础,对每一项目进行分析并编制调整分录,从而编制出现金流量表。

3. 按现金流量表项目设置多栏式现金流量日记账

多栏式现金流量日记账分别按现金流量表中经营活动、投资活动和筹资活动三部分流入、流出的项目设置专栏。

经营活动部分应设置的专栏依次为:销售收现、税费返还、其他收现、购商品付现、支付工资、支付税费、其他付现等。

投资活动部分应设置的专栏依次为:收回投资、取得投资收益、处置固定资产、无形资产收现净额、其他收现、购建长期资产、投资付现、其他付现等。

筹资活动部分应设置的专栏依次为:吸收投资、取得借款、其他收现、偿还债务、付股息、其他付现等。

上述各专栏的名称对应于现金流量表中的相应项目,在设置专栏时,坚持简洁明了的原则,根据管理需要设置,可简可繁。但应熟悉现金流量表中各项目完整的名称及其包括的内容。由于该账簿专为编制现金流量表准备的,注重每笔现金流入流出的金额与对应项目选择的正确性,其他辅助项目可以根据需要简化填制,如日期、凭证号和摘要三项,可以只登记凭证号,以减少工作量。企业可以由出纳在登记现金、银行存款日记账的同时,根据有关记账凭证登记该辅助账。这样,就能及时准确地满足企业编制现金流量表的需要。

【学中做】根据M公司的总账和明细账,编制3月的现金流量表。

考证回顾

【单选题】(2015年)下列各项中,会引起现金流量表"经营活动产生的现金流量净额"项目发生增减变动的是( )。

A. 偿还长期借款的现金流出   B. 收取现金股利的现金流入
C. 购置固定资产的现金流出   D. 购买日常办公用品的现金流出

作业五 编制所有者权益变动表

一、认知所有者权益变动表

（一）所有者权益变动表概述

所有者权益变动表，是指反映构成所有者权益的各组成部分当期的增减变动情况的报表。

（二）所有者权益变动表的结构

所有者权益变动表的主要内容包括：
（1）综合收益总额；
（2）会计政策变更和差错更正的累积影响金额；
（3）所有者投入资本和向所有者分配利润等；
（4）提取的盈余公积；
（5）实收资本或股本、资本公积、盈余公积、未分配利润的期初和期末余额及其调节情况。

所有者权益变动表以矩阵的形式列示：一方面，列示导致所有者权益变动的交易或事项，即所有者权益变动的来源，对一定时期所有者权益的变动情况进行全面反映；另一方面，按照所有者权益各组成部分（即实收资本、资本公积、盈余公积、未分配利润和库存股）列示交易或事项对所有者权益各部分的影响。

我国企业所有者权益变动表的格式，如表 13-9 所示。

表 13-9 所有者权益权变动表　　　　　　　　　　　　　　　　　　　会企 04 表

编制单位：　　　　　　　　　　　年度　　　　　　　　　　　　　　　单位：元

项目	本年金额							上年金额						
	实收资本（或股本）	资本公积	减：库存股	其他综合收益	盈余公积	未分配利润	所有者权益合计	实收资本（或股本）	资本公积	减：库存股	盈余公积	其他综合收益	未分配利润	所有者权益合计
一、上年年末余额														
加：会计政策变更														
前期差错更正														
二、本年年初余额														
三、本年增减变动金额（减少以"－"号填列）														
（一）综合收益总额														
（二）所有者投入和减少的资本														
1. 所有者投入资本														

续表

项目	本年金额							上年金额						
	实收资本（或股本）	资本公积	减：库存股	其他综合收益	盈余公积	未分配利润	所有者权益合计	实收资本（或股本）	资本公积	减：库存股	盈余公积	其他综合收益	未分配利润	所有者权益合计
2. 股份支付计入所有者权益的金额														
3. 其他														
（三）利润分配														
1. 提取盈余公积														
2. 对所有者（或股东）的分配														
3. 其他														
（四）所有者权益内部结转														
1. 资本公积转增资本（或股本）														
2. 盈余公积转增资本（或股本）														
3. 盈余公积弥补亏损														
4. 其他														
四、本年年末余额														

二、熟悉职业规范

所有者权益变动表主要项目说明：

（1）"上年年末余额"项目，反映企业上年资产负债表中实收资本（或股本）、资本公积、库存股、其他综合收益、盈余公积、未分配利润的年末余额。

（2）"会计政策变更""前期差错更正"项目，分别反映企业采用追溯调整法处理的会计政策变更的累积影响金额和采用追溯重述法处理的会计差错更正的累积影响金额。

（3）"本年增减变动额"项目：

①"综合收益总额"项目，反映利润和其他综合收益扣除所得税影响后的净额相加后的合计金额。

②"所有者投入和减少资本"项目：a."所有者投入资本"项目，反映企业接受投资者投入形成的实收资本（或股本）和资本（股本）溢价；b."股份支付计入所有者权益的金额"项目，反映企业处于等待期中的权益结算的股份支付当年计入资本公积的金额。

③"利润分配"项目，反映企业当年的利润分配金额。

④"所有者权益内部结转"项目，反映企业构成所有者权益的各组成部分之间的增减变动情况。

初级会计实务

考证回顾

【单选题】(2015年)下列各项中，不在所有者权益变动表中列示的项目是（　　）。
A. 综合收益总额　　　　　　　　　　B. 所有者投入和减少资本
C. 利润分配　　　　　　　　　　　　D. 每股收益

作业六　编制报表附注

一、认知报表附注

附注是对在资产负债表、利润表、现金流量表和所有者权益变动表等报表中列示项目的文字描述或明细资料，以及对未能在这些报表中列示项目的说明等。

通过附注与资产负债表、利润表、现金流量表和所有者权益变动表列示项目的相互参照关系，以及对未能在这些报表中列示项目的说明，可以使报表使用者全面了解企业的财务状况、经营成果和现金流量。

二、熟悉职业规范

企业应当按照以下顺序披露附注的内容：

（一）企业的基本情况

（1）企业注册地、组织形式和总部地址。
（2）企业的业务性质和主要经营活动。
（3）母公司以及集团最终母公司的名称。
（4）财务报告的批准报出者和财务报告批准报出日，或者以签字人及其签字日期为准。
（5）营业期限有限的企业，还应当披露有关其营业期限的信息。

（二）财务报表的编制基础

企业一般是在持续经营基础上编制财务报表，清算、破产属于非持续经营基础。

（三）遵循企业会计准则的声明

企业应当声明编制的财务报表符合企业会计准则的要求，真实、完整地反映了企业的财务状况、经营成果和现金流量等有关信息。

（四）重要会计政策和会计估计

重要会计政策的说明，包括财务报表项目的计量基础和在运用会计政策过程中所做的重要判断等。重要会计估计的说明，包括可能导致下一个会计期间内资产、负债账面价值重大调整的会计估计的确定依据等。

企业应当披露采用的重要会计政策和会计估计，并结合企业的具体实际披露其重要会计政策的确定依据和财务报表项目的计量基础,及其会计估计所采用的关键假设和不确定因素。

(五) 会计政策和会计估计变更以及差错更正的说明

企业应当按照《企业会计准则第28号——会计政策、会计估计变更和差错更正》的规定,披露会计政策和会计估计变更以及差错更正的情况。

(六) 报表重要项目的说明

企业应当按照资产负债表、利润表、现金流量表、所有者权益变动表及其项目列示的顺序,对报表重要项目的说明采用文字和数字描述相结合的方式进行披露。报表重要项目的明细金额合计,应当与报表项目金额相衔接。

企业应当在附注中披露费用按照性质分类的利润表补充资料,可将费用分为耗用的原材料、职工薪酬费用、折旧费用、摊销费用等。

(七) 或有和承诺事项、资产负债表日后非调整事项、关联方关系及其交易等需要说明的事项

(八) 有助于财务报表使用者评价企业管理资本的目标、政策及程序的信息

关键词

财务报告(Financial Report)　　　　财务报表(Financial Statements)
资产负债表(Balance Sheet)　　　　　利润表(Profit Statement)
现金流量表(Cash Flow Statement)　　报表附注(Notes to The Financial Statements)

能力实训

一、单项选择题

1. 下列属于静态财务报表的是(　　)。
   A. 资产负债表　　　　　　　　B. 利润表
   C. 现金流量表　　　　　　　　D. 所有者权益变动表

2. 我国资产负债表的基本格式是(　　)。
   A. 单步式　　　B. 多步式　　　C. 账户式　　　D. 报告式

3. 下列可以根据总账账户余额直接填列的是(　　)。
   A. 货币资金　　B. 应付票据　　C. 存货　　　　D. 固定资产

4. 预收账款账户所属明细分类账户的借方余额,在编制资产负债表时应反映在(　　)。
   A. 预收账款项目　　B. 预付账款项目　　C. 应收账款项目　　D. 应付账款项目

5. 预付账款账户所属明细分类账账户的贷方余额,在编制资产负债表时应反映在(　　)。

A. 预付账款项目 B. 预收账款项目 C. 应收账款项目 D. 应付账款项目

6. 某企业本期实际发放工资和津贴共计 110 万元，其中车间生产人员 55 万元、行政管理人员 25 万元、在建工程人员 20 万元、离退休人员 10 万元。该企业本期现金流量表中支付给职工以及为职工支付的现金项目填列的金额为（　　）万元。

A. 55 B. 80 C. 100 D. 110

7. 某企业销售商品及提供劳务的收入为 1 000 万元，应收票据的期初余额为 20 万元，期末余额为 30 万元；应收账款的期初余额为 200 万元，期末余额为 150 万元；预收账款的期初余额为 50 万元，期末余额为 80 万元。收回以前年度核销的坏账损失为 10 万元。假定不考虑增值税及其他因素，该企业现金流量表中的销售商品、提供劳务收到的现金项目金额应为（　　）万元。

A. 940 B. 1 000 C. 1 020 D. 1 080

8. 某企业年末结账后的固定资产账户余额为 100 万元，累计折旧账户余额为 50 万元，固定资产减值准备账户余额为 10 万元。该企业资产负债表中的固定资产项目金额为（　　）。

A. 100 万元 B. 90 万元 C. 50 万元 D. 40 万元

9. 年末结账后的无形资产账户余额为 200 万元，累计折旧账户余额为 30 万元，无形资产减值准备账户余额为 20 万元。该企业资产负债表中的无形资产项目金额为（　　）。

A. 200 万元 B. 180 万元 C. 170 万元 D. 150 万元

10. 年末长期待摊费用余额为 20 万元，其中一年内到期的 8 万元，则资产负债表中长期待摊费用填列（　　）。

A. 28 万元 B. 20 万元 C. 12 万元 D. 8 万元

二、多项选择题

1. 资产负债表中，"货币资金"项目包括（　　）。

A. 库存现金 B. 银行存款 C. 备用金 D. 其他货币资金

2. 资产负债表中，"存货"项目包括（　　）。

A. 原材料 B. 库存商品 C. 委托加工物资 D. 工程物资

3. 资产负债表中，"应收账款"项目根据（　　）填列。

A. 应收账款借方余额 B. 应收账款贷方余额
C. 预收账款借方余额 D. 预收账款贷方余额

4. 资产负债表反映（　　）。

A. 某一特定日期财务状况 B. 某一特定日期偿债能力
C. 某一会计期间经营成果 D. 某一会计期间获利能力

5. 资产负债表中，"应付账款"项目根据（　　）填列。

A. 应付账款借方余额 B. 应付账款贷方余额
C. 预付账款借方余额 D. 预付账款贷方余额

6. 中期财务会计报告包括（　　）。

A. 月报 B. 季报 C. 半年报 D. 年报

7. 营业利润的影响因素有（　　）。

A. 投资收益 B. 营业外收入 C. 管理费用 D. 营业外支出

8. 利润表中的营业收入包括（　　）。
   A. 主营业务收入　　B. 其他业务收入　　C. 营业外收入　　D. 投资收益
9. 现金流量表中的现金包括（　　）。
   A. 库存现金　　　　　　　　　　　　B. 随时可用于支付的存款
   C. 现金等价物　　　　　　　　　　　D. 其他货币资金
10. 现金流量表的编制中，计算销售商品、提供劳务收到的现金时，影响因素有（　　）。
   A. 主营业务收入　　B. 销项税额　　C. 应收账款　　D. 应付账款

三、判断题（正确的划"√"，错误的划"×"）

1. 一套完整的财务报表至少应当包括资产负债表、利润表、现金流量表、所有者权益变动表以及附注。（　）
2. 一年内到期的长期借款填入资产负债表中的短期借款项目。（　）
3. 用现金购买三个月到期的债券投资，不会影响现金流量的增减变动。（　）
4. 中期财务报告指的就是半年报。（　）
5. 吸收投资收到的现金属于投资活动现金流量项目。（　）
6. 资产负债表是反映某一特定日期经营成果的会计报表。（　）
7. 我国利润表的结构是单步式。（　）
8. 生产成本的借方余额填入资产负债表中的存货项目。（　）
9. 投资收益不影响企业的营业利润。（　）
10. 采用直接法编制经营活动现金流量时，以利润表中的净利润为起算点。（　）

四、实务题

1. 重庆长胜发动机制造限公司 2019 年 12 月 31 日，"主营业务收入"账户发生额为 1 990 000 元，"主营业务成本"账户发生额为 630 000 元，"其他业务收入"账户发生额为 500 000 元，"其他业务成本"账户发生额为 150 000 元，"税金及附加"账户发生额为 780 000 元，"销售费用"账户发生额为 60 000 元，"管理费用"账户发生额为 50 000 元，"财务费用"账户发生额为 170 000 元，"资产减值损失"账户发生额为 50 000 元，"公允价值变动损益"账户为借方发生额 450 000 元（无贷方发生额），"投资收益"账户贷方发生额为 850 000 元（无借方发生额），"营业外收入"账户发生额为 100 000 元，"营业外支出"账户发生额为 40 000 元，"所得税费用"账户发生额为 171 600 元。要求分别计算该公司 2019 年度利润表中营业利润、利润总额和净利润。

2. 重庆长胜发动机制造限公司 2018 年 12 月 31 日，年度营业收入 1 000 万元，销项税额 170 万元，应收票据总账年初余额 600 万元，年末 500 万元；"应收账款——A 公司"明细账中年初借方余额 1 200 万元，年末借方余额 1 800 万元；"应收账款——B 公司"明细账中年初贷方余额 200 万元，年末贷方余额 400 万元，本年应收票据贴现利息 10 万元，按 1% 计提坏账准备 6 万元。计算该公司资产负债表和现金流量表相关项目。

参 考 文 献

[1] 谢国珍，李传双. 财务会计[M]. 北京：高等教育出版社，2016.
[2] 中国注册会计师协会. 会计[M]. 北京：中国财政经济出版社，2017.
[3] 中国注册会计师协会. 经济法[M]. 北京：中国财政经济出版社，2017.
[4] 中华人民共和国财政部. 企业会计准则2006[M]. 北京：经济科学出版社，2006.
[5] 中华人民共和国财政部. 企业会计准则——应用指南2006[M]. 北京：经济科学出版社，2006.
[6] 财政部会计资格评价中心. 初级会计实务[M]. 北京：中国财政经济出版社，2017.
[7] 全国税务师职业资格考试教材编写组. 税法（一）[M]. 北京：中国经济出版社，2017.
[8] 财政部会计司. 企业会计准则讲解2010[M]. 北京：人民出版社，2010.
[9] 刘永泽，陈立军. 中级财务会计[M]. 大连：东北财经大学出版社，2012.
[10] 王辉. 中级财务会计[M]. 北京：高等教育出版社，2016.
[11] 唐东升，熊玉红. 企业初级会计核算与报告[M]. 北京：北京理工大学出版社，2013.
[12] 王宗江，张洪波. 财务会计[M]. 北京：高等教育出版社，2016.
[13] 孔德兰. 企业财务会计[M]. 北京：高等教育出版社，2014.
[14] 国家税务总局网站 http://www.chinatax.gov.cn/.
[15] 中国财政部官网 http://www.mof.gov.cn/.
[16] 企业会计准则——基本准则（2014年修订）.
[17] 企业会计准则第2号——长期股权投资（2014年修订）.
[18] 企业会计准则第3号——职工薪酬（2014年修订）.
[19] 企业会计准则第14号——收入（2017年修订）.
[20] 企业会计准则第16号——政府补助（2017年修订）.
[21] 企业会计准则第22号——金融工具确认和计量（2017年修订）.